Das große
Wein-Buch

Das große
Wein-Buch

Alles, was Sie über Wein
wissen müssen.

a wine book

Inhalt

Wussten Sie, welche Rivalitäten zwischen Römern und Galliern in Bezug auf den Weinbau herrschten? Oder dass die Engländer dem Bordeaux-Wein zu seiner weltweiten Spitzenposition verhalfen?

Neugierig auf Wein?

Dieses Buch ist für alle geschrieben, die hin und wieder gerne etwas Neues ausprobieren würden, dann aber grübelnd vor dem Supermarkt- oder Kaufhausregal stehen und vielleicht aus Unsicherheit doch wieder zum Althergebrachten greifen. Für alle, die im Restaurant nicht so recht wissen, wie sie die Angaben auf der Weinkarte interpretieren sollen.

Für alle, die gerne eine Urlaubsreise durch eine der schönen Weinregionen Europas oder der Welt machen wollen und sich jetzt überlegen, welcher sie den Vorzug geben möchten.

Für alle, die bei einem Winzer oder auf einer Weinversteigeung eine Verkostung mitmachen möchten und wissen wollen, worauf es dabei ankommt.

Für alle, die gerne im Weinhandel oder in Fachzeitschriften stöbern, aber doch einmal Informationen über die wichtigsten Rebsorten oder Anbaugebiete auf einen Blick erhalten möchten. Und nicht zuletzt für alle, die gerne Wein trinken und einfach ihre Kennerschaft – und ihren Genuss - vertiefen wollen.

Auch die Antworten zu den folgenden Fragen finden Sie in unserem Buch: Aus welchem berühmten Weinanbaugebiet stammen traditionell die »Pinot«-Rebsorten?

Erster Teil: Von der Traube zum Wein

Im ersten Teil spannt unser Wein-Buch den Bogen von den historischen Anfängen des Weinbaus bis hin zu den modernen Kellereimethoden.

Die alten Römer – nicht nur in der historischen Entwicklung Europas, sondern auch beim Weinbau spielten sie eine tragende Rolle. Aber auch die Kirche und die Klöster sowie Karl der Große verhalfen in späteren Jahrhunderten den europäischen Anbaugebieten zu ihrer heutigen Weltgeltung.

Damit ein großer Wein entstehen kann, müssen verschiedene Faktoren optimal zusammenwirken: Das Klima, der Boden und die Rebsorte. Von den tausenden Rebsorten auf der Welt stellen wir die wichtigsten heraus und erläutern Ihnen, aus welchen Gründen sie in den verschiedenen Anbaugebieten gedeihen. Natürlich ist die Arbeit des Winzers entscheidend für das Gelingen, und wer weiß, wie viel Mühe und Sorgfalt in der Arbeit im Weinberg steckt und wie sehr sie sich auf die Qualität eines Weins auswirkt, der kann auch die besonderen Charakteristika der Weine besser einschätzen. Der Weinherstellung von der Kelter bis zur Flaschenabfüllung widmen wir das letzte Kapitel in diesem ersten Abschnitt unseres Buches.

Wenn Sie einen Sekt kaufen wollen, achten Sie dann auf den Unterschied zwischen Flaschengärung und Tankgärung? Warum sollten Sie?

Zweiter Teil: Die wichtigsten Anbaugebiete

Längst sind nicht mehr nur die Europäer führend im Weinbau. Länder wie Südafrika, Kalifornien, Chile und Australien haben die Vorteile ihres milden und sonnigen Klimas genutzt und nach europäischem Vorbild und mit fortschrittlichsten Methoden dem Weinbau zu neuen Impulsen verholfen. So mancher wirklich großer Wein ist in Übersee gewachsen! Im Detail betrachten wir dann die Situation in den »klassischen« Anbauländern Deutschland, Frankreich und Italien. Region für Region wird mit ihren wichtigsten Weinen porträtiert und die typischen und eigenständigen Produkte aus dem jeweiligen Zusammenwirken von Klima-Boden-Weinbautradition übersichtlich dargestellt.

Das macht Lust aufs Reisen – denn wie könnte man den Wein besser entdecken als an Ort und Stelle, in Kombination mit der charakteristischen Küche, den Kulturgütern und landschaftlichen Schönheiten dieser Länder...

Dritter Teil: Vom Umgang mit Wein

Wir wollen Ihnen mit diesem Abschnitt den Zugang zum Wein erleichtern. Wie liest man ein Etikett? Wie interpretiert man all die vielfältigen Angaben, die auf den ersten Blick verwirren können? Welche nationalen und internationalen Vorschriften und Bestimmungen stecken hinter den Herkunfts- und Qualitätsbezeichnungen, und welchen Nutzen kann der Verbraucher daraus ziehen?

Der wirkliche Kenner gibt sich natürlich nicht nur mit dem Etikett zufrieden. Was macht einen großen Wein aus, nach welchen Kriterien kann man ihn bei einer Verkostung beurteilen? Zum objektiven Erkennen der Qualität gesellt sich dann der ganz persönliche Genuss. Wie Sie Wein zuhause mit Freunden und Bekannten servieren und nach eigenen Vorstellungen mit diversen Speisen kombinieren können, sagen wir Ihnen am Schluss des Kapitels. Nicht ohne vorher noch einen Blick in Ihren Weinkeller geworfen zu haben. Denn der angehende Weinkenner will wissen, wie und wie lange er einen Wein einlagern, wie er ihn fachgerecht temperieren und öffnen kann.

Vierter Teil: Zum Nachschlagen

Last but not least erleichtern wir Ihnen die Auswahl Ihres Lieblingsweins mit einer Übersicht der wichtigsten Weingüter weltweit – natürlich ist dies eine offene und jederzeit nach eigenem Geschmack zu ergänzende Liste, die lediglich Vorschläge beinhaltet. Ein kleines Glossar der wichtigsten Fachausdrücke aus unseren drei Schwerpunktländern bildet den Abschluss.

Wir wünschen Ihnen viel Freude beim Lesen und beim Ausprobieren!

Was ist ein Prosecco? a) Ein sommerliches Trinkvergnügen, b) eine Rebsorte, c) ein italienischer Schaumwein. (Tipp: Mehrere Antworten können zutreffen!)

Ein Brunello di Montalcino Riserva reift mindestens a) zehn Jahre, b) fünf Jahre, c) drei Jahre im Fass... Wissen Sie die richtige Antwort?

Was hat auf dem Etikett eines Grand Cru-Burgunders nichts zu suchen: a) der Ortsname, b) der Name des Erzeugers oder Abfüllers, c) die Lage des Weinbergs?

Von der Traube zum Wein

Geschichte des Weinbaus

Wein ist ein Phänomen von ungeheurer Vielfalt: Vielfalt der Erscheinungsformen und der Herstellungsweisen, Vielfalt der Traubensorten, die in seine Kelterung eingehen, Vielfalt der Traditionen, Vielfalt der Menschen, die ihn produzieren, der Farben, der Gerüche und der Geschmacksrichtungen.

Mit ziemlicher Sicherheit war es diese Vielfalt, die schon unsere Vorfahren so tief beeindruckte, dass sie im Wein göttliche Kräfte vermuteten. Welches andere Getränk war so wohlschmeckend und bekömmlich zugleich? Welches erzeugte ein so angenehmes Gefühl von Leichtigkeit, aber auch von Wärme? Welches sprach durch seinen Geschmack und Geruch die Sinne des Menschen an? Welches gewann im Laufe seiner Alterung, die sich über Jahre hinziehen konnte, noch an Qualität, statt schlecht und ungenießbar zu werden? Und welches war fast immer sauberer und hygienischer als Wasser? Nur Wein, der vergorene Saft der Trauben, vereinte die angenehmen und die nützlichen Eigenschaften so vieler Nahrungs-, Genuss- und sogar Rauschmittel in sich und war gleichzeitig – in Maßen genossen – der Gesundheit nicht abträglich, ja konnte sogar therapeutische Wirkungen entfalten.

Antike Ursprünge

Das alles müssen schon die Mesopotamier und die Kaukasier gewusst haben, denn sie kannten bereits die meisten Geheimnisse der Herstellung dieses berauschenden Göttertranks. Archäologen haben bei Damaskus und im Land der Georgier Traubenpressen und Tonkrüge sowie Ansammlungen von Traubenkernen gefunden, die aus dem 5. und 6. Jahrtausend vor Christus stammen.

Unter Wein versteht man ganz allgemein ein »alkoholisches Getränk, das durch Gärung aus dem Saft von frisch gepressten Weintrauben gewonnen wird«.

Im Ägypten der Pharaonen waren zwei, drei Jahrtausende später die Weinbautechnik und die Weinbereitung schon zu einer Wissenschaft gediehen. Reben wurden von Weinbauspezialisten in sorgfältig gepflegten Weingärten angebaut und die Trauben jedes Jahr von Sklaven nach Methoden gekeltert, die noch über Jahrtausende hinweg Bestand haben sollten. Die Weine wurden schließlich mit Karawanen oder in Schiffen zu den wichtigsten Handelsplätzen der Epoche verfrachtet.

Früher Export aus Griechenland

Wie vielen anderen Elementen unserer modernen Kultur verhalfen wenig später die Griechen auch dem Weinbau zu einer ersten Blüte. Vor allem die Inseln der Ägäis waren für ihre Rebensäfte über die Grenzen des Landes hinaus bekannt. Chios soll den besten Wein der damaligen Zeit produziert haben, und man nennt diese Insel auch manchmal das »Bordeaux« der Antike. Amphoren, die aus Ton gebrannten klassischen Weinbehälter aus Chios, wurden in Ägypten, Italien und sogar im heutigen Russland gefunden. Vielleicht legten griechische Händler – wie auch die etruskischen, die griechische Weine bis nach Frankreich brachten – mit den von ihnen eingeführten Weinreben auf der Halbinsel Krim den Grundstein für die Sektproduktion unserer Tage.

Eine Weinlandschaft wie in der Antike findet man auf Sizilien; hier bei einem römischen Segesta-Tempel.

Wein auf vielerlei Art

Leichtere und fruchtigere, schwerere oder sogar mit Harz vermischte Weine – wie der heutige Retsina – waren bei den starken Trinkern, als die die Griechen gemeinhin galten, beliebt. Die Weine von Lesbos reiften, ähnlich dem heutigen Sherry, unter einer dichten Schicht von Florhefen. Weit verbreitet war auch die Sitte, den Wein mit allen möglichen Essenzen und Stoffen »anzureichern«, seien das nun Gewürze, Honig oder Duftstoffe. Sogar mit Meerwasser wurde der »Göttertrank« vermischt, um ihn zu verlängern. Diese heute etwas barbarisch anmutenden Methoden führten übrigens die Römer fort.

Hippokrates, der »Erfinder« der Medizin, sah schon im 5. Jahrhundert vor Christus den Wein als Heilmittel an, das bei Fieber und Infektionen sowie zur Hebung des Allgemeinzustandes der Kranken eingesetzt werden konnte. Lange Zeit danach stand den Kranken im burgundischen Städtchen Beaune eine Tagesration von sage und schreibe 7 Litern Wein zu, wobei man sich fragen darf, ob das noch im Sinne des Hippokrates gewesen sein kann.

Italien, Wiege der Weinkultur

Leider gibt es in den Ursprungsländern des Weltweinbaus heute aus vielerlei historischen, sozialen und religiösen Gründen kaum noch eine nennenswerte und qualitätsbewusste Weinproduktion. Ganz anders stellt sich die Situation dagegen dort dar, wo später die Römer ihr Imperium errichteten. »Oinotria«, das Weinland, wie die Griechen den fruchtbaren südlichen Teil des italienischen Stiefels nannten, übernahm schließlich die Vorreiterrolle im europäischen Weinbau.

Bereits um das Jahr 800 vor unserer Zeitrechnung hatten die Griechen in ihrer Kolonie Sizilien den Weinbau eingeführt. Die Weinrebe selbst – heute noch bekannte und wichtige Sorten wie Malvasia oder Moscato wurden bereits damals ausgepflanzt – war schon vorher mit den Phöniziern und Etruskern, vielleicht auch mit noch älteren Volksstämmen wie den Rhaetern, den Salassern oder den Samniten ins heutige Italien gekommen. Es blieb jedoch den Römern als weltgeschichtlichen Nachfolgern der Griechen vorbehalten, die europäische Weinkultur zu begründen.

Die Römer schufen die Grundlagen

Bacchus war der römische Gott des Weines.

Die Grenzen des Römischen Reichs und seiner Weinbaugebiete sind noch weitgehend mit denen unseres heutigen (Wein-)Europa identisch. Die Römer verstanden den Weinbau zum ersten Mal als einen soliden Wirtschaftszweig. Im 3. Jahrhundert vor Christus begannen sie, ihn als wichtigen ökonomischen Stützpfeiler des Imperiums auszubauen, und sie exportierten ihre kostbaren Tropfen, wie den sagenumwobenen Falerner, in alle Teile der damaligen Welt.

Welche Bedeutung der Weingenuss im alten Rom hatte, kann man am besten daran ermessen, wie wichtig seinen Bewohnern die Zeremonien für den Weingott Bacchus, die Bacchanalien, waren. Schon die Griechen hatten ähnliche Riten für ihren Wein- und Fruchtbarkeitsgott Dionysos gefeiert. Die Bacchanalien uferten so aus, dass sie zeitweise verboten werden mussten, weil sie die öffentliche Ordnung zu untergraben drohten. Im 7. Jahrhundert unserer Zeitrechnung fand die Tradition ein Ende, als sich das Christentum als staatstragende Religion durchgesetzt hatte und der Wein zum Element der kirchlichen Liturgie geworden war.

Falerner, der Lieblingswein der Römer

Der Lieblingswein der alten Römer war der Falerner, der auf halbem Weg zwischen Rom und Neapel angebaut wurde. Der Weißwein aus der heute verschwundenen Rebsorte Aminea wurde sowohl trocken als auch süß ausgebaut. Die Gunst der Imperatoren und ihrer Untertanen gehörte allerdings, wie meist zu jener Zeit, den süßen Spielarten. Heute wird der Name Falerno in der Gegend von Formia wieder genutzt, gilt dort aber auch für einen trockenen Rotwein.

Expansion des Anbaus

Ein markanter Wendepunkt in der Geschichte des Weinbaus in Italien war der Untergang Pompejis, des wichtigsten Weinhandelszentrums der Antike. Hier waren bis zum Ausbruch des Vesuvs im Jahre 79 Weine aus Kappadokien, Griechenland und Syrien gelandet, und von hier aus stachen auch die Schiffe mit Ladungen nach Ägypten, Spanien und selbst bis ans Kaspische Meer in See. Die Lava- und Staubmassen des Vesuvs zerstörten also nicht nur eine der reichsten und lebenslustigsten Städte des Römerreichs, sondern brachten auch die Quelle der wichtigsten »Zutat« römischer Lebenskunst zum Versiegen.

Um den Mangel auszugleichen, wurden in allen Provinzen des Römischen Reichs bis hin in die entferntesten Winkel des heutigen Deutschland, Frankreich und Österreich Weinberge angelegt. Bordeaux und Trier entwickelten sich von Exportzentren römischer Weine (nach England und Irland) zu eigenständigen Anbaugebieten – eine Entwicklung, die in dieser Art in der Geschichte noch oft zu verzeichnen war, denn fast immer sollte der Anstoß zum Qualitätsweinbau von wirtschaftlichen oder politischen Ereignissen ausgehen.

Vor allem aber dehnte sich im unmittelbaren Umfeld der Ewigen Stadt das Rebenmeer derart aus, dass es alle landwirtschaftlichen Nutzflächen zu überschwemmen und damit die Versorgung Roms mit Grundnahrungsmitteln zu gefährden drohte. Kaiser Domitian stellte daher um 90 n. Chr. das Neuauspflanzen von Rebstöcken unter Strafe. Erst knapp 200 Jahre später hob Aurelius Probus das drakonische Dekret wieder auf. Fortan betrieb man die Anlage von Weinbergen auch in den entferntesten Reichsprovinzen mit Nachdruck. Die durstigen Kehlen der Garnisonssoldaten, die nach dem berauschenden Rebensaft verlangten, ließen Rom keine andere Wahl.

Eine römische Statue mit Weintrauben als Symbol für Fruchtbarkeit und Lebensfreude.

Die erste Systematik des Weinbaus

Um ihre Weinproduktion möglichst rentabel zu gestalten, entwickelten die Römer Methoden des Weinbaus und der Kellertechnik, die, wie so viele Elemente römischer Kultur und Politik, bis in die heutige Zeit Spuren hinterlassen haben. Römische Schriftsteller wie Columella in seiner »Re Rustica« stellten zum ersten Mal systematische Regeln für den Weinbau auf oder beschrieben, wie Plinius der Ältere in seinen »Naturalis historiae«, Rebsorten und Weinqualitäten aufs genaueste. Dabei demonstrierten sie eine Beherrschung der Materie, von der sich selbst die Winzer des 18. oder 19. Jahrhunderts noch ein Scheibchen hätten abschneiden können. Genau wie heute noch debattierten und stritten Experten und Weinfreunde leidenschaftlich und bei jeder sich bietenden Gelegenheit über Herkunft und Alterungsfähigkeit, Bukett und Geschmack ihrer Lieblingstropfen.

Die Römer in Gallien

Ob es im Gebiet des heutigen Frankreich bereits Wildreben gegeben hat und die gallischen Ureinwohner ein zumindest weinähnliches Getränk daraus erzeugt haben, ist nicht klar erwiesen. Sicher ist jedoch, dass um das Jahr 600 v. Chr. Griechen aus dem kleinasiatischen Phokäa die Stadt Massilia, das heutige Marseille, gründeten und hier die Weinrebe einführten. Allerdings war der erste »französische« Wein billig und minderwertig.

Frankreich ist nicht das älteste, aber dank der Vielfalt seiner Weintypen, der Güte seiner großen Spitzenweine und seiner Ess- und Trinkkultur das bedeutendste Weinland der Welt.

Erst die Römer brachten das Wissen um die Bereitung besserer Weine mit nach Gallien, und Plinius berichtet, dass der Weinbau im Rhônetal nicht nur in hoher Blüte stand, sondern dass bereits in dieser Zeit Trockenbeerenweine und Strohweine (siehe Seite 74) erzeugt werden konnten. Schon kurz nach der Zeitenwende pflanzte man in Bordeaux übrigens die aus der Gegend des heutigen

Rioja in Spanien eingeführte Sorte Biturica (oder Balisca) an, den Vorgänger des Cabernet Sauvignon, in dessen volkstümlichem Namen Vidure die alte Benennung noch fortlebt.

Die Einwohner des Landes erwiesen sich als äußerst gelehrige Schüler. Von den zivilisierten Römern zunächst als raubeinige Säufer verachtet, erlernten die Gallier die Weinbereitung schneller, als es den Lehrmeistern lieb war, und erwiesen sich bald als lästige Konkurrenz. Den Römern schmeckten die Gewächse aus Gallien schließlich so gut, dass Kaiser Domitian einen Teil der gallischen Rebstöcke ausreißen ließ, um den heimischen Weinbau zu schützen.

Die aus Spanien eingeführte Sorte Biturica oder Balisca, die bereits um Christi Geburt angebaut wurde, war der Vorgänger des heutigen Cabernet Sauvignon.

Die ersten Rebstöcke standen im Rhônetal, und in der Folgezeit breitete sich die Weinkultur schnell nach Norden aus. Neben guten klimatischen Bedingungen waren für die Römer verkehrsmäßig günstige Standorte wichtig, und die Zentren des französischen Weinbaus heute stimmen im weitesten Sinne mit den damaligen Gründungen überein. Wichtige Städte waren Nîmes, Toulouse, Autun und Paris. Die Flüsse Dordogne, Rhône, Garonne, Saône, Loire, Seine und Marne bildeten die notwendigen Transportwege.

Wie der Wein nach Deutschland kam

Den Weinbau und die Technik der Weinbereitung brachten die Römer auch nach Germanien. Denkmäler an der Mosel, wie das bei Neumagen-Dhron gefundene römische Weinschiff mit dem lachenden Steuermann, das heute im Trierischen Landesmuseum zu bewundern ist, zeugen von römischer Weintradition.

Die Römer kannten bereits etwa 100 Kulturrebsorten, die sie durch gezielte Selektion vermehrten und veredelten. Eine dieser frühen Rebsorten, welche die Römer bis an die nördlichen Grenzen ihres Reiches an Donau und Rhein verbreiteten, ist der Elbling, eine Traube, die heute wieder verstärkt an der Obermosel angebaut wird.

Blüte des Weinbaus im Mittelalter

Karl der Große gilt als einer der größten Förderer des Weinbaus. Deshalb ist noch heute eine der berühmtesten Weißweinlagen der Welt, der »Grand Cru Charlemagne« im burgundischen Städtchen Aloxe-Corton, nach ihm benannt. Der Kaiser unterstützte den Weinbau in vielen Regionen und erließ Regeln zur Weinbereitung. Aber die eigentliche Leistung in der Weiterentwicklung von Weinbau und Weinbereitung erbrachten im Mittelalter die Klöster, vor allem die der Benediktiner und die der Zisterzienser im Burgund und im Rheingau.

Die Entwicklung in Frankreich

Im 6. Jahrhundert reichte der Weinbau im Westen Frankreichs bis in die Bretagne und im Norden weit über Paris hinaus. In dieser Zeit war Wein im Süden bereits Alltagsgetränk, im Norden dagegen den luxuriösen Tafeln der Reichen vorbehalten.

Hatte Chlodwig den Diebstahl von Weinstöcken schon unter Strafe gestellt, so war Karl der Große hier wie im übrigen Mitteleuropa der große Förderer des Weinbaus. In der Folgezeit wuchs mit der Ausbreitung des Christentums und der Mönchsorden der Bedarf an Messwein, und die Klöster pflegten dank ihrer Kenntnis der römischen Agrarschriftsteller nicht nur Ackerbau und Viehzucht, sondern sie nahmen sich insbesondere der Weinkultur an.

Heute noch berühmte Lagen und Weine wie der Clos de Vougeot in Burgund und der Muscadet von der Loire haben ihren Ursprung bereits im frühen Mittelalter. Der weltliche Weinbergsbesitz unterlag dem Complant-System, einer Art Halbpacht. Der Winzer machte für den Landbesitzer ein Stück Land urbar und bepflanzte es mit Rebstöcken. Nach 5 Jahren bekam der Besitzer die Hälfte des Landes zurück, die andere Hälfte durfte der Weinbauer behalten, unter der Bedingung, dass er einen Teil der Ernte ablieferte.

Das mittelalterliche Hôtel-Dieu in Beaune, im Herzen des Burgund.

Karl der Große und Deutschland

Unter Karl dem Großen wurde um das Jahr 800 die Rebfläche in ganz Deutschland stark erweitert. Der Kaiser ließ Musterwirtschaften errichten und räumte den Winzern das heute noch gültige Recht ein, während drei Monaten im Jahr ihre Erzeugnisse an jedermann auszuschenken. Damit war die »Strausswirtschaft«, in Schwaben »Besenwirtschaft« genannt, geboren. Karl der Große soll auch von der Ingelheimer Kaiserpfalz beobachtet haben, dass auf dem Hügel, wo heute das Schloss Johannisberg steht, der Schnee im Frühjahr früher schmilzt als im übrigen Rheingau. Also mussten dort ideale Voraussetzungen für den Weinbau herrschen. Und in der Tat, die Weine vom »Bilderbuchweinberg« Johannisberg entwickelten sich zum besten und werden noch heute in aller Welt geschätzt. Immerhin standen zwischen dem 12. und dem 16. Jahrhundert in Deutschland fast 300 000 Hektar Land unter Reben – das Dreifache der heutigen Fläche. Wein wurde damals selbst an der Ostseeküste angepflanzt.

Weinerzeuger als Wohltäter

Das im 15. Jahrhundert als wohltätige Stiftung gegründete Krankenhaus Hospices de Beaune in Burgund bestreitet noch heute wie im Mittelalter einen Teil seiner Kosten durch den Verkauf seiner hervorragenden Weine. Nach den jüngsten Schenkungen in den siebziger Jahren des 20. Jahrhunderts gehören der Krankenanstalt 34 Lagen, die meist den Namen des jeweiligen Stifters tragen. An jedem 3. Sonntag im November werden die Weine des neuen Jahrgangs hier versteigert, ein Ereignis, zu dem Weinfreunde aus der ganzen Welt anreisen. Die erzielten Erlöse gelten als Preisindex für die Burgunderweine in dem jeweiligen Jahr.

Die Rolle der Klöster in Deutschland

Die Klöster und Orden waren auch weiterhin maßgeblich an der Entwicklung des Weinbaus in Deutschland beteiligt. Vom Zisterzienserorden in Kloster Eberbach gingen ab 1100 wichtige Qualitätsimpulse für den Weinbau im Rheingau und vom Kloster Maulbronn für Württemberg aus. Die vor allem in Burgund ansässigen Benediktiner beteiligten sich auch in Deutschland an der Weiterentwicklung des Weinbaus und der Kellereitechnik.

Alte Keltern in den historischen Kellerräumen des Klosters Eberbach.

Wein wurde angesichts des damals unhygienischen Wassers nicht nur als Heilmittel an Kranke und Alte verabreicht, wie im Würzburger »Juliusspital« oder im »Bürgerspital«, er entwickelte sich auch zum Volksgetränk - wegen seiner Bekömmlichkeit, so er nicht gerade durch vielerlei Streckmittel verfälscht war, aber auch durch seine anregende, berauschende Wirkung.

Sonderstellung des Bordeaux

Im Mittelalter war Wein bereits der wichtigste Exportartikel Frankreichs. Eine besondere Rolle spielte in dieser Hinsicht Bordeaux, das durch die Ehe des englischen Königs Heinrich II. mit Eleonore von Aquitanien die gleichen Rechte genoss wie das Mutterland England selbst und seine Weine ohne besondere Auflagen dorthin exportieren konnte. In dieser Zeit betrug die Menge rund 160 000 Hektoliter, das ist ebensoviel wie heute in der Zeit der Europäischen Union. Noch heute bevorzugen die Engländer Rotwein aus Bordeaux.

Neben seiner Allianz mit England kam Bordeaux auch zugute, dass es damals schon ein bedeutender Hafen war. Der Transport von Wein über Wasserstraßen war wesentlich billiger und unkomplizierter als der Landweg. Ob ein Land viel oder wenig exportierte, hing mehr von den Transportwegen als von der Weinqualität ab – ein eindeutiger Nachteil für Burgund.

Florierender Handel

Die Engländer gaben dem Weinbau in Europa durch ihre Militär- und Handelspolitik entscheidende Impulse.

Wie wichtig der Handel mit Wein im Mittelalter war, kann man auch daran ermessen, dass das Standardmaß für Wein der »Bordelaiser Tonneau«, ein Holzfass mit etwa 900 Liter Inhalt, war. Heute noch wird das Fassungsvermögen von Schiffen in Tonnen gemessen. Außer den Engländern waren auch Flamen und Holländer große Konsumenten französischer Weine, allerdings bevorzugten sie Burgunder, da das Burgund zeitweise zu Flandern und den südlichen Niederlanden gehörte. Rotweine im heutigen Sinne gab es im Mittelalter übrigens noch nicht. Die Maischegärung, mit deren Hilfe der Farbstoff aus den dunklen

Beerenhäuten gezogen wird (siehe auch Seite 61), kennt man erst seit dem 17. Jahrhundert. Burgunder wie Bordeaux-Weine sahen vorher eher wie Rosés aus. In Deutschland betrieb die Hanse den Weinimport. Sie machte die alkoholreicheren und teilweise süßeren Weine aus südlichen Ländern bekannt. Dies ist der Grund, warum die meisten traditionsreichen Weinhandelsfirmen noch heute ihren Sitz in den Hansestädten haben. Die steigenden Importe von meist billigeren südländischen Süßweinen übten allerdings damals einen Preisdruck auf die deutschen Weine aus.

Stagnation in Italien

Nach dem Niedergang des Römischen Reiches war die hochentwickelte Weinkultur in Italien rapide verfallen. Zwar verschwanden die Rebanlagen nicht völlig aus der Landschaft und der Wein nicht gänzlich aus dem Alltagsleben des mittelalterlichen Italien, aber der Schwerpunkt der Entwicklung des europäischen Weinbaus verlagerte sich in die nördlichen Regionen.

So schwarz und düster, wie es manchmal gezeichnet wird, war aber auch das italienische Mittelalter letztlich nicht. Immerhin tauchten bereits im Florenz des 13. und 14. Jahrhunderts einige jener Namen auf, die heute zu den renommiertesten des Weltweinbaus zählen, und voller Stolz verweist der toskanische Weinadel immer wieder auf dieses jahrhundertealte Erbe. Die Familien Antinori und Frescobaldi, ursprünglich Bankiers und Händler, begannen in jener Zeit, sich neben ihren anderen Aktivitäten dem Weinhandel zu widmen, der vor allem in der Toskana eine immer wichtigere Rolle spielte und bis in unsere Tage Motor und Vorreiter der italienischen Weinwirtschaft bleiben sollte. Allerdings sollten die edlen Herren an der Entwicklung des Weinbaus selbst erst viel später Gefallen finden.

Das Weingut Santa Christina im Gebiet des Chianti Classico ist im Besitz der italienischen Weinbaufamilie Antinori.

Die Entwicklung bis zur Neuzeit

Erst im 17. Jahrhundert erhielten die Weinbaulandschaften und vor allem die Produkte, die sie hervorbrachten, ihr heutiges Gesicht. Die Glasflasche wurde erfunden und, noch wichtiger, der Korken, um sie luftdicht zu verschließen. Die Weine wurden mit dem Ziel größerer Feinheit und längerer Haltbarkeit gekeltert. Zur Konservierung hatte man die inzwischen offiziell zugelassene Schwefelung der Fässer entwickelt. Die ersten bekannten Namen von heute noch berühmten »Premiers Crus« und Domänen tauchten auf den Karten der Weinbaugebiete auf: Château Haut-Brion war zum Beispiel das erste namentlich auf einem Weinetikett genannte Wein-»Schloss« im Gebiet von Bordeaux, und viele andere folgten noch vor dem Ende des 17. Jahrhunderts. Allerdings waren die Weine noch auf längere Zeit weit entfernt von ihrem heutigen Aussehen. Sie waren alkoholarm und mussten mit Most und Branntwein »nachgebessert« werden.

Niedergang nach dem Dreißigjährigen Krieg

Der Dreißigjährige Krieg wirkte sich auf den Weinbau in Deutschland zunächst verheerend aus und beendete den mittelalterlichen Weinboom. Die Rebflächen in Bayern, Nord-, Ost- und Mitteldeutschland wurden völlig vernichtet. Zur weiteren Reduzierung der Rebflächen trugen in großem Maße auftretende Rebschädlinge bei. Die Zerstörung der Weinberge der Freien Reichsstadt Frankfurt führte übrigens zur bis heute gepflegten Äpfelweinkultur. Obwohl die Stadt Frankfurt heute auf dem Lohrberg einen eigenen Weinberg unterhält, erholte sich der einstmals bedeutende Weinbau in Frankfurt nie wieder.

Im Jahr 1653 kostete ein »Stück« (das sind 1200 Liter) Rheinwein 300 Goldtaler; wenige Jahre später mussten 500 Taler bezahlt werden.

Die Preise für Wein stiegen wegen der Knappheit ins Unermessliche. Die dramatische Preisentwicklung war auch der Grund für eine sich rapide ausbreitende Weinpanscherei. Es erschienen sogar »Gebrauchsanweisungen« für Weinfälschung. In einer Broschüre von 1709 findet man sowohl Tipps, »die allersäuersten und geringsten Weine in den besten Malvasier oder spanischen Wein zu veredeln« als auch »Ein wahrhaftiges Secretum dem gemeinen Wasser Geruch, Coleur und Geschmack des Weines zu geben«. Pioniere waren also die Glykolpanscher von heute nicht!

Erfindung der Spätlese

In dieser Zeit entstand die »Spätlese«, Inbegriff für natursüßen Wein, durch einen Zufall auf dem Johannisberg. Das durch den Krieg zerstörte Benediktinerkloster war 1710 vom Fürstabt Constantin von Fulda gekauft worden, der auf dem Weinberg das heutige Schloss Johannisberg errichtete. Auf der zum Rhein abfallenden Seite ließ er ausschließlich Rieslingreben pflanzen, die durch ihre Widerstandskraft weinbauliche Vorteile brachten. Da in dieser Zeit die Erlaubnis zur Weinlese nur vom Besitzer des Weinbergs ausgesprochen werden konnte, musste ein Bote mit einer Probe reifer Trauben zum Fürstabt nach Fulda reiten, um sich diese Erlaubnis zu holen. Im Jahr 1775 verspätete sich der Bote, und die reifen Trauben auf dem Johannisberg begannen zu faulen. Damit nicht die ganze Ernte verdarb, machte man daraus Wein für den Eigenbedarf und war erstaunt über dessen würzige Süße. Die Trauben waren durch den Botrytis-Pilz in »Edelfäule« übergegangen, bis heute die Voraussetzung für hochwertige Prädikatsweine.

Nachwirkungen der Revolution

Die Französische Revolution bescherte dem Qualitätsweinbau in Frankreich einen empfindlichen Rückschlag. Neue Konsumenten mit anderen Bedürfnissen und Ansprüchen sowie die Veränderung der Besitzverhältnisse – kirchliche und adelige Güter kamen in die Hände von Weinbauern und Bürgern – und die Aufhebung der Beschränkungen durch den König führten zur Massenproduktion oftmals minderwertiger Weine. Nachdem im 18. Jahrhundert die größte Ausdehnung der Rebfläche zu verzeichnen war, wich der Weinbau im Norden allmählich zurück, da bessere Verkehrsverbindungen auch weitere Transportwege erlaubten. Exportschlager waren vor allem die Weine aus dem Südwesten und Südosten des Landes, denen man häufig durch Verschnitt mit den dunkleren Rotweinen aus Algerien zu mehr Farbe und Volumen verhalf.

In der zweiten Hälfte des 19. Jahrhunderts hatte sich der Qualitätsweinbau erholt, es wurden neue Weingüter gegründet, die dem wachsenden Bedarf nach Qualitätsweinen nachkamen. Als Folge des dramatischen Befalls mit der aus den USA eingeschleppten Reblaus (siehe Seite 35) wurde gegen Ende des 19. Jahrhunderts der Wein jedoch unmäßig teuer, und Betrügereien und Weinfälschungen war Tür und Tor geöffnet. Eine gesetzliche Definition von Wein als »Produkt der vollständigen oder teilweisen Gärung frischer Trauben oder des Saftes frischer Trauben« erfolgte 1899. Sechs Jahre später wurde das erste Gesetz gegen Lebensmittelbetrug erlassen, das auch Weine umfasste und den Missbrauch von Ursprungsbezeichnungen erstmals unter Strafe stellte.

Die wichtigsten Weingüter des Bordelais werden noch heute nach einer 1855 geschaffenen Klassifizierung eingeteilt.

Aufschwung in Deutschland

Im 18. Jahrhundert erfuhr der Weinbau in Deutschland einen neuen Aufschwung, wenn auch auf kleinerer Fläche. Besonders in den klimatisch bevorzugten Flusstälern von Rhein und Mosel geriet er zu neuer Blüte. Wieder waren es die Klöster, die ihre Kenntnisse und das Wissen aus den Studien römischer Agrarschriftsteller an die Winzer weitergaben. Erstmals berücksichtigte man auch das landwirtschaftliche Gesetz, nach dem eine geringere Erntemenge höhere Qualität erbringt.

Unter Napoleon wurde der kirchliche Besitz in Europa säkularisiert und damit der Einfluss der Klöster auf den Weinbau in Deutschland endgültig beendet. Für die Beratung der Winzer und die Ausbildung des Nachwuchses wurden Ende des 19. Jahrhunderts staatliche Weinbauschulen gegründet, wie zum Beispiel die Weinbaulehranstalten von Geisenheim und Weinsberg, die mittlerweile Weltruf genießen. Zur gleichen Zeit schlossen sich die kleinen Winzer, die wegen des Preisdiktats der Händler ihren Wein fassweise verkaufen mussten, in Winzergenossenschaften zusammen. Diese nahmen die Trauben ihrer Mitglieder entgegen, machten sie zu Wein und verkauften ihn in Flaschen. Die erste dieser Genossenschaften wurde 1862 in Mayschoß an der Ahr gegründet.

Wiedererwachendes Italien

Der Weinbau Italiens erwachte erst im 19. Jahrhundert aus seinem langen Dornröschenschlaf. Es waren die politischen Helden der italienischen Einheit, die Garibaldi, Cavour und Ricasoli, die dem Weinbau der jungen Nation entscheidende Impulse gaben. Sie verbreiteten in der italienischen Winzerschaft die modernen Methoden der Weinbergs- und Kellerarbeit, die in Frankreich und Deutschland schon lange zuvor Einzug gehalten hatten, und schufen die meisten der Weintypen, die heute noch das Renommee Italiens ausmachen.

Nach dem Zweiten Weltkrieg wurde in Italien ganz auf die Massenproduktion von Rotweinen gesetzt. Erst in den letzten Jahren fand eine Rückbesinnung auf alte Traditionen statt.

Baron Bettino Ricasoli »erfand« zu jener Zeit in der Toskana seinen modernen Chianti, das heißt, er legte unter anderem die Rebsortenmischung aus rotem Sangiovese und Canaiolo und den weißen Sorten Trebbiano und Malvasia fest. Die Familie Biondi Santi im nahen Montalcino entwickelte den berühmten Brunello. Die Marchesa Falletti aus dem piemontesischen Barolo verschaffte mit Hilfe ihres französischen Önologen dem König der Weine, dem Nebbiolo, sein heutiges Niveau. Auch die anderen großen Namen der heutigen italienischen Weinwirtschaft, die Gancia, Cinzano, Antinori und Bolla, unternahmen zusammen mit den Winzergenossenschaften von Südtirol und Weinbauinstituten, wie dem von San Michele im Trentino, in der zweiten Hälfte des 19. Jahrhunderts ihre ersten Gehversuche im Weinbau- und Kellereibetrieb.

Heute: Globalisierung und Verfeinerung

Die letzte wirklich revolutionäre Entwicklung in der Geschichte des Weltweinbaus hat erst in unseren Tagen begonnen. Wenn ein, zwei Jahrhunderte lang mit Recht behauptet werden durfte, außer in Bordeaux, im Burgund, am Rhein, in Oporto und im spanischen Jerez de la Frontera – hier kommen der Portwein und der Sherry her – gebe es kaum Spitzenweine in der Welt, so hat sich das seit etwa zwei Jahrzehnten gründlich geändert. Australien, Neuseeland, Kalifornien und Chile haben durch systematisches Kopieren der Weine Frankreichs und ihrer Herstellungsverfahren selbst hervorragende Produkte auf den Markt gebracht. Italien hat sich endlich wieder auf sein großartiges Erbe besonnen und nicht nur das Durchschnittsniveau seiner Weine um etliches angehoben, sondern mit einigen seiner Kreszenzen sogar den Sprung in die Welt-Eliteklasse der Weine geschafft. Schließlich weisen auch Länder wie Südafrika, Israel, Argentinien, ja selbst Zimbabwe oder Kenia eine Weinproduktion vor, die jeden Respekt verdient.

So wächst der Wein

Die wahre Geburtsstätte des Weines ist – trotz aller technischen Fortschritte und raffinierten Kellermeisterkünste – das, was wir als Weinberg bezeichnen, auch wenn es nicht immer ein Berg sein muss. Befinden sich in Deutschland die besten Lagen an Hügeln, trifft das z.B. auf Frankreich in keiner Weise zu. Das größte Qualitätsweinbaugebiet – das Bordelais – besteht hauptsächlich aus einer weiten, wenn auch mitunter welligen Ebene.

Unter welchen Bedingungen gedeiht ein großer Wein? Als Faustregel kann gelten: Eine Rebe bringt optimale Ergebnisse, wenn die richtige Sorte bei optimalem Klima auf dem am besten geeigneten Boden steht. Weitere Qualitätsfaktoren sind die Anlage des Weinbergs und die Arbeit des Winzers. Diese wichtigen Grundvoraussetzungen wollen wir anschließend näher untersuchen.

Die einzelnen Rebsorten stellen wir Ihnen im folgenden Kapitel ausführlicher vor.

Der Einfluss des Klimas

Nicht nur die Temperatur, sondern auch die Niederschläge und die Sonnenscheinstunden prägen den Geschmack und die Qualität des Weines. Notwendig sind eine ausreichend lange Vegetationsperiode, in der die Trauben wachsen und ausreifen können, dazu Sonnenschein und ausgeglichene Temperaturen, auf der anderen Seite aber auch nicht zuviel Hitze, damit die Weine nicht schwer und plump geraten. Daher beschränkt sich der Weinbau weltweit auf einen Streifen zwischen dem 30. und 50. bzw. 55. nördlichen Breitengrad und dem 30. und 45. südlichen Breitengrad. Die EU-Weinbauzonen A bis C, von kühl bis sehr warm, entsprechen den Klimazonen in Europa. In ihnen gelten unterschiedliche Messwerte für die Weinbereitung.

Reben gedeihen in gemäßigten Klimazonen am besten. Sie brauchen viel Sonnenschein, aber auch ausreichend Regen zum richtigen Zeitpunkt und müssen vor allzu kalten Winden geschützt sein.

Das Klima in Deutschland

Die Weinbaugebiete Deutschlands liegen etwa auf derselben geographischen Breite wie beispielsweise das schneereiche Winnipeg oder der die meiste Zeit des Jahres zugefrorene Baikalsee in Sibirien. Mitten durch Mainz, die heimliche Weinhauptstadt Deutschlands, führt der 50. Breitengrad. Als Messingstreifen in Bürgersteig und Straße eingelassen, kann man sogar auf ihm spazieren gehen. In Deutschland wird Weinbau wegen seiner nördlichen Lage hauptsächlich in den windgeschützten Flusstälern von Rhein, Ahr, Mosel, Neckar und Main und weiter nordöstlich an der Elbe sowie in den klimatisch günstigen Gebieten Rheinhessen und Pfalz betrieben. Als Mindestanforderungen für den hiesigen

Weinbau gelten 1300 Sonnenscheinstunden im Jahr und eine mittlere Temperatur von 9 °C beziehungsweise von 18 °C während der Vegetationsperiode. Außerdem benötigt ein Weinberg etwa 400 bis 500 Millimeter jährliche Niederschläge.

Die Größe des Jahrgangs

»Deutscher Wein ist eingefang´ner Sonnenschein«, lautete ein Werbeslogan der fünfziger Jahre. Das klingt romantisch, doch anders als in südlichen Ländern, wo die Sonne jedes Jahr zuverlässig scheint und der Charakter des Produkts dadurch im wesentlichen immer gleich ist, spielt gerade das wechselvolle Klima in Deutschland eine große Rolle für die Eigenart der Weine. Deshalb ist für Liebhaber sehr guter Qualitäten die Jahrgangsangabe wichtig. Sie steht für den Verlauf einer gesamten Vegetationsperiode, die den Charakter des in diesem Jahr gewachsenen Weines positiv oder negativ beeinflussen kann. Dabei kommt es nicht nur auf die Sonnenscheindauer, sondern auf den gesamten Witterungsverlauf an. Beeinflusst wird der Jahrgangstyp eines Weines natürlich auch von der Arbeit des fachkundigen Winzers.

Die Weinbauzonen in Frankreich

Frankreichs Weinbaugebiete liegen in den EU-Weinbauzonen B und C. In B liegen Elsass, Lothringen, die Champagne, das Jura, Savoyen und Teile des Loiretals, alle übrigen sind in der Zone C. Zu den klimatisch heißesten Gebieten (CIII, entspricht in Italien Süditalien, Sizilien und Sardinien) gehören Korsika und Teile der Departements Var sowie die Pyrénées Orientales. Das klimatische Spektrum ist also sehr breit. Müssen in der Champagne und im Chablis-Gebiet die Rebpflanzen mitunter vor Frost geschützt werden, so achten die Winzer im Süden darauf, dass ihre Trauben nicht überreif werden. Liegen in Deutschland die durchschnittlichen Jahrestemperaturen der Weinbaugebiete nur 1°C auseinander (zwischen 9,5 und 10,5 °C), so beträgt die Differenz in Frankreich 5,4 °C (zwischen 10 und 15,4 °C).

In Deutschland ist nur Baden, das wärmste Gebiet, der Zone B zugeordnet, alle anderen gehören zur Zone A.

Das Beispiel Italien

Das Weinland Italien, das sich über fast 1200 Kilometer vom 35. bis zum 47. Grad nördlicher Breite erstreckt, gehört zur südlichsten und wärmsten der drei europäischen Weinbauzonen. In den einzelnen Regionen des Landes herrschen dennoch sehr unterschiedliche klimatische Bedingungen, die mancherorts denen der nördlichen Weinbauländer ähneln, während sie in anderen Gegenden eher an das heiße spanische Andalusien erinnern. Es ist sicherlich nicht übertrieben, Italien als das ideale Weinbauland zu bezeichnen. In keinem anderen Land der Erde herrscht ein so günstiges Klima, nirgendwo sonst gibt es so viele unterschiedliche Rebsorten, und in keinem anderen Land findet der Winzer so viele Weinbergslagen mit idealer Bodenbeschaffenheit. Dem Italienreisenden erschließt sich diese Vielfalt auf den ersten Blick: Hier streben die Reben an steilen Hängen nach oben, da liegen weite Rebflächen, auf denen die Stöcke ihre üppige Frucht tragen, in der prallen Sonne, hier locken sanfte Hügel, dort enge, winzige Terrassen, auf denen die Arbeit des Winzers eine Mühsal ist.

Im Süden gedeihen besonders die roten Trauben, die viel Wärme brauchen und unter zu feuchten Bedingungen für Fäulnis anfällig sind, wesentlich besser.

Historische Ausdehnung von Süd nach Nord

Im Laufe der Jahrhunderte lernten die Winzer in Italien, dass ihre Reben in kühleren Regionen bessere Weine hervorbrachten. Sie waren nicht so alkohollastig und süß, dafür aber viel feiner, komplexer, aromatischer und langlebiger. Je mehr die Weinbauern diese Regel begriffen, desto mehr legten sie ihre Rebzeilen in den Hügeln und Bergen statt in den sonnenverbrannten Ebenen an.

Die Rebfläche breitete sich von Apulien und Sizilien nach Norden aus, eroberte die Hänge um Rom und besetzte die sanften Hügel des Etruskerlands in der Toskana, bis sie schließlich an die Grenze der schneebedeckten Alpen stieß, wo es die Menschen schon bald verstanden, den steilen Hängen in mühseliger Arbeit ein paar Terrassen abzutrotzen. Die besten klimatischen Bedingungen fand die Rebe schließlich in den Gegenden, in denen es im Winter nicht allzu sehr fror und im Sommer nicht übermäßig heiß wurde, zum Beispiel in der Toskana, in Umbrien, der Emilia-Romagna und im Piemont.

Weinbergterrassen in den Cinqueterre an der malerischen Küste Liguriens.

Einfluss des Mikroklimas

Das für das Gedeihen einer Rebe wirklich bestimmende Klima hängt von wesentlich mehr Bedingungen ab als nur von Sonne und Regen. Da spielt es beispielsweise eine Rolle, ob der Boden des Weinbergs die Wärme der Sonnenstrahlen speichern kann und ob größere Wasserflächen in der Nähe sind, die das Licht reflektieren und so zu einer zusätzlichen Wärmequelle werden. Auch die Anlage der Rebzeilen ist für das »Kleinklima« jeder Weinbergsparzelle entscheidend. Ihre Ausrichtung im Hinblick auf den jeweiligen Sonnenstand, ihre Dichte, die die Luftfeuchtigkeit zwischen den Rebstöcken bestimmt, und die unterschiedliche Höhe der »Laubwand«, die den Trauben je nach Notwendigkeit Sonne zukommen lässt oder Schatten spendet, sind genauso wichtig wie die reine Sonnenscheindauer.

Was passiert bei schlechtem Wetter?

Gerade in kühleren Anbaugebieten sind die außergewöhnlichen Weinbergslagen oft in kleinen, besonders geschützten Nischen entstanden.

Das Klima ist der Faktor des Weinbaus, den der Mensch schlecht beeinflussen kann. Besonders in den nördlichen Anbaugebieten können ein zu kühler Sommer oder ein verregneter Herbst die Ernte empfindlich gefährden, und in schlechten Jahren erreichen die Trauben oft nur mit Mühe die Zuckerkonzentration, die für die Gärung notwendig ist. Trotzdem ist der Winzer kein Sklave des Wetters. Es gibt immer wieder Versuche, rein rechnerisch – aus Sonnenscheindauer, mittlerer Jahrestemperatur und der Regenmenge – die Qualität eines Weinjahrgangs vorab zu errechnen.

Viel Glauben sollte man solchen Kalkulationen aber nicht schenken, denn ein ernsthafter Winzer wird auch in schlechteren Jahren gute Qualitäten produzieren.

Das ideale Weinjahr

Ein ideales Weinjahr am Beispiel der deutschen Anbaugebiete verläuft etwa so:

- Im Winter keine zu starken Fröste, die zu Schädigungen der Pflanze führen würden, außerdem eine ausreichende Feuchtigkeitsreserve vom Vorjahr im Boden.
- Im Frühjahr nach dem Rebschnitt genügend Niederschläge, um dieses Wasserdepot möglichst lange zu halten.
- Zu Beginn der Blüte, die normalerweise Mitte Mai einsetzt und - je nach Rebsorte - bis Ende Juni dauert, warmes, windstilles Wetter ohne Niederschläge. Die Blüte soll schnell und zügig vor sich gehen, damit die kleinen Blüten nicht abfallen, was zu Ertragsausfall führen würde.
- In der Zeit der Reife vom Spätsommer bis zum Herbst hofft der Winzer auf geringe Niederschläge, Nebel am Morgen und tagsüber Sonne.
- Im späten Reifestadium kurz vor der Ernte darf es keinen zu kräftigen Regen geben, der die dünner gewordene Schale zum Platzen bringen könnte.

Er wird im Sommer rechtzeitig durch Ausdünnen der noch unreifen Trauben dafür sorgen, dass nur wenige Beeren in den Genuss der verschiedenen Nährstoffe kommen, sodass diese wenigen dann alles enthalten, was das Jahr geben konnte. Es kommt auch vor – wie zum Beispiel 1987 im italienischen Piemont –, dass es für eine Jahrgang schlechte Prognosen gibt, weil es während der Erntezeit plötzlich heftig regnete. Die wenigen Winzer allerdings, die das Glück hatten, vor den Regenfällen zu ernten, konnten auch in diesem Fall großartige Weine ernten. Den von der Presse schon im Frühjahr gewünschten Prognosen halten die Winzer also lieber die Regel entgegen: »Die Qualität eines Jahrgangs läuft erst aus der Kelter.«

Ein moderner Weinberg ist auch nach den Kriterien der Wirtschaftlichkeit angelegt, z.B. danach, ob sich größere Flächen für maschinelle Bearbeitung eignen.

Der Geschmack kommt vom Boden

Der Boden hat, ebenso wie das Klima, einen erheblichen Einfluss auf die Qualität des Weines. Heute gibt es für fast jede Bodenart bedarfsgerecht gezüchtete neue Rebsorten, aus denen der Winzer wählen kann. Je nachdem, ob der Weinberg in einer Steillage, einer Flachlage, auf stark wasserhaltigen oder trockenen Böden liegt, empfehlen sich bestimmte Sorten.

Für den Weintrinker spielt der Boden noch eine weitaus größere Rolle, als nur geeigneter Standort für diese oder jene Rebsorte zu sein. Der Einfluss des Bodens, genauer gesagt seine Mineralien und sonstigen Bestandteile, prägen ganz entscheidend den Geschmack des Weines. Der Fachmann nennt dies den »Bodenton«.

Was macht der Schiefer im Wein?

Sie werden sich vielleicht fragen, ob es Ihnen wirklich etwas nützt, wenn Sie sich mit dem komplizierten Thema der Weinbergsböden beschäftigen. Vielleicht lassen Sie das Thema so lange auf sich beruhen, bis Ihnen bei einer Weinprobe Ihr Gegenüber zuflüstert: »Typisch Schiefer.« Was hat das zu bedeuten?

Sicherlich schmeckt kein Mensch den Schiefer direkt im Wein. Nur bekommt diese bestimmte Traube durch den Weinbergsboden eine bestimmte Geschmacksnote, eine bestimmte Intensität, die geübte Weintrinker herausschmecken können. Schließlich gelangen die im Boden enthaltenen Mineralien mit dem Wasser in die reifenden Früchte. Der Schieferuntergrund – in Deutschland finden wir ihn etwa in

Weinberge oder auch Weinfelder gleichen häufig nicht fruchtbaren Äckern, sondern wirken eher unwirtlich und steinig.

den Gebieten Mosel-Saar-Ruwer und Mittelrhein - teilt sich beispielsweise dem Wein durch einen typischen Geschmack, den Weinverkoster mit »stahlig« bezeichnen, mit.

Welchen Boden bevorzugen die Reben?

Die Rebe, ursprünglich eine anspruchslose Schlingpflanze, bevorzugt karge, tiefgründige Böden mit guter Durchlüftung und bringt hier optimale Ergebnisse. Der Humusboden, den wir alle am besten aus dem eigenen Garten kennen, ist für den Weinbau denkbar ungeeignet. Weinbergsboden sollte nicht zu feucht und nicht zu fruchtbar sein. Die Rebe bevorzugt eher mageren Grund, sonst produziert die Pflanze zu große Mengen. Die Folge wären »dünne«, extrakt- und zuckerarme Trauben. Es kommt im Weinbau nie darauf an, möglichst viel zu produzieren. Trauben liefern hohe Qualität nur bei geringem Ertrag, und dieser Höchstertrag ist für die einzelnen Qualitätsstufen gesetzlich festgelegt.

Auf kargem Boden, wie hier in Süditalien, pflanzt man die Rebstöcke in größerem Abstand voneinander.

»Wo der Pflug geht, soll kein Wein wachsen«, so lautet ein alter Winzerspruch an der Mosel. Er stammt aus einer Zeit, in der man hauptsächlich die klassischen Rebsorten Riesling und Silvaner anbaute und die weinbaulich problemloseren Neuzüchtungen von heute noch nicht kannte, die auch auf Ackerböden passable Ergebnisse bringen. Denn die klassischen deutschen Weinreben, vor allem Riesling und Silvaner, entwickeln ihre besonderen Feinheiten auf kargen, nährstoffarmen, aber mineralstoffreichen Böden an möglichst steilen, der Sonne zugewandten Hängen. Die Wurzeln der Rieslingreben können auf den Schieferweinbergen an der Mosel bis zu 20 Meter ins Gestein reichen, von wo sie sich besonders viele mineralische Stoffe holen, die den Charakter der daraus erzeugten Weine nachhaltig prägen.

Vielfalt der Böden

Allein in Deutschlands Weinbergen kennt man mehr als 1000 verschiedene Bodenarten, die den Reben eine fast unübersehbare Vielfalt von unterschiedlichen Wachstumsbedingungen bieten. Man unterscheidet grob zwischen

- Vulkanböden, die meist füllige, feurige Weine hervorbringen,
- Schieferböden, auf denen feine, komplexe Weine wachsen,
- Kalkböden, deren Weine meist kräftiger ausfallen,
- Löss- und Lehmböden, die gehaltvolle, bukettreiche Weine hervorbringen.

Es gibt auch spezialisierte Regionen, in denen Sand- oder Kreideböden vorherrschen. In der Regel wird ein Wein

- um so feinfruchtiger, je steiniger,
- um so leichter, je sandiger,
- und um so voller, je schwerer der Boden ist.

Selbst innerhalb einer Lage gibt es Geschmacksnuancen. Wenn jemand allerdings »herausschmeckt«, in welcher Ecke des Weinbergs ein Wein gewachsen ist, dann blufft er.

Die Probe aufs Exempel

Ein Lehrstück, um auch Unerfahrenen den Einfluss des Bodens zu demonstrieren, bietet das Weinbaugebiet Franken. Eine gute Weinprobe, durchgeführt von Fachleuten oder vom Winzer selbst, genügt bereits, um in dieser Hinsicht aus einem Laien einen Kenner zu machen. Franken lässt sich grob in drei geologische Formationen einteilen:

- Buntsandstein im Bereich des sogenannten Mainvierecks,
- Muschelkalk im anschließenden Bereich Maindreieck mit der Frankenhauptstadt Würzburg
- und Keuper (kalkhaltige Tonböden), im östlichen Teil, dem Steigerwald.

Probiert man Weine einer Rebsorte, zum Beispiel Silvaner, aus den drei verschiedenen Bereichen, so erkennt man unschwer den Unterschied, der durch den Boden geprägt wird. Der Buntsandstein im Mainviereck, der sich sehr schnell erwärmt, bringt Weine von einer gewissen Eleganz, die nicht so füllig und kräftig sind wie die Weine von den Muschelkalkböden im Mainviereck, deren kräftige und dabei spritzige Art typisch für die meisten Frankenweine ist. Die Weine von dem Keuperböden des Steigerwaldes sind eleganter und bestechen durch ihre volle, säurereiche Art, zu der noch eine angenehme Fruchtigkeit kommt. Keuper und Muschelkalk geben besonders viel Mineralstoffe an die Rebe ab, die sich im Geschmack der Weine äußern.

Spezialisierung in Frankreich

Während man in Deutschland zum Beispiel den Silvaner oder Riesling in fast allen Regionen vorfindet und ihre Qualität übergreifend vergleichen kann, liegen in Frankreich die Verhältnisse vollkommen anders. Der Vielfalt der Böden und Klimazonen steht ein noch breiteres Rebsortiment gegenüber, von denen einige auf ganz bestimmte Regionen beschränkt sind. In diesem Fall kann man eigentlich nur die Weine einer Lage, d. h. eines speziellen Gebiets, direkt miteinander vergleichen.

In der Côte d'Or, wo die kostbarsten Burgunder wachsen, finden sich ganz unterschiedliche Bodenarten, vor allem Kalk in verschiedenen Zusammensetzungen. Im Chablis herrscht Muschelkalk vor, der nur mit den Reben dieses Gebiets optimale Ergebnisse bringt. Steinige Schotterböden sind für das Rhônetal charakteristisch, und im Midi gibt es drei Bodenarten: in den Hügeln trockene Granit-, Schiefer- und Kalkböden, in der Ebene Schwemmböden und an der Küste Sand. Die Weine von Sandböden, »Vins de Sable«, sind leicht, aber nicht besonders edel.

Die Weinberge der Champagne, die teuersten der Welt, bestehen aus mit Humus bedeckter Kreide. Diese Böden speichern die Tageswärme besonders gut, was in einem relativ kühlen Gebiet wie der Champagne sehr wichtig ist. In Kreidestollen unter den Champagnerhäusern lagern auch die kostbaren Flaschen, da hier besonders ideale Temperaturverhältnisse herrschen. Normalerweise liefern Kreideböden keine Weine hoher Qualität, nur in der Champagne und im spanischen Sherry-Gebiet verleihen sie den Weinen ihr charakteristisches Bukett.

Es wäre allerdings völlig abwegig, allein von der Bodenart Prognosen über die Qualität eines Weines abzugeben.

Die edelsten Weine aus dem Médoc und Graves kommen von kargen Böden mit hohem Anteil an runden Kieseln, die auf Schiefer, Sand oder Kalk liegen und durch die die Rebpflanze nur dank ihrer langen Wurzeln in die darunter liegenden Schichten vordringen kann. Dieser Boden ist so mager, dass man ihn eigentlich als unfruchtbar bezeichnen müsste, doch gerade für den Anbau hochwertiger Trauben ist er wegen der perfekten Drainage des Regenwassers und der Speicherung der Tageswärme ideal geeignet.

Italiens Böden

So vielfältig wie die klimatischen Bedingungen präsentieren sich auch die Böden und Weinbergslagen, auf denen Italiens Weine wachsen. Das liegt einerseits an der geologischen Geschichte des Landes, dessen Berge und Täler aus ganz unterschiedlichen erdgeschichtlichen Epochen stammen, andererseits an seiner besonderen geographischen Gliederung, da auf kleinstem Raum weite Ebenen und enge Täler, sanfte Hügel und schroffe Felsen einander abwechseln. Im Allgemeinen bringen in Italien vor allem kalkhaltige Böden die größten Weine hervor. Bodenarten, die in anderen Ländern Spitzenlagen auszeichnen – Urgestein und Schiefer, Löss und vulkanischer Boden –, kommen in Italiens Weinbergslagen nicht oder kaum vor. Kalkhaltige Böden sorgen nicht nur dafür, dass die meist spät reifenden Spitzenrebsorten Italiens ideale Bedingungen zum Ausreifen finden, sie geben auch manchen importierten »internationalen« (besser: französischen) Sorten ungeahnte Qualitäten mit, sodass die aus ihnen gewonnenen Weine mancherorts sogar besser und langlebiger sind als in anderen Ländern.

Eine der bekanntesten italienischen Bodenarten, die in den achtziger Jahren sogar einem weißen Modewein den Namen gab, ist der toskanische Galestro. Das tonhaltige Verwitterungsgestein, das auf vielen Weinbergslagen in dichter Folge mit Alberese, einem kalkhaltigen Sandstein, abwechselt, bildet die Unterlage für einige der besten Chianti oder auch für so berühmte Tafelweine wie den Tignanello und den Fontalloro.

Physikalische Unterschiede der Böden

In jüngster Zeit haben Wissenschaftler im Burgund und in Bordeaux den Einfluss der Bodenbeschaffenheit auf die Weine untersucht. Sie meinen, die Festigkeit und Dichte des Bodens, seine Porosität, Wasserdurchlässigkeit und sogar die Farbe der Krume könnten noch bedeutsamer sein als die Bodenbeschaffenheit. An dieser These ist sicher etwas Wahres. Denn die verschiedenartigen chemischen Zusammensetzungen von Böden – Muschelkalk, Lehm, Vulkanerde, Schiefer oder Granit bestehen aus unterschiedlichen chemischen Elementen – spiegeln sich natürlich auch in unterschiedlichen physikalischen Eigenschaften wider. Dunklere Böden speichern mehr Wärme als helle, Böden, die kühler sind als ihre Umgebung, fördern die Bildung von Farbpigmenten in den Beerenschalen, und trockene Böden treiben die Wurzeln bei der Nahrungssuche in größere Tiefen, sodass die Pflanzen weniger wetterempfindlich werden und mehr Mineralstoffe vorfinden.

Zweck des Rebschnitts ist die Ertragsbegrenzung zugunsten höherer Qualität. Jeder einzelne Rebstock soll seine ganze Kraft in möglichst wenige Beeren »investieren«. So wird der Wein dichter und kräftiger.

Die Arbeit des Winzers

Ohne die Arbeit des Winzers wären Klima und Boden fast bedeutungslose Faktoren. Salopp gesagt: Der Wein wächst nicht von allein, sondern der Winzer macht's. Wenn der Mensch die natürlichen Bedingungen nicht richtig interpretiert und entsprechend zu beeinflussen sucht, kommen auch beim günstigsten Klima und auf den besten Böden keine guten Weine zustande. Das Winzer-Sprichwort »Der Wein entsteht vor allem im Weinberg und nur in zweiter Linie im Keller« zeigt, dass man seine fachkundige Arbeit gar nicht hoch genug bewerten kann.

Steigendes Qualitätsbewusstsein

Ein Großteil zumindest der deutschen Winzer hat zwar heute eine solide Fachausbildung genossen, doch ist die Unterstützung durch Weinbau-Lehranstalten

Ein mengenmäßig hoher Ertrag ist im Qualitätsweinbau nicht erwünscht, denn Menge und Güte schließen einander aus.

und Weinbauämter in allen Fragen unerlässlich. Die Beratung erstreckt sich über die Wahl der geeigneten Rebsorten (nicht alle sind überall zugelassen) über die richtige Pflanzung, bedarfsgerechte Düngung und den Pflanzenschutz. Besonders was die Düngung und den Pflanzenschutz betrifft, haben die deutschen Ämter aus jahrzehntelangen Fehlern gelernt. Heute werden Herbizide zur Unkrautbekämpfung immer seltener eingesetzt, und bei den Winzern, vor allem auch bei den Genossenschaften hat sich das ökologische Denken immer mehr durchgesetzt (siehe auch Seite 67).

Auch das richtige Zurückschneiden der Rebstöcke mit dem Ziel einer besseren Qualität durch weniger Ertrag prägt den modernen Qualitätsweinbau in Deutschland. Hinzu kommt, dass der Absatzdruck aus der EU und ein stetiger Rückgang im Pro-Kopf-Verbrauch die Winzer zu einem verstärkten Denken in Richtung »Weniger Menge - mehr Qualität« geführt hat.

Bei den einzelnen Methoden gibt es natürlich große regionale Unterschiede. In Frankreich ist das Bewässern von Qualitätsweinbergen während der Vegetationsphase der Rebe strikt verboten, in anderen Gegenden wird die Maßnahme dagegen empfohlen, da bei zu großer Dürre Trauben ohne ausreichenden Säuregehalt wachsen, die »gekochte« und »dickliche« Weine hervorbringen.

Die Anlage des Weinbergs

Der Mensch kann die äußeren klimatischen Bedingungen für den Weinberg in einem bestimmten Maß beeinflussen. In kühleren Gegenden, in denen jede einzelne Rebzeile voll der Sonne ausgesetzt sein muss, werden Terrassen gebaut, während andernorts der Bau weit ausladender Pergolen die Trauben vor der größten Hitze schützt. Um das Mikroklima ihrer Weinbergslagen zu beeinflussen und aus jeder gegebenen natürlichen Situation das Beste für ihre Weinstöcke herauszuholen, bedienen sich die Winzer verschiedener Methoden. Zum Beispiel bewirkt ein großräumiges Auspflanzen der Stöcke eine gewisse Kühlung durch Wind, eine hohe Pflanzdichte schützt vor Austrocknung.

Entwicklung der Traube. Von links nach rechts: Rebblüte; die ersten Beeren zeigen sich; schnelles Wachstum der Früchte vor der Reife.

Natürlich sind moderne Weinberge oft nach ganz anderen Kriterien angelegt. Dazu gehören vor allem Fragen der Wirtschaftlichkeit und die Eignung des Weinbergs für die maschinelle Bearbeitung. Für wirkliche Spitzenweingüter, für Produzenten, die auf Top-Qualität bedacht sind, spielen solche Erwägungen allerdings keine Rolle, da die erhöhten Unkosten durch die meist höheren Weinpreise leicht wieder ausgeglichen werden können.

Das Jahr im Weinberg: Winter

Ab Dezember erfolgt die Düngung des Bodens. Die Devise lautet: So viel wie nötig, so sparsam wie möglich. In dieser Zeit durchlaufen die Wurzeln die aktivste Phase des Jahres, während die oberirdischen Teile der Pflanze sich im Winterschlaf befinden und der Saft sich zurückgezogen hat. Heute bedienen sich die Winzer immer mehr ökologischer Methoden wie der Gründüngung zwischen den Rebstöcken. Das hat im übrigen auch den Vorteil, dass bei der Ernte zu Boden gefallene Trauben noch genutzt werden können.

- Gegen Ende des Winters wird dann der Rebschnitt vorgenommen, das heißt der Winzer schneidet die Fruchtruten des letzten Jahres ab. Wie weit, das richtet sich nach der Region und der Rebsorte.

Gründüngung heißt, dass man Pflanzen zwischen den Rebzeilen zieht, die später gemäht und ein gearbeitet werden, sodass ihre Nährstoffe den Boden auf natürliche Weise anreichern.

Der richtige Zeitpunkt für den Winterschnitt muss besonders in den kühlen Weinbauregionen gut überlegt werden. Ein frisch beschnittener Rebstock ist besonders frostanfällig, doch schneidet der Winzer zu spät, geht kostbare Energie für Teile der Pflanze verloren, die später ohnehin abgeschnitten werden. Die abgeschnittenen Fruchtruten werden entweder verbrannt oder zur Bodenverbesserung liegen gelassen.

Frühling

Im März und April, wenn die Triebe zu sprießen beginnen und der Saft im Rebholz aufsteigt, bilden sich die Knospen, aus denen die ersten Blätter wachsen.

- Wenn die Triebe eine ausreichende Länge erreicht haben, werden sie noch einmal beschnitten und, soweit vorhanden, am Drahtrahmen befestigt, damit die Früchte später optimale Wachstums- und Reifebedingungen vorfinden.

Die Zahl der »Augen«, der Knospen, die an einem Trieb verbleiben, entscheidet bereits über den späteren Ertrag und damit über die Qualität des neuen Jahrgangs. Augenmaß und Fachkenntnis sind hier gleichermaßen gefragt.

Im Frühjahr werden auch die neuen Rebstöcke gepflanzt. Die Dichte der Pflanzen beeinflusst ebenfalls die Qualität der späteren Weine und ist vom Boden, dem Klima und der Rebsorte abhängig. Bei sehr weit auseinandergepflanzten Rebstöcken kann die Qualität zum Beispiel wegen Temperatur- und Windeinwirkung sinken.

Alle Arbeiten im Weinberg haben das Ziel, im Einklang mit den Ruhe- und Wachstumsphasen des Rebstocks die höchste Qualität zu erzielen.

Frühsommer

Im Mai und Juni entwickeln sich die Blütenstände. Die Blüte und die Befruchtung durch den Wind erfolgen gegen Ende dieser Periode. In dieser Zeit freut sich der Winzer über warmes, trockenes, möglichst gleichmäßiges Wetter.

- Wenn es zuviel regnet, werden viele Blüten nicht bestäubt, und die Ernte fällt entsprechend mager aus.

Nachdem die Blüte beendet ist, zeigen sich die Fruchtstände in Form von Minitrauben. Vom Ende der Blüte bis zur Reife der Trauben vergehen jetzt noch etwa 90 bis 100 Tage, während denen der Winzer eventuell noch einmal mit dem Pflug zwischen den Zeilen durchfährt, um möglichst viel Feuchtigkeit im Weinbergsboden zu erhalten.

Hoch aufschießende Triebe und sogenannte »Geiztriebe«, die keine Trauben tragen und eine Konkurrenz für die anderen darstellen, müssen gekappt werden. Möglichst viele Blätter der traubentragenden Triebe müssen jetzt der Sonne zugewendet sein. Mithilfe der Sonnenenergie bilden sich aus dem Kohlendioxid aus der Luft und Wasser Zucker, der von den Blättern zu den reifenden Trauben geleitet wird.

Sommer

Im Hochsommer wachsen die Trauben sehr schnell und beginnen sich im Spätsommer zu verfärben.

- Während dieser Zeit sammeln die Beeren Zucker an, die Säure sinkt, und die Aromastoffe entwickeln sich.

Generationenkonflikt in Italien

Unter seriösen Weinbauern ist es heute keine Frage mehr, dass nur derjenige wirklich große Weine keltert, der die Traubenmenge schon im Weinberg zur richtigen Zeit begrenzt hat. Gerade dieses Ausdünnen hat in Italiens Weingütern aber auch für so manches Drama gesorgt. Während die jüngere Generation oft überzeugt ist, für den Wettbewerb auf den internationalen Märkten reiche, dichte und gehaltvolle Weine keltern zu müssen - und das geht nun einmal kaum ohne Mengenreduzierung –, war die ältere Generation zu lange der Meinung, das Wegwerfen der Gottesgaben sei ein Frevel und deshalb zu verdammen.

Noch heute gibt es junge Winzer, die heimlich nachts ausdünnen müssen, weil der Vater droht, sie vom Hof zu verjagen, und in ein paar Fällen kam es im letzten Jahrzehnt so weit, dass Spitzenwinzer der jüngeren Generation von ihren Vätern enterbt wurden, weil sie es gewagt hatten, Trauben wegzuwerfen.

Während des Traubenwachstums wünscht sich der Winzer Niederschläge, für die Reifezeit und die Lese reichlich Sonne und vor allem trockenes Wetter. So ist für die Reife von Rotweintrauben eine Temperatur von 21 °C und von Weißweintrauben von 19 °C ideal. Ein Ausdünnen zu großer Mengen kann nötig werden.

Die Lese im Herbst

Sind die Trauben ausgereift und enthalten genügend natürlichen Zucker (siehe auch Seite 240), werden sie geerntet. Schon Mitte August werden in einigen italienischen Regionen die weißen Sorten und die Trauben für Sektgrundwein gelesen. Der Großteil der Lese findet dann bis Ende Oktober statt. In Frankreich beginnt die Lese Anfang September in den südlichen Weinbauregionen und endet mit der Spätlese etwa Anfang November. Es gibt in seltenen Fällen sogar Jahre, wie 1997 im Bordelais, in denen die weißen Trauben schon Mitte August gelesen werden. In Deutschland kann sich die Lese bis zu drei Monate hinziehen. Bei mindestens 7 °C Frost werden noch die speziell für den »Eiswein« reservierten Trauben gelesen.

- Eine frühe Reife und Lese gilt als Hinweis auf ein gutes Jahr.

Auch beim Ernten kommt es wieder auf sorgfältigstes Arbeiten an. Vor allem der Lesezeitpunkt muss sehr genau bestimmt werden, damit die Trauben genügend Zucker angesammelt haben, aber auch noch ein wenig Säure besitzen, die den Weinen später Frische gibt. Wenn es jetzt anfängt zu regnen, kann die Mühe eines ganzen Arbeitsjahres zunichte gemacht werden, wenn es aber sonnig und warm bleibt, darf der Winzer einen guten Weinjahrgang erwarten.

Flache Weinfelder eignen sich gut für den Einsatz moderner Vollerntemaschinen.

Maschinelle Ernte

Das Ernten geschieht nicht mehr nur von Hand. Auf großen Flächen in der Ebene erntet man heute auch maschinell mit einem Gerät, das einer Dreschmaschine ähnelt und »Vollernter« heißt. Als man in Deutschland die ersten dieser Maschinen einsetzte, machten sie allerdings ihrem Namen alle Ehre und »ernteten« gleich die ganze Pflanze, denn sie waren ursprünglich für die französischen Weinberge mit ihren kräftigeren Rebstöcken konstruiert worden. Mittlerweile hat man das Problem im Griff, und die Winzer konnten ihre Bedenken vergessen. Die neue Maschine fährt über die Rebstöcke, wobei die Trauben von Vorrichtungen in ihrem Innern abgerüttelt und dann mit einer Art

»Staubsauger« aufgesaugt werden. Gleichzeitig bläst ein starker Luftstrom Blätter und Verunreinigungen heraus. Die abgerüttelten Trauben werden auf einem Förderband zum Transportgefäß gebracht.

Erzeuger hochwertiger Weine allerdings lehnen die kostengünstige maschinelle Ernte wegen der fehlenden Selektionsmöglichkeiten bei der Ernte strikt ab. Solange es Kunden gibt, die die zusätzliche Mühe und die daraus resultierende höhere Qualität zu schätzen wissen und dafür entsprechend höhere Preise akzeptieren, wird es weiterhin von Hand gelesene und ausgelesene Trauben geben.

Porträt der wichtigsten Rebsorten

Welcher Art ein Wein ist, das bestimmt die Rebsorte oder der Verschnitt (siehe Seite 62) aus mehreren Sorten. Ein Pinot Noir aus einer einfachen Lage ist ein einfacher Wein, aber es ist ein Pinot Noir mit bestimmten Eigenschaften. Ein Pinot Noir aus einer Spitzenlage ist von der Art her auch ein Pinot Noir, aber was ist das für ein fürstliches Getränk! Zu welchem Glanz haben sich hier die Grundeigenschaften der Rebsorte entwickeln können – zuerst im Weinberg und später im Keller.

Die Wein- oder Tafeltrauben tragende Art »vitis vinifera« ist etwa 60 Millionen Jahre alt.

Wie wir bereits gesehen haben, eignet sich nicht jede Rebsorte für jeden Boden und jedes Klima. Grob gesagt, werden in den nördlichen Weinbauzonen bevorzugt Weißweine, in den südlichen eher Rotweine angebaut. Wir wollen im Folgenden die bekanntesten Rebsorten und die für ihr jeweiliges Anbaugebiet typischen Weinarten vorstellen.

Am Anfang steht die Rebe

Die Grundlage des Weinbaus, wie er sich durch Jahrtausende entwickelt hat, ist eine einzige Pflanzenart, ein Mitglied der Familie der Rebengewächse, lateinisch »vitis« genannt. Diese »vitis vinifera«, die nur eine von über 50 Formen der »vitis« ist, wächst vor allem in den gemäßigten Klimazonen der Erde, das heißt, was die nördliche Erdhalbkugel betrifft, nicht sehr viel weiter nördlich als London oder Berlin und nicht viel weiter südlich als Tunis und Kairo.

Ihre heutige Form nahm die »vinifera« erst vor ungefähr 7000 Jahren unter den Händen des Menschen an, der sie durch geduldige Arbeit in eine Kulturpflanze verwandelte. Ganze 8000, manche sagen sogar 10000, verschiedene Sorten hat die gezähmte »vinifera« bis heute herausgebildet, teils durch den bewussten Eingriff der Menschen, teils durch spontane Weiterentwicklung und Mutationen. Immerhin 1500 dieser Sorten werden irgendwo in der Welt angebaut, und etwa 800 bis 1000 sind für den Weintrinker von Interesse.

Die Reberziehung

Vor dem Auspflanzen neuer Rebsetzlinge muss sich der Winzer, der Weine guter Qualität produzieren will, für den geeigneten Weinberg und die für ihn optimale Traubensorte sowie den richtigen »Klon« – das sind all die genetisch »baugleichen« Nachkömmlinge eines einzigen, besonders wertvollen Setzlings –, die geeignete Unterlagsrebe und das Anbausystem, die Erziehungsform, wie man im Weinbau sagt, entscheiden. Die heute vorherrschenden Erziehungsformen sind eine recht moderne Erscheinung. Früher wuchsen die Reben einfach als Büsche wild im Gelände, und dort, wo ihre Triebe den Boden berührten, entstanden neue Pflanzen. Oft wurden sie auch an Bäumen emporgezogen, und die Früchte wuchsen in schwindelerregenden Höhen. Heute dagegen findet man die Pflanzen fein säuberlich aufgereiht, im Winter und im Sommer sorgfältig geschnitten und meist an einen »Drahtrahmen« – so nennt man die zwischen Holz-, Beton- oder Plastikpfählen gespannten Drähte im Weinberg – angebunden.

Die Reberziehung sorgt für ein ideales Verhältnis zwischen der Laubmasse und dem Traubenbehang. Auf diese Art und Weise werden die Qualität und die Menge des Ertrages beeinflusst.

Form und Art der Reberziehung hängen von der Landschaft, dem Klima, der Rebsorte, aber auch von regionalen Traditionen ab: Hier Pergolen im Trentino.

Der Schädling aus der Neuen Welt

Einen tiefgreifenden Wandel erfuhren die europäischen Reben, die Abkömmlinge der »vitis vinifera«, gegen Ende des letzten Jahrhunderts. Damals wurden aus Amerika verschiedene Rebkrankheiten und -schädlinge eingeschleppt, gegen die die europäischen Arten nicht gefeit waren. Die schlimmsten Verheerungen richtete die Reblaus, »phylloxera vastatrix« (die Zerstörerische), an, die sich auf amerikanischen Reben von den Blättern ernährte, während sie bei europäischen merkwürdigerweise nur die Wurzeln fraß.

Nachdem kein Mittel gegen diese Jahrhundertplage half und die Weinberge Europas dem endgültigen Siechtum preisgegeben schienen, versuchten es die Winzer mit einem Trick: Wenn die Reblaus amerikanische Blätter und europäische Wurzeln liebte, warum dann nicht einfach Pflanzen mit amerikanischen Wurzeln und europäischen Blättern und Früchten züchten? Gesagt, getan, und so schuf man im Laufe der Jahrzehnte völlig neue Rebpflanzungen, in denen die alten Arten der europäischen »vitis vinifera« auf speziell gezüchtete amerikanische Unterlagsreben aufgepfropft wurden. Heute sind, von wenigen Ausnahmen abgesehen, fast alle Weinberge Europas und der Neuen Welt nach dieser Methode bepflanzt.

Ein anderer Weg, nämlich der, direkte Kreuzungen aus amerikanischen und europäischen Reben zu züchten, erwies sich bisher als nicht sehr vielversprechend, da die Weine aus diesen Zuchtprodukten qualitativ nicht überzeugen konnten.

Neuzüchtungs-Fieber in Deutschland

Während andere Länder ihr Augenmerk mehr auf die Verbesserungen der Anbaubedingungen bewährter traditioneller Sorten legten, wetteiferten die deutschen Rebzuchtanstalten in der Erfindung immer neuer Sorten miteinander. Die Motivation war, einerseits höhere Erträge zu erzielen, andererseits in witterungsmäßig schlechten Jahren eine ausreichende Reife zu erreichen, aber auch, den deutschen Wein um neue Geschmacksnuancen zu bereichern - mit unterschiedlichem Erfolg. Heute, in Zeiten der Rückbesinnung auf bewährte Rebsorten wie Riesling oder Silvaner hat man erkannt, dass Neuzüchtungen nicht um jeden Preis notwendig sind. Gerade die Riesling-Spitzenjahrgänge 1971, 1976, 1983 und 1990 haben sehr eindrucksvoll gezeigt, dass es sich lohnt, mehr Augenmerk auf die »klassischen« Rebsorten zu legen. So holte man sogar den Elbling, einen alten Klassiker aus dem oberen Moseltal, wieder aus der Versenkung hervor und vermarktet seither erfolgreich seine Weine und Schaumweine.

Den wichtigsten Einfluss auf Typ und Geschmack eines Weines haben die Traubensorten, aus denen er bereitet worden ist.

Einige dieser Neuzüchtungen sind durchaus von Interesse, wie der Müller-Thurgau (siehe Seite 40), der Kerner (Trollinger x Riesling), der Morio-Muskat

Reine Sorte versus Verschnitt

Es sagt im Grunde nichts über die Qualität eines Weines aus, ob er aus einer einzigen oder aus mehreren Rebsorten gekeltert wurde. Die Rebsorte steht in Frankreich nur selten auf dem Etikett, denn die meisten Weine sind aus mehreren, in manchen Gebieten aus mehr als zehn Rebsorten hergestellt (z. B. beim bekannten Châteauneuf-du-Pape). Das bedeutet jedoch kein Minus an Qualität: Auch die großen Bordeaux-Weine sind so genannte Verschnitte. Die Eigenschaften der einzelnen Rebsorten werden bei der Weinbereitung so kunstreich aufeinander abgestimmt, dass ihre Summe etwas ganz Neues ergibt.

Dagegen ist die stets auf dem Etikett ausgewiesene Rebsorte bei einem deutschen Qualitätswein ein wichtiges Auswahlkriterium für den Kenner, denn die Rebe macht hier traditionell den Geschmack und Charakter des Weines aus. Generell werden in nördlichen Anbaugebieten mehr reinsortige Weine produziert, in südlichen mehr Verschnitte.

(Silvaner x Weißburgunder) und die Scheurebe (Silvaner x Riesling). Es gibt noch viele andere, auf die wir nicht näher eingehen, wie zum Beispiel Bacchus, Huxelrebe, Optima, Ortega oder Reichensteiner.

Königin der Weißweine: Die Rieslingtraube

Aus der Rieslingtraube werden die vielleicht feinsten, die rassigsten und ganz sicher die vielseitigsten Weißweine gewonnen: trockene und jung trinkfertige genauso wie volle, schwere und edle Süßweine. Es sind Gewächse, deren Charakter meist deutlich von den Eigenarten der jeweiligen Weinbergslage bestimmt wird, auf der sie gereift sind - Individualisten, die Persönlichkeit und Alterungsfähigkeit auf ideale Weise in sich vereinen.

Neben Mosel-Saar-Ruwer und Mittelrhein ist die Domäne des Rieslinganbaus in Deutschland der Rheingau. Von hier aus wurde die Sorte im 11. und 12. Jahrhundert in Deutschland verbreitet. Die Bezeichnung »Johannisberg« für Riesling in der Schweiz und den USA deutet darauf hin.

- Gute Rieslinge gedeihen vor allem in den deutschsprachigen Anbaugebieten, an der Mosel und am Rhein, im Elsass und in der Wachau.
- Auch in Norditalien, in Australien, Kalifornien, Neuseeland, Israel, Südafrika und einigen osteuropäischen Ländern kann man Riesling-Reben finden, in Frankreich dagegen ist ihr Anbau jenseits des Elsass und der Vogesen merkwürdigerweise verboten.

Ein Riesling ist nicht automatisch gut. Die Staaten der ehemaligen Sowjetunion produzieren große Mengen Riesling-Weine, doch sind diese noch immer von bescheidener Qualität und als solche nur selten erkennbar. Und nicht jeder »Riesling« ist übrigens wirklich ein Riesling: Der sogenannte Welschriesling oder Riesling italico ist mit dem echten Riesling nicht im entferntesten verwandt, und in Australien stammen noch heute viele »Rieslinge« in Wirklichkeit von der Sémillon-Traube.

Der Weinberg am heutigen Schloss Johannisberg existierte bereits im 12. Jahrhundert, als an dieser Stelle eine Benediktinerabtei stand.

Ideale Anpassung an das deutsche Klima

Woher der Name des Rieslings stammt, weiß niemand so recht zu sagen. Er wird mit »Ruß« in Verbindung gebracht, mit »rissig«, wie die Rinde des Rebstocks, mit dem »Verrieseln«, gegen das seine Fruchtstände sehr anfällig sind, oder auch mit »reißen«, vom oft harten Charakter, den die Weine in der Jugend haben.

Der Weiße Riesling wurde vermutlich aus Wildreben am Oberrhein selektiert. Es ist die klassische Rebsorte, die dem deutschen Weißwein Weltgeltung verschafft hat. Von allen deutschen Weißweinsorten reift die Rieslingrebe am spätesten und stellt die höchsten Ansprüche an die Lage. Sicher ist die lange Vegetationsperiode aber genau der Grund, warum die Sorte so hohe Qualitäten bringt. Die Rebe gedeiht zwar auf fast allen Böden, doch auf kargen Böden, wie zum Beispiel auf den steilen Schieferböden von Mosel, Saar, Ruwer und Mittelrhein, ergibt sie in guten Jahren Weine, die in ihrer rassigen, fruchtigen und feinblumigen Art die Produkte aus allen anderen Rebsorten deutlich überragen.

Rieslingweine schmecken elegant, frisch und »rassig«, wie der Kenner sagt.

Ein alterungsfähiger Wein

Der Vorteil der spätreifenden Riesling-Traube liegt in ihrer Fähigkeit, zu Ende der Reifeperiode große Mengen Zucker speichern zu können, ohne dass dabei zuviel Säure verloren geht. Gleichzeitig ist sie ein guter Nährboden für den Botrytis-Pilz (siehe Seite 18): Das macht sie zum idealen Ausgangsmaterial sowohl für trockene als auch für süße Weine.

Der Weiße Riesling gilt als edelste Weißweinrebe der Welt.

Rieslingweine haben oft eine helle, strohgelbe Farbe mit grünlichem Schimmer, die süßen Beeren- und Trockenbeerenauslesen sind jedoch goldgelb und nehmen mit den Jahren einen grün-goldenen oder bernsteinfarbenen Ton an. Ihr Aroma ist in der Jugend fruchtig und frisch, es erinnert an Linden- und Akazienblüten, an Rosen, Ginster, Pfirsich, Orangenblüte oder Zitronenkraut und manchmal, vor allem bei höheren Prädikatsstufen, an Aprikosen, Zimt und Honig. Im Alter nimmt der Wein dann den Duft von verwelkten Blüten und den berühmten »Petrolton« an.

- Gerade in den hohen Auslesequalitäten ist der säurereiche Rieslingwein jahre- bis jahrzehntelang lagerfähig, und selbst sehr alte Weine präsentieren sich dank ihrer Säure oft noch überraschend frisch.

Geschmackliche Nuancen

Natürlich bringen verschiedene Anbaugebiete auch unterschiedliche Rieslinge hervor: Im Rheingau ist er mehr fruchtbetont, an der Mosel stahliger und feiner, in der Wachau zeichnet er sich durch Pfirsichduft aus, und im Elsass findet man oft Aromen von Zitronenkraut und Grapefruit. Im Geschmack sind die Weine hier kräftiger als in nördlicheren Regionen. Die höherwertigen Auslesen oder die elsässischen »Sélections de grains nobles« sind fast sirupartige, süße Weine, die aber durch ihre gleichzeitig hohe Fruchtsäure ausgeglichen wirken und im Mund ein wahres Feuerwerk an Geschmackseindrücken entfachen. Das alles gilt natürlich nur, wenn der Winzer gut gearbeitet hat, denn das feine, subtile Aroma der Rieslingweine bringt ohne Gnade jeden Fehler in der Weinbereitung sofort zum Vorschein: Zuviel Schwefel, alte und modrige Fässer oder ein schlecht durchgeführter Säureabbau können den Genuss eines Rieslings erheblich stören.

Weiße Rebsorten in Deutschland

Die hier vorgestellten Rebsorten haben alle einen Anteil von mehr als 3 Prozent an der Gesamtrebfläche oder einen hohen Bekanntheitsgrad. Andere, wie Faberrebe, Huxelrebe, Ortega und Elbling haben nur regionale Bedeutung. Der Weißburgunder hat anteilmäßig zugelegt, er ist dabei, sich zur Trendsorte zu entwickeln.

Silvaner

Rund um den »großen« Riesling gibt es eine ganze Reihe von »Satelliten«-Sorten, die teils mit ihm verwandt sind, teils in seiner Nachbarschaft wachsen oder auch ähnliche Eigenschaften aufweisen. Dazu gehört der Silvaner, einst die populärste Sorte in Deutschland.

- Silvanerweine sind meist sehr hell und trocken und bekommen mit dem Alter ein Aroma von trockenem Gras und verwelkten Blumen.

Silvanerweine sind säurearm und der ideale Schoppen zum bodenständigen Essen.

Der Silvaner wurde in den letzten Jahren in seinen Hauptanbaugebieten Rheinhessen und Franken immer stärker gefördert. Er bringt äußerst interessante Weine hervor. Im Geschmack kann er manchmal etwas erdig und in sonnenarmen Jahrgängen »breit« wirken. Seine Weine passen ganz hervorragend zu einer deftigen oder ländlichen Küche.

Der Grüne Veltliner

In Österreich steht an der Seite des Rieslings meist der Grüne Veltliner, eine sehr interessante Sorte, die dem Silvaner von der Art her nicht unähnlich ist. Typisch für ihn sind die leicht pfeffrigen, manchmal würzigen Aromen, die aber sehr grob und vorlaut werden können, wenn die Weinberge zu ertragreich sind oder wenn das Wetter es einmal nicht so gut gemeint hat. Weine aus sonnigen Jahren dagegen können erstaunlich gut altern und sind selbst nach 10 oder 20 Jahren noch trinkbar.

Müller-Thurgau

Der Müller-Thurgau, der heute rund ein Fünftel der Gesamtrebfläche bedeckt, galt früher einmal als Kreuzung der Sorten Riesling und Silvaner, er ist aber laut DNA-Untersuchung eine Kreuzung aus Riesling und Weißburgunder. Als Neuzugang kann man ihn nicht bezeichnen, denn der Schweizer Rebenzüchter Hermann Müller aus dem Kanton Thurgau züchtete diese weinbaulich anspruchslose Sorte schon im Jahre 1882 an der Lehranstalt in Geisenheim.

Der Müller-Thurgau ist eine Züchtung mit Tradition.

- Seine Weine sind weich und leicht und können einen angenehmen Muskatton haben, sind aber von eher neutralem Charakter.

Wenn man sich in der Erntemenge beschränkt und nicht auf hohe Erträge erpicht ist, können Weine von leichter, sogar eleganter Art aus der Müller-Thurgau-Rebe entstehen. Beispiele dafür finden sich besonders reichhaltig in Franken und Baden.

Die Scheurebe

Die Scheurebe wurde schon 1916 vom rheinhessischen Rebenzüchter Georg Scheu in Alzey aus Silvaner und Riesling gekreuzt, und gehört damit zu den »alten« Sorten. Die Scheurebe zählt zu den sogenannten Bukettsorten und kann daher manchmal kräftig bis aufdringlich im Geruch sein, der an Schwarze Johannisbeeren erinnert. Sie stellt aus diesem Grund höchste Ansprüche an die Kunst des Kellermeisters.

- Im Geschmack sind Scheurebe-Weine fein-aromatisch mit Johannisbeerton und fruchtiger Säure.

Angebaut wird die Scheurebe bevorzugt in Rheinhessen, der Pfalz und als besondere Spezialität in Franken, wo sie als Geheimtipp gilt.

Kerner

Unter dem Bukett einer Rebsorte versteht man den Gesamteindruck, den der Geruch und die Aromastoffe des Weins hinterlassen.

Der Kerner wurde 1929 von August Herold an der Staatlichen Weinbau-Lehr- und Versuchsanstalt in Weinsberg aus dem roten Trollinger und dem Weißen Riesling gekreuzt. Diese Rebsorte entwickelte sich zum »Shooting Star« unter den deutschen Weißweinreben und nimmt hinter dem Riesling und dem Müller-Thurgau den dritten Platz in der Rebsortenstatistik ein. Ihre Hauptdomäne liegt in Württemberg, doch ist die Sorte mit steigendem Anteil in Rheinhessen, der Pfalz, Franken, dem Mittelrhein und in Mosel-Saar-Ruwer verbreitet. Benannt wurde sie nach dem schwäbischen Heimatdichter Justinus Kerner.

Die Traube ist robust und stellt nicht allzu hohe Ansprüche an die Lage.

- Bei sehr gutem Ertrag und einer Säure, die etwa der des Rieslings entspricht, liefert sie dem Riesling ähnliche, frische und rassige Weine. Eine Sorte mit großen Entwicklungsmöglichkeiten.

Ruländer

Der Ruländer ist eine alte Rebsorte, die wahrscheinlich aus einer Mutation des Blauen Spätburgunders (Pinot Noir) hervorgegangen ist und in Frankreich Pinot Gris heißt. Der Legende nach soll ein Speyerer Kaufmann namens Ruland ihn aus Burgund eingeführt haben. Die Domäne des Ruländers liegt in Baden, er wird aber auch in der Pfalz und Rheinhessen angebaut.

- Der Ruländer ergibt kräftigfarbene, wuchtige und gehaltvolle Weine, vor denen sich auch der trinkfeste Weinfreund in Acht nehmen muss.
- Beeindruckend ist der Ruländer auch als edelsüße Beerenauslese.

In sorgfältiger Handarbeit werden die letzten Trauben für die Spätlesen aussortiert und geerntet.

Durch frühe Lese der Trauben und eine verzögerte Gärung erhält man heute Ruländer, die nicht so wuchtig und daher - trotz gleichen Alkoholgehalts - wesentlich bekömmlicher, ja sogar leicht und spritzig sein können. Man findet sie unter der Bezeichnung »Grauer Burgunder« oder »Grauburgunder«. Die neuen Weine erkennt man an der helleren Farbe, während die herkömmlichen Ruländer leicht rötlich schimmern.

Gutedel

Der Gutedel zählt zu den ältesten Weißweinsorten überhaupt. Diese Rebe ist schon auf 5000 Jahre alten ägyptischen Grabmalereien abgebildet und wird seit dem 17. Jahrhundert in Deutschland angebaut. In vielen Ländern der Welt schätzt man sie wegen ihrer Größe und Süße auch als Tafeltraube. Auch zur Bereitung von hochwertigem Sekt wird Gutedel verwendet. In Deutschland findet man Gutedel fast nur in Baden im Bereich Markgräflerland.

- Die Traube liefert leichte, bekömmliche und milde Weine, die besonders von säureempfindlichen Menschen gut vertragen werden.

Gewürztraminer

Gewürztraminer heißt eigentlich Roter Traminer, benannt nach der Südtiroler Ortschaft Tramin, wo er schon im Mittelalter gerne angebaut wurde. In Deutschland wird er erstmals 1546 erwähnt. Bekannt als Gewürztraminer ist eine Variante, die sich für hochreife Dessertweine bewährt hat. Besonders in Baden - dort im Bereich Ortenau auch Clevner genannt - sowie in Rheinhessen und der Pfalz liefert sie bukettreiche, herzhafte und aromatische Weine.

- Typisches Erkennungszeichen für einen Gewürztraminer ist das an Rosenduft erinnernde Bukett.

Chardonnay, der Globetrotter aus dem Burgund

In der Côte d'Or, dem Herzland des Burgund, werden die großen, weltberühmten Weißweine aus Chardonnay-Trauben gekeltert – dazu gehört auch der Chablis.

Was der Riesling für die deutschsprachigen Anbaugebiete, ist der Chardonnay für Frankreich und die Neue Welt. Die Sorte, aus der die großartigen Weine aus Puligny-Montrachet und Meursault im Burgund, aber auch einige der feinsten Champagner stammen, war lange Zeit nicht einmal unter ihrem richtigen Namen bekannt, da man sie fälschlich mit den roten Burgundertrauben verwandt glaubte und deshalb »Pinot Chardonnay« nannte. Der Name Chardonnay stammt wahrscheinlich von dem gleichnamigen Ort nördlich von Mâcon im Gebiet des Mâconnais; dort nimmt die Sorte über 80 Prozent der Rebfläche ein.

Die Weine

Chardonnayweine werden oft in kleinen, neuen Holzfässern (Barriques) ausgebaut, die der fruchtigen Note des jungen Weins ihre eigenen Aromen und Geschmacksstoffe (z. B. Vanille) hinzufügen.

- Das Ergebnis ist ein vielschichtiger, sehr alterungsfähiger Wein von strohgelber Farbe.
- Er kann zuerst nach Lindenblüten, Eisenkraut, Minze, Apfel oder Banane und im Alter nach gegrillten Mandeln, getrockneten Früchten, Nüssen oder Honig riechen, während er im Geschmack immer trocken ist und mächtig und voll wirkt.

Der Chardonnay ist seit dem 14. Jahrhundert in Frankreich bekannt.

Die Weine fallen je nach Region und Verarbeitung sehr unterschiedlich aus; sie reichen geschmacklich von komplexen, großen Weißweinen in Burgund bis zu relativ neutralen, kräftigen Weinen, etwa in Italien, Ungarn und Überseegebieten. In Übersee sind die Weine säureärmer und fruchtiger als in Europa.

Im französischen Jura macht man aus Chardonnay-Trauben den berühmten »Vin Jaune«, den gelben Wein, der wie Sherry unter dem Einfluss von bestimmten Hefen lange Zeit im Fass reift und so zu einem wahren Überlebenswunder wird: Man kann eine offene Flasche Tage oder Wochen stehen lassen, ohne dass der Wein »umkippt«.

Weltweiter Siegeszug

Die Anspruchslosigkeit des Chardonnay, der auf armen, felsigen und kalkhaltigen Böden besonders gut wächst, und sein hohes Qualitätspotential haben ihn zu einer der weltweit beliebtesten Sorten überhaupt werden lassen.

Neben seinen klassischen Anbaugebieten Burgund und Champagne findet man ihn heute in Südfrankreich, Italien, Spanien, Ungarn, Österreich, Kalifornien, New York, Neuseeland, Chile und Südafrika. Erst vor kurzem wurde sein Anbau auch für Deutschland zugelassen.

Weiße Burgunder

Dort, wo der Chardonnay angebaut wird, gibt es eine Reihe weiterer Rebsorten. Dazu gehört zum Beispiel der Aligoté, der außer im Burgund nur noch in Rumänien und Bulgarien eine Rolle spielt. Seine leichten, erfrischenden Weine müssen jung getrunken werden. Einem Bürgermeister der Stadt Dijon verdanken wir die Idee, sie mit Cassis-Likör zu mischen: Der beliebte Aperitif namens »Kir« war geboren.

»Waschechte« Burgundersorten sind der Pinot Blanc, bei uns Weißburgunder, und der Pinot Gris, der hierzulande als Grauburgunder oder Ruländer (siehe Seite 41) bekannt ist. Beide sind vor langer Zeit durch Mutationen aus der blauen Burgundertraube, dem Pinot Noir, hervorgegangen und werden vor allem in Baden, in der Rheinpfalz, im Elsass, in Ungarn und in Norditalien angebaut, wo besonders der Pinot Bianco sehr erfolgreich ist.

Als »Pinot« werden alle Burgundersorten, weiße wie rote, bezeichnet.

Synonyme der bekanntesten Rebsorten

Blaufränkisch:	Lemberger, Kékfrankos, Limberger
Chardonnay:	Morillon, Pinot Chardonnay, Beaunois, Melon Blanc, Petite Sainte-Marie
Chasselas:	Weißer Gutedel, Fendant
Gewürztraminer:	Traminer, Roter Traminer, Savagnin
Müller-Thurgau:	Riesling x Silvaner, Rivaner
Nebbiolo:	Spanna, Chiavennasca
Pinot Blanc:	Weißburgunder, Clevner, Klevner
Pinot Gris:	Ruländer, Grauburgunder, Pinot Grigio, Tokay d'Alsace, Grauklevner, Szürkebarát, Malvoisie
Pinot Meunier:	Müllerrebe, Schwarzriesling
Pinot Noir:	Spätburgunder, Blauer Burgunder, Noirien, Auvernat, Pinot Nero, Kék Kisburgundi, Modra Kleványka
Portugieser:	Blauer Portugieser, Oportó, Vöslauer, Autrichien
Riesling:	Riesling Blanc, Petit Rhin, Gentil Aromatique, Moselriesling, Klingelberger, Hochheimer, Rheinriesling, White Riesling, Johannisberg
Silvaner:	Grüner Sylvaner, Grüner Zierfandl, Johannisberg, Gros Rhin, Zöldszilváni
Trebbiano:	Ugni blanc, Saint-Émilion
Vernatsch:	Schiava, Trollinger, Meraner Kurtraube, Gros Bleu, Black Hamburg, Fleischtraube, Bocksauge, Hammelhoden
Welschriesling:	Riesling italico, Olaszriesling, Tocai, Grasevina

Weiße Rebsorten in Frankreich

Im Gegensatz zu vielen anderen europäischen und außereuropäischen Ländern werden in Frankreich vorwiegend einheimische weiße und rote Rebsorten angebaut, die wie der Chardonnay und der Cabernet Sauvignon von hier aus ihren Weg in alle Welt angetreten haben. Noch eine weitere Besonderheit gibt es in Frankreich in Bezug auf das Rebsortiment. Während zum Beispiel in Deutschland der Riesling in allen Regionen vorkommt, sind in Frankreich auch die wichtigen Rebsorten oft nur in einer oder zwei Weinbauregionen vertreten. Die wichtigste Burgundersorte, den Pinot Noir, trifft man zum Beispiel im größten Gebiet, dem Bordelais, überhaupt nicht an.

Umgekehrt gibt es in Burgund keine Bordeauxsorten wie Cabernet Sauvignon oder Merlot. Für die Bedeutung einer Sorte spielt es also überhaupt keine Rolle, ob sie überregional einen hohen Anteil an der Rebfläche hat oder nicht.

Sauvignon Blanc

Die berühmteste französische Weißweintraube nach dem Chardonnay ist sicherlich der Sauvignon Blanc. Im oberen Loiretal bringt er so feine Weine wie den Pouilly fumé und den besten sortenreinen Sauvignonwein, den Sancerre, hervor. Im Bordelais wird Sauvignon Blanc mit Sémillon verschnitten und ergibt dort trockene und süße Weine bis zur höchsten Qualität. Außerdem wird er noch in Italien, Österreich, Spanien, Osteuropa, Australien und Neuseeland, Kalifornien, Chile und Israel angebaut.

Das Vorkommen des Sauvignon Blanc in Frankreich ist durch alte Urkunden belegt.

- Diese frühreifende Sorte, die oft eine deutliche Säure zeigt, ergibt ausdrucksvolle, kräftige und herzhafte Weine.

Sie sind aufgrund ihrer einprägsamen Aromen von grünen Früchten, Johannisbeerblättern, Holunder oder Gras, manchmal auch einer Spur Muskat oder sogar dem Geruch von Feuerstein leicht zu erkennen.

Sémillon

Die Sémillontraube ergänzt mit ihrem etwas volleren Charakter die Frische und Fruchtigkeit des Sauvignon Blanc auf hervorragende Art und Weise. Sie ist in den trockenen Weißen des Graves-Gebietes bei Bordeaux fast immer zu einem bestimmten Prozentsatz enthalten. Da die Sorte aber vor allem »anfällig« für den Botrytis-Pilz, die Edelfäule ist, gibt sie den Süßweinen des benachbarten Sauternes ihre gewaltige Geschmacksfülle.

Dritte im Bordeaux-Bunde ist in einigen Fällen die Muscadelle, die mit den Muskat- und Muskatellertrauben allerdings nicht verwandt ist.

Da sie sehr krankheitsanfällig ist, dient sie dem Winzer auch als eine Art »Frühwarnsystem« für eventuelle Probleme im Weinberg.

Beliebte elsässische Weine

Der Sylvaner Blanc, den wir in Deutschland als Grünen Silvaner kennen, hat im Elsass seine größte Verbreitung. Seine milden, eher geschmacksneutralen, dabei leichten und fruchtigen Weine reichen qualitativ vom Konsumwein bis zum Spitzenwein. Mit anderen Sorten zusammen ergibt der Sylvaner den Edelzwicker, den einzigen elsässischen Wein, der aus mehreren Rebsorten verschnitten wird. Der aromatische Gewürztraminer, der ebenfalls im Elsass am besten gedeiht, ist die am wenigsten bekannte der »großen« Rebsorten. Die Winzer lieben sie nicht, weil sie nur wenig Ertrag bringt, und der Weinfreund bemängelt, dass ihr sehr eigenständiger Charakter kaum eine Kombination mit dem Essen erlaubt.

Weinlese nach Art der Väter wird im Mündungsgebiet der Loire betrieben.

- Wenn der goldgelbe, nach Rosen duftende Gewürztraminer allerdings als Beeren- oder Trockenbeerenauslese auf den Tisch kommt, gehört er zu den überzeugendsten Dessertweinen, die man sich vorstellen kann.

Auch der Muskateller, eine der ältesten Kulturtrauben überhaupt und vielleicht sogar die Mutter aller europäischen Reben, wird oft zu Süßwein (siehe Seite 73) verarbeitet.

Sein bekanntester Vertreter ist der Asti Spumante, doch wahre Größe erreicht er vor allem im Elsass, wo er als eine der vier »noblen« Rebsorten gilt.

Champagner: blanc et noir

In der Champagne spielen nur drei Rebsorten eine Rolle, zwei rote, trotz des kühlen Klimas, und eine weiße. Der Pinot Noir, die Burgundersorte schlechthin, und der Pinot Meunier werden sofort zu weißem Most verarbeitet, d.h. nicht wie bei der Rotweinherstellung mit den Schalen vergoren (siehe auch Seite 61). Pinot Noir sorgt für Körper und Fülle, Pinot Meunier für Kraft und Jugend. Der weiße Chardonnay wird wegen seiner Frische und Feinheit sowie wegen seiner Moussierfähigkeit geschätzt. Die meisten Champagner enthalten alle drei Rebsorten. Wenn nur Chardonnay verwendet wurde, steht auf dem Etikett Blanc de Blancs; stammt der Champagner ausschließlich aus einer oder beiden roten Rebsorten, heißt er Blanc de Noirs.

In Frankreich gibt es rund 130 registrierte Rebsorten, davon haben nicht einmal 50 eine mehr als lokale Bedeutung.

Die großen französischen Roten

Bei den roten oder blauen Rebsorten ist die Frage, welche zu den ganz »großen« gehört, meist einfacher zu beantworten als bei den weißen. Die besten roten Sorten zeichnen sich dadurch aus, dass die Beerenschalen mehr hochwertige Tannine (Gerbstoffe) sowie Farb- und Aromastoffe enthalten und dass sie mit ihrer Fülle an Inhaltsstoffen im Verlauf der Alterung ungemein vielfältige Geruchs- und Geschmacksnuancen entwickeln können. Von den zahlreichen Rotweintrauben, die auf der Welt angebaut werden, verdienen drei ganz besondere Beachtung: der Cabernet Sauvignon, der Pinot Noir und der italienische Nebbiolo.

Alle Weine mit kontrollierter Herkunftsbezeichnung (AOC) werden aus den für diese Gegend bewährten Rebsorten hergestellt.

Einige vorwiegend südfranzösische rote Traubensorten sollen an dieser Stelle nur kurz erwähnt werden. Cinsault, Mourvèdre und Carignan prägen die Weine von Languedoc und Roussillon, und aus Malbec oder Cot stammt der einst so berühmte »schwarze Wein« von Cahors im Südwesten.

Cabernet Sauvignon

Der Cabernet Sauvignon ist die am stärksten verbreitete rote Qualitätssorte der Welt. Seit Beginn des Weinbaus wird sie im Bordelais angebaut, heute außerdem im Südwesten Frankreichs, im Loiretal, in der Provence und im Languedoc. In Frankreich wird sie meist im Verschnitt mit anderen Sorten verwendet. So enthalten alle großen Bordeaux-Weine (Verschnitte aus mindestens drei Rebsorten) einen Anteil von Cabernet Sauvignon.

Ihren Siegeszug durch die Welt des Weinbaus hat die Cabernet-Rebe in den letzten zwei Jahrzehnten im Triumph genommen: In Italien produziert man aus ihr heute einige der besten Weine des Landes ebenso wie in Kalifornien, Australien, Südamerika, Spanien und Osteuropa. Kein Wunder, dass der Cabernet heute eine der drei beliebtesten Trauben der Welt ist. Denn die Rebe mit den kleinen Beeren von staubig blauer Farbe passt sich sehr unterschiedlichen Anbaubedingungen an und nimmt mit sehr kargen Böden vorlieb.

Der Klassiker: Cabernet-Sauvignon-Traube

- Cabernet-Weine sind elegant, farbintensiv, füllig, körper- und bukettreich und entfalten erst im Alter ihre hohe Qualität.

Sie haben eine tiefe, dichte rubin- oder granatrote Farbe, sind in der Jugend eher fruchtig, manchmal herb, und entwickeln später ein atemberaubendes Reifebukett: Von schwarzen Johannisbeeren, Paprikaschoten, Waldbeeren, Gewürzen, Minze, Lakritze, Fell und Wild bis hin zu Süßholz, Harz und Trüffel kann man unendlich viele Aromen und Nuancen in diesen Weinen finden.

Cabernet Franc

Cabernets gibt es in zwei Varianten. Als »kleinen Bruder« des großen Cabernet Sauvignon bezeichnet man gern den Cabernet Franc, dessen Weine fruchtiger und weicher, aber im allgemeinen auch weniger konzentriert und nicht so alterungsfähig sind. Auch er wird in Bordeaux angebaut, wo er vor allem in den Weinen von Saint-Émilion den Ton angibt und auch sonst einen wichtigen Verschnittanteil darstellt. An der Loire, in den Anbaugebieten Chinon und Bourgueil, wird er ebenso reinsortig verarbeitet wie im Nordosten Italiens. Er ist unverschnitten in den Rosés von Anjou sowie im Bourgueil und Saint-Nicolas-de-Bourgueil enthalten. Außerdem kennt man ihn in Osteuropa.

- Die Weine sind aromatisch, heller und tanninärmer als Cabernet Sauvignon, mit einem Himbeerduft.

Cabernet und Merlot – ein ideales Paar

In allen Bordeaux-Rotweinen ist Cabernet Sauvignon enthalten - ein idealer Verschnitt für diese Region. Der Cabernet verleiht dem Merlot Kraft und vor allem die Langlebigkeit, für die Bordeaux-Weine bekannt sind. Der Merlot rundet den durch seinen hohen Gerbstoffgehalt leicht hart schmeckenden Cabernet Sauvignon angenehm ab. Die Aromen der beiden Rebsorten ergänzen sich auf ideale Weise.

Merlot Noir

Die Sorte mit dem höchsten Anteil an der Rebfläche des Bordelais ist der Merlot. Merlot als Verschnittanteil in Bordeaux-Weinen bringt Weichheit und Finesse. In den Weinen von Pomerol und Saint-Émilion dominiert er sogar.

- Merlotweine sind geschmeidig, mild, gehaltvoll, früher trinkfertig als die Cabernets. Im Alter entwickeln sie ein schönes Fell- und Trüffelbukett.

Der Wein des berühmten Château Pétrus, der vielleicht teuerste der Welt, wird fast ausschließlich aus Merlot gekeltert.

Außer im Bordeaux-Gebiet findet man Merlot-Trauben vor allem in Südwestfrankreich. In jüngster Zeit kommt einer der edelsten reinsortigen Merlots aus der Toskana, wo die Böden ihm den Tanningehalt geben, der ihm in Bordeaux meist fehlt, um ihn zu einer eigenständigen Größe werden zu lassen. Außerdem baut man ihn in Südtirol und im Friaul an, in der Südschweiz, in Argentinien und Chile.

Pinot Noir

Alle großen Burgunder stammen ausschließlich aus Pinot Noir. Er gilt als eine der drei hervorragenden Rotweinsorten der Welt. Die Weine sind gerbstoffärmer und von hellerer Farbe als die des Cabernet und werden deshalb gern als »feminin« bezeichnet. Ihr Duft und ihr Geschmack überwältigen nicht, sie verführen langsam und entfalten nur zögernd ihren gewaltigen Charme. Im Alter bekommen sie eine ihnen eigene »Süße«, obwohl natürlich kein Gramm Zucker im Wein zu finden ist.

- Die Weine sind samtig, vollmundig, mit einem feinen Bittermandelton. Große Jahrgänge sind fest und füllig am Gaumen, würzig und pikant, mit viel Schmelz und einem nicht enden wollenden aromatischen Nachgeschmack.

Kein großer Burgunder kommt ohne ihn aus: der Pinot Noir.

Im Wettstreit mit dem Cabernet Sauvignon ist der Pinot Noir oder Blaue Spätburgunder, wie er in Deutschland offiziell genannt wird, so etwas wie der ewige Zweite. Seine Reben und Trauben sind schwieriger in Anbau und Verarbeitung, und wirklich große Weine gelingen selbst in den besten Anbaugebieten nur in guten Jahren.

Außer im Burgund wird der Pinot Noir in der Champagne, im Elsass, Sancerre, Jura und Bugey angebaut. Weltweite Verbreitung findet er in Deutschland (als Spätburgunder), in Österreich, der Schweiz, Italien, Ungarn, Kalifornien, Australien, Neuseeland und Südafrika.

Gamay

Als kleinen Bruder des Pinot Noir könnte man den Gamay Noir à Jus Blanc bezeichnen, eine Rebsorte, die vielleicht sogar durch genetische Mutation aus dem Pinot selbst hervorgegangen ist. Der Name stammt eventuell von einem gleichnamigen Ort bei Beaune.

Der Gamay ist vor allem durch den Beaujolais bekannt geworden, der in seiner Version als »Primeur«-Wein (Beaujolais Nouveau) schon sechs Wochen nach der Lese auf den Markt kommt und sofort in Millionen von Flaschen in die ganze Welt verschickt wird, was ihm in den letzten Jahren zu einem sagenhaften Erfolg verhalf (siehe Seite 65). Alle Weine dieses Namens, ob Primeur oder nicht, sind ausschließlich aus dieser Rebsorte gekeltert.

- Die Weine sind violettrot, jugendlich, fruchtig, frisch mit lebhaftem Bukett.

Außer im Beaujolais wird der Gamay auch im Loiretal, im Lyonnais, in der Auvergne und in Savoyen sowie in der Westschweiz und in Kalifornien angebaut.

Syrah

Von ganz eigener Natur sind die Weine der Syrah, die vor allem im Rhônetal und in Südfrankreich eine ungeahnte Klasse erreichen und die unter dem Namen Shiraz auch in Australien Karriere machten. Die Syrah wurde wahrscheinlich von Kreuzfahrern aus Shiraz (Persien) nach Frankreich gebracht. Heute wird sie auch in der Provence, im Languedoc-Roussillon, in Südafrika und Kalifornien angebaut. Dies ist die einzige Rotweinsorte der nördlichen Côtes du Rhône - der bekannteste Wein ist der Hermitage.

- Die Weine sind ausdrucksvoll, vielschichtig, elegant und körperreich, mit dichter, fast violetter Farbe und fruchtig-pfeffrigen Aromen, in denen auch Spuren von Himbeere, Kirsche und Veilchen auftauchen.

Italien: Am liebsten rot

Dass Italien ein Rotweinland par excellence ist, kann man schon daran ermessen, dass die beiden einzigen einheimischen Rebsorten, die wirklich internationales Ansehen genießen, Nebbiolo und Sangiovese, rot sind. Während ersterer für die kräftigen, tanninreichen und sehr alterungsfähigen »Stars« des Piemont, Barolo und Barbaresco verantwortlich ist, bildet der Sangiovese in seiner toskanischen Spielart das Rückgrat des Chianti, des Nobile di Montepulciano und des Brunello di Montalcino, wo die Sorte auch als Prugnolo Gentile oder als Sangiovese Grosso bezeichnet wird.

Trotzdem ist der weiße Trebbiano, Grundlage und Verschnittanteil vieler bekannter Weißweine, der »Renner« unter Italiens Rebsorten mit einer riesigen Anbaufläche von 96 193 Hektar – das ist fast so viel wie die gesamte deutsche Anbaufläche! Dicht gefolgt wird er allerdings vom roten Sangiovese mit 86 195 Hektar. Auf den nächsten Plätzen behaupten sich der Cataratto Bianco comune und die Barbera. Im Vergleich nehmen sich die Anbaufläche des Prosecco mit knapp über 7 000 Hektar und die des Nebbiolo mit 3 251 Hektar bescheiden aus.

Kein anderes Land der Welt kennt so viele unterschiedliche Traubenarten und -varianten wie Italien.

Welcher Wein aus welcher Rebe?

In Italien gilt wie anderswo: Die am weitesten verbreiteten Sorten sind beileibe nicht immer die wichtigsten und bringen auch nicht immer die besten Weine hervor. Zu den meistverbreiteten Sorten gehören in Italien zum Beispiel Italia, Calabrese oder Ansonica, die vom Namen her nur Fachleuten bekannt sind. Andere wiederum, wie Nebbiolo, Cabernet, Chardonnay oder Pinot Grigio stehen auf vergleichsweise wenigen Weinbergen, obwohl sie das Ausgangsmaterial für eine Reihe der besten Produkte des Landes bilden. Hier ein kleiner Überblick, hinter welchen bekannten Weinen (links) sich welche Rebsorten (rechts) verbergen:

Barbaresco/Barolo	Nebbiolo
Bardolino	Corvina
Chianti	Canaiolo Nero, Malvasia, Sangiovese, Trebbiano
Frascati	Malvasia, Trebbiano
Marsala	Cataratto, Grillo, Inzolia, Ansonica, Damaschino
Soave	Chardonnay, Garganega, Trebbiano
Valpolicella	Corvina, Rondinella

Übrigens: Der beliebte Prosecco wird aus einer gleichnamigen Rebsorte gewonnen.

Nebbiolo

Die dritte der »großen« roten Rebsorten ist der Nebbiolo aus dem Piemont. Er könnte leicht als die edelste Sorte der Welt gelten, da seine Weine die Ausdruckskraft und Fülle von Bordeaux-Weinen mit der aromatischen Sinnlichkeit der Burgunder vereinen. Leider aber wachsen wirklich großartige Nebbiolo-Weine nur in einem wenige Quadratkilometer großen Gebiet um die Stadt Alba in den Anbaugebieten des Barolo und des Barbaresco. Diese Anbauflächen sind erst in den letzten Jahrzehnten überhaupt zu internationalem Ansehen gekommen.

- Der Geschmack von Nebbiolo-Weinen ist kräftig und konzentriert; sie sind sehr alkoholbetont und gerbstoffreich.

Inbegriff des Dolce Vita: Italienisches Essen und ein roter Landwein unter freiem Himmel.

Sie riechen in jungen Jahren nach Kirschen, Pflaumen oder Veilchen, später dann nach Rosen, Teer, Rauch und nach der berühmten weißen Alba-Trüffel, die vor allem im Barolo- und Barbaresco-Gebiet gefunden wird. Barolo-Weine sind im allgemeinen etwas wuchtiger und brauchen länger, bis sie zur vollen Reife kommen, während der feinere, elegantere Barbaresco oft schon nach wenigen Jahren vollen Genuss offenbart.

Weitere Traditionsweine

Neben dem großen Nebbiolo gibt es im Piemont noch eine Reihe anderer Sorten, aus denen fast nirgendwo in der Welt so schöne Resultate gekeltert werden wie gerade hier: Dazu gehört vor allem der – oder wie die Piemonteser sagen, die – Barbera, die durch verbesserte Anbau- und Kellertechniken zu einem wirklichen Spitzenwein geworden ist. Die Barbera und der Merlot (siehe auch Seite 47) im Friaul galten noch vor wenigen Jahren ausschließlich als Massenweinlieferanten. Erst gegen Mitte der achtziger Jahre machten sich ein paar Winzer daran, aus ihnen wirklich exzellente Tropfen zu keltern, die heute zu den begehrtesten Italiens gehören.

Viel weiter verbreitet als der Nebbiolo ist die zweite klassische Rotweintraube Italiens, der Sangiovese. Er ist verantwortlich für so unterschiedliche Weine wie die einfachen, süffigen Rotspone der Emilia-Romagna und den gewaltigen Brunello di Montalcino, nicht zu vergessen die eleganten Weine des Chianti-, vor allem des Classico-Gebietes, und den Vino Nobile di Montepulciano.

Lohnenswerte Neuentdeckungen

Italiens Reichtum an Rotweinsorten ist groß: Aglianico, Bracchetto und Corvina, Lambrusco, Marzemino, Montepulciano, Piedirosso und Primitivo – das ist der berühmte Zinfandel Kaliforniens –, Vernatsch und andere würden noch viele Seiten füllen. Für Liebhaber großer Weine ist und bleibt Italien eben ein Land der roten Gewächse. Italiens weiße Sorten bringen meist Weine hervor, die alkoholreicher und im Geschmack neutraler sind als ihre nördlichen Pendants.

Etliche italienische Rebsorten warten noch darauf, von einem größeren Weinpublikum entdeckt zu werden.

Einige früher eher unbekannte Sorten sind erst vor kurzem ins Blickfeld der Weinfreunde gerückt: Dolcetto, Grignolino und Freisa im Piemont, Lagrein in Südtirol, Teroldego im Trentino, Refosco und Pignolo im Friaul, Negroamaro in Apulien, Sagrantino in Umbrien, Cannonau in Sardinien oder Nero d'Avola in Sizilien. Diese einheimischen Rebsorten mit ihrem unverwechselbaren Profil bilden in einer Zeit, in der sich das Weinangebot in vielen Ländern standardisiert hat, ein unschätzbares Reservoir für Italiens Weinwirtschaft, das erst heute langsam in seiner ganzen Bedeutung wahrgenommen wird.

Rotweine in Deutschland

Rote Rebsorten haben in Deutschland heute nur einen Anteil von knapp einem Fünftel an der gesamten Rebfläche, allerdings mit stark steigender Tendenz. Traditionell ist Deutschland ein Weißweinland. Das liegt vor allem am Klima - Rotweine brauchen mehr Alkohol, um ihre Qualität zu entfalten, und daher auch mehr Sonne während der Vegetationsperiode. Deshalb findet man Rotweine in Deutschland hauptsächlich in den südlichen Anbaugebieten wie Baden, Württemberg, Pfalz und Rheinhessen. Eine Ausnahme bildet die Ahr, weil dort ebenfalls - bedingt durch die wärmespeichernden Vulkangesteinsböden - gute Bedingungen für Rotweinanbau herrschen. Eine weitere klima- und lagebedingte Ausnahme ist die Rheingauer »Rotweininsel« in einem kleinen Tal bei Assmannshausen. Obwohl der Rotwein mengenmäßig nicht wesentlich an Bedeutung gewinnen wird, stößt er doch auf lebhaftes Interesse. Der seit ein paar Jahren von der Zeitschrift »Vinum« verliehene »Deutsche Rotweinpreis« hat den Wettbewerb unter den Rotweinproduzenten angeheizt. Überraschungen sind angesagt!

Weinkenner entdecken in zunehmendem Maße die Stärken deutscher Rotweine.

Blauer Spätburgunder

Der Blaue Spätburgunder wurde im Jahr 784 von Karl dem Großen unter dem Namen Clävner von Burgund an den Bodensee gebracht. Vor mehr als 600 Jahren gelangte er als Klebrot in das Rheingauer Kloster Eberbach.

Weitere deutsche Rotweinsorten sind der Lemberger, Schwarzriesling und der ursprünglich als »Farbsorte« gezüchtete Dornfelder.

Diese Rebsorte, auf dem Etikett meist nur als Spätburgunder bezeichnet, liefert die besten Qualitäten nicht nur beim deutschen Rotwein. In Frankreich haben wir ihren Zwilling, den Pinot Noir (siehe Seite 47) kennengelernt.

- Die tief rubinroten Weine haben einen den Burgundern ähnlichen vollen, leicht an Brombeeren erinnernden, mitunter angenehm bitteren Geschmack und eine fruchtige Säure.

Spätburgunder sind die am längsten haltbaren deutschen Rotweine. Eine einst urbadische - heute auch in anderen Gebieten verbreitete - Spezialität ist der »Spätburgunder-Weißherbst«, ein lachsfarbener Roséwein ausschließlich aus der Spätburgundertraube, der kühl wie Weißwein getrunken wird.

Blauer Portugieser

Der Blaue Portugieser wurde vor 200 Jahren von einem österreichischen Freiherrn zunächst aus Portugal nach Österreich gebracht und erreichte Mitte des vorigen Jahrhunderts Deutschland. Heute zählt er mit einem Anteil von 22 Prozent zu der - nach dem Spätburgunder - mengenmäßig wichtigsten Rotweinsorte in Deutschland. Die frühreifende, ertragssichere Rebsorte, die keine besonderen Ansprüche an den Boden stellt, wächst hauptsächlich in der Pfalz, in Rheinhessen und an der Ahr. Sie ist auch eine beliebte Tafeltraube.

- Der Portugieser liefert süffige, milde, hellrote, oft auch blumige Weine, die, im Gegensatz zum Spätburgunder, relativ jung und kühl getrunken werden sollten.

Beliebt ist der Portugieser als frischer Weißherbst im Sommer. In der Pfalz fördert man ihn sogar als Pendant zum Beaujolais primeur, der bereits im Dezember des Erntejahres auf den Markt kommt. Allerdings können hochreife Portugiesertrauben in guten, d.h. sonnigen Jahren auch samtige, füllige Weine von rubinroter Farbe ergeben.

Der Trollinger, Grundstock der württembergischen Rotweine.

Trollinger

Der Trollinger, eine uralte Rebsorte, in Südtirol auch als Großvernatsch bekannt, stammt ursprünglich vom Mittelmeer und kam im 17. Jahrhundert nach Württemberg, wo sie heute die »Hausrebsorte« schlechthin ist. In ihrer Heimat schätzt man ihren Wein vor allem als »Viertele« am Abend.

- Die Traube ergibt Weine von hellroter Farbe, frischem Geschmack sowie feiner und fruchtiger Art.

Oft gibt man dem Trollinger bis zu einem Drittel Lemberger, eine ebenfalls württembergische Sorte zu, um ihm mehr Farbe und Kraft zu geben.

So entsteht Wein

Wenn die Ernte eingebracht ist, beginnt für den Winzer die letzte, arbeitsreiche Periode des Jahres. Nach der Lese ist einerseits Schnelligkeit gefragt, denn die Trauben dürfen nicht lange herumstehen, andererseits erfordern die nun folgenden Arbeitsgänge ein Höchstmaß an Sorgfalt und Präzision. Ob aus guten Trauben auch wirklich ein guter Wein wird, hängt zu einem großen Teil von den Fähigkeiten des Kellermeisters ab.

Die moderne Bezeichnung für den Ausbildungsberuf eines Kellermeisters ist Weinküfermeister.

Niemand muss mehr mit den Füßen die Trauben zerstampfen, wie wir es aus romantischen Filmszenen kennen. Modernste Technik steht Winzern und Kellermeistern zur Verfügung, um das ihren Rebsorten, dem jeweiligen Jahrgang und seinen Möglichkeiten ideal entsprechende Produkt zu schaffen. Es wird in diesem Stadium nichts mehr dem Zufall überlassen, denn selbst eine längere Reifeperiode in Fass oder Flasche kann heutzutage optimal gesteuert werden.

Natürlich entscheidet zu einem guten Teil auch die Tradition darüber, was jetzt mit den geernteten Trauben passiert. Je nach Rebsorte könnte ein einfacher Landwein, alterungsfähiger Bordeaux, prickelnder Schaumwein, hochprozentiger Grappa oder ein feiner Dessertwein das Ergebnis der Bemühungen sein. Erst im Keller entsteht, nachdem die Arbeit am Weinberg beendet ist, der eigentliche Wein.

Die Weißweinbereitung

Weiße Trauben müssen so rasch wie möglich nach der Anlieferung verarbeitet werden.

Die Trauben werden sofort nach der Lese zur Traubenannahme des Weingutes oder der Genossenschaft gebracht. Dabei sollte die Entfernung möglichst kurz sein, damit der Luftsauerstoff nicht zur Oxidation des Lesegutes führt, wie wir es vom Braunwerden eines aufgeschnittenen Apfels kennen. Bei längeren Transportwegen wird dies oft mit kleinen Schwefelgaben verhindert.

Gleich nach der Ankunft werden die reifen Trauben in Maschinen mit einem rotierenden Schlagwerk entrappt, das heißt von den Stielen befreit. Die Stiele würden bei der nachfolgenden Kelterung wegen ihres Gerbstoffgehaltes einen bitteren Geschmack im Wein hinterlassen, der heute nicht mehr erwünscht ist. Im modernen Weinbau ist das Entfernen der Stiele (Entrappen) also stets der erste Schritt zur Weinbereitung.

Keltern

Nach dem Entrappen werden die Beeren leicht angequetscht, oder sie werden direkt in die Traubenpresse bzw. Kelter gegeben. Hier wird der Most abgepresst, und die Beerenhäute und Kerne bleiben als »Trester« übrig, aus dem man noch einen guten Schnaps brennen kann (siehe Seite 60). Moderne pneumatische Keltern arbeiten außerordentlich schonend und ergeben trotz hoher Ausbeute einen reineren Most oder Traubensaft als früher, weil sie die bitteren Traubenkerne nicht mit zerquetschen. Die Kerne enthalten, wie auch die Stiele und Häute, eher hart und »grün« schmeckende Tannine, durch die der Wein einen unangenehm bitteren Beigeschmack bekommen würde.

Das Grundprinzip, nämlich mittels Gärung aus Traubenmost Wein zu machen, ist bei allen Weinarten gleich.

Weiße Moste werden vor allem deshalb so schnell abgepresst, weil man verhindern will, dass sich die Tannine und Farbstoffe aus den Häuten lösen und dem Wein einen zu rauen Ton oder eine zu dunkle Färbung verleihen.

- Das Fruchtfleisch selbst enthält bei fast allen Traubensorten, auch den roten, kaum Farbstoffe, ergibt also immer einen relativ hellen Saft.

Separieren

Nach der Kelterung wird der Most in sogenannten Separatoren geklärt. Einen Separator kann man sich vorstellen wie eine Zentrifuge, die im Haushalt zur Gewinnung von Fruchtsäften verwendet wird - nur um ein Vielfaches größer. Durch die schnelle Rotation der Trommel im Separator werden alle festen Teilchen im Most, die so genannten Trubstoffe, ausgeschieden, sodass ein klarer Traubensaft entsteht. Alles, was auf diese Weise mechanisch entfernt wird, muss später nicht mehr durch Chemie oder lange Lagerung vom Wein getrennt werden. In Deutschland ist es vielfach üblich, den Most nach dem Separieren noch zu »pasteurisieren«, das heißt einer kurzzeitigen Erhitzung zu unterziehen, um unerwünschte Mikroorganismen unschädlich zu machen. Da bei diesem an sich relativ schonenden Vorgang auch die

Die Süßreserve

Eine Methode des »natürlichen« Süßens ist es, einen Teil des separierten Traubensaftes nicht zu Wein zu vergären, sondern als so genannte »Süßreserve« in Drucktanks einzulagern, zu sterilisieren oder zu schwefeln, um eine weitere Gärung zu verhindern. Später gibt man diesen Saft, je nach gewünschter Süße, an den fertig vergorenen Wein. Dieses Verfahren der Süßung wäre insofern optimal, wenn es sich bei der Süßreserve um die gleichen Trauben handelt. In der Praxis wird heute Süßreserve aus der entsprechenden Traubensorte zugekauft. Allerdings muss sie bei Qualitätsweinen aus demselben Anbaugebiet stammen wie der Wein, dem sie zugesetzt wird.

natürlichen Hefen inaktiv werden, die noch für die Gärung gebraucht werden, setzt man dem Most später sogenannte »Reinzuchthefen«, speziell selektierte Hefestämme, zu.

Zuckern

Der geklärte und »entschleimte« Most wird jetzt eventuell mit Zucker angereichert. Dieses Verfahren, in Frankreich nach seinem Erfinder Jean-Antoine Chaptal, dem Innenminister Napoleons, auch »chaptalisieren« genannt, beruht auf der Tatsache, dass der aus Traubenzucker gebildete Alkohol dieselbe chemische Zusammensetzung hat wie der aus Rübenzucker. Da aber für einen guten Wein ein bestimmter Mindestalkoholgehalt notwendig ist, liegt es besonders in sonnenarmen Jahren nahe, dem Most das zu geben, was ihm so dringend fehlt – den richtigen Zuckergehalt. Dieses »Aufbessern«, das in Frankreich recht weit verbreitet ist, wird in Deutschland und Österreich nur für Tafel- und Qualitätsweine, nicht aber für höherwertige Prädikatsweine angewendet! In Italien ist der Gebrauch von Rübenzucker verboten. Hier wird mit konserviertem Traubenmost (Mostkonzentrat) gearbeitet.

Im Altertum »süßte« man mit geschmolzenem Blei nach – vielleicht mit ein Grund für den Untergang des römischen Reiches, wie böse Zungen meinen.

Alkoholische Gärung

Nach diesen umfangreichen Vorbereitungen ist der Most auf seinem weiten Weg zum edlen Tropfen nun endlich dort angelangt, wo Wein aus ihm werden soll: im Holzfass oder Gärtank aus Stahl, Beton oder Glasfaser.

Eine kontrollierte Kühlung ist im Stahltank besser möglich, weshalb die meisten Kellereien heute diese modernen Gärbehälter dem alten Holzfass vorziehen.

Die Gärung ist der wichtigste Vorgang im Verlauf der Weinbereitung, denn jetzt wird der Most oder Traubensaft in Wein umgewandelt.

So misst man den Zuckergehalt

Der Zuckergehalt des Mostes, der für die Bildung des Alkohols bestimmend ist, kann in verschiedenen Maßeinheiten ausgedrückt werden. In Deutschland misst man ihn in »Grad Oechsle« (nach dem Erfinder der Mostwaage, dem Goldschmied Ferdinand Oechsle). Je höher der Oechslegrad, um so reifer und zuckerhaltiger ist der Most.

In anderen Ländern gelten andere Maßeinheiten: Österreich und Italien benutzen die Einteilung der Klosterneuburger Mostwaage (KMW) des Freiherrn von Babo, Amerika die sogenannte »Brix«- oder »Balling«-Skala und Frankreich »Baumé«-Grade.

Was passiert nun während dieser Gärung? Die auf der Haut der Beeren vorkommenden Hefen – einzellige Pilze, wie wir sie vom Backen und Bierbrauen vielleicht besser kennen – greifen mit Hilfe von bestimmten Enzymen, die sie im Innern ihrer einen Zelle bilden, den im Most enthaltenen Traubenzucker an und spalten ihn auf. Dabei entstehen je zur Hälfte Alkohol – genauer gesagt, Äthylalkohol – und Kohlensäure, die als Gas aus dem Gärgefäß aufsteigt. Bei manchen Weiß- und Roséweinen bleibt ein Rest davon gelöst und gibt ihnen ihre prickelnde Frische.

Schon im Weinberg kann man den Zuckergehalt der Trauben mit Hilfe eines Refraktometers messen.

Gezügelte Gärung

Beim Gärprozess entsteht Wärme, und die Temperatur des gärenden Mostes kann leicht einmal 35 °C übersteigen. Solche Temperaturen sind jedoch für den Wein gefährlich, da sie viele Aromastoffe zerstören und die Hefen abtöten, sodass der Zucker im Most letztlich nicht vollständig vergären würde. Weißweine werden am besten zwischen 18 und 22 °C vergoren. Wenn sie zu warm werden, fehlt es ihnen an Aroma.

Der Winzer oder Kellermeister hat jedoch eine ganze Reihe von Möglichkeiten, um im Sinne einer Qualitätsverbesserung seiner Weine in den Gärprozess einzugreifen.

Die Zugabe von Reinzuchthefen (siehe oben) ist eines; die Kontrolle der Gärtemperatur - man spricht von »gezügelter Gärung« - ist ein zweites, wichtiges Element der Arbeit im Keller. Die so genannte Kaltvergärung gibt »schlanke« Weine mit viel Fruchtigkeit und Aroma.

Der biologische Säureabbau

Mit dem Ende dieser ersten, der so genannten alkoholischen Gärung nach acht, zehn, fünfzehn oder mehr Tagen ist der Wein aber nun keineswegs trink- und abfüllfertig. Jetzt folgt meist noch ein Prozess, den man auch »zweite Gärung« nennt, der aber mit der alkoholischen Gärung nichts gemein hat. Es geht dabei um den Abbau bestimmter Säuren im Wein, der durch natürlich vorkommende oder künstlich zugesetzte Bakterien erfolgt.

Der Säureabbau wird auch »Äpfelmilchsäuregärung« oder »malolaktische Gärung« genannt.

Der junge Wein enthält noch sehr viel Milch- und Äpfelsäure, die den Wein hart und aggressiv erscheinen lässt. Die erwähnten Bakterien haben die Eigenschaft, diese Äpfelsäure zu der milderen Milchsäure zu vergären. Wegen dieses entweichenden Gases dachte man auch lange, es handele sich beim »biologischen« Säureabbau um eine Art zweiter Gärung.

Dieser komplizierte Vorgang muss sorgfältig kontrolliert werden: Er darf nicht zu früh einsetzen und nicht zu heftig ablaufen, sonst werden Substanzen frei, die den Geschmack und die Bekömmlichkeit des Weines stark beeinträchtigen. Das können Stoffe sein, die den Wein nach Butter, Sauerkraut oder Jogurt schmecken und riechen lassen, oder es kann sich auch das bei Allergien auslösende Histamin bilden, das für den Kater »am Morgen danach« verantwortlich ist.

Der Säureabbau ist bei den meisten Rotweinen ein notwendiger und erwünschter Vorgang, den man bewusst lenkt. Anders ist es bei Weißweinen. Hier kommt es darauf an, ob man einen säurebetonteren oder einen weicheren Charakter erzielen will. Je nachdem wird dann der Säureabbau entweder durch Schwefelzusatz gestoppt oder unterstützt.

Abstich

Ist die Gärung beendet, das heißt der gesamte Zucker in Alkohol und Kohlendioxid umgewandelt, bezeichnet man den Wein als »durchgegoren«. Im Gegensatz zu

Die Inhaltsstoffe des Weins

1 Liter Wein enthält vor allem Wasser (etwa 85 bis 90 Prozent) und Äthylalkohol (10 bis 15 Prozent), außerdem noch bis zu 350 verschiedene Farb- und Geruchsstoffe (Ester, Polyphenole, Salze, Mineralstoffe) sowie Vitamine, Spurenelemente (Fluor, Silizium, Brom, Bor, Zink, Mangan, Kupfer, Blei, Kobalt, Chrom und Nickel), verschiedene Säuren (Weinsäure, Äpfelsäure, Milchsäure, Bernsteinsäure, Essigsäure) und fast immer noch einen Rest Zucker, denn auch der trockenste Wein ist niemals zu 100 Prozent vergoren, da die Hefen meist kurz vor der vollständigen Erledigung ihrer Arbeit absterben.

Ein behutsamer Einsatz der technischen und chemischen Mittel kann die Qualität des Weines nur verbessern.

früher wird die Gärung nicht mehr gestoppt, um eine gewisse Restsüße zu erhalten. Man lässt alle Weine durchgären, sodass sie nur noch einen minimalen Zuckerrest enthalten.

Nach Ende der Gärung setzen sich die Hefeteilchen am Boden des Gärtanks ab. Würde man den Wein jetzt weiter »auf der Hefe« liegen lassen, bekäme er mit der Zeit einen unerwünschten Hefegeschmack, und es würden sich größere Mengen an Histaminen bilden. Deshalb ist die schnelle Trennung von der Hefe, der so genannte Abstich, notwendig. Dabei wird der Wein in einen neuen Behälter bzw. ein anderes Fass gepumpt; der Hefetrub wandert als Abfall auf die Mülldeponie. Durch die heute üblichen modernen Filtrationsverfahren erübrigt sich eine Wiederholung dieses Vorgangs meist.

In Frankreich füllt man manche Weine auch ohne Abstich direkt von der Hefe auf die Flasche, damit er besonders frisch und duftend wird. Er muss dann allerdings rasch getrunken werden. Dieses Verfahren nennt man »Hefeabzug«, französisch »sur lie«. Die Weine zeigen im Glas ein ganz leichtes Perlen und ein besonders herzhaftes Aroma, das sie zu idealen Begleitern zu Fisch und Meeresfrüchten macht. Der bekannteste Wein dieser Art ist der Muscadet sur lie.

Trocken = sauer?

Was ist eigentlich ein trockener Wein? Beim trockenen Wein wurde ein Großteil des Zuckers im Most in Alkohol umgewandelt. Trockener Wein ist also ein durchgegorener Wein. Häufig erscheinen trockene Weine sauer, doch das lässt keine Rückschlüsse auf den natürlichen Zuckergehalt der jeweiligen Rebsorte zu. Der Geschmackseindruck wird vom Verhältnis Säure zu Restsüße geprägt – letztere kann höher sein, als man denkt.

Ein trocken ausgebauter Wein aus einer säurereichen Rebsorte wie z.B. dem Riesling schmeckt oft »sauer«, der aus einer säurearmen Rebsorte wie z.B. Gutedel oder Müller-Thurgau wirkt auch in der trockenen Variante milder.

Filtern und Schönen

Nach dem Abstich nimmt der Kellermeister, je nach Notwendigkeit, noch weitere Behandlungen vor. Damit der Wein sauber und brillant wird, »schönen« die meisten Winzer ihn jetzt noch, das heißt, sie geben Substanzen in das Fass, die alle Trubteilchen an sich binden und dann absinken.

Außerdem fügen sie ihm Schwefel zu, um zu verhindern, dass der Wein unter dem Einfluss von Bakterien oder Mikroorganismen weiter »arbeitet« oder gar oxidiert: Schwefel hat nämlich die Eigenschaft, den Sauerstoff, mit dem der Wein jetzt oder später in Berührung kommen könnte, zu binden und ihn so unschädlich zu machen. Die Schwefelzugabe macht die Weine insgesamt haltbarer (siehe Seite 242).

- Alle bei diesen Vorgängen verwendeten Stoffe mit Ausnahme des Konservierungsmittels Schwefel sind bei richtiger Behandlung im fertigen Getränk nicht mehr vorhanden.

Die erlaubten Mengen an Schwefel sind gesetzlich festgelegt: Am höchsten ist die Dosierung bei süßen Weißweinen.

Wer ganz auf Nummer sicher gehen will, sollte Ökoweine genießen (siehe Seite 67). Doch auch in der normalen Weinproduktion ist der Einsatz chemischer Mittel auf ein Minimum reduziert worden. Ermöglicht wurde das durch die heute weit verbreitete Vergärung und Lagerung der Weine in sauberen Edelstahltanks.

Eventuell gibt der Winzer jetzt auch die so genannte Süßreserve zum Wein (siehe Seite 54), um den jeweils gewünschten Säuregrad zu erreichen.

Abfüllung

Zum Abschluss all dieser Arbeiten füllt der Winzer seinen Wein auf die Flasche. Früher, als man noch keine Filter kannte, musste auch Weisswein (wie sonst bei Rotwein üblich) zur Klärung manchmal jahrelang im Fass liegen, heute dagegen erfolgt die Abfüllung auf Flaschen relativ früh. Das hat durchaus Vorteile, vor allem für empfindliche weiße Rebsorten: In der Glasflasche kann sich der Wein entwickeln, ohne dem Einfluss des Luftsauerstoffs im Fass ausgesetzt zu sein, der sich negativ auf den heute erwünschten frischen Geschmack auswirkt und den Wein früher altern lässt. Die Barrique-Methode (siehe Seite 63), die Rotweinen zu mehr Raffinesse verhilft, kann einen Weißwein manchmal »erschlagen«.

Die modernen Abfüllanlagen arbeiten meist im »kaltsterilen« Verfahren. Dazu werden sterile Neuglasflaschen verwendet. In modernen Betrieben wie Winzergenossenschaften werden die Flaschen in der Anlage sicherheitshalber noch einmal sterilisiert, vollautomatisch gefüllt, verkorkt und etikettiert. Der fertige Wein gelangt nach einer kurzen Lagerzeit, während der er sich »beruhigen« kann, in den Verkauf.

Die Warmabfüllung

Leider findet man vereinzelt auch die »Warmabfüllung« von Weinen, die ihren Geschmack und Duft negativ beeinflussen kann. Bei dieser Methode wird der Wein bei der Abfüllung erhitzt, um schädliche Mikroorganismen zu vernichten. Warm abgefüllte Weine erkennt man unschwer daran, dass der Korken durch den sich abkühlenden Wein ein paar Millimeter in den Flaschenhals hineingezogen wurde. Erzeuger, die etwas auf sich halten, lehnen die Warmabfüllung ab, weil sie dem Bukett schadet. Sie achten lieber auf peinliche Sauberkeit bei der Abfüllung und füllen den Wein kalt in die Flaschen ab.

Die zum Teil frappierenden Qualitätsunterschiede bei der Grappa sind schon am Geruch feststellbar.

Herstellung der Grappa

Dieses populäre italienische Getränk ist quasi ein Abfallprodukt der Weinbereitung. Wenn die Traubenbeeren ausgepresst sind, dann bleiben die Schalen und Kerne, der sogenannte Trester, übrig. Er wird in vielen Ländern zu Destillat weiterverarbeitet. Was in Deutschland der »Tresterbrand«, in Frankreich der »marc« ist, das nennen die Italiener »la grappa«, die Grappa.

Italiens Schnapsbrenner benutzen die unterschiedlichsten Techniken zum Destillieren: Der eine erhitzt mit dem Wasserbad, der nächste mit Dampf; einer sieht drei, der nächste wiederum nur zwei Brennstufen vor. Das Ziel ist ein Alkoholgehalt von 40 bis 50 Vol. %. In den letzten Jahren hat sich die Mode durchgesetzt, »reinsortige« Grappe aus Trestern einer einzigen Rebsorte zu brennen, aber das macht nur bei aromatischen Sorten Sinn, zum Beispiel bei Moscato, dessen Charakteristika man tatsächlich in der fertigen Grappa wiederfindet, während die neutralen Arten nur eine relativ unterschiedslos neutrale Grappa abgeben.

Entscheidend für die Qualität des Brandes sind vor allem die Frische des gebrannten Tresters und das Herstellungsverfahren.

Die Trester sollten nur wenige Tage nach Ankunft in der Brennerei verarbeitet werden, da sie sonst unkontrolliert weitergären, was sich auf das reine Aroma des Produkts negativ auswirkt. Häufigster Fehler der Brenner: Die Trester werden zu lange gelagert und werden muffig und faulig. Wo immer im Dezember, im Januar oder gar im März nach der Weinlese noch riesige Tresterberge unter Plastikplanen auf ihre Weiterverarbeitung warten, sollte man ihrem Endprodukt mit dem nötigen Misstrauen begegnen. Solche Trester werden nur für Industrie-Grappa verwendet.

Ein Kellermeister im italienischen Bardolino-Gebiet fängt den Saft auf, den die Trauben bereits bei der Anlieferung vom Weinberg gebildet haben.

Die Rotweinbereitung

Bei Rotweinen sehen die Arbeitsschritte des Winzers etwas anders aus, obwohl natürlich im Grunde dieselben chemischen Prozesse ablaufen. Der entscheidende Unterschied besteht darin, dass die Färbung jetzt erwünscht ist, während man sie bei Weißweinen gerade vermeiden wollte. Der zerquetschte Traubenbrei, die so genannte Maische, wird vor der eigentlichen Hauptgärung angegoren, sodass der entstehende Alkohol die Farbstoffe aus den Beerenhäuten lösen kann.

Würde man Rotweintrauben sofort nach der Lese keltern, erhielte man weißen Most.

Maischegärung

Als Maische bezeichnet man die von den Stielen befreiten (entrappten) und zerquetschten Trauben. Zur Herstellung von Rotweinen wird die Maische in speziellen Behältern zur Gärung gebracht (angegoren), damit sich die in den Beerenhäuten befindlichen Farbstoffe durch den entstehenden Alkohol herauslösen. Manchmal erhitzt man sie sogar kurzfristig, um die Farbausbeute zu steigern, aber viele Winzer lehnen solch »brutale« Methoden ab. Denn dabei können unerwünschte Stoffe, wie zum Beispiel das gesundheitlich bedenkliche Histamin, frei werden, das bei empfindlichen Menschen Kopfschmerzen hervorruft. Bei Verdacht den Produzenten fragen, ob er mit Maischeerhitzung arbeitet! Die Maischegärung setzt spontan ein oder wird durch Zusatz von Hefen eingeleitet.

Durch die Maischegärung geht der rote Farbstoff in den Most über.

Die Farbe des Rotweins

Aufgrund der - meist zu Recht - hochbezahlten Rotweine aus Bordeaux oder Burgund, die bekanntlich eine tiefrote Farbe aufweisen, hatten viele Verbraucher früher den Eindruck, dass die von Natur aus hellroten deutschen Rotweine von minderer Qualität sind. Daher war es üblich, den deutschen Rotweinen kräftigrote, neutrale Auslandsweine als »Deckrotweine« zuzusetzen, um ihnen die wertsteigernde Farbe zu geben. Als dies später weingesetzlich nicht mehr erlaubt war, züchtete man in Deutschland selbst farbstarke, aber geschmacklich neutrale Deckrotweine.

Aber diese Verschnitte setzten sich nicht durch. Selbstbewusste deutsche Rotweinwinzer »erzogen« ihre Kunden dazu, sich an die Farbe der einheimischen Sorten zu gewöhnen. Die einzige Decksorte, die als eigenständiger Wein übrig blieb, ist der Dornfelder.

Die entstehenden Gasbläschen tragen alle festen Bestandteile der Maische an die Oberfläche. Der so entstehende Maische»hut« muss von Zeit zu Zeit untergetaucht oder von oben mit Most berieselt werden, damit sich die Inhaltsstoffe besser lösen. Manchmal findet die Maischegärung heute in großen rotierenden Stahltanks statt, in denen der »Hut« durch die Drehung des gesamten Tanks quasi vollautomatisch mehrmals am Tag mit dem Most vermischt wird.

Ende des Gärprozesses

Wie lange der Most auf seinen Schalen »mazeriert«, so nennt man dieses Auszugsverfahren, hängt von der Traubensorte und dem Weintyp ab, den der Winzer keltern will. Früher wurden die Rotweintrauben vor der Kelterung nicht entrappt, sodass die Gerbstoffe (Tannine) aus den Stielen mit in die Maische gelangten und sich dort mit der Zeit lösen konnten. Tannine bilden eine wichtige Grundlage für die Alterungsfähigkeit und das geschmackliche Profil eines Rotweins. Allerdings erhalten die meisten Rotweine heute durch die Fasslagerung nach dem Keltern das gewünschte Maß an Tanninen (siehe unten). Daher ist eine lange Maischegärung nicht mehr unbedingt notwendig, und bei den fruchtigeren, leichteren Rotweinen wird sie häufig nach einigen Tagen gestoppt.

- Nach der Maischegärung wird der Most wie beim Weißwein gekeltert und weitervergoren.

Verschnitt (Assemblage)

Erst jetzt werden in manchen Weinbaugebieten der Welt die Weine der verschiedenen Weinberge oder sogar Rebsorten miteinander gemischt, um so noch reichere und komplexere Endprodukte zu gewinnen. In großen Bordeaux-Weinen oder beim Chianti Classico findet man oft zwei oder drei Rebsorten, die auf vielen verschiedenen Parzellen desselben Weinguts gewachsen sind.

Beim Verschnitt ergänzen sich die guten Eigenschaften der verschiedenen Rebsorten.

Die meisten französischen Weine sind Rebsortenverschnitte, das heißt Mischungen von Weinen aus Rebsorten, die einander ergänzen. Auch Verschnitte von Mosten oder Weinen aus unterschiedlichen Lagen innerhalb eines AOC-Gebiets (siehe Seite 125) oder aus einer ganzen Region können vorgenommen werden, je nachdem welches Etikett der Wein nachher tragen soll.

Die Reife im Fass

Alle Arbeitsschritte, die auf die alkoholische Gärung und den biologischen Säureabbau folgen, haben beim Rotwein noch mehr Bedeutung als beim Weißwein, der ja meist auch schneller auf Flaschen gefüllt wird und in den Verkauf gelangt. Für Rotweine und wie bereits erwähnt für einige wenige Weißweine, wie zum Beispiel den Chardonnay oder manche Sauvignon-Blanc-Weine, – trägt eine Reifeperiode im Holzfass ganz entscheidend zur Verbesserung ihrer Qualität bei. Während der Zeit der Reifung im Fass hat der Kellermeister ein letztes Mal die

Möglichkeit, die Qualität des Weines zu verbessern. Er achtet darauf, dass der durch Verdunstung entstandene Luftraum im Fass durch Nachfüllen von Wein verringert wird. Je nach Weinart wird auch mehrmals abgepumpt, um dem Wein Luft zuzuführen und damit den Reifeprozess zu begünstigen.

Ein Kellermeister füllt Wein in seine Holzfässer nach.

Die Barrique-Methode

Besonders edle Weine werden oft ein paar Monate oder ein, zwei Jahre lang in kleinen Fässchen mit einem Inhalt von meist 225 Litern aus neuem Eichenholz »ausgebaut«. Dadurch erreicht man zweierlei: Zum einen findet durch die Holzdauben hindurch ein gewisser Austausch mit Sauerstoff aus der umgebenden Luft statt, der im Wein mit Hilfe komplizierter chemischer Prozesse zur Bildung bestimmter Geruchsstoffe beiträgt und so das Bukett bereichert.

Zum Zweiten aber, und das ist bei ganz oder zumindest relativ neuen Holzfässern eher der Fall, löst der Alkohol des Weines aus den Dauben Substanzen, Tannine – die gibt es ja nicht nur in Trauben und Reben, sondern auch in Hölzern – und einen Stoff, der mit seinem chemischen Namen »Äthylvanillin« heißt und der den Wein tatsächlich um einen vanille- oder zimtartigen Geruch und Geschmack bereichert. Obwohl die Stoffe aus dem Holz das Trauben- und Weinaroma besonders am Anfang etwas »zudecken« können und trotz eines gewissen Verlusts an Alkohol, der durch die Holzwände des Fasses hindurch verdunstet, erhalten Weine aus dem Barrique eine große aromatische und geschmackliche Vielfalt, die bei der weiteren Reife zur Entfaltung gelangt.

Die Franzosen nennen Holzfässer »barriques« oder »pièces«.

Glaubensfrage Barrique

Unter den Winzern vieler Länder ist diese Art des Weinausbaus geradezu Mode geworden, und die ganz fanatischen unter ihnen schwören sogar auf bestimmte Holzarten, aus denen »ihre« Fässchen gefertigt sein müssen: Das kann Eiche aus dem französischen Zentralmassiv, aus den Vogesen oder aus Jugoslawien sein. Aber nicht alles, was dem staunenden Publikum in dieser Hinsicht präsentiert wird, müssen Sie unbedingt glauben. Erstens kann kaum ein Winzer sicher sein, dass ihm der Küfer auch wirklich das Holz aus der von ihm gewünschten Region liefert, denn man sieht es ihm von außen nicht oder kaum an, und zweitens haben neueste Versuche ergeben, dass die Unterschiede zwischen den einzelnen Bäumen derselben Region oft beträchtlicher sein können als zwischen Bäumen verschiedener Herkunftsgebiete.

Fass ist nicht gleich Barrique

Natürlich sind diese neuen »barriques« nicht die einzigen Fasstypen, in denen Wein reifen kann. Es gibt große Fässer aus Kastanienholz, die bis zu 20000 und mehr Liter fassen, oder kleine Fässchen werden, wie im Fall des spanischen Rioja, bis zu 15 oder gar 20 Jahre lang benutzt und sind mit der Zeit im Inneren von einer so dicken Schicht von Weinsteinkristallen – denselben, die man auch am Boden einer Flasche finden kann – bedeckt, dass weder ein Luftaustausch noch eine

Blick in einen italienischen Weinkeller mit Holzfässern. Der Brunello di Montalcino und der Barolo gehören zu den berühmtesten alterungsfähigen Weinen.

Anreicherung des Weins mit Tanninen stattfinden kann. Das Fass wirkt in diesem Fall eigentlich mehr wie ein großer Glasbehälter oder eine überdimensionale Flasche.

Die Flaschenreifung

Die Reife des Weines, die in den Holzfässern beginnt, hört mit seiner Abfüllung auf Flaschen nicht auf. Hier durchläuft der Wein noch weitere chemische Prozesse, die seine Farbe, seinen Geruch und seinen Geschmack verändern. Die Farbintensität sinkt, und lediglich bei Weinen aus der Pinot-Noir-Rebe beobachtet man manchmal, dass auf eine Periode verminderter Farbdichte eine erneute Zunahme erfolgen kann. Die Ursache für dieses Hellerwerden liegt darin, dass die Tannine sich an die Farbstoffe anlagern und sehr große chemische Moleküle bilden, die als Bodensatz absinken. Außerdem nimmt auch der Säuregehalt ab, und deshalb liegt alter Wein auch weniger »rau« und »gerbend« auf der Zunge, er wirkt insgesamt »süßer«, obwohl kein Gramm Zucker entstanden ist.

Alterungsfähigkeit

Ob ein Wein alterungs- und reifefähig ist, das heißt, ob er bei diesen Prozessen an Qualität gewinnt, statt seinem schnellen Verfall entgegenzugehen, hängt von einer ganzen Reihe von Faktoren ab: Dazu gehören der ursprüngliche Säure- und Tanningehalt, die Menge an Salzen, Mineralstoffen und anderen »Extrakten«, die in ihm enthalten sind, und der Alkoholgehalt. Aber auch die Arbeit des Winzers, wie zum Beispiel die richtige Wahl des Erntezeitpunkts oder die korrekte und saubere Verarbeitung der Trauben im Keller, ist von Bedeutung, genauso wie ein für die Lagerung geeigneter Keller mit idealer Temperatur und Luftfeuchtigkeit (siehe auch Seite 290). Gute Weine können über zehn, fünfzehn oder zwanzig Jahre immer vielfältigere Geschmacks- und Geruchseindrücke entwickeln und sich ständig verbessern. Selbst danach behalten sie ihre Qualitäten manchmal noch über Jahrzehnte, bevor sie schließlich »Firne« zeigen oder gar »umkippen«.

Die Lagerfähigkeit eines Weines richtet sich nach der Qualität des Jahrgangs, aber auch nach einem bestimmten Säure- und Alkoholgehalt.

Sonderfall »Primeur«

Fast jeder kennt ihn – zumindest von den Plakaten mit der Aufschrift: »Le Beaujolais nouveau est arrivé!« Ein neuer Wein wird hier angekündigt. Er hat das jugendliche Alter von nur sechs Wochen, wenn man die Geburt mit der Lese gleichsetzt, erscheint im grauen November und macht fröhlich – wenn er gut ist. Wie kann ein Rotwein nur so schnell fertig sein? Nach allem, was bisher erzählt wurde, muss doch gerade Rotwein seine Gerbstoffe umwandeln, er muss eine gewisse Würde erreichen, bevor er sich im Glas zeigen darf. Das Geheimnis liegt in der Rebsorte und im Verfahren.

- Der Gamay ist die einzige rote Rebsorte, die für die Bereitung von Vins Nouveaux oder Primeurs – die beiden Ausdrücke bedeuten das gleiche – in Frage kommt.

Das ist die herkömmliche Herstellungsart für den Primeur:

Im Unterschied zu allen anderen Rotweinen der Welt wurden die Trauben hier weder entrappt noch gemahlen, sondern so, wie sie aus dem Weinberg kommen, in Gärbehälter gefüllt. Der Gärtank wird fast hermetisch verschlossen. Jetzt beginnt im Inneren der Gamay-Trauben mithilfe ihrer speziellen Enzyme die Gärung. Dadurch wird ein Alkoholgehalt von 2,5 Volumenprozent erreicht. Die Beeren platzen auf und geben Saft ab, und dieser Saft gärt auf die gewöhnliche Art weiter. Da der Behälter verschlossen ist, bleibt die Kohlensäure im Gärgefäß erhalten und bewirkt die Farbausbeute und auch die Fruchtigkeit des späteren Weines. Diese Art der Gärung wird französisch macération carbonique, Mazeration in Kohlensäuregas genannt. Mazeration bedeutet soviel wie Auslaugen. Wenn sich der Tank zu etwa einem Drittel mit Saft gefüllt hat, wird wie bei anderen Rotweinen abgepresst, und der Most gärt normal zu Ende. Die so produzierten Weine sind fruchtig, weich und farbintensiv, eignen sich aber nicht zur Alterung und bleiben in ihrem Charakter immer recht einfach und unkompliziert.

Das Beaujolais nimmt den südlicheren Teil des Burgund ein; man unterscheidet neben dem ein-fachen Beaujolais noch »Beaujolais supérieur« und »Beaujolais Villa-

Die Bereitung von Roséwein

Es gibt kein besonderes Herstellungsverfahren für Roséweine. Sie entstehen, wenn man die dunklen Trauben, aus denen man sonst Rotweine keltern würde, nicht auf der Maische, das heißt im Kontakt mit den Beerenschalen, zur Gärung bringt, sondern sie wie Weißweine sofort nach einer kurzen Angärung abpresst, um ihnen einen frischen, weißweinähnlichen Charakter zu geben. Solche schnell abgepressten Weine enthalten natürlich nur wenig Farbe.

Manchmal ist es allerdings schwierig, Rosé- und Rotweine farblich genau zu unterscheiden: Es gibt zum Beispiel so helle Elsässer oder deutsche Spätburgunder, dass diese fälschlicherweise als Rosé bezeichnet werden, und es gibt so dunkle Roséweine, dass man sie eigentlich schon als leichte Rotweine bezeichnen müsste.

Beaujolais und seine Brüder

Nicht nur der junge Beaujolais zeigt sich schon kurz nach der Lese auf dem Markt. Mit dem Trend zum jugendlichen Wein haben auch andere Weinbaugebiete, vor allem in Südfrankreich und an der Loire, ihre Chance wahrgenommen. Mit Primeur oder Nouveau bezeichnete AOC-Weine, die schon ab dem 3. Donnerstag im November verkauft werden dürfen, können aber auch weiß oder rosé sein.

Schon einen Monat früher, am 3. Donnerstag im Oktober, dürfen Landweine, vor allem aus den aromatischen Sorten Gamay, Sauvignon und Chardonnay, als Primeurs verkauft werden. Ob AOC oder VdP – sie alle schmecken am besten bis zum Frühjahr des auf die Lese folgenden Jahres.

Roséwein genießt heute einen besseren Ruf als früher. Besonders im Sommer werden die kühlen roséfarbenen Tropfen sehr geschätzt, weil sie erfrischen, ohne zu beschweren. Die Nachfrage ist größer geworden, seitdem viele Roséweine auch in der Geschmacksrichtung »trocken« angeboten werden. Für viele ist Rosé auch die willkommene »Notlösung«, wenn man nicht weiß, ob Rot oder Weiß besser zum Essen passt.

Ökowein am Beispiel Deutschland

Die ersten Winzer, die in Weinberg und Keller ökologische Verfahren einführten, wurden zunächst von nahezu allen anderen belächelt oder als »Öko-Spinner« angesehen. Heute produzieren Ökowinzer auch Weine von höchster Qualität. Viele Winzer haben sich bereits umgestellt, weil sie zukünftig auf der Öko-Schiene bessere Vermarktungschancen sehen.

Besonders bei den jüngeren Winzern hat ein Umdenken in Richtung Ökologie eingesetzt. Schaut man bei einer Fahrt durch ein Weinbaugebiet aufmerksam um sich, bemerkt man, dass der klinisch saubere Weinberg immer öfter durch Rebflächen mit Grünbewuchs zwischen den Rebzeilen ersetzt worden ist. Durch Herbizideinsatz abgestorbenes Gras im Weinberg sieht man - je nach Anbaugebiet - immer seltener. Wer nicht konsequent ökologisch wirtschaftet, versucht es wenigstens mit dem »integrierten Anbau«, wie ihn heute auch die Beratungsstellen der Weinbauämter empfehlen. Hier wird nur noch gespritzt, wenn es unbedingt notwendig ist, und nicht wie früher vorbeugend. Schädlingen wird immer häufiger mit natürlichen Methoden begegnet.

Ökologisch bewirtschaftete Weingärten sehen nicht nur schön aus, sie erhalten auch das Gleichgewicht der Natur.

Was bedeutet ökologischer Anbau?

Die Winzer, die ihre Weinberge ganz auf ökologische Wirtschaftsweise umgestellt haben, sind kompromissloser als die »Integrierten«.

Ökowinzer verzichten - mit Ausnahme von Netzschwefel und Kupfer gegen Pilzkrankheiten - völlig auf chemische Pflanzenschutzmittel und Herbizide.

- Natürliche Alternativen sind Algenmehl, Pflanzenbrühe oder Schmierseife.

Da keine stark treibenden chemischen, sondern organische Dünger eingesetzt werden, bringen die ökologisch bewirtschafteten Weinberge zwar weniger Ertrag, dafür sind die Rebstöcke aber auch unempfindlicher gegen viele Pflanzenschädlinge.

Die Winzerkollegen schauten anfangs überrascht drein, als die »Ökos« viel öfter mit der Spritze in die Weinberge gingen als die Chemie-Fraktion. Sie wussten nicht, dass sich in den Ökospritzen Brennnesseljauche oder Schachtelhalmtee befand. Auch die chemische Industrie witterte ein neues Geschäft und stellte flugs neue »Pflanzenpflegemittel« auf natürlicher Basis her.

Ein richtiger Ökowein darf auch im Keller kaum Chemie sehen. Aus der langen Liste der zugelassenen Kellerbehandlungsmittel dürfen nur die unbedingt notwendigen verwendet werden:

- Schwefelpräparate zur Konservierung,
- Bikarbonate zur Entsäuerung,
- die natürliche Tonerde Bentonit zur Klärung
- sowie Tannine zur Stabilisierung.

Unklare Gesetzgebung

Die meisten Ökowinzer haben sich in Bio-Weinbauverbänden, wie »Bioland«, »Naturland« oder »Bundesverband Ökologischer Weinbau« (Marke ECOVIN), zusammengeschlossen. Sie arbeiten alle nach strengen Ökolandbau-Richtlinien, wie sie der Dachverband der ökologischen Landwirtschaft AGÖL (Arbeitsgemeinschaft Ökologischer Landbau) erarbeitet hat.

Die Einsparung von Chemie betrifft nicht nur die Arbeit im Weinberg, sondern auch die Weinzubereitung.

Bedauerlich ist nur, dass es bis heute immer noch nicht gestattet ist, »Ökowein« oder »Biowein« auf die Flasche zu schreiben. Begründung war bisher, dass diese »Angaben ... nicht nachprüfbar sind«. Da die Herkunft von Produkten aus Bioanbau nach der neuen EG-Bioverordnung jedoch mindestens genauso gründlich überprüft werden muss wie der deutsche Wein (wobei die Richtlinien der Ökoverbände noch restriktiver sind als das Weingesetz), ist es kaum zu verstehen, dass ein Ökowein nicht als solcher gekennzeichnet werden darf.

Doch die Ökowinzer haben Wege gefunden, diese unsinnige Vorschrift aufzuweichen. Gegen eine Bezeichnung des Erzeugers, die auf seine Mitgliedschaft in einer Öko-Anbauvereinigung hinweist, oder die Verwendung des Zeichens ECOVIN werden Überwachungsbehörden sicher nichts unternehmen. Und wenn jemand auf sein Etikett schreibt »Hergestellt aus Trauben, angebaut nach EG-Richtlinien für ökologischen Landbau«, so entspricht das schließlich geltendem EG-Recht.

Champagner und Sekt

Pierre Pérignon, einem Benediktinermönch in der Abtei zu Hautvillers, soll es Ende des 17. Jahrhunderts als erstem gelungen sein, »stürmischen«, weil noch nachgärenden Wein mittels Korkverschluss in eine Flasche einzusperren. Er setzte sich auch für die Verwendung von dickerem englischen Glas ein, das dem Innendruck der Flüssigkeit standhielt. Ferner gilt er als Erfinder der Cuvée (siehe unten) und war der erste, der aus blauen Trauben einen klaren Weißwein kelterte. Aber sein »Champagner« war noch ein Stillwein, dessen Tendenz, in der Flasche weiterzugären, recht unwillig zur Kenntnis genommen wurde. Es blieb der Einführung schwererer und stärkerer Flaschen, vor allem aber der systematischen Erprobung der Flaschengärung durch den Kellermeister der Witwe Clicquot zu Anfang des 19. Jahrhunderts vorbehalten, die »Champagnermethode« zum Leben zu erwecken.

Die Champagnermethode

Am Anfang läuft bei dieser Art der Weinbereitung noch alles so, wie Sie es im Abschnitt über den Weiß- bzw. den Roséwein – in der Champagne keltert man zum überwiegenden Teil rote Trauben (siehe auch Seite 45) – bereits gelesen haben. Nach der Traubenernte werden die Grundweine ganz normal vergoren und danach eventuell eine Weile im Holzfass oder Edelstahltank »ausgebaut«.

- Der nächste wichtige Schritt besteht in dem Verschnitt von Grundweinen zu einer »cuvée«, deren genaue Zusammensetzung das Geschmacksgeheimnis jeder Champagnermarke ist.

Kein Mix aus Rot und Weiß: Die einzigen renommierten Weine, bei denen das erlaubt ist, sind die Rosé-Champagner.

Champagner ist ja zu 90 Prozent ein Markenartikel, der im Gegensatz zu den Stillweinen mit ihren Jahrgangsunterschieden immer gleich schmecken soll. Für die Cuvée werden Weine aus unterschiedlichen Rebsorten, Lagen und sogar Jahrgängen – die Champagnerhersteller legen sich dafür eine Reserve mit älteren Weinen zu – miteinander vermischt. Es gibt Champagner, die aus dreißig, vierzig und mehr Grundweinen zusammengestellt sind. In besonders guten Jahren werden Grundweine eines einzigen Jahrgangs verwendet.

Vor dem Abfüllen auf die charakteristische schwere Champagnerflasche wird dem fertigen Wein eine Mischung aus Hefe, Zucker und Wein, die sogenannte »liqueur de tirage« oder Fülldosage beigefügt.

Die zweite Gärung

Die Flasche erhält einen druckfesten Kronkorken, und es beginnt eine zweite alkoholische Gärung. Die bei der Vergärung des Zuckers entstehende Kohlensäure verbindet sich unter dem entstehenden Druck mit dem Wein, da sie nicht entweichen kann. Diese innige Verbindung lässt später die Kohlensäure im Sektglas besonders feinperlig und langanhaltend aufsteigen - ein Erkennungszeichen für hochwertigen Schaumwein.

Nach Abschluss dieser Gärung, wenn also der zugegebene Zucker vollkommen in Alkohol umgewandelt ist, verbleiben die untätig gewordenen Hefen noch für eine mehr oder weniger lange Reifezeit in der Flasche. Der jetzt schon perlende Wein gewinnt noch mehr an Ausdruck und Feinheit. Mindestens 1 Jahr beträgt die Zeit für Flaschengärung und Reife, bei Jahrgangschampagner sogar 3 Jahre.

Werden die Weine eines einzigen Jahrgangs verwendet, steht die Jahreszahl auf dem Etikett.

Rütteln

Nach abgeschlossener Gärung setzt sich die Hefe an der Flascheninnenseite ab. Um sie in Richtung Kronkorken zu transportieren, werden die Sektflaschen vorher mit dem Hals nach unten in so genannte Rüttelpulte, Holzgestelle mit Löchern für die Flaschen, gestellt. Hier werden sie einmal täglich ungefähr um 1/8 Umdrehung ruckartig um die eigene Achse gedreht und dabei immer steiler gestellt. Rüttler sind Fachleute, die dank ihrer Erfahrung den »richtigen Dreh« heraus haben. Neuerdings wird diese Arbeit auch durch computergesteuerte Automaten besorgt. Der Rüttler zählt leider zu den aussterbenden Berufen.

Degorgieren

Wenn sich der gesamte Hefesatz am Korken gesammelt hat, die Flasche also buchstäblich auf dem »Kopf« im Rüttelpult steckt, folgt der schwierigste Teil der Arbeit: Der Hefesatz muss aus der Flasche entfernt werden, ohne dass dabei zuviel Wein und die wertvolle Kohlensäure verloren gehen. Früher bedurfte es dazu geschickter Arbeitskräfte, die den Kronkorken mit einem Ruck öffneten und mit derselben Handbewegung einen kleinen Schwall Wein aus der Flasche schleuderten, ohne dass der Satz sich dabei wieder in der Flasche verteilte. Heute friert man den Inhalt des Flaschenhalses einfach in einem Kältemittel ein, öffnet dann den Kronkorken, und der Druck des Gases in der Flasche schleudert den Eispfropfen heraus.

Im Rüttelpult stehen die Flaschen auf dem Kopf und werden so lange gedreht, bis sich die Hefe am Verschluss der Flasche gesammelt hat.

Dosage

Anschließend erfolgt die so genannte »dosage«: Mit Hilfe einer Mischung aus Rohrzucker und Stillwein, der »liqueur d'expédition«, wird dem Champagner der gewünschte Süßegrad verliehen.

»Brut«, »Extra Dry« oder, wenn diese »liqueur« gar keinen Zucker enthielt, »Extra Brut«, »Brut Sauvage« oder »Dosage Zéro« heißen die entsprechenden Schaumweintypen dann. Schaumweine mit höherem Zuckergehalt heißen »Dry« oder »Sec«, »Medium Dry« oder »Demi-sec« und »Doux«.

Wie in der Champagne: Traditionelle Flaschengärung

Die Grundweine für Spitzenerzeugnisse werden auch in anderen Sektkellereien sorgfältig ausgewählt. In Deutschland verwendet man meist Riesling, Weißbur-

Für und wider Sektkorken

Der Verschluss besteht bei den teuren Sorten fast immer aus Naturkork - eine Reminiszenz an die Tradition und ein Appell an die Emotion der Käufer, denn technisch bieten sie keine Vorteile. Aus ökologischer Sicht ist der rasante Abbau von Kork sogar ein echtes Problem. Die modernen Kunststoffpfropfen trocknen, im Gegensatz zum Kork, nicht aus und erlauben darüber hinaus das Wiederverschließen der Flasche.

gunder, Gutedel und Roten Spätburgunder für die Flaschengärung nach der traditionellen Methode. Diese deutschen Sekte sind im Geschmack wesentlich säurebetonter als ihre französischen Pendants. Ansonsten verläuft die traditionelle Flaschengärung genau so, wie sie oben beim Champagner beschrieben wurde.

Da die Bezeichnung »Méthode Champénoise« seit 1994 geschützt ist, weisen deutsche Sekt-Etiketten die »Traditionelle Flaschengärung« aus.

Die belebende Wirkung des Schaumweins wird bei festlichen Gelegenheiten, als Einleitung eines Menüs oder als Muntermacher zwischendurch geschätzt.

Aus den Grundweinen wird wiederum eine Cuveé zusammengestellt. Das ist in jedem Fall wichtig, damit der Verbraucher bei der Entscheidung für eine Marke das immer gleiche Geschmacksbild bekommt. Feinschmecker bevorzugen Sekt nach dem klassischen Verfahren jedoch auch deswegen, weil jede einzelne Flasche ein eigener »Gärtank« ist und genau betrachtet keine exakt der anderen gleicht. Mit dem höheren Preis wird die echte Handarbeit belohnt.

In Deutschland wird unter anderem der Winzersekt von dafür spezialisierten Kellereizusammenschlüssen nach der traditionellen Methode bereitet, sodass er auch von kleinen Winzern ohne eigenen Sektbetrieb angeboten werden kann. Winzersekt ist ein echter Geheimtipp!

Transvasierverfahren

Eine rationellere, allerdings weniger individuelle Methode der Flaschengärung ist das »Transvasierverfahren«. Transvasieren bedeutet Umfüllen. Wie bei der traditionellen Methode erfolgen Gärung und Reifung zunächst in der Flasche. Diese Flaschen werden nach der zweiten Gärung in einen großen, unter Gegendruck stehenden Tank entleert und dort mit der Dosage versetzt. Die Hefe wird ausgefiltert – ebenfalls unter Druck, um die Kohlensäure zu bewahren –, der Sekt in die Verkaufsflaschen gefüllt und verkorkt. Das aufwendige Degorgieren entfällt. Die Bezeichnung »Flaschengärung« allein garantiert also noch keine Methode nach Art der Champagne, denn nach der Gärung landete hier alles im Tank.

Achten Sie beim Einkauf Ihres Prosecco darauf, ob auf dem Etikett »Spumante« oder »Frizzante« steht. Bei letzterem handelt es sich um einen nur leicht moussierenden Wein.

Die Großraumgärung

Bei vielen deutschen Sektkellereien sowie italienischen »Prosecco«- und »Asti Spumante«-Produzenten vollzieht sich die zweite Gärung gleich gänzlich im Tank. Manche Kellereien haben sogar eine Art von »Endlos-Verfahren» entwickelt, nach dem alle Stufen der Gärung in einem kontinuierlichen Prozess in einer einzigen Anlage durchgeführt werden.

Die einfachen Konsumqualitäten werden nach dem rationellsten Sektverfahren hergestellt, der Großraumgärung. Hierbei erfolgt die Gärung in riesigen Edelstahltanks, oft mit einem Fassungsvermögen von bis zu 500000 Litern. Die restlichen Arbeitsgänge sind die gleichen wie beim Transvasierverfahren. Nur so sind Verkaufspreise möglich, die nur unwesentlich über der Sektsteuer liegen.

Bei den billigsten Perlweinen schließlich wird einfach Kohlensäure in normalem Weißwein aufgelöst, doch das Resultat solch »rationalisierter« Methoden ist natürlich von der Qualität her nicht mit Spitzensekt oder gar Champagner zu vergleichen. Die im Sekt enthaltene Kohlensäure hinterlässt auf der Zunge einen starken Geschmackseindruck, der manche Feinheit und auch Fehler übertüncht. Wer wissen will, ob in seiner Sektflasche Qualität ist oder nicht, der sollte mal einen Rest in der Flasche und diese über Nacht stehen lassen und warten, bis sich die Kohlensäure verflüchtigt hat. Das Probieren am nächsten Tag spricht für sich.

Die intensive Sonnenbestrahlung spiegelt sich in vielen gehaltvollen Weinspezialitäten aus südlichen Anbaugebieten wider.

Weinspezialitäten

Im Sprachgebrauch versteht man unter Süßweinen Weine mit erhöhtem Zuckergehalt, wie er auf natürlichem Weg bei der Beerenauslese (siehe Seite 235), den entsprechenden elsässischen Prädikatsweinen (»Vendanges tardives«, »Sélection de grains nobles«), den berühmten Gewächsen des Sauternes-Gebietes in Frankreich, beim Malaga oder den so genannten Strohweinen entsteht.

Der Begriff wird allerdings auch für Dessertweine und Likörweine benutzt, die meist in südlichen Ländern hergestellt werden. Ursprünglich wurde das Verfahren unter englischem Einfluss auf der iberischen Halbinsel entwickelt. Bei dieser Herstellungsart stoppt man die alkoholische Gärung durch Zugabe von hochprozentigem Alkohol, beispielsweise Cognac oder Branntwein, ein Verfahren, das man »aufspriten« nennt. Der entstandene Wein enthält viel Restzucker, aber auch viel Alkohol. Allerdings gibt es auch trocken ausgebaute Spielarten der Likörweine. In der Praxis sind die Herstellungsmethoden von Süßweinen natürlich sehr vielfältig, aber meist lassen sie sich auf eine dieser beiden Grundformen oder eine Kombination von beiden zurückführen.

Die bekanntesten Vertreter der Likörweine sind Portwein, Sherry, Marsala und Madeira.

Sherry

Dieser Aperitif- oder Dessertwein aus der Umgebung der südspanischen Stadt Jerez de la Frontera, deren Namen die Engländer zu »Sherry« verballhornten, gilt als der feinste Likörwein der Welt.

Der Most aus Trauben der Rebsorte Palomino wird in kleinen Holzfässern aus amerikanischer Eiche vergoren und nach Beendigung der Gärung je nach gewünschter Sherry-Art mit Branntwein »verstärkt« oder aufgespritet.

- Für die hellen, trockenen, leicht salzigen Fino-Sherrys wird der Alkoholgehalt auf 15 Volumenprozent erhöht, für die schwereren Oloroso-Arten auf 18 Volumenprozent.

Bei den alkoholschwächeren Versionen entwickelt sich in den nicht spundvoll gefüllten Fässern an der Oberfläche des Weines eine dicke Hefeschicht, die aufgrund ihrer weißen Farbe »flor«, Blume, heißt und die den Wein bei der langen Fasslagerung gegen den Sauerstoff der Luft schützt. Bei den alkoholreicheren Weinen dagegen tötet der Alkohol diese Hefen ab, und der Wein wird »oxidativ« ausgebaut: Das Endprodukt ist dunkel, hat einen schönen Walnussgeruch und zeigt sich im Geschmack voll und mild. Die Fasslagerung erfolgt nach dem Solera-Prinzip, einer originellen Methode. Die Fässer liegen in der »criadera«, der Kinderstube, in drei Reihen übereinander, und jedes Jahr wird ein Viertel des Inhalts der untersten in Flaschen abgefüllt. Die entstehende Fehlmenge wird aus der zweiten Reihe nachgefüllt, und dort wiederum gibt man Wein aus der obersten Reihe hinzu.

Für Strohweine, in Frankreich Vins de Paille genannt, eignen sich natürlich nur vollreife und ganz gesunde Trauben, die man erst rosinenartig einschrumpfen lässt, bevor sie gekeltert und vergoren werden.

In Spanien wird Sherry meist als trockener Fino (Manzanilla oder Oloroso) getrunken, während die Export-Versionen oft Medium- oder Cream-Qualitäten sind, die mit Most aus den sehr süßen Pedro-Ximénez-Trauben versetzt wurden. Spezialitäten sind auch der Amontillado oder der Manzanilla pasada, die als Kompromiss zwischen Oloroso und Fino ausgebaut werden.

Portwein

Dieser Dessertwein, der aus über 40 verschiedenen – meist roten – Rebsorten gekeltert wird, darf nur bis zu einem Alkoholgehalt von 8 Volumenprozent vergären, dann wird die Gärung durch Zugabe von Branntwein gestoppt, um die natürliche Süße des Mostes zu bewahren. Wie beim Sherry gibt es viele unterschiedliche Qualitäten: die jungen, billigen Ruby Ports, die fassgealterten Tawny oder Fine Tawny Ports, bei denen sich die Süße im Laufe der Zeit so weit verliert, dass sie wie rote Tischweine zu trinken sind, und schließlich die berühmten Vintage(Jahrgangs)-Portweine, die nach 20 und mehr Jahren zu dichten, fast öligen Dessertweinen mit einem großartigen Bukett werden.

Vin Santo

Für seine edelsüßen Auslesen muss ein Winzer unter hohem Risiko die von Edelfäule befallenen Trauben so lange am Stock hängen lassen, bis die Beeren fast eingetrocknet sind. Das Wetter kann seine Bemühungen jederzeit zunichte machen. Eine weniger riskante Methode ist das Trocknen der reifen Trauben auf Strohmatten oder Holzrosten. Diese Strohweine sind z. B. eine Spezialität im französischen Jura. Einen Strohwein ganz anderer Art produziert die Toskana: Es ist der berühmte Vin Santo. Auch hier werden die Trauben im Herbst zum Trocknen aufgehängt, der vergorene Wein wird dann aber nicht jung abgefüllt, sondern für Monate, wenn nicht für Jahre, in verschlossenen Fässchen auf den Dachböden der Weingüter gelagert. Die extrem heißen Sommer- und die kühlen Wintertemperaturen sorgen während des Reifeprozesses für den besonderen, oft ein wenig an Sherry erinnernden Charakter des Vin Santo. Der Name kommt daher, dass im Trentino die getrockneten Trauben des Vorjahres in der »heiligen« Karwoche (settimana santa) gekeltert wurden.

Aus dem Westen Siziliens kommt einer der berühmtesten Dessertweine, der in mehreren Varianten angebaute Marsala.

Recioto und Amarone

Der Recioto ist ebenfalls ein natürlicher Süßwein. Er wird vorwiegend in der Region Venetien produziert. In den Anbaugebieten von Valpolicella und Soave erntet man einen Teil der roten oder weißen Trauben schon relativ früh, um sie dann in gut belüfteten Scheunen, Speichern oder Dachkammern auf Lattenrosten oder in kleinen Holzkisten zum Trocknen auszulegen. Wenn die Beeren nach etwa drei Monaten zum Teil eingetrocknet sind, werden sie normal weiterverarbeitet, das heißt der Most wird gekeltert und vergoren. Meist haben die Trauben jetzt eine solche Zuckerkonzentration erreicht, dass die Hefen nicht mehr den gesamten Zucker umwandeln können, da sie vorher vom hohen Alkoholgehalt abgetötet werden. Der Wein bleibt spontan stehen, das heißt, er hört auf zu gären, und ein Teil des Traubenzuckers bildet die erwünschte Restsüße. Im Valpolicella-Gebiet gibt es sogar eine trockene Variante des Recioto.

Besondere Hefestämme sorgen hier dafür, dass bestimmte Weine trotz der enormen Zuckerlast noch durchgären können, also trocken sind, und nicht selten 15 oder 16 Volumenprozent Alkohol erreichen. Der Amarone, so der Name des Kraftpakets, das dabei entsteht, ist ein ausgesprochener Liebhaberwein, der in Deutschland fast populärer ist als in Italien selbst.

Französische Süßweine

Die sogenannten »Vins Doux Naturels« (VDN) kommen im Gegensatz zu ihrem Namen nicht auf ganz natürliche Weise zustande, denn man unterbricht die Gärung des sehr zuckerreichen Mostes durch Zusatz von Alkohol. Ein Teil des Zuckers wird vergoren, sodass sich zumindest ein weinähnliches Getränk ergibt. Der Alkoholgehalt dieser Weine liegt bei mindestens 25 Volumenprozent. Französische Süßweine gibt es in Rot, Rosé und Weiß. Die Muskatweine werden jung getrunken, doch vor allem die Rotweine erreichen ihre Trinkreife erst mit dem Alter.

Die wichtigsten Anbaugebiete

Weinbau weltweit

Mehr als 50 weinbautreibende Länder gibt es auf der Erde, die allesamt in den gemäßigten Klimazonen liegen (siehe auch Seite 21). Natürlich kann man auch außerhalb dieser Klimagürtel vereinzelte »Exoten«-Weinberge finden, so zum Beispiel inmitten der australischen Wüste bei Alice Springs oder in gut 1500 Metern Höhe im Krater eines erloschenen Vulkans auf La Réunion mitten im Indischen Ozean. Die Weinproduktion dieser Gebiete lässt sich jedoch eher unter dem Oberbegriff »Folklore« einordnen als unter der Rubrik Tafel- und Qualitätsweine. Selbst innerhalb der geeigneten Klimazonen ist der Weinbau nicht überall gleichmäßig verteilt. Europa, der Kontinent mit der jahrtausendealten Tradition, vereint trotz aller Fortschritte der Neuen Welt noch immer den Löwenanteil der Rebflächen und der Produktionsmengen auf sich, und die jährliche Weinproduktion stammt zu fast 80 Prozent aus den klassischen europäischen Weinländern. In den folgenden Kapiteln über die wichtigsten Anbaugebiete haben wir daher den Schwerpunkt auf Deutschland, Frankreich und Italien gelegt. Zuvor jedoch eine kurze Welt-Reise zu den interessantesten Weinbergen außerhalb dieser drei Länder.

Von den knapp 9 Millionen Hektar Weinbergen der Welt sind über 6 Millionen in Europa angelegt.

Spanien

Blicken wir zunächst nach Spanien, dem vierten großen Erzeuger in Europa. Spanien hat mit weitem Abstand die größte Weinbergsfläche der Welt: 1,5 Millionen Hektar. Der Hektarertrag ist jedoch aus klimatischen und anbautechnischen Gründen geringer als in Italien oder Frankreich. Lange Zeit war Spanien über seine Landesgrenzen hinaus vor allem für die Produktion des wohl beliebtesten Likörweins, des Sherry (siehe auch Seite 73) bekannt, aber das hat sich in den letzten Jahren geändert. Mittlerweile gibt es 58 ausgewiesene Anbaugebiete für Qualitätswein mit Ursprungsbezeichnung (D.O. oder »Denominacion de Origen«) und darüber hinaus einige andere Anbaugebiete, die hochwertige Weine (»Vino de Mesa«) erzeugen.

Sekt und Rotwein

Die wichtigsten Anbaugebiete des Landes sind:

- Penedés und Aragon im Nordosten,
- Rioja und Navarra in der Nachbarschaft des Baskenlandes,
- Kastilien und La Mancha im Zentrum,
- Galicien,
- das Hinterland von Valencia sowie
- der Süden mit Jerez und Malaga.

Penedés, das sich unweit der katalanischen Hauptstadt Barcelona vom Meer bis zu den Bergen über ganz unterschiedliche Klimazonen hinweg erstreckt, ist vor allem als größte Schaumweinregion der Welt bekannt; der Cava wird nach der Champagnermethode produziert. Das größte internationale Prestige haben aber einige seiner Rotweine erlangt, allen voran der Gran Coronas von Miguel Torres, dem Pionier des katalanischen Weinbaus. Sein Spitzenwein, der Gran Coronas Mas La Plana, spielt ganz oben in der Hitliste der weltweit besten Rotweine mit.

Weitere große Namen sind die Weingüter Canals & Nubiola und Segura Viudas. Die hier angebauten Rotweinsorten sind neben dem Cabernet Sauvignon die einheimischen Garnacha Tinta, Mazuela, Monastrell, Samsó und Ull de Llebre.

Die Weinproduktion liegt oft in den Händen großer »Bodegas«, welche die Trauben von unzähligenKlein- und Kleinstwinzern kaufen und weiterverarbeiten.

Das Herz des Rioja

Aus Galicien kommen frische oder auch holzgelagerte Weißweine. Klimatisch bedingt, ist der Star des Rioja-Gebiets dagegen wiederum eine rote Rebsorte. Die hier ansässige Tempranillo-Traube wird allerdings immer mit einem gewissen Anteil Garnacha verschnitten. Die Rioja-Weine können ganz unterschiedlich ausfallen, je nachdem, ob sie aus Rioja Baja – hier sind die Weine alkoholreicher und etwas plumper –, aus Rioja Alavesa, wo man sehr jung zu trinkende, fruchtige Weine macht, oder aus Rioja Alta, dem eigentlichen Herz der Qualitätsweinproduktion stammen. Das Spektrum der Rioja-Rotweine wird bereichert durch die Abstufungen von jungen, einfachen Jahrgangsqualitäten (Cosecha) und die Reservas bis zu den Gran Reservas mit ihrem reifen Bukett und dem weichen, gereiften Körper.

Südlich von Córdoba liegt diese Hazienda inmitten eines der typischen großflächigen Weinbaugebiete.

Spitzenweine aus anderen Regionen

Auch im Gebiet von Ribera del Duero entstehen Tempranillo-Weine, deren berühmtester, der Vega Sicilia, schon seit hundert Jahren als einer der begehrtesten

Qualitätsstufen Spaniens

Auf dem Etikett eines spanischen Weins muss der Erzeuger ausgewiesen werden, der Name des Weins- nicht aber die Rebsorte,- die Ursprungsregion, der Alkoholgehalt und ggfs. die Qualitätseinstufung.

Dabei sind »Crianzas« Rotweine, die ein halbes Jahr Lagerung im Fass hinter sich haben; Weißweine mindestens ein halbes Jahr. Die nächste Stufe wäre die »Reserva« mit einer Reifezeit von drei Jahren, wovon ein Jahr im Fass sein sollte, und schließlich die »Gran Reserva« mit einer Reifezeit von zwei oder mehr Jahren im Fass und drei Jahren oder mehr in der Flasche.

spanischen Rotweine gilt. Diese Region ist mit bis zu 900 Metern eine der höchstgelegenen Spaniens und einem extremen Klima mit heißen Sommern und kalten Wintern ausgesetzt.

Noch extremer sind die bis zu 1200 Meter hoch gelegenen Weinberge des Priorato, deren Terrassen sich an den Montsant-Bergzug schmiegen. Der vulkanische Boden bringt die außergewöhnlichen Weine von Alvaro Palacios oder Scala Dei aus den Rebsorten Garnacha Tinta, Garnacha Peluda und Mazuela hervor. Auch die Weine von Erzeugern aus Navarra (Branja Vieja, Príncipe de Viana), Somontano (Enate, Vinas del Vero) und Valdepenas (Felix Solis) finden international immer mehr Beachtung.

Österreich

Die Weinbaugebiete Österreichs ziehen sich wie ein gleichmäßig geschwungener Halbmond von Niederösterreich mit der Wachau im Norden über das Weinviertel, Wien, das Burgenland mit dem Neusiedlersee bis in die Steiermark im Süden des Landes. Insgesamt gibt es vier Weinbauregionen und 18 Weinbaugebiete. Die Erntemenge lag 1999 bei fast 3 Millionen Hektolitern, ca. 50 000 Hektoliter Wein werden exportiert. Mit einer Anbaufläche von 57 000 Hektar steht das Land europaweit an 12. Stelle, und erst seit Mitte der achtziger Jahre begannen österreichische Winzer, sich offensiv mit exklusiven Weißweinen und edelsüßen Auslesen aus der Tradition einer gefälligen Durchschnittsware zu befreien. Ihre Weine haben seither zunehmend internationale Auszeichnungen erhalten und sind zu Recht einer wachsenden Anhängerschar ans Herz gewachsen. Ihre Top-Erzeugnisse brauchen keinen Vergleich zu scheuen.

Weinberge entlang des lieblichen Donau-Ufers bei Wachau-Spitz.

Die österreichischen Weinbaugebiete liegen insgesamt in einer sehr gemäßigten Klimazone um den 48. Breitengrad. Einen regulierenden Einfluss haben die Wasserflächen der Donau einerseits und des Neusiedlersees andererseits.

Von »resch« bis edelsüß

Die Vielfalt der Rebsorten ist für ein so kleines Weinland beträchtlich, wobei die Weißweine fast 80 Prozent ausmachen – mit steigender Tendenz bei den Rotweinen. Besonders die fruchtigen und kräftigen Roten des Mittelburgenlandes aus den Sorten Blaufränkisch, Cabernet Sauvignon, St. Laurent und Blauem Burgunder zogen in den Jahrgängen seit 1990 immer mehr Aufmerksamkeit auf sich.

Als »resch« bezeichnet man in Österreich die typischen, säurereichen Weißweine, aber auch edelsüße Qualitäten wurden in den großen Jahrgängen der letzten zehn Jahre mit Erfolg ausgebaut.

Das österreichische Weingesetz ist den EU-Bestimmungen angepasst und zuletzt 1985 novelliert worden. Ähnlich wie in Deutschland unterscheidet man als unterste Kategorie Tafelweine und Landweine. Die oberen Klassen unfassen Qualitätsweine, Kabinettweine und Prädikatsweine. Bei ihnen müssen der Name des Weinbaugebietes und die Groß- und gegebenenfalls Einzellage sowie der Abfüller auf dem Etikett vermerkt sein, außerdem wird eine staatliche Prüfungsnummer vergeben und eine der Mengenbeschränkung dienliche Kontrollnummer.

Die Steiermark

Das südlichste Anbaugebiet Österreichs ist die Steiermark. Ihre Spezialität ist der Schilcher, ein roséartiger Wein, der aus der nur hier angebauten Rebsorte Blauer Wildbacher gekeltert wird. Der lachsfarbene Schilcher ist in guten Qualitäten ein frischer, herber, säurereicher Wein. Die Schilcher-Weinstraße führt den Touristen, der ihn gerne in seiner Heimat verkosten möchte, durch die bekanntesten Orte der Region.

Das warme Klima des Weinbaugebietes um den Neusiedlersee, das landschaftlich schon Ungarn ähnelt, begünstigt den Ausbau von Spitzenqualitäten.

Das Burgenland

Das mittlere Burgenland trägt bezeichnenderweise den Beinamen »Blaufränkisch«-Land. Diese rote Rebsorte (auch Blauer Limberger genannt) ergibt besonders kräftige, ausdrucksvolle, gerbstoffhaltige Weine von eher säuerlich-herbem Charakter. Innovative Winzer des Burgenlandes experimentieren in den letzten Jahren mit großem Erfolg mit Rotwein-Verschnitten, die im Barrique ausgebaut werden.

Beliebte Rotweinsorten sind der Zweigelt, eine interessante Neuzüchtung, neuerdings auch der Pinot Noir und traditionell der St. Laurent, nach dem Blaufränkisch die führende Rebsorte unter den Roten. Im ausgereiften Zustand sind die St. Laurent-Weine trocken, vollmundig und kräftig mit relativ hohem Alkoholgehalt.

Besondere Spezialitäten vom Neusiedlersee, nördlich an das Burgenland angrenzend, sind Weißweine aus den andernorts unbekannten Rebsorten Bouvier und Muskat Ottonel. Das Weinstädtchen schlechthin ist Rust am Neusiedlersee, Sitz der Österreichischen Weinakademie.

Im Land des Grünen Veltliner

Rund um die Hauptstadt Wien und in Niederöstereich liegen die Weinbauregionen Donauland, Kamptal mit der größten Weinstadt Österreichs, Langenlois, ferner das Kremstal, die Thermenregion, Wachau und das Weinviertel.

An der Donau ist die angestammte Heimat des Grünen Veltliner (siehe auch Seite 39), der hier auch seine besten Weine hervorbringt. Spitzenerzeugnisse sind zwanzig Jahre und länger haltbar, geschätzt wird international das nervige, würzige, die

Durch die Wachau führt eine entdeckenswerte Weinstraße mit so berühmten Stationen wie Krems und Melk.

Österreicher sagen »pfeffrige« Aroma dieser Weißweine. Hochburgen der Weinkultur sind das Wagram und Klosterneuburg im Donauland.

Aber auch Weißburgunder, Riesling und sogar Chardonnay werden in Niederösterreich erfolgreich angebaut. Besondere Spezialitäten sind der Frührote Veltliner (ein Weißwein) aus dem Donauland und Zierfandler, Rotgipfler (ebenfalls ein Weißwein) und Neuburger aus der Thermenregion. In der Wachau werden daneben auch Riesling, Chardonnay (hier unter dem Namen Feinburgunder) und Weißburgunder angebaut.

Besondere Klassifizierungen der Wachau

Dem Weintouristen oder Einkäufer fallen die speziellen Bezeichnungen auf, die sich auf den Alkoholgehalt und Reifegrad der Weine beziehen. Sie werden vom Gebietsschutzverband »Vinea Wachau Nobilis Districtus« vergeben und heißen:

Steinfeder	unter 11 Vol.-%
Federspiel	11 – 12,5 Vol.-%
Smaragd	12,5 – 14 Vol.-%

Das Weinviertel

Nördlich von Wien erstreckt sich das Weinviertel. Hauptrebsorten sind auch hier der Grüne Veltliner, außerdem findet der Welschriesling weite Verbreitung. Rad- und Wanderwege laden zum Entdecken des landschaftlich schönen »Veltlinerlandes« ein. Bei Poysdorf liegt die größte Anbaufläche des Grünen Veltliners, und im alten

In Österreich herrscht trotz der Nähe der Alpen ein gemäßigtes Klima ohne extreme Unterschiede, vergleichbar mit dem französischen Burgund.

Weinort Falkenstein kann man in der idyllischen Kellergasse viel über die Geschichte und Entwicklung der österrischischen Weinkultur erfahren – und natürlich Weine verkosten!

Beim Heurigen

In Wien, dem kleinsten Anbaugebiet, wurde der Wein früher meist als »gemischter Satz« bereitet, das bedeutet, die Trauben verschiedener Sorten wurden zusammen gelesen und gekeltert und in den Heurigen an die Touristenscharen aus aller Welt ausgeschenkt. Als »Heurigen« bezeichnet man nicht nur die weltberühmten Weinschänken der Hauptstadt, sondern auch den jungen Wein, der ab Martini, also dem 11. November, ausgeschenkt werden darf. Heute gibt es rund um Wien eine kleine Zahl von Top-Winzern, deren Weine aus den Rebsorten Riesling, Chardonnay oder Grünem Veltliner in den besten Restaurants des Landes zu finden sind.

Schweiz

Der eidgenössische Wein wird zum Großteil im Land selbst verbraucht, von einer Produktionsmenge von 1,2 Millionen Hektoliter werden nur 12 000 Hektoliter exportiert. Von ihrer Qualität kann man sich also am besten vor Ort, beispielsweise in den Spitzenrestaurants, an denen die Schweiz nicht arm ist, überzeugen.

Geschützte Namen existieren in der Schweiz für einzelne Marken wie den Fendant, Dorin, Dôle oder Terravin. Die Qualitätseinstufung muss der Vebraucher allerdings mehr oder weniger selbst daraus schließen, wie detailliert die Angaben auf dem Etikett sind. Wenn zusätzlich zur Region die Lage und das Weingut angegeben sind, handelt es sich mit größter Wahrscheinlichkeit um einen höherwertigen Wein.

Auch die Bezeichnungen Auslese, Spätlese und Beerenauslese sind nicht gesetzlich geschützt, entsprechen aber in etwa der gängigen Norm.

Gelegentlich findet man noch die Bezeichnung Schillerwein auf einem Schweizer Weinetikett. Damit wird eine hellrote Cuvée aus weißen und roten Tauben der gleichen Lage bezeichnet.

Weinbau vor alpiner Kulisse

Die wichtigsten Anbaugebiete sind das Wallis mit dem oberen Rhônetal, das Waadtland mit dem Genfer und dem Neuenburger See, die Ostschweiz und schließlich das Südschweizer Tessin, das auch die »Sonnenstube« des Landes genannt wird. Im schon fast mediterranen Tessin hat der Merlot, der hier 90 % der Anbaufläche ausmacht, eine zweite Heimat gefunden.

Die teilweise etxremen Lagen im Wallis vor dem Panorama der höchsten Alpengipfel und die Weinberge an den Ufern des Genfer Sees gehören zu den spektakulärsten und landschaftlich schönsten Weinlandschaften der Welt. Die Route du Vignoble im Wallis oder entsprechende Wanderwege, die Chemins du Vignoble, laden zum Entdecken ein.

- Ein Tipp für Touristen: Anfang September findet in Sierre im Wallis jeweils eine große Verkostung der regionalen Spitzenerzeugnisse statt.

Der Chasselas

Vorherrschend in der Westschweiz ist mit 60 % der Anbaufläche (40 % der gesamten Schweiz) die Gutedel-Traube, die hier je nach Region Chasselas, Fendant oder Dorin genannt wird. 85 % des weltweiten Gutedel-Anbaus konzentriert sich in der Schweiz. Er bringt hier seine größten Weine hervor.

Der Gutedel ist seit vielen Jahrhunderten in der Westschweiz heimisch. Es ist allerdings umstritten, ob ihn schon die Römer hier anbauten oder ob er über den Umweg von Frankreich seinen Weg ins Waadt und Wallis fand.

Gutedel-Weine sind trocken, jedoch mild-fruchtig und mitunter leicht kohlensäurehaltig. Von vielseitigem Charakter,- je nach Ausbau und Lage,- und anpassungsfähigem Geschmack, sind sie der ideale Begleiter zu den Spezialitäten der Schweizer Küche wie dem berühmten Käsefondue. Beliebte Markennamen sind Dezealy, Aigle sowie natürlich Dorin und Fendant.

Die Westschweiz

Die Westschweiz mit dem Wallis, Waadtland, Genfer See und Neuchâtel ist das größte Anbaugebiet das Landes. Die Weinbergslagen klettern hier bis auf erstaunliche 1200 Meter Höhe und sind entsprechend schwierig zu bewirtschaften.

Ideal zur Küche des Landes passen die Weißweine aus der Gutedel, die hier allgemein Dorin heißt, wie der leicht-fruchtige elegante La Côte aus dem Waadt. Aber auch Müller-Thurgau, Silvaner, neuerdings auch Chardonnay, Gewürztraminer und Grauburgunder stehen mit auf der Hitliste der Rebsorten. Bei den Roten führen

Das Wasser der alpinen Gletscher tragen in den regenärmeren Gebieten der Schweiz kleine Kanäle, die »Bisses«, in die Weinberge.

Pinot Noir und Gamay - eine Spezialität des Waadtlandes ist der Dôle, ein köstlicher Verschnitt aus diesen beiden Rebsorten, der auch in einer weiß ausgebauten Version erhältlich ist. Ein beachtenswerter Rosé aus Pinot Noir, der L'Oeil-de-Perdrix, kommt aus Neuchâtel.

Große Jahrgänge in der Mitte der neunziger Jahre haben vor allem den Weißweinen der Region zu Recht wieder große Anerkennung gebracht.

Die Ostschweiz

Die Anbaugebiete der deutschsprachigen Ostschweiz liegen vor allem in den Kantonen Zürich, Graubünden, Schaffhausen, St. Gallen, Aargau und Thurgau. Die Hauptrebsorte der Region ist der Müller-Thurgau (hier heißt er noch Riesling x Silvaner), außerdem werden Gewürztraminer und Grauburgunder angebaut.

Eine Spezialität ist der Räuschling, nach seinem Hauptanbaugebiet auch Zürichrebe genannt, eine sehr empfindliche, aber elegant-trockene Weißweinsorte mit zarter Säure. Bei den roten Sorten ist der Pinot Noir oder Blauburgunder, auch unter dem Namen Clevner, am weitesten verbreitet (insgesamt nimmt er 30 % der Schweizer Anbaufläche ein). Aus den Pinot-Noir-Trauben werden auch hier typische, lebhaft-fruchtige und delikate Roséweine gekeltert, die unter der Bezeichnung »Süßdruck« im Handel sind.

Ungarn, Tschechien und die Slowakei

Für Ungarn gilt leider noch das genaue Gegenteil von dem, was zuvor über Österreich berichtet wurde. Von allen ehemaligen Ostblockländern hat dieses Land den höchsten Anteil an privaten Kellereien, doch die Qualität der Weine ist noch immer von den staatlichen Großkellereien und ihrer Massenproduktion beeinflusst. Die meisten Weine kommen aus der großen ungarischen Ebene Alföld, wo ein paar Weinkombinate riesige Mengen neutraler, recht uninteressanter Weine keltern. Nur am Nordufer des Balaton, des Plattensees, findet man unter den Namen Badacsony und Balatonfüred-Csopak feine Welschrieslinge, während vom Südufer des Sees aus der jüngsten Zeit interessante Versuche mit Chardonnay, Merlot und Sauvignon zu vermelden sind.

Mit der Anzahl der Butten Esszencia, die auf dem Etikett vermerkt wird (von 2 bis 6) erhöht sich die Qualität des Tokajers.

Der Tokajer

Über allen anderen Weinen des Landes thront, ähnlich wie in Portugal, ein mächtiger Dessertwein. Der Tokajer, vielleicht der erste Wein der Geschichte, der systematisch aus edelfaulen Trauben gekeltert wurde, stammt von den Hängen in der Nähe der ukrainischen und der rumänischen Grenze und wird nach einer besonderen Methode aus Furmint-Trauben hergestellt.

Tokaj Szamorodni heißt die normale Spätlese aus den reifen Trauben, die entweder trocken oder süß ausgebaut wird und entsprechend als Aperitif- und Dessertwein auf den Markt kommt. Der Most aus edelfaulen, einzeln ausgelesenen Beeren heißt Esszencia und ist das teuerste und prestigereichste Produkt von Tokaj. Diese Essenz wird buttenweise (jeweils 15 kg) zu normalem Most, Jungwein oder Tokaj

Szamorodni gegeben und das Ganze in einem großen Fass zur Gärung gebracht. Der Tokaji Aszú muss in tiefen Felskellern unter einer Schicht Florhefe jahrelang reifen. Der Tokajer hat viel von seiner einstigen Beliebtheit verloren, und für den Weinfreund ist diese Tatsache durchaus von Interesse, denn er kann aus diesem Grund noch manche recht preiswerte Flasche bis zurück aus den fünfziger Jahren finden.

Tschechien und die Slowakei

Bereits die Römer hatten hier erste Rebflächen angelegt. Die Weine aus Tschechien und der Slowakei, die bei uns kaum bekannt sind, ähneln je nach Anbaugebiet ihren österreichischen oder ungarischen Nachbarn. Am besten sind die trockenen Weißweine, wobei Müller-Thurgau, Welschriesling und Veltliner die beliebtesten Rebsorten stellen. Die größte Weinbauregion ist die Slowakei, an deren Südgrenze die Weine aus Furmint dem Stil der Tokajer nahekommen, während in Bratislawa mehr »österreichische« Weiße gekeltert werden. Mähren mit seinen modernen Kellereien produziert vor allem »internationale« Weinsorten.

Weitere Weinländer im europäischen Raum

Mit der Verbreitung durch das Internet bietet sich auch kleineren Weinbaugebieten die Möglichkeit, ihren Bekanntheitsgrad zu steigern.

Natürlich kommen auch aus den bisher nicht erwähnten europäischen Ländern zum Teil sehr feine, beachtenswerte Weine. In den nördlicheren Gefilden sind vor allem Luxemburg und – man höre und staune – England erwähnenswert. Das kleine Herzogtum an der Mosel produziert Weine, die man nur schwer von ihren Nachbarn von der oberen Mosel und der Saar unterscheiden kann, während England, das Land der kultiviertesten Weintrinker der Welt, erst in den letzten Jahren die mittelalterlichen Klosterweingärten wiederbelebt hat.

Osteuropa

Die Länder der einstigen Sowjetunion sind, was manchen überraschen mag, wahre Kolosse in der Weinproduktion. Immerhin steht die GUS in Bezug auf die Weinbergsfläche an zweiter, der Weinmenge nach an vierter Stelle in der Welt. Die wichtigsten Anbaugebiete liegen in der Ukraine mit der Halbinsel Krim, wo man ein rationelles Industrieverfahren zur Schaumweingewinnung (siehe Seite 72) erfunden hat, weitere in Russland, Moldawien und Georgien, wo das Keltern vor 8 000 Jahren vielleicht sogar erfunden wurde. Auch Rumänien, der Nachbar Moldawiens, hat eine traditionsreiche Weinkultur, und das Land gehörte zu den wichtigsten Lieferanten der ehemaligen Sowjetunion. Die jahrzehntelange Diktatur hat jedoch nicht nur die Industrie, sondern auch den Weinbau in seinen Grundfesten erschüttert.

Ganz anders das benachbarte Bulgarien, das eines der größten Weinexportländer der Welt ist. Es exportiert über die Hälfte seiner Weinproduktion. Die Genossenschaften und staatlichen Kellereien haben in den letzten Jahren des öfteren durch ihre ansprechenden Weine aus Cabernet, Merlot und Chardonnay von sich reden gemacht, und ihre preislich interessanten Erzeugnisse sind besonders bei den britischen Weintrinkern sehr beliebt.

Aus dem ehemaligen Jugoslawien war hierzulande der Amselfelder am besten bekannt, ein sauberer, preiswerter Rotwein, der ein interessantes Zeugnis für die technisch gut ausgestatteten Kellereien der Provinz Kosovo ablegte. Weinbau gibt es auch in Serbien und Kroatien, aber die qualitativ beachtenswertesten Produkte kommen sicherlich aus Slowenien, wo man die traditionelle Verbindung zu Österreich und Italien deutlich spürt.

Der Mittelmeerraum

Griechenland, die antike Heimat des europäischen Weinbaus, deren Produkte noch in den zwanziger Jahren sehr beliebt waren, hat zwar einige interessante Rotweine aus Naoussa und Goumenissa und Süßweine von der Insel Samos zu bieten, ist aber dem Massenpublikum eher durch den Retsina bekannt. Das ist jener mit Harz geschmacklich »verbesserte« Wein, der auf die antike Methode der Weinkonservierung durch eine Öl-Harz-Schicht zurückgeht. Auch die Insel Zypern ist relativ arm an international überzeugenden Qualitätsweinen. Allenfalls der Commandaria aus der Gegend von Limassol fand bisher internationale Beachtung. Dieser zypriotische Süßwein, nach Sherry-Art im Fass gereift, wird seit fast 3000 Jahren hergestellt. In den höheren Lagen des Troodos- Gebirges entstehen jedoch einige Rot- und Weißweine aus einheimischen Reben wie der Xynisteri, dem Ophthalmo oder Mavro Ambelissimo, die von Touristen und Einheimischen gleichermaßen geschätzt werden. Der kriegsgeplagte Libanon hat Eindrucksvolleres zu bieten. Aus dem Bekaa-Tal bringt das weltbekannte Château Musar Jahr für Jahr Cabernet- und Chardonnay-Weine in die Hauptstädte der Welt, die Experten und Weinfreunde immer wieder durch ihre Feinheit und Ausgewogenheit überzeugen.

Neuen Schwung durch modernere, süffige Weine bekam der griechische Weinbau in den letzten Jahren durch die großen Namen Tsantali, Kourtaki, Achaia Clauss und Boutari.

Portugal

Portugal hat von allen west- und südeuropäischen Ländern die ärmsten Weinbautraditionen vorzuweisen – sieht man einmal vom Portwein ab, dessen Erzeugung die Engländer im oberen Douro-Tal förderten. So findet man heute auf der einen Seite sehr viele Kleinstwinzer und auf der anderen ein paar Kellereikolosse neueren Datums. Der historisch gewachsene Mittelbau, der in allen anderen Ländern für die überragenden Qualitäten sorgt, existiert hier praktisch nicht.

Neben einigen interessanten roten oder weißen Vinhos verdes aus dem Norden des Landes und den international sehr erfolgreichen Roséweinen Lancers und Mateus verdient nach wie vor hauptsächlich der Portwein die Aufmerksamkeit des Weinfreundes (siehe Seite 74).

Israel schließlich hat sich gerade aufgemacht, mit seinen Weinen die internationale Szene zu erobern. Die ersten Kostproben aus diesem sonnenverwöhnten Land sind jedenfalls vielversprechend.

Nord- und Südafrika

Wenig ist vom Nordrand des afrikanischen Kontinents zu berichten: Der Wein aus den einstigen Kolonien Frankreichs, der noch bis Anfang der sechziger Jahre den Franzosen als Verschnittwein diente, ist weitgehend bedeutungslos geworden. Heute gibt es noch Weinbau in Tunesien mit seinem Carthage oder Mornag und in Marokko mit den bekannten Sidi Brahim und Boulaouanne.

Interessanter wird es im östlichen und südlichen Afrika, wo Kenia und Zimbabwe mit ihren guten »Exoten«-Weinen nach Europa drängen.

Weingärten in der europäisch anmutenden Landschaft der Kap-Provinz, Südafrikas traditionsreichstem Anbaugebiet.

Südafrika

Vor allem aber Südafrika macht durch den Export sehr guter, preisgünstiger Weine von sich reden. Noch im letzten Jahrhundert galt der Süßwein aus Groot Constantia in der Kap-Provinz als einer der besten der Welt, und erst die Reblaus – im Verbund mit der Aufhebung der englischen Zölle für französische Konkurrenzprodukte – besiegelte seinen Niedergang. Der Weinbau hat in Südafrika seit über 300 Jahren Tradition, und nur die lange politische Isolierung des Landes hatte dazu geführt, dass er bei den Europäern in Vergessenheit geraten war. Der »Star« unter den südafrikanischen Trauben ist die Pinotage, eine Kreuzung zwischen Pinot Noir und Cinsault. Sie ergibt ausdrucksstarke, dunkle Rotweine. Auch Shiraz, Merlot und Cabernet Sauvignon sind beliebte Sorten. Ebenso werden jedoch trockene Weißweine erzeugt. Insgesamt ist Südafrika als Weinland stark im Kommen.

Amerika

Eine wahre Weinrevolution fand in den letzten drei Jahrzehnten in Amerika statt. Der Kontinent war zwar seit Urzeiten reich an Gewächsen der Gattung »vitis«, aber keine von ihnen eignete sich so recht dazu, Weine nach europäischem Geschmack zu keltern. Schon 1524 wurde deshalb in Mexiko ein Weinberg mit importierten Reben angelegt, doch diese Pioniertat blieb ohne konkrete Folgen. In Mexiko ist noch heute trotz größerer Investitionen spanischer Kellereien keine Weiterentwicklung in dieser Hinsicht zu verzeichnen.

Erst in der Mitte des letzten Jahrhunderts »wanderte« die Rebe von Mexiko aus an der Pazifikküste entlang nach Norden und eroberte zuerst Südkalifornien und später die Ufer der San Francisco Bay, wo heute die spektakulärsten Erfolge im Weinbau erreicht werden.

Weinparadies Nordkalifornien

Schon um 1870 hatte die kalifornische Weinindustrie nach einer kurzen, steilen Karriere solche Ausmaße angenommen, dass man den Bau der damals größten Weinkellerei der Welt in Angriff nehmen wollte. Es blieb zunächst bei dem Vorhaben, denn die Reblaus (siehe Seite 35) und die einsetzende Prohibition (von 1919 bis 1933 galt in den USA ein generelles Alkoholverbot) machten der jungen Weinindustrie schnell den Garaus. In den vierziger und fünfziger Jahren kam es dann zu einem neuen Aufschwung. Italienische, französische und deutsche Winzer wanderten ein und erkannten schnell die Möglichkeiten, die sich in der sanft hügeligen, europäisch anmutenden Landschaft ergaben. Das im Sommer regenarme und sehr warme Klima mit den feuchtigkeitsspendenden Nebeln abends und morgens ist ideal für den Weinbau, und billige Arbeitskräfte fanden sich in mexikanischen Gastarbeitern. Die ehrgeizigen Einwanderer machten das Beste daraus. Heute gibt es in Kalifornien, das immerhin 90 Prozent des Weines in den USA erzeugt, wieder 700 »wineries«, die Produkte von gleichmäßig hoher Qualität anbieten. Die Weine sind alkoholreich (14-18% Vol.), die Weißen trocken und jugendlich und die Roten gehaltvoll und dunkel.

- Eine kalifornische Besonderheit ist die »Zinfandel«-Rebsorte, die als blasser Rosé und als üppiger Rotwein gekeltert wird.

Wer nach Kalifornien kommt, sollte die unterhaltsamen und lehrreichen »guided tours« und Verkostungen der Weingüter nicht versäumen.

Die »Approved Viticultural Areas«

Zu Sonoma, dem ältesten Qualitätsweingebiet, gesellte sich das benachbarte Napa Valley, das seinen älteren Bruder sehr schnell in den Schatten stellte. Bald breiteten sich die Rebgärten wieder in Richtung Süden aus, von wo sie ursprünglich gekommen waren. Die über 50 ausgewiesenen Anbaugebiete, die AVA's (Approved Viticultural Areas) liegen heute über 4 große Zonen verstreut: in den kleinen Tälern im Norden der San Francisco Bay, entlang der Central Coast, im langgestreckten

Central Valley, das von Sacramento im Norden bis fast nach Los Angeles reicht, und in Südkalifornien. Die besten Weine kommen immer noch aus Sonoma und Napa.

- Der Name der AVA ist auf einem kalifornischen Etikett angegeben, ebenso wie der Name der Rebsorte, der Jahrgang und der Alkoholgehalt; allerdings fehlen bisher offizielle Qualitätseinstufungen.

Ein »Château« in der Neuen Welt: Die Domaine Carneros in Kalifornien.

Im Central Valley bauten die aus Italien stammenden Brüder Gallo schließlich die größte Weinkellerei der Welt: 800 Millionen Liter Wein können hier gekeltert und gelagert werden, die eigene Glasfabrik und gigantische Abfüllanlagen sorgen für einen Ausstoß von 600 Millionen Flaschen Wein im Jahr, was immerhin fast der halben Jahresproduktion ganz Deutschlands entspricht.

Weitere US-Staaten

Angespornt von der kalifornischen Erfolgsstory, haben auch andere Staaten einen eigenen Weinbau entwickelt. Oregon und Washington im Norden experimentieren mit Pinot Noir, Sauvignon, Riesling und Sémillon, Texas produziert guten Chardonnay und Cabernet Sauvignon, und selbst in den Wüstenstaaten New Mexico und Arizona gibt es erste Weingüter. Ohio, Virginia, Maryland, Missouri und Pennsylvania, vor allem aber New York und New England setzen die Kette bis an die Ostküste fort, wobei hier allerdings meist die für unsere Gaumen so ungewohnten Amerikanerreben (z. B. Niagara) angepflanzt werden.

Südamerika

Von der südlichen Hälfte des amerikanischen Kontinents wird gerade in jüngster Zeit häufig gesprochen. Argentinien zum Beispiel ist immerhin der Welt fünftgrößter Weinproduzent, aber seine Weine konnten bisher noch nicht sonderlich überzeugen. Dasselbe gilt für Peru und Brasilien, obwohl gerade dort große internationale Getränkekonzerne viel in den Weinbau investiert haben. Besser sieht es schon in Uruguay aus. Das herausragende Weinland des lateinamerikanischen Kontinents aber ist Chile. Das Land ist nie von der Reblaus heimgesucht worden, und so konnte sich der Weinbau hier langsam und harmonisch entwickeln.

- Chile bringt sehr gute Cabernet-Weine hervor, deren berühmtester, der Santa Rita, schon auf einigen internationalen Vergleichsverkostungen bemerkenswerte Ergebnisse erzielen konnte.

Der Absatz von Weinen aus Australien und Südamerika in Deutschland hat sich 1999 verdoppelt.

Der chilenische Weinbau, an dem vor allem spanische Firmen Anteile besitzen, wird hauptsächlich im Maipo-Tal bei Santiago und weiter im Süden des Landes betrieben. In letzter Zeit fanden die beachtenswerten chilenischen Weine immer häufiger den Weg zu europäischen Händlern und damit auch immer mehr Liebhaber bei uns.

Australien, Neuseeland und der Ferne Osten

Man muss nicht mehr ans andere Ende der Welt fahren, um die dort heimischen Weine kennen zu lernen. Dank einer großartigen Marketingstrategie und reißendem Absatz in ihrer ehemaligen Mutterkolonie England sind vor allem die australischen Weine den europäischen Konsumenten ein fester Begriff geworden. Völlig zu Recht, denn von hier kommt gute Qualität zu vernünftigen Preisen – und sogar das eine oder andere Spitzengewächs.

Australien

Schon 1788, als die britische Krone den Kontinent zur Kolonie erklärte, wurden die ersten Reben dort ausgepflanzt. Bereits im Jahre 1820, kaum 32 Jahre später, wurde ein Wein von Gregory Blaxland, einem der ersten Weinbaupioniere, in England mit Preismünzen prämiert. Das Hunter Valley im Staat New South Wales wurde zum ersten geschlossenen Anbaugebiet entwickelt, Victoria, Süd- und Westaustralien, wo am Swan River die älteste noch bestehende Weinkellerei arbeitet, folgten sehr bald nach. Mit dem Zustrom südeuropäischer Einwanderer nach dem Zweiten Weltkrieg wurde Australien zur regelrechten Weintrinker-Nation. Zwar sank der Pro-Kopf-Verbrauch in den letzten Jahren im Gefolge wirtschaftlicher Krisen wieder ab, aber dafür konnte der Weinbau jetzt vermehrt Hoffnungen auf die Exportmärkte setzen.

Bereits 400 australische Winzer exportieren ihre Weine – insgesamt 200 Millionen Liter allein 1998, bei weiter steigender Tendenz.

Shiraz und Chardonnay

Australiens berühmtester Wein ist der Grange Hermitage aus den Weinbergen von Adelaide und Barossa Valley. Er entsteht in der Kellerei Penfold's und ist ein Werk des deutschstämmigen Kellermeisters Max Schubert. Hermitage ist ein anderer Name für die Syrah-Traube von der Rhône, die hier auch den Namen Shiraz trägt. Nachdem dieser Wein in einem Wettbewerb selbst Premier-Cru-Gewächse aus Bordeaux hinter sich lassen konnte, wurde man auch in Europa auf die Produkte des Landes aufmerksam.

Neben den beliebten Shiraz-Rotweinen sind auch in Australien vor allem Cabernet Sauvignon und Chardonnay in Mode gekommen, aber gerade im

Im Barossa Valley sind deutsche Emigranten und australische Sonne eine erfolgreiche Verbindung für den Weinbau eingegangen.

Hunter Valley gibt es auch feine Sémillon-Tropfen, die hier manchmal Riesling genannt werden, und wirkliche Rieslinge, die dann Rhine Riesling heißen. Interessante Weine kommen außerdem aus Coonawarra und Southern Wales in Südaustralien und aus dem Yarra und dem Goulbourn Valley in Victoria. Im noch relativ jungen Weinbaugebiet am Murray River, das sich über die drei Staaten Südaustralien, New South Wales und Victoria erstreckt, wird heute immerhin schon fast die Hälfte der australischen Trauben geerntet.

Neuseeland

In Neuseeland befinden sich die östlichsten und – neben Chile – südlichsten Weinberge der Welt. Auch hier gab es nach dem Zweiten Weltkrieg eine explosionsartige Entwicklung des Weinbaus, während sich die Rebfläche im Verlauf von dreißig Jahren verfünfzehnfachte. Allerdings ist die Szene noch recht übersichtlich, da es lediglich 90 weinproduzierende Betriebe mit nur 60 verschiedenen Besitzern gibt. Aufgrund des kühlen Klimas hat man sich früher dazu verleiten lassen, nach deutschem Muster vor allem Müller-Thurgau zu pflanzen, aber in den letzten Jahren entstanden viele Weinberge mit anderen Sorten, die bessere Ergebnisse erzielen. Chardonnay, Sauvignon Blanc, Riesling und auch Rotweine bereichern heute die Angebotspalette des Landes. Von den 4 wichtigen Anbaugebieten der Nordinsel – Huapai Valley/Kumeu River, Gisborne/Poverty Bay, Hawkes Bay und Martinborough – ist der Rebanbau jetzt auch auf die Südinsel übergegangen, wo in der Marlborough-Gegend und bei Christchurch interessante Weine erwartet werden.

China und Japan

Last but not least möchte ich noch einen kurzen Abstecher in den Fernen Osten machen. Chinesische und japanische Weine sind den europäischen Weintrinkern bestimmt am allerwenigsten bekannt. Zwar wurden hier schon im 2. beziehungsweise im 8. Jahrhundert Trauben gekeltert, doch daraus entwickelte sich keine Tradition und schon gar keine Weinindustrie. Chinas Weinberge erlebten erst in den achtziger Jahren wieder eine neue Blüte, als hier französische Cognac-Firmen tätig wurden. Der berühmteste chinesische Wein, der Dynasty, machte sogar Weltgeschichte, als er in der Zeit der sogenannten »Ping-Pong-Diplomatie« bei einem Empfang des amerikanischen Präsidenten serviert wurde.

Japan scheint sich im Gegensatz dazu mit Riesenschritten zu einem interessanten Verbraucherland zu entwickeln, und japanische Einkäufer tauchen immer häufiger auf Weinmessen und in Weingütern auf. Nicht zuletzt haben japanische Firmen auch eine Reihe der prestigeträchtigsten europäischen Weingüter aufgekauft. Auch im Land selbst gibt es Weinbau, doch die Produkte werden oft mit Importweinen aus aller Herren Länder verschnitten.

Wein aus Deutschland

Die deutschen Weinlandschaften sind nach dem Weingesetz in bestimmte Anbaugebiete für Qualitätswein sowie in Land- und Tafelweinbaugebiete unterteilt, die auf dem Etikett genannt werden. Da der überwiegende Teil aller deutschen Weine Qualitätsweine sind, wollen wir Ihnen in diesem Kapitel die 13 Anbaugebiete für diese Weine mit ihren wesentlichen Eigenarten im Einzelnen vorstellen.

Doch zunächst ein Blick auf die wirtschaftliche Situation des deutschen Qualitätsweins und auf das deutsche Weingesetz, das seinen Anbau regelt.

Zahlen und Fakten über deutschen Wein

Heute hat der Weinbau in Deutschland eine beachtliche wirtschaftliche Bedeutung, wenn die Rebfläche auch wesentlich kleiner ist als im Mittelalter und sich nur auf die klimatisch und geologisch besonders geeigneten Gebiete beschränkt.

Immerhin erzeugen etwa 500 000 Beschäftigte in rund 12 000 Betrieben durchschnittlich 10 Millionen Hektoliter Wein pro Jahr – umgerechnet fast 1,5 Milliarden Flaschen.

Die Weinverbände

Ein bedeutender Impuls zur Erzeugung hochwertiger Naturweine – nicht aus Trauben hergestellte »Kunstweine« wurden erst 1909 verboten – ging von den seit Ende des 18. Jahrhunderts zunächst vereinzelt, ab der Mitte des 19. Jahrhunderts regelmäßig stattfindenden Weinversteigerungen aus. 1897 schlossen sich die ersten Weingüter des Rheingaues zur »Vereinigung Rheingauer Weingutsbesitzer« zusammen. Weitere Vereinigungen folgten, bis 1910 der »Verband Deutscher Naturwein-Versteigerer« durch Zusammenschluss der Länderverbände entstand. Die Mitglieder hatten strenge Regelungen in Bezug auf die Qualität zu befolgen, wodurch der Ruf des deutschen Weines im In- und Ausland langfristig gefördert wurde. Seit 1971 ist der Name »Verband Deutscher Prädikats- und Qualitätsweingüter e.V.«.

Die strenge Kontrolle, die einen direkten Vergleich ermöglicht, hat viel zur gleich bleibend hohen Qualität deutscher Weine beigetragen.

Die verbandsinterne Kontrolle durch den VDP (Verband Deutscher Prädikats- und Qualitätsweingüter e.V.) ergänzt die amtliche Prüfung (siehe Seite 238).

Die 13 deutschen Anbaugebiete für Qualitätswein sind, im Gegensatz zu den Tafel- und Landweinbaugebieten, historisch gewachsen und existierten schon lange vor der Festlegung durch das Weingesetz.

Das deutsche Weingesetz

1901 wurde erstmals ein für ganz Deutschland gültiges Weingesetz erlassen, das Anbauflächen, Rebsortenauswahl und Weinbereitung regelte. Es wurde 1930 wesentlich überarbeitet und 1951 und 1957 an die Fortschritte in Weinbau und Kellertechnik angepasst.

Im Hinblick auf die von der EWG zu erwartende Regelung für den europäischen Weinbau kam es zur Verabschiedung des Weingesetzes von 1969, das jedoch nie praktisch umgesetzt wurde. Die EWG-Weinmarktordnung trat 1970 in Kraft. Kurz vor dem großen Weinjahrgang 1971 erhielt Deutschland ein neues Weinrecht, das auf einer »Harmonisierung« des Gesetzes von 1969 mit den EG-Weinrechtsvorschriften basiert. Hierdurch sollte eine bessere Vergleichbarkeit der einzelnen nationalen Weinrechtsvorschriften auf dem Gemeinsamen Markt erreicht werden. Heute steht an oberster Stelle der Weinrechtshierarchie das EU-Weinrecht, darunter stehen das Deutsche Weingesetz von 1971 und die jeweiligen Weinbauverordnungen der Länder.

Das deutsche Weingesetz im Überblick

Die wichtigsten Vorschriften des aktuellen Weingesetzes beziehen sich auf folgende Punkte:

1. Anbauregelung

Genehmigung von Wieder- und Neuanpflanzungen auf weinbaugeeigneten Flächen
Ernte- und Erzeugungsmeldung
Jährliche Meldung der Ertragsrebfläche und der Weinerzeugung
Hektarertragsregelung
Höchsterntemenge pro Hektar Weinbaufläche zur Qualitätssicherung
• ist durch Länderverordnungen begrenzt

2. Rebsortenregelung

Es sind nur zugelassene Rebsorten erlaubt

3. Herkunft

Einteilung in Weinbaugebiete für Tafelwein und Landwein, bestimmte Anbaugebiete für Qualitätswein, diese wieder unterteilt in Bereiche, Großlagen und Einzellagen

4. Qualitätsstufen

Einteilung in die Qualitätsstufen und die Voraussetzungen dazu für Tafelwein, Landwein, Qualitätswein bestimmter Anbaugebiete und Qualitätswein mit Prädikat

5. Regelung der Weinherstellung

Festlegung der kellertechnischen Verfahren der Weinherstellung, zum Beispiel Anreicherung, Entsäuerung, Süßung, zugelassene Behandlungsstoffe

6. Amtliche Prüfung für Qualitätswein b.A.

Voraussetzungen für die Erteilung der Amtlichen Prüfungsnummer und Durchführung der amtlichen Prüfung für Qualitätswein

7. Bezeichnungsrecht

Festlegung und Kontrolle der vorgeschriebenen und zugelassenen Angaben, wie Qualitätsstufe, Anbaugebiet, Jahrgang, Rebsorte, Geschmacksangaben und Auszeichnungen

Wer trinkt den Wein?

Der Verbrauch von deutschem Wein, bezogen auf den gesamten Weinkonsum in Deutschland, der seit 1990 zugunsten von Importen aus dem Ausland stetig abnahm, hat sich seit 1994 wieder stabilisiert. Ein Grund dafür dürften innovative Vermarktungsstrategien der Weingüter und Genossenschaften sein, die mit dem Trend zu frischeren Geschmacksrichtungen und verbraucherfreundlichen Markennamen auch jüngere Weintrinker ansprechen.

Getrunken werden deutsche Weine hauptsächlich in den Anbaugebieten selbst. Dies allerdings in unterschiedlichen Maßen. Die Württemberger trinken zum Beispiel ihre Weinernte »viertelesweise« so gut wie komplett selbst. Auch aus den neuen Gebieten Sachsen und Saale-Unstrut kommt kaum eine Flasche in die Regale des Handels außerhalb des Erzeugergebiets. In diesen beiden kleinen Gebieten allerdings ist nicht die Trinkfreudigkeit der Einwohner die Ursache, sondern die vergleichsweise geringe Menge. Der Wein von der Hessischen Bergstraße, der Ahr und der Mosel wird zum großen Teil von Touristen daselbst konsumiert.

Über 30 Prozent des in Deutschland verkauften Weins stammen aus den heimischen Anbaugebieten.

Ganz anders sieht es bei den großen Weinbaugebieten wie Rheinhessen, Baden, Franken, Mosel-Saar-Ruwer, Nahe und Rheingau aus, deren Erzeugnisse sich in den Weinhandlungen, Supermärkten und Feinkostläden im ganzen Land wiederfinden. Diese Weine werden auch in größerem Umfang exportiert.

Konkurrenz zum Bier

Wenn auch Wein und Sekt schon seit langem nicht mehr nur zu »feierlichen Anlässen« getrunken werden, ist Deutschland vom statistischen Pro-Kopf-Verbrauch her doch das klassische Bierland geblieben.

- Mit 140 Litern pro Kopf und Jahr steht Bier unter den alkoholischen Getränken an erster Stelle, während Wein und Sekt mit etwa 23 Litern in der Statistik vertreten sind.

Trotz allgemein rückläufigen Trends, hervorgerufen durch ein verändertes Gesundheitsbewusstsein sowie verstärkte Alkoholkontrollen im Verkehr, liegen zum Beispiel Frankreich und Italien mit je 60 Litern Weinkonsum pro Kopf weit darüber. Überraschend ist, dass ausgerechnet die Biermetropole München mit geschätzten 40 Litern pro Kopf und Jahr den höchsten Weinkonsum aller deutschen Großstädte aufzuweisen hat. Nirgendwo sonst gibt es so viele, meist Pfälzer, Weinlokale wie gerade hier. Die besondere Vorliebe für den rheinischen Rebensaft ist wohl auf alte historische Verbindungen zurückzuführen. Schließlich erhielt Bayern 1815 auf dem Wiener Kongress für seinen Verzicht auf Tirol, Vorarlberg und Salzburg die linksrheinische Pfalz zum Ausgleich, ebenso wie das Großherzogtum Würzburg und das Fürstentum Aschaffenburg, also das heutige Anbaugebiet Franken.

Beliebter Exportartikel

Außerhalb der Landesgrenzen ist deutscher Wein ein begehrtes Importgut. Allerdings ist der Exportmarkt, was die Art und Qualität der Weine betrifft, alles andere als homogen.

Wichtigster Handelspartner ist seit langem Großbritannien. Die reiselustigen Engländer schätzen seit jeher die Weine aus dem Rheingau und von Mosel, Saar und Ruwer am höchsten. Es ist kein Zufall, dass auch heute noch die deutschen Weißweine generalisierend in »Hock« (Hochheim) für Rhein- und »Moselle« für Moselweine eingeteilt werden. Als Englands hoch geachteter Weinjournalist Hugh Johnson 1975 seinen großen deutschen Weinatlas herausbrachte, fehlten aus diesem Grund wohl etliche deutsche Weinbaugebiete, wie zum Beispiel Württemberg, weil auch er sie nicht kannte!

Platz 2 in der Exportstatistik nehmen die Niederlande ein, wo besonders die diversen lieblichen Moseltröpfchen Freunde finden.

Die Japaner, die deutschen Wein als Kulturgut betrachten und als »Etikettentrinker« die adligen Tropfen des Rheingaus bevorzugen, wo sie auch schon Beteiligungen einkauften, stehen auf Platz 3. Sie sind es auch, die mit durchschnittlich 444 DM pro Hektoliter die höchsten Preise bezahlten.

Danach folgen die trinkfreudigen, aber zwangsabstinenten Schweden und – man höre und staune – die Brasilianer!

Positiven Einfluss auf den Konsum in den erwähnten Exportländern nehmen die Informationsbüros der deutschen Weinwerbung.

Exportpartner USA steht auf dem 6. Platz im deutschen Weinexport. Obwohl Rheinhessen, die Pfalz, die Nahe und der Rheingau 1992 noch über 1 Millon Hektoliter Liebfraumilch dorthin exportierten, sind die Ansprüche seither gestiegen, denn wertmäßig stehen die Amerikaner bei einem Durchschnittspreis von 436 DM pro Hektoliter direkt hinter den Japanern. Ein Beweis dafür, dass die höheren Qualitäten auch dort zum Durchbruch gekommen sind.

Die Anbaugebiete von A bis Z: Ahr

Die Ahr ist ein sehr kleines Weinbaugebiet, das im Durchschnitt der Jahre nur etwa 0,5 Prozent des deutschen Weinertrags liefert. Besonders die samtigen trockenen und dabei leicht erdigen Spätburgunder-Rotweine, die an dem gleichnamigen Nebenflüsschen des Rheins südlich der ehemaligen Bundeshauptstadt wachsen, sind beliebt unter Rotweinkennern. Außerhalb des Gebiets sind sie allerdings nur in gut sortierten Fachgeschäften zu bekommen. Ein Grund dafür sind die zahlreichen Wochenendtouristen aus dem Köln-Bonner Raum und Holland, für die der Wein in manchen Jahren bei weitem nicht ausreicht.

Die Weinbergsterrassen rund um Dernau

Wer die Ahr besuchen will, um die Spitzenweine zum Beispiel von der Dernauer und der Bachemer Winzergenossenschaft oder der Staatsdomäne Marienthal zu probieren, sollte die Wochenenden meiden.

Die Winzergenossenschaft Mayschoß-Altenahr ist übrigens die älteste Winzergenossenschaft in ganz Deutschlands – sie besteht seit schon 1868!

Topp beim Rotwein

War der Ahrwein wegen seiner gefälligen, leicht süßlichen Art bei Kennern zeitweise in Verruf geraten, so hat sich das Bild in den letzten zehn bis fünfzehn Jahren gründlich geändert. Eine Reihe von jungen Winzern hat sich daran gemacht, den Rotwein von der Ahr und damit das Image gründlich aufzubessern. Durch Ertragsbeschränkung und sinnvollen Einsatz des Barrique ist es ihnen gelungen, charaktervolle, hochwertige Spät- und Frühburgunder zu erzeugen, deren einziger Makel in den letzten Jahren ihre geringe Menge war.

Von sich reden machte der Spätburgunder des Jahres 1997. Hier erzielten die Ahr-Winzer internationale Spitzenklasse. Zu den fortschrittlichen Winzern von der Ahr, die in jüngster Zeit einen höheren Bekanntheitsgrad erreichten, zählen neben den innovativen Winzergenossenschaften Mayschoß-Altenahrer Kooperative und Ahr-Winzer e.G. die Weingüter Deutzerhof (siehe Kasten), Thomas Nelles, Meyer-Näkel, Kreuzberg und J.J. Adeneuer.

»Spätburgunder braucht Wärme. Deshalb passt er so gut auf die wärmespeichernden Schieferböden im engen und geschützten Ahrtal mit seinem besonderen Mikroklima. Die besten Roten kommen von den Steillagen der oberen Ahr.«

Wolfgang Hehle, Deutzerhof, Mayschoß

Die Ahrtalstraße von Sinzig bis Altenahr erschließt das ganze Gebiet. Parallel dazu verläuft der Rotweinwanderweg.

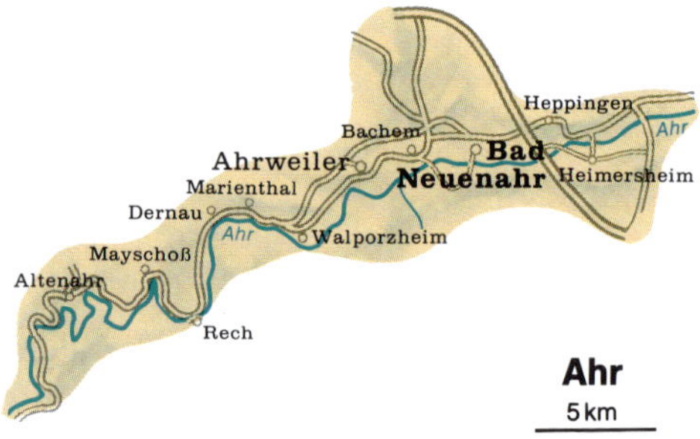

Die Ahr auf einen Blick

Bereiche:	Walporzheim/Ahrtal
(Anmerk.: Der Bereich eines Anbaugebietes kann für Tafelwein und für Qualitätswein angegeben werden; bei Qualitätsweinen mit Prädikat müssen 100 % der verwendeten Trauben aus diesem Bereich stammen)	
Rebfläche:	520 ha
Böden:	Vulkangestein, dunkler Schiefer
Weinerzeugung:	39 000 hl
davon	17,9 % weiß, 82,1 % rot
Hauptrebsorten:	Spätburgunder, Frühburgunder (eine bereits im September reifende Sorte), Portugieser, Riesling
Besuchenswert:	Weinmarkt in Ahrweiler, Juni und September
Information:	Touristik-Service Rhein-Ahr-Eifel, Markt 11, 53474 Bad Neuenahr-Ahrweiler

Baden

Das zum Land Baden-Württemberg gehörende große Weinbaugebiet zieht sich rechtsrheinisch von der Schweizer Grenze, mit Unterbrechung bei Karlsruhe, bis an die Bergstraße hin. Außerdem zählt noch eine Weinenklave im Taubertal, das Badische Frankenland nahe Würzburg, dazu. Baden ist mit seiner Rebfläche nach Rheinhessen und der Pfalz das drittgrößte unter den deutschen Anbaugebieten. Da aber die Größe noch lange nichts über die Qualität der Weine aussagt, sind die Badener stolz darauf, in der Rangliste der Höchsterträge pro Hektar erst an 8. Stelle zu rangieren.

Das war nicht immer so. Noch vor knapp 6 Jahren war man froh darüber, dass man 60 Prozent mehr Ertrag als heute hervorbrachte. Die damalige Gigantomanie, die man besonders der Zentralkellerei Badischer Winzergenossenschaften vorwarf, ist dem Denken »Weniger, dafür besserer Wein« gewichen. Und die Zentralkellerei, zwar immer noch die größte Europas, heißt deshalb jetzt werbewirksam »Badischer Winzerkeller«.

Wegen der ausgedehnten Fläche des Gebietes zeichnet sich das badische Weinangebot durch große Vielfalt aus.

Sonnige Lagen

Baden gehört zu den sonnenreichsten Gebieten Deutschlands. Grund dafür ist die wettergeschützte Lage im Rheintal zwischen den Vogesen im Westen und dem Schwarzwald im Osten. Der Gesetzgeber hat Baden daher der europäischen Weinbauzone »B« zugeordnet, zu der normalerweise Frankreich und Norditalien zählen (siehe Seite 21). Für die Winzer bedeutet das höhere Mindestanforderungen an die Mostgewichte. Was sich an der Mosel bereits Auslese nennen darf, reicht in Baden nicht einmal für eine Spätlese. Ein professionelles Weinmarketing hat diesen Nachteil für die Winzer übrigens geschickt in einen Vorteil für den Verbraucher umzumünzen gewusst.

Ausgereifte Weißweine

Bekannt in ganz Deutschland sind vor allem der badische Müller-Thurgau, der Spätburgunder-Rotwein oder -Weißherbst und der Ruländer. Da man in Baden klimabedingt selten Probleme mit schlechten Jahrgängen hat, sind die Weine von voller, wuchtiger Art und enthalten oft mehr Alkohol als die aus nördlicheren Gebieten. Dies trifft vor allem auf die Weine vom Kaiserstuhl, Deutschlands wärmster Gegend, zu.

Der Weintourismus ist in Baden ausgeprägt, aber anders geartet als an Ahr und Mosel. Wegen seiner hervorragenden, durch das nahe Frankreich geprägten Küche kommen im Frühjahr und im Sommer viele anspruchsvolle Weinliebhaber hierher, um sich nach lustvoller Schlemmerei in den kleinen Genossenschaften mit einem Vorrat für ihren Weinkeller einzudecken.

Am Kaiserstuhl herrscht ein extrem warmes, trockenes Klima, das die Weine oft wuchtig geraten lässt. Hier ergriff man zuerst die Initiative, den Ruländer vor der Reife zu ernten.

Die Badische Weinstraße, mit einem Traubensymbol gekennzeichnet, umfasst ein ganzes Straßensystem mit Rundkursen von Wertheim bis zur Stadtgrenze von Basel.

»Manche meinen ja, ganz Baden sei von Winzer-Genossen besetzt. Doch hie und da gibt es noch ein unbeugsames Familien-Weingut, das unverdrossen Qualität produziert... Wir haben uns auf Gutedel spezialisiert, der nur hier im Markgräflerland die für diese Rebsorte typischen Weißweine ergibt.«

Roy Blankenhorn, Weingut Blankenhorn, Schliengen

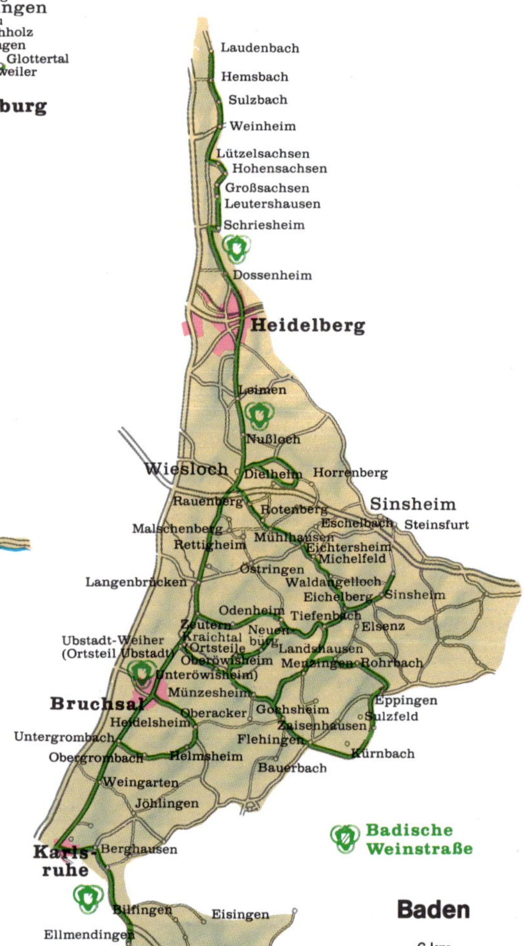

Baden	auf einen Blick
Bereiche:	Bodensee, Markgräflerland, Kaiserstuhl, Tuniberg, Breisgau, Ortenau, Badische Bergstraße/Kraichgau, Tauberfranken
Rebfläche:	15 761 ha
Böden:	Löss, Lehm, Keuper, Vulkangestein (Kaiserstuhl)
Weinerzeugung:	1,2 Mio. hl
davon	66,9 % weiß, 33,1 % rot
Hauptrebsorten:	Müller-Thurgau, Spätburgunder, Grauburgunder, Gutedel, Riesling, Weißburgunder
Besuchenswert:	Kaiserstühler Weinfest, Breisach, August; Affentaler Weinfest, Bühl, August
Information:	Weinwerbezentrale Badischer Winzergenossenschaften e.G., Keßlerstraße 5, 76185 Karlsruhe

Die Betriebe sind zum großen Teil in modernen Winzergenossenschaften organisiert. Allerdings sind die Weine in Großmärkten oft billiger zu haben als bei der Genossenschaft selbst. Als einziges Anbaugebiet außerhalb Frankens darf Baden einige Qualitätsweine in Bocksbeutelflaschen abfüllen, und zwar das Badische Frankenland und Neuweiler bei Baden-Baden.

Das im 16. Jahrhundert gegründete Weingut Juliusspital ist bis heute einen Besuch wert – schauen Sie vorbei, wenn Sie in Würzburg sind.

Franken

Dieses nicht sehr große, dafür aber um so bekanntere Weinbaugebiet liegt am Main und seinen Nebenflüssen Tauber und Fränkische Saale sowie an den Hängen des Steigerwaldes. Zentrum ist die Weinhauptstadt Würzburg.

Qualität aus dem Bocksbeutel

Die Qualitäts- und Prädikatsweine werden in die historische bauchige Bocksbeutelflasche gefüllt, weltweites Erkennungszeichen für fränkische Markenweine.

Die Weißweine, die 95 Prozent der Produktion ausmachen, sind meist von eigentümlich markanter, manchmal erdiger Art. Der Einfluss des Bodens zeigt sich besonders deutlich (siehe auch Seite 27). Es gibt nur zwei Möglichkeiten: Man mag den Frankenwein – oder nicht! Zumindest zeigt er sich vielen Menschen, die ihn zum ersten Mal probieren, zunächst einmal verschlossen. Doch wer Frankenwein zum Beispiel bei einer Verkostung in Würzburg gründlich und ausgiebig kennen lernen konnte, kommt nie von ihm los. Obwohl er – seiner besonderen Qualität wegen – deutlich mehr kostet als andere deutsche Weine.

Die Feste Marienberg thront hoch über Würzburg, oberhalb der berühmten Lage Innere Leiste. Sie beherbergt auch ein interessantes Weinmuseum.

Der früher für das Gebiet typische Silvaner wurde weitgehend durch die Sorte Müller-Thurgau verdrängt, die hier aufgrund extremer Ertragsbeschränkung und wegen der mineralischen Böden ungeahnte Qualitäten liefert. Daneben hat sich die Bacchusrebe als Nummer drei in der Rangfolge mit steigender Tendenz etabliert.

Keine Kompromisse mehr

Anfang der siebziger Jahre kam es zu einem Eklat im Frankenland. Man war äußerst erbost darüber, dass ein bekannter Düsseldorfer Weinjournalist es wagte, die Franken wegen ihrer Abkehr vom erdig-trockenen Wein hin zur damals üblichen »süßen Welle« öffentlich zu schelten. Diese Schelte hat sich sehr schnell zum Segen entwickelt, denn die Franken besannen sich auf ihre erfolgreichen traditionellen Weine der kompromisslos trockenen Richtung. Die süßen Tropfen verschwanden schnell aus den Regalen. Den Franken war der erlaubte Restzucker nach deutschem Weinrecht immer noch zuviel. Statt »deutsch trocken« mit 9 Gramm hat »fränkisch trocken« nur 4 Gramm Restzucker. Und weil der wirtschaftliche Erfolg nicht ausblieb, ist besagter Journalist heute in Franken gern gesehen.

Franken	*auf einen Blick*
Bereiche:	Steigerwald, Maindreieck, Mainviereck
Rebfläche:	6 000 ha
Böden:	Buntsandstein, Muschelkalk, Keuper
Weinerzeugung:	500 000 hl
davon	91,6 % weiß, 8,4 % rot
Hauptrebsorten:	Müller-Thurgau, Silvaner, Bacchus
Besuchenswert:	Haus des Frankenweins, Würzburg (alle fränkischen Weine, Probe und Verkauf); Fränkisches Weinfest, Volkach, August; Winzerfest Würzburg, September/Oktober
Information:	Frankenwein-Frankenland e.V., Kranenkai 1, 97070 Würzburg

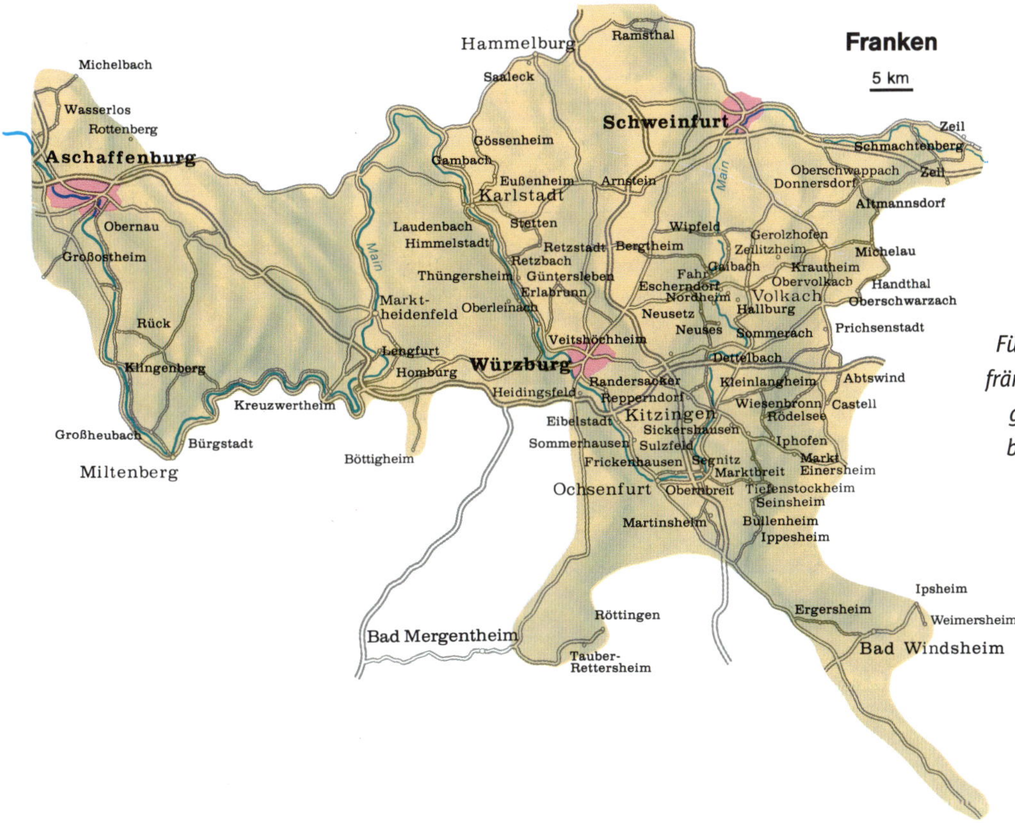

Für Ausflüge in das fränkische Weinland gibt es die Bocks-beutel-Straße und einige Wein-wanderwege.

Hessische Bergstraße

Seitdem durch die deutsche Vereinigung die Gebiete Saale-Unstrut und Sachsen die Zahl der deutschen Anbaugebiete von elf auf dreizehn erhöhten, leidet das kleine Gebiet, das geschützt an den Hängen des Odenwaldes zwischen Darmstadt und Heidelberg liegt, nicht mehr an dem Trauma, kleinstes deutsches Anbaugebiet zu sein. Leider findet man seine hervorragenden Rieslingweine kaum außerhalb der Region. Bereits in Frankfurt hat man Schwierigkeiten, welche zu bekommen! Die Frage, wo der Wein bleibt, stellt sich niemand mehr, der einmal hier war. Nicht nur zur Zeit der frühen Baumblüte, sondern an jedem Wochenende kommen Besucher aus der Umgebung in das malerisch zwischen Weinbergen, Wäldern und Burgen gelegene Naherholungsgebiet, das sich nicht nur in der Spargelzeit einen besonderen kulinarischen Ruf erworben hat, auch Wild und Forellen aus dem Odenwald sowie Obst und Gemüse aus dem fruchtbaren Rheintal bereichern die Speisekarten der heimischen Gastronomie.

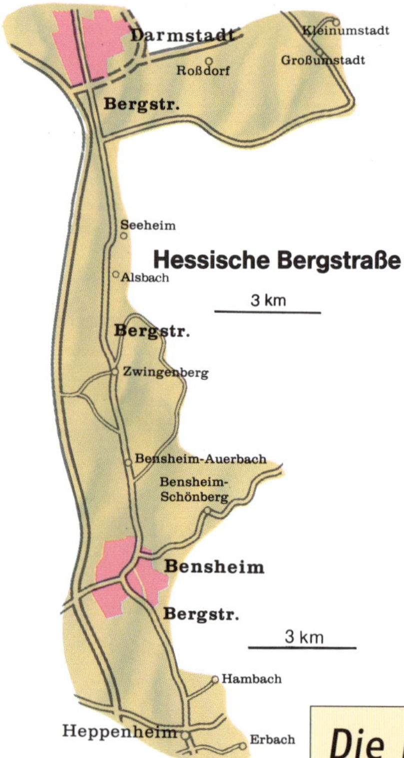

Die Hessische Bergstraße ist die Fortsetzung der Badischen Bergstraße.

Frische und herzhafte Weißweine

Auf über der Hälfte der Rebfläche wird Riesling angebaut. Die Bergsträßer Rieslingweine sind fruchtig bis kernig. In dieser Hinsicht unterscheiden sie sich von den Gewächsen des Rheingaus. Durch ihre anregende, spritzige Art, verbunden mit einer frischen Säure, eignen sich die Bergsträßer Weine auch als Grundwein für einen hervorragenden Rieslingsekt.

Der Müller-Thurgau, der hier an zweiter Stelle im Rebsortiment steht, ergibt fruchtige bis herzhafte Weine, die am besten jung getrunken werden. Die lieblichen Silvaner sind abgerundet und saftig. Ehemals beliebte Bukettsorten wie die Scheurebe gehen im Anbau zurück und werden durch Weiß- und Grauburgunder ersetzt. Für die nötige Reife sorgt das außerordentlich milde Klima. Ähnlich wie der Frankenwein hat der Bergsträßer eine anfangs verschlossene, spröde Art, die bereits nach einem Abend in einer der gemütlichen Weinstuben von Heppenheim oder Bensheim zur innigen Freundschaft führen kann.

Die Hessische Bergstrasse	*auf einen Blick*
Bereiche:	Starkenburg, Umstadt
Rebfläche:	456 ha
Böden:	Verwitterungsböden, Basalt
Weinerzeugung:	30 000 hl
davon	91,2 % weiß, 8,8 % rot
Hauptrebsorten:	Riesling, Müller-Thurgau, Grauburgunder
Besuchenswert:	Bergsträßer Weintreff und Weinlagenwanderung, Frühjahr; Bergsträßer Weinmarkt, Heppenheim, Juni
Information:	Weinbauverband Hessische Bergstraße e.V., Kettelerstraße 29, 64646 Heppenheim

Mittelrhein

Der Mittelrheinische Rieslingwein ist aufgrund der geringen Produktionsmenge fast eine Rarität.

Das Rheintal zwischen Bingen und Bonn gilt als die »Märchenlandschaft« unter den deutschen Anbaugebieten. Steile Hänge, gekrönt von trutzigen Burgen, erinnern an die Rheinsagen und locken an jedem Wochenende viele Touristen in die zahlreichen Weinlokale in Oberwesel, Bacharach oder St. Goar und an die Loreley, die sich bis heute allerdings nur in Form einer Statuette im Hafen von St. Goarshausen oder als liebreizende Werbedame hat sehen lassen.

In den zahlreichen sehenswerten Orten wetteifert die Gastronomie mit ihren breitgefächerten kulinarischen Angeboten mit der Kunst der Winzer.

Rassige Rieslingweine

Von der deutschen Rebfläche beansprucht der Mittelrhein heute noch nicht einmal 1 Prozent. Grund dafür ist die Tatsache, dass hier wegen der mühevoll und nur mit großem Aufwand zu bearbeitenden steilen Lagen der Weinbau größtenteils aufgegeben werden musste, zumal Alternativen mangels Flächen im Tal nicht vorhanden waren. Auf den wenigen noch bewirtschafteten Weinbergen in den besten Lagen wächst fast ausschließlich die Rieslingrebe. Kleine Winzerbetriebe erzeugen noch heute jene unnachahmlichen stahligen und eleganten Weine, die den deutschen Weißwein in aller Welt zu Recht so berühmt gemacht haben.

Rechtsrheinisch fährt man auf der Loreley-Burgen-Straße, linksrheinisch auf der Rheingoldstraße zu den bekanntesten Ausflugszielen.

Breite Rebzeilen in einem Weinberg bei Bacharach.

Mittelrhein	auf einen Blick
Bereiche:	Loreley, Siebengebirge
Rebfläche:	601 ha
Böden:	Schiefer, Ton, Löss
Weinerzeugung:	80 000 hl
davon	92 % weiß, 8 % rot
Hauptrebsorten:	Riesling, Müller-Thurgau, Kerner
Besuchenswert:	Museum in der »Pfalz« bei Kaub; Weinlesefest, Bacharach, Oktober Im Sommer: »Rhein in Flammen« mit beeindruckenden Feuerwerken
Information:	Mittelrhein-Wein e.V., Am Hafen 2, 56329 St. Goar

Mosel-Saar-Ruwer

Diese überaus malerische Weinlandschaft erstreckt sich entlang des geschlängelten Mosellaufes von Luxemburg bis Koblenz sowie an den Nebenflüssen Saar und Ruwer. Hier gibt es die steilsten Weinberge, die ungleich mühevoller zu bearbeiten sind als die großen Weinfelder in anderen Gebieten.

Knochenarbeit an steilen Hängen

Würde man die Arbeit der Moselwinzer nach normalem Arbeitslohn voll berechnen, wären diese Weine die teuersten Deutschlands. In halsbrecherisch steilen, mit wärmespeicherndem Schiefergeröll bedeckten Weinbergen herrscht heute, wie seit Jahrhunderten, die Handarbeit vor. Kleine motorbetriebene Seilwinden sind die einzige technische Hilfe. Die Moselwinzer sehen ihre schwere Arbeit denn auch als Beitrag zum Landschaftsschutz an. Ohne Weinbau keine Touristen, denn eine verkarstete Landschaft würde keine Leute mehr anlocken. Weinbau als einzige Voraussetzung wirtschaftlichen Überlebens ist hier Realität. Während überall in der EU-Landwirtschaft Millionen an Subventionen für Überproduktion ausgegeben werden, sind die hiesigen Winzer auf die Touristenströme angewiesen. Deshalb ist es wohl auch verständlich, dass man in den Orten mit starkem Fremdenverkehr süffige, das heißt milde Weine anbietet. Marktwirtschaft heißt schließlich, sich am Kunden – in diesem Fall am amerikanisch-japanischen Geschmack - zu orientieren.

Die geplante Umbenennung des Gebietes in ein prägnant-kurzes »Mosel« stößt auf den Widerstand der Winzer von Saar und Ruwer.

Ehrgeizige Nachwuchswinzer

Andererseits finden sich gottlob immer mehr junge Winzer, welche die alte Tradition weiterführen und versuchen, die Sünden ihrer Väter wieder gutzu-

Mosel-Saar-Ruwer

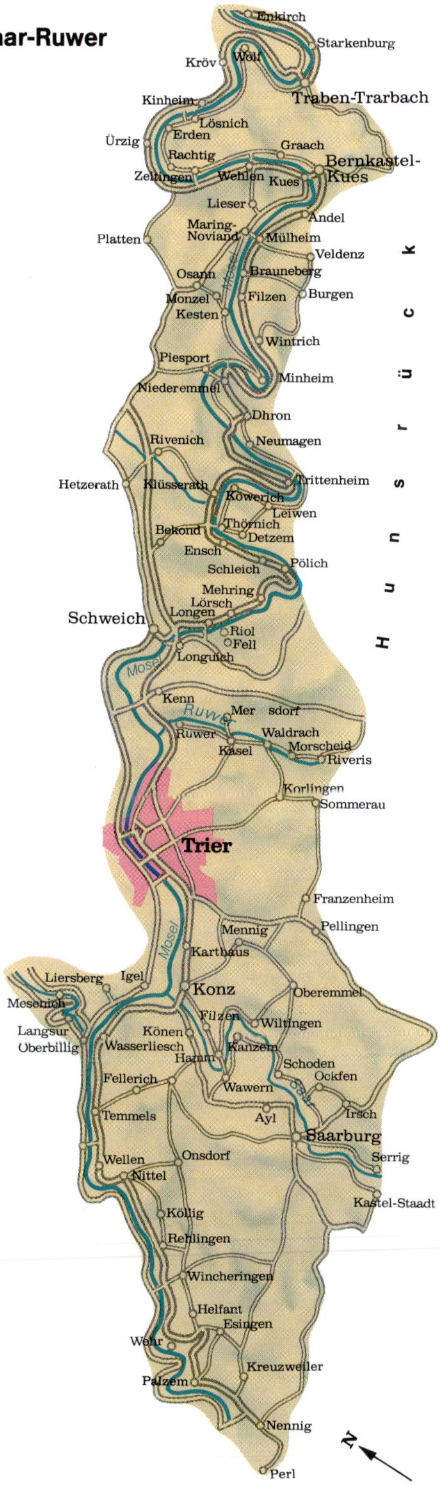

Mosel-Saar-Ruwer

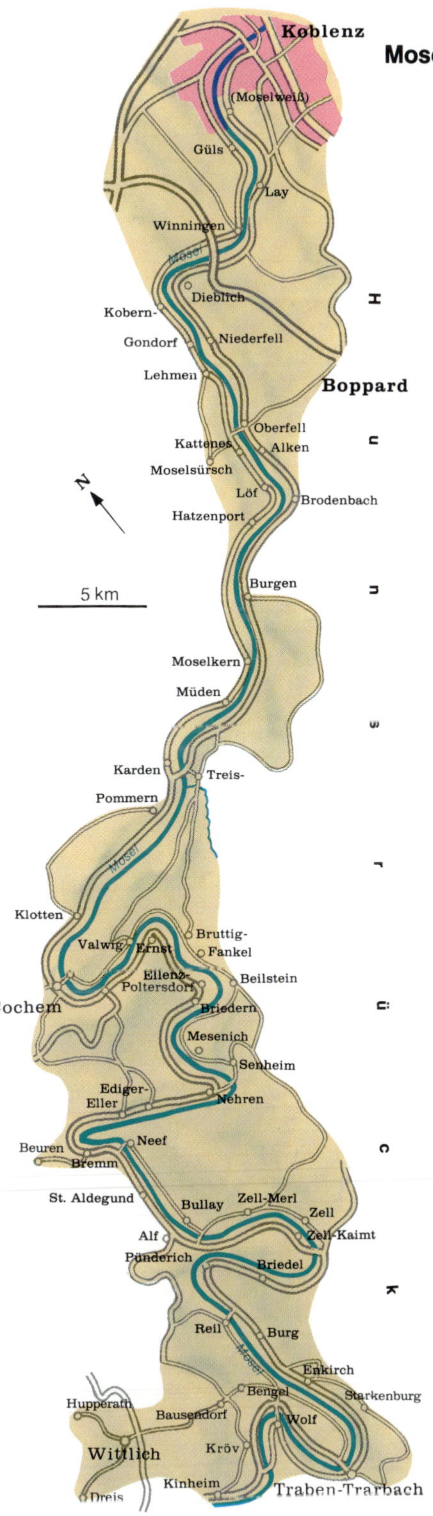

Dampferfahrten auf der Mosel mit der »Weißen Flotte« sind besonders abends sehr romantisch. Mit dem Auto kann man entlang der Moselweinstraße das vielseitige Gebiet entdecken.

Die typischen Moselweine enthalten wenig Alkohol, sodass man sich auch an langen Abenden nicht zu sehr in Acht zu nehmen braucht.

machen. Mit der Süße, relativ hohem Alkoholgehalt durch zu hohe Anreicherung und verstärktem Anbau der Müller-Thurgau-Rebe in der Flussebene waren die geschmacklichen Eigenarten, jene von den Schieferböden geprägte zarte Eleganz und prickelnde Frische, geschwunden.

Ein Musterbeispiel für die »Neue Welle« in Weinberg und Keller sind die Leiwener Jungwinzer, die sich alljährlich mit ihren frischen, trockenen, moseltypischen Rieslingweinen der eigenen Kritik und der eines Verbraucher- und Journalistenkollegiums stellen. Als sie vor zehn Jahren ihre Vereinigung als Alternative zum verkrusteten, überalterten Weinbauverband gründeten, war Aufnahmebedingung »Keiner über Dreißig«. Schon ein paar Jahre später wurde man liberaler, als junggebliebene Fünfziger für ihren Riesling die begehrte Trophäe »Top Leiwen Selektion« entgegennehmen konnten. Überhaupt hat der Nachwuchs im Weinbau eine Reihe neuer Impulse in Richtung Originalität gesetzt; schließlich haben sich erstaunlich viele Winzersöhne und -töchter entschlossen, vom Weinbau zu leben, und das ist angesichts des knallharten Wettbewerbs am Markt nur durch Eigenständigkeit und hohe Qualität möglich.

Wiederentdeckte Rebsorten

Dort, wo die Römer den Weinbau in ihren Provinzen Gallia, Belgica und Germania in Deutschland begannen, ist die Rieslingtraube zu Hause.

Blick von der Moselbrücke bei Dieblich auf die Rieslingsteillagen. Die Reben werden hier einzeln an Pfählen festgebunden. Der Einsatz von Maschinen ist unmöglich.

- Rieslingweine von der Mosel dürften in guten Jahren zu den Spitzen deutscher Weißweine, wenn nicht der ganzen Welt gehören.

Die Säure, in schlechten Jahren ein großes Handikap, gibt den Weinen aus solchen Jahren eine unnachahmliche Eleganz und Rasse und eine enorm lange Lagerfähigkeit. In anderen Jahren erzielen die Winzer vor allem bei den Spätlesen, den Süß- und Eisweinen hervorragende Ergebnisse.

Der Müller-Thurgau ist meist den flachen Weingärten am Flussufer vorbehalten. Er ergibt hier spritzigere und lebendigere Weine als in anderen Gebieten.

Neuerdings hat man eine Rebsorte wieder entdeckt, die römischen Ursprungs sein soll und noch vor hundert Jahren an der Obermosel sehr verbreitet war – den Elbling.

Bisher wegen seiner knackigen Säure und seiner herzhaften, fruchtigen Art ausschließlich als Sektgrundwein genutzt, bietet man die Elblingweine heute wieder als eigenständige trockene Weine an und hat besonders bei den Weinkennern Erfolg, die immer auf der Suche nach Neuem sind. Ein typischer Moselwein im herkömmlichen Sinne ist der Elbling jedoch nicht. Er unterscheidet sich durch seine neutrale Art deutlich von den Riesling- und Müller-Thurgau-Weinen mit ihrem ausgeprägten Sortenbukett.

Mosel-Saar-Ruwer auf einen Blick

Bereiche:	Zell/Mosel, Bernkastel, Obermosel, Saar-Ruwer, Moseltor
Rebfläche:	11 785 ha
Böden:	Schiefer, Muschelkalk
Weinerzeugung: davon	30 000 hl 97,1 % weiß, 2,9 % rot
Hauptrebsorten:	Riesling, Müller-Thurgau, Elbling, Kerner
Besuchenswert:	Trierisches Landesmuseum, Trier (Neumagener Weinschiff), hier auch: Wein und Gourmet-Festivals; Weinfest der Mittelmosel, Bernkastel, August; Saarweinfest, Saarburg
Information:	Mosel-Saar-Ruwer Wein e.V., Gartenfeldstraße 12a, 54295 Trier

Nahe

Eingeweihten waren allerdings so hervorragende Lagen wie Kreuznacher Kahlenberg, Traisener Bastei, Schlossböckelheimer Kupfergrube und Niederhausener Steinberg ein Begriff.

Die Weine dieses kleinen Fleckchens Erde rund um Bad Kreuznach sind auch außerhalb des Gebiets wohl bekannt. Das ist nicht zuletzt der Pioniertätigkeit der vielen Weinvertreter einer bekannten, aber ins Gerede gekommenen Direkt-vertriebs-Kellerei zu verdanken. An der Haustür oder auf Messen brachten sie unzähligen Verbrauchern erst einmal das Produkt Wein nahe.

Weinliebhaber, die andere Quellen für den Weinkauf nutzen und den Nahewein kennen, haben ihm allerdings immer die Treue gehalten und wissen, nicht zuletzt seit einigen jüngeren spektakulären Jahrgängen, warum. Der regionale Erzeuger-Verbund hat seit 1997 besonders strenge Richtlinien für seine Prädikatsweine festgelegt und als erstes VDP-Mitglied eine Klassifikation seiner besten Lagen eingeführt. Die mit dieser Lagenbezeichnung gekennzeichneten Weine müssen bestimmte Auflagen, z. B. hinsichtlich des Hektarertrags erfüllen, außerdem zu 100 % aus der jeweiligen Rebsorte gekeltert und von Hand gelesen worden sein.

An der Nahe bringt besonders der Riesling auf Schieferverwitterungs- und Porphyrböden rassige Weine mit einer verblüffenden Blume hervor. Die Spätlesen und außergewöhnliche Eisweine zählen zu den deutschen Spitzenerzeugnissen. Müller-Thurgau, Silvaner und neuerdings auch Kerner überzeugen ebenfalls mit der betont fruchtigen, fast heiteren Nahe-Art.

Die Rieslinge von den Gesteinsböden des Rotenfels an der Nahe sind gehaltvoll und fruchtig.

Und noch eine weitere Besonderheit: Es gibt nur ein Weinfest! An zwei Wochenenden, Ende August und Anfang September, feiert das ganze Anbaugebiet. Ein Grund, um hinzufahren und an Ort und Stelle noch mehr über die Weine und die vielen aufstrebenden Weingüter zu erfahren. Wer diesen Zeitpunkt verpasst: An zahlreiche Weingüter sind Schänken zum gemütlichen Verkosten angeschlossen.

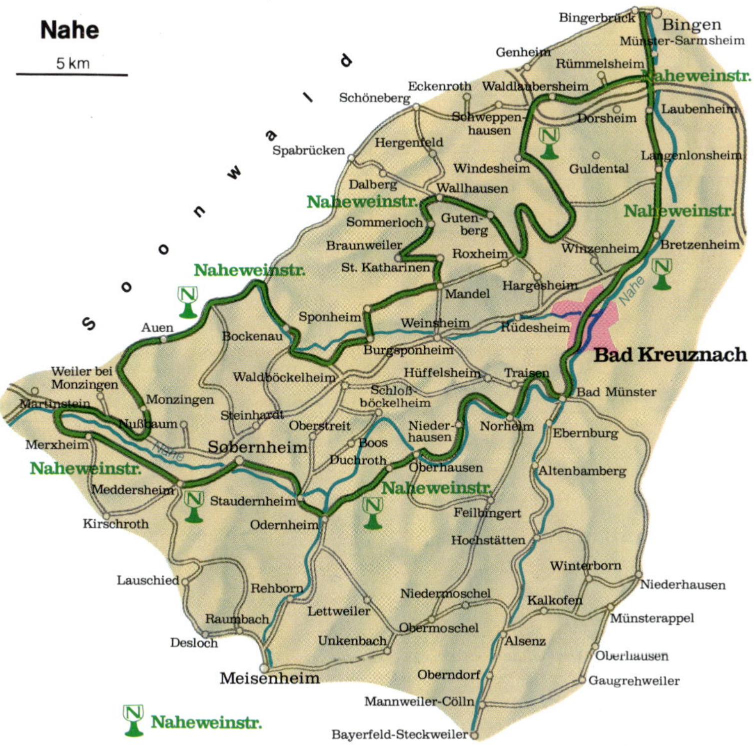

Auf der Naheweinstraße, mit einem Römerglas gekennzeichnet, fährt man auf einer Rundtour von Bingen aus durch alle bedeutenden Weinorte des Gebietes.

Die Nahe-Spezialitäten

Am bekanntesten, da auf den Weinkarten vieler Restaurants vertreten, dürfte das Schlossgut Diehl sein. Zu weiteren Spitzenbetrieben an der Nahe zählen die Weingüter Dönnhoff, Prinz zu Salm, Schweinhardt, Göttelmann und Mathern neben vielen anderen. Traditionell sind Weinhandel und Weinbau eng miteinander verknüpft, und die hohen Exportanteile belegen den auch international großen Erfolg der Naheweine.

Die Nahe	*auf einen Blick*
Bereiche:	Nahetal
Rebfläche:	4 612 ha
Böden:	Schieferverwitterungsböden, Porphyr, Sand, Ton
Weinerzeugung:	350 000 hl
davon	88,6 % weiß, 11,4 % rot
Hauptrebsorten:	Riesling, Müller-Thurgau, Silvaner, Kerner
Besuchenswert:	Weinfeste aller Gemeinden rund um die Naheweinstraße, im August/September
Information:	Weinland Nahe e.V., Dessauer Straße 6, 55545 Bad Kreuznach

Pfalz

Dieses an Rheinhessen anschließende Anbaugebiet liefert ungefähr ein Viertel des bundesdeutschen Weinertrages. Auf den eher an Felder als an Weinberge erinnernden weiten Flächen vor dem Pfälzer Wald können modernste Anbaumethoden praktiziert werden, was sich auf die Erzeugerpreise der Weine auswirkt. Neben vielen in der Pfalz besonders verbreiteten Neuzüchtungen dominiert die Müller-Thurgau-Rebe, aus der hier nicht nur erfrischende, einfache Weine für den tägli-

Das Pfälzer Weinstädtchen Forst inmitten seiner besten Lagen Jesuitengarten, Kirchenstück und Ungeheuer.

Die Pfalz	*auf einen Blick*
Bereiche:	Südliche Weinstraße, Mittelhaardt-Deutsche Weinstraße
Rebfläche:	24 000 ha
Böden:	Löss, Lehm, Buntsandstein, Basalt, Kalk
Weinerzeugung:	2,3 Mio. hl
davon	76,9 % weiß, 23,1 % rot
Hauptrebsorten:	Müller-Thurgau, Riesling, Kerner, Silvaner, Scheurebe, Portugieser, Dornfelder, Spätburgunder
Besuchenswert:	Weinmuseum im Historischen Museum der Pfalz, Speyer; Dürkheimer Wurstmarkt, Bad Dürkheim; Deutsches Weinlesefest, Neustadt, Oktober; Großes Weinfest der Südlichen Weinstraße, Edenkoben, September
Information:	Pfalzwein e.V., Chemnitzer Straße 3, 67433 Neustadt 55545 Bad Kreuznach

Die 1935 gegründete Deutsche Weinstraße, auch schwungvoll als »Pfälzer Saumpfad der Weinseligkeit« betitelt, war die erste dieser Routen in Deutschland.

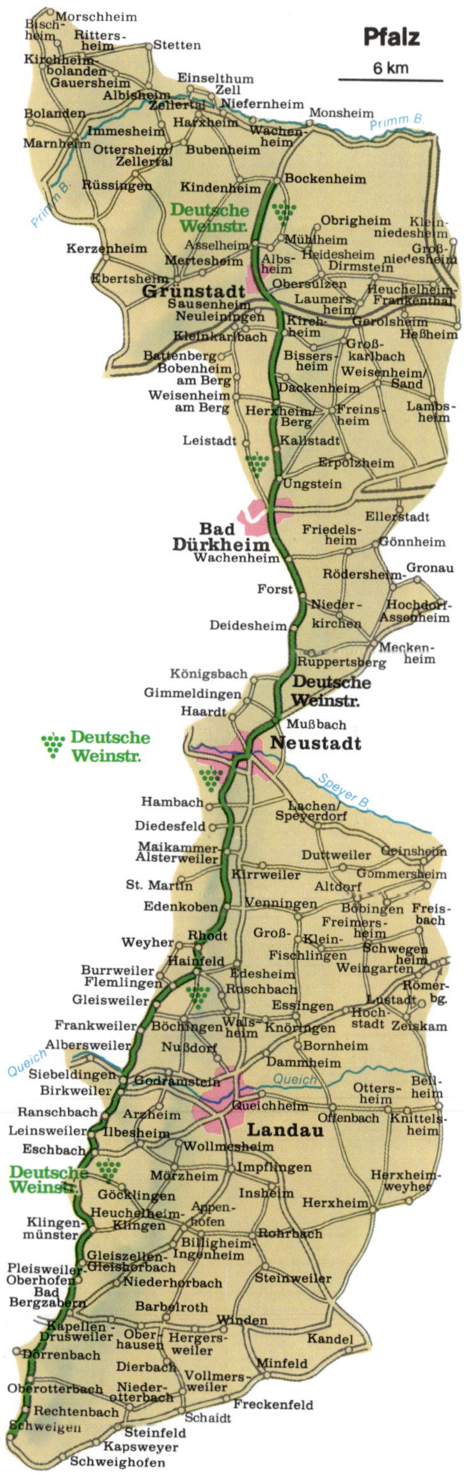

Wegen der Vielfalt der Rebsorten gibt es eigentlich keinen gebietstypischen Pfalzwein.

chen Genuss, sondern auch höhere Qualitäten gekeltert werden. Besonders im Norden des Gebiets, zwischen Neustadt an der Weinstraße und Ungstein, werden in guten Jahren Rieslingweine erzeugt, die zu den Spitzen gehören.

Außerhalb des Gebietes werden besonders in Supermärkten hauptsächlich Großlagenweine aus der südlichen Region der Weinstraße angeboten. Wer ein deftiges Mahl und dazu einen kraftvollen Schoppen liebt, der sollte an Ort und Stelle probieren. Der Vorteil auch einfacher Pfälzer Weine ist es, dass hier, genau wie im benachbarten Elsass, schon immer die Verbindung von bodenständiger Küche und dazu passenden Weinen gepflegt wurde. Die Pfalz hat deshalb weitaus mehr gastronomisches Profil als ihr Nachbar Rheinhessen im Norden, und das nicht nur wegen so bekannter Spezialitäten wie Saumagen, Leberknödel und Zwiebelkuchen.

Rheingau

Der Rheingau, das rechtsrheinische Gebiet zwischen Rüdesheim und den Weinorten östlich von Wiesbaden, ist die Weinlandschaft, deren Gewächse (zusammen mit denen von Mittelrhein und Mosel) die deutschen Weißweine in aller Welt berühmt gemacht haben. Die Lage der Weinberge zwischen dem sonnenreflektierenden Rheinstrom und den schützenden Taunuswäldern bietet ideale Anbaubedingungen für den Riesling. Die Rebsorte wurde von hier aus in den anderen Gebieten Deutschlands verbreitet – ein Verdienst der mittelalterlichen Klöster Eberbach und Johannisberg.

- Die Weine aus der Rieslingrebe, die auf über 80 Prozent der Rebfläche steht, haben hier eine unerhört ausdrucksvolle, fruchtige Eleganz.

Dieser Grundton wird selbst durch die große natürliche Süße bei Ausleseweinen nicht überdeckt. Wer schmecken will, was Harmonie beim Wein heißt, der probiere Rheingauer aus guten Jahrgängen. Da man hier immer noch auf den Ausbau der Weine im Holzfass setzt, laufen manche Betriebe, auch mangels Investitionsbereitschaft in die neue Edelstahl-Kellertechnik, allerdings leicht Gefahr, ins Abseits vom neuen, frischen Weingeschmack zu geraten.

Bild auf der gegenüberliegenden Seite: Rüdesheim mit seiner Einzellage Klosterberg. Die »Drosselgasse« in dem malerischen Städtchen ist für viele ausländische Touristen Inbegriff deutscher Weinseligkeit.

Elegante Spätburgunder

Über den berühmten Rieslingweinen sollte man den Spätburgunder nicht vergessen, der ursprünglich Hauptsorte im Rheingau gewesen war und im Mittelalter zugunsten des Rieslings fast völlig verdrängt wurde. Heute hat die edle Rotweinrebe einen Anteil von etwa 9 Prozent an der Gesamtfläche und wird vor allem bei Assmannshausen angebaut, wo sie samtige, feine Weine ergibt. Ihre schöne rubinrote Farbe und der für die Sorte typische Mandelgeschmack machen die Spätburgundertraube zu einer besonderen Spezialität des Gebiets.

Die Rheingauer Riesling-Route führt über 70 km an so historische Wein-Stätten wie Schloss Johannisberg, Kloster Vollrads und Kloster Eberbach. Es gibt auch einen Ries-ling-Pfad für Wandersleute.

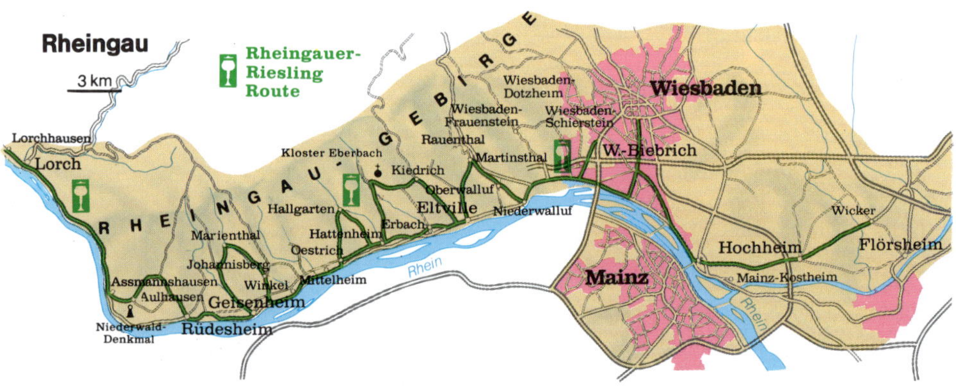

Adel verpflichtet

Bei den Weinen von den Adelsschlössern, die es im Rheingau besonders zahlreich gibt, zahlt man nicht nur den berühmten Namen; sie wirken auch heute noch beispielhaft für die übrigen Winzer im Rheingau, was die Erzeugung qualitativ hochwertiger Weine angeht. Wo Beispiele nicht halfen, wurde vom resoluten Grafen Matuschka-Greiffenclau von Seiten des Weinbauverbandes mit harter Hand nachgeholfen.

Die Bewohner des Rhein-Main-Gebiets trinken an Wochenenden einen guten Teil der Rheingauer Weine in einer der vielen Straußwirtschaften, in denen die

Der Rheingau auf einen Blick

Bereiche:	Johannisberg
Rebfläche:	3 227 ha
Böden:	Quarzit, Schieferverwitterungsböden, Ton, Löss
Weinerzeugung:	240 000 hl
davon	87,1 % weiß, 12,9 % rot
Hauptrebsorten:	Riesling, Spätburgunder, Müller-Thurgau
Besuchenswert:	Schloss Johannisberg; Kloster Eberbach; Weinmuseum in der Brömserburg; Fest des Weines und der Rosen, Johannisberg, Juni; Hilchenfest, Lorch, Juni; Sektfest, Eltville, Juli; Rheingauer Weinwoche, Wiesbaden, August; Rheingautage, November
Information:	Gesellschaft für Rheingauer Weinkultur mbH, Im Alten Rathaus, 65366 Geisenheim-Johannisberg

Winzer ihren eigenen Wein ausschenken. Diejenigen, die bisher noch nicht in den Rheingau gekommen sind, locken die Winzer zum Beispiel anlässlich der alljährlichen Weinwochen auf der Frankfurter Flaniermeile für Banker und Yuppies, der »Fressgass«, und in der Landeshauptstadt Wiesbaden.

Rheinhessen

Dieses großflächige Anbaugebiet wetteifert mit seinem Nachbargebiet Pfalz schon seit langem um Platz 1, nach der Rebfläche gemessen. Darüber vergisst man leicht, dass heute – siehe Baden – Größe kein Argument für gute Weine ist. Allerdings ist in dem Gebiet im Dreieck zwischen Mainz, Bingen und Worms, das besonders im Norden Deutschlands vielfach noch als Lieferant preiswerter, meist milder Konsumweine angesehen wird, ein Sinneswandel zu beobachten.

Rheinhessens großer Sohn, Carl Zuckmayer, hat ein unübertreffliches Verkaufsargument geliefert, als er die Weine der Region als »Lachweine« bezeichnete.

Neues Qualitätsbewusstsein

Ein rheinhessisches Problem war und ist das enorme Qualitätsgefälle zwischen den Konsumweinen aus den Äckern im Hinterland, von den Mainzern auch als »die Palz« bezeichnet, und den hochwertigen Rieslingweinen aus den Steillagen an der so genannten Rheinfront bei Nierstein und Oppenheim.

Als vor Jahrzehnten einige Bauern meinten, wer Kartoffeln und Rüben erntet, kann auch Wein machen, kamen zahlreiche anspruchslose Weine auf den Markt, die den traditionellen Qualitätswinzern am Rheinufer die Preise verdarben. In letzter Zeit bemerkt man jedoch immer öfter, dass sich bei diesem oder jenem Betrieb plötzlich das Qualitätsbild geändert hat. Fast immer ergibt die Nachfrage, dass »der Junior, der in Geisenheim Weinbau gelernt hat«, jetzt den Keller

Das Städtchen Mommenheim liegt abseits der steilen Weinterrassen von Nierstein in welligem Hügelland.

Die Liebfrauenstraße führt von Guntersblum bis Worms.

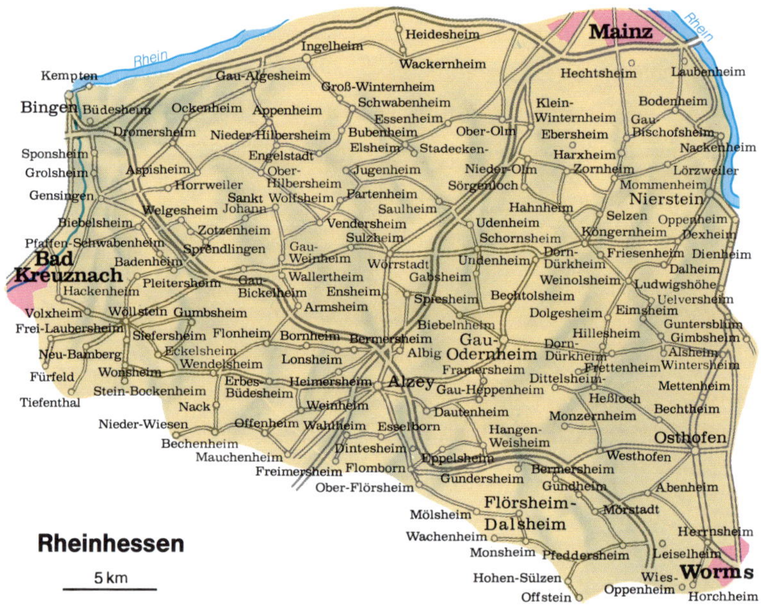

übernommen hat. Ein Beweis dafür, dass Weinproduktion trotz aller modernen Technik oder gerade deshalb ein profundes Fachwissen erfordert, um wirkliche Qualität zu erzeugen. Und weil ein Marketinggrundsatz heißt, dass man seine Schwächen zu Stärken machen muss, sollte man in Zukunft verstärkt den guten, aber erschwinglichen Schoppen für jeden Tag fördern.

»Bei uns im Haus des deutschen Weins, direkt beim Dom, können Sie Weine aus allen deutschen Anbaugebieten als offenen Schoppen probieren. Und aus der Küche gibt es Essen, das so richtig gut zum Wein passt.«

Hans-Joachim Stuhlmiller, Haus des Deutschen Weins, Mainz

Rheinhessen auf einen Blick

Bereiche:	Bingen, Nierstein, Wonnegau
Rebfläche:	26 268 ha
Böden:	Kalk, Ton, Sand, Lehm, Sandstein, Porphyr, Mergel
Weinerzeugung:	2,5 Mio. hl
davon	85,3 % weiß, 14,7 % rot
Hauptrebsorten:	Müller-Thurgau, Silvaner, Kerner, Riesling, Scheurebe, Bacchus, Portugieser, Spätburgunder, Dornfelder
Besuchenswert:	Haus des Deutschen Weins (sehr gutes Restaurant mit Weinen aus allen deutschen Gebieten), Mainz; Deutsches Wein-Museum, Oppenheim; Stadecker-Elsheimer Sektvergnügen, Juni; Mainzer Weinmarkt, Mainz, August; Kellerwegfest, Guntersblum, August; Rotweinfest, Ingelheim, September
Information:	Rheinhessenwein e.V., An der Brunnenstube 33–35, 55120 Mainz

Die RS-Revolution

Den Ehrgeiz der Winzer, Spitzentropfen für Fachhandel und Gastronomie auf den Markt zu bringen, fördert die Initiative »RS«, die besonders hochwertige Rheinhessen-Silvaner (daher der Name) auszeichnet und damit gleichzeitig eine Renaissance der ehemaligen rheinhessischen Hausrebsorte Silvaner eingeleitet hat.

- RS-Weine sind trocken, ohne wahrnehmbare Süße, von leicht erdiger Würze und einer lebendigen Säure – dank ihrer sonst eher neutralen Art ideale Begleiter zum Essen.

Aber auch hervorragende Spätburgunder Rotweine kommen traditionell aus der Gegend um Ingelheim und zum Teil von der Rheinfront bei Guntersblum.

Saale-Unstrut

Die Weine aus diesem Anbaugebiet, dessen Anbaufläche etwas kleiner ist als das der Hessischen Bergstraße, haben aufgrund ihrer Muschelkalk- und Buntsandsteinböden Ähnlichkeit mit den fränkischen. Allerdings ist das Qualitätsniveau bisher noch nicht so durchgängig hoch wie in Franken. Die Weinberge liegen sogar jenseits des 51. Breitengrades, an den warmen, für andere landwirtschaftlichen Kulturen ungeeigneten Talhängen von Saale und Unstrut, die bei Naumburg zusammenfließen.

Freyburg an der Unstrut ist ein sehenswertes kleines Städtchen und zugleich Zentrum des Weinhandels in diesem Gebiet.

Klimatische Schwankungen

Das Gebiet zählt zu den regenärmsten in Deutschland. Sonnenschein gibt es reichlich, doch machen die teilweise sehr strengen Winter den Winzern zu schaffen. Der Ertrag liegt weit unter dem aller anderen deutschen Anbaugebiete, mit Ausnahme des zweiten Weinbaugebiets der neuen Bundesländer, Sachsen. Immerhin resultieren aus 60 Prozent der Ernte Prädikatsweine.

Angebaut wird vor allem Müller-Thurgau, der hier geradezu füllige Weine ergibt. Zweite Hausrebsorte ist der Silvaner, gefolgt vom Weißburgunder, der bei Neuanpflanzungen bevorzugt wird. Dieser Rebsorte scheint wegen der für sie günstigen Bedingungen die Zukunft zu gehören.

Anknüpfen an alte Traditionen

Die Saale-Unstrut-Weine waren zu Zeiten der DDR außerhalb des Gebietes wenig bekannt und großteils Staatsgästen und Funktionären vorenthalten. Obwohl die Bevölkerung den süßen Importen aus Osteuropa den Vorzug gab, sind die Winzer den charakteristisch trockenen Weinen ihres Gebietes immer treu geblieben.

Mit Erfolg, wie man sieht. Mit 97 Prozent hat das kleine Gebiet den höchsten Trockenweinanteil im deutschen Weinbau. Durch den Einfluss moderner Kellertechnik hat sich außerdem die Harmonie bei den Weinen deutlich verbessert. Die Weinliebhaber lohnen es durch die Akzeptanz entsprechender Preise, allerdings übersteigt die Nachfrage das Angebot immer noch bei weitem.

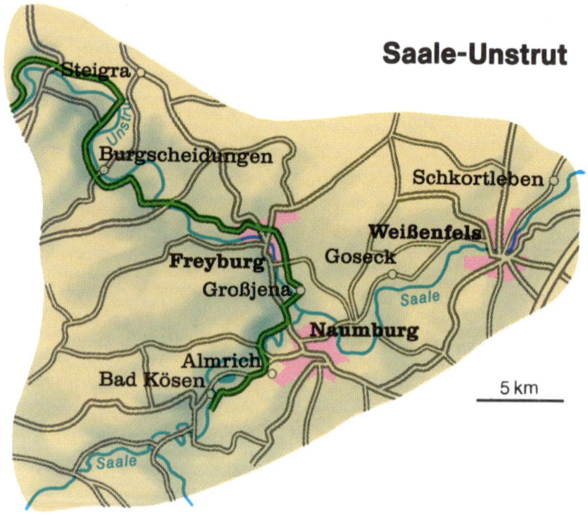

Das Weinbaugebiet Saale-Unstrut; nicht dargestellt ist die Enklave am Süßen See.

Saale-Unstrut	*auf einen Blick*
Rebfläche:	523 ha
Böden:	Muschelkalk, Buntsandstein
Weinerzeugung:	15 000 hl
davon	80,2 % weiß, 19,8 % rot
Hauptrebsorten:	Müller-Thurgau, Silvaner
Besuchenswert:	Weinmuseum auf Schloss Neuenburg, Freyburg; Weinfest in Halle, Frühjahr; Regionales Winzerfest, Freyburg, September
Information:	Weinbauverband Saale-Unstrut, Sektkellereistraße 5, 06632 Freyburg

Sachsen

Der Newcomer Sachsen machte schnell von sich reden, als die Winzergenossenschaft Meißen knapp zwei Jahre nach der deutschen Wiedervereinigung bei der Bundesweinprämierung der DLG gleich drei Auszeichnungen einsteckte.
Die Weinberge des derzeit kleinsten deutschen Anbaugebiets liegen entlang der Elbe von Pirna über Dresden bis kurz hinter Meißen. Das Klima ist äußerst mild. Seit 1161 wird hier Weinbau betrieben.

In Meißen entstand 1811 die erste europäische Winzerschule.

Die Löss- und Granitverwitterungsböden gleichen denen der Bergstraße und prägen den Charakter der Weine. Hauptrebsorte ist, genau wie an Saale-Unstrut, der Müller-Thurgau, gefolgt vom Weißburgunder.

Auch hier ist man glücklicherweise nicht westlichen »Einflüsterungen« erlegen und bleibt bei ursprünglichen Weinen, die erst »entdeckt« werden müssen, um sie zu mögen. Für die Winzer lohnt es sich: Die Weine gehören zu den höchstbezahlten. Doch zieht man deshalb nicht den falschen Schluss, die Rebfläche auszuweiten oder den Ertrag zu steigern. Solche Preise werden nur für Raritäten bezahlt, und das sind die Tropfen aus diesem Gebiet allemal.

Weinberge bei Meißen, der Porzellanstadt, die auch Sitz der größten Winzergenossenschaft Sachsens ist.

Sachsen

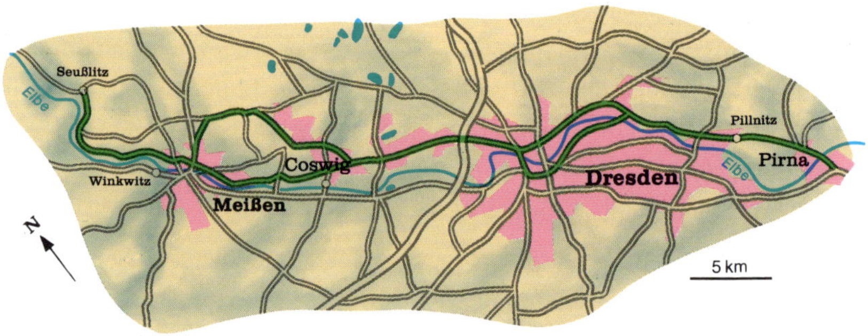

Die Sächsische Weinstraße führt von Seußlitz entlang der Elbe bis Pirna.

Sachsen	*auf einen Blick*
Rebfläche:	361 ha
Böden:	Löss, Granitverwitterungsböden
Weinerzeugung:	9 000 hl
davon	89,9 % weiß, 10,1 % rot
Hauptrebsorten:	Müller-Thurgau, Grauburgunder, Riesling
Besuchenswert:	Historische Weinbergsanlage Hoflößnitz, Radebeul; Meißener Weinfest, Meißen, letztes Septemberwochenende
Information:	Weinbauverband Sachsen, Nr. 9, 01665 Reichenbach

Württemberg

Obwohl das schwäbische Rebgebiet über ein Zehntel des deutschen Weins liefert, hat man oft Mühe, etwas davon außerhalb der Region abzubekommen: Die Schwaben trinken immer noch mehr, als sie erzeugen. Das heißt nicht etwa, dass sie unsolide wären - für sie gehört Wein als fester Bestandteil zum Leben, ähnlich wie für die Franzosen. Die »Vierteles-Schlotzer«, so nennen sich die intensiven Weintrinker, genießen ihren Wein allabendlich in einer der vielen Weinstuben oder Besenwirtschaften (die schwäbische Form der Strausswirtschaften). Zu Hause kommt die Literflasche auf den Tisch, die im »Ländle« keinerlei Diskriminierung ausgesetzt ist.

Am beliebtesten ist Rotwein, und zwar aus der Württemberger Hausrebsorte Trollinger.

Harmonie von Speisen und Wein

Die Gastronomie überrascht den Gourmet überall. Genau wie im benachbarten Baden findet man auch in kleinen Dorfgasthöfen, im »Adler«, »Lamm« oder »Ochsen«, nicht nur den sprichwörtlich guten Schwäbischen Rostbraten, sondern auch eine

Die »Schwäbischen Dolomiten« bei Hessigheim, von denen man einen schönen Blick auf die Neckarschleife genießen kann.

Fülle von Gerichten, welche die Eigenarten der Landschaft und ihrer Bewohner widerspiegeln. Der Genießer isst die »Maultäschle« meistens mit Zwiebeln geschmelzt oder in der Brühe. In der Weingärtnerstadt Heilbronn gibt es sogar sieben verschiedene Zubereitungsarten! Dazu passt optimal nur der Wein, der dort wächst.

Die Weingärtner, wie die Winzer hier heißen, haben überwiegend Kleinbetriebe oder sind Feierabendwinzer innerhalb einer Genossenschaft. Sie erzeugen auf unterschiedlichen Böden Weine von hoher Qualität, wie den charaktervollen Lemberger Rotwein bis hin zum Riesling, der sich hier in seiner fülligen Frucht kräftiger präsentiert als anderswo.

Württemberg	*auf einen Blick*
Bereiche:	Remstal-Stuttgart, Württembergisch Unterland, Kocher-Jagst-Tauber, Oberer Neckar
Rebfläche:	11 200 ha
Böden:	Muschelkalk, Keuper, Mergel
Weinerzeugung:	1 Mio. hl
davon	39,7 % weiß, 68,3 % rot
Hauptrebsorten:	Riesling, Kerner, Trollinger, Schwarzriesling, Lemberger
Besuchenswert:	Weingärtner-Museum, Heilbronn; Cannstatter Wein- und Bretzelfest, Stuttgart-Bad Cannstatt, Juli; Heilbronner Weindorf, Anfang September; Fellbacher Herbst, Fellbach, Oktober
Information:	Werbegemeinschaft Württemberger Weingärtnergenossenschaften e.G., Raiffeisenstraße 6, 71696 Möglingen

Württemberg

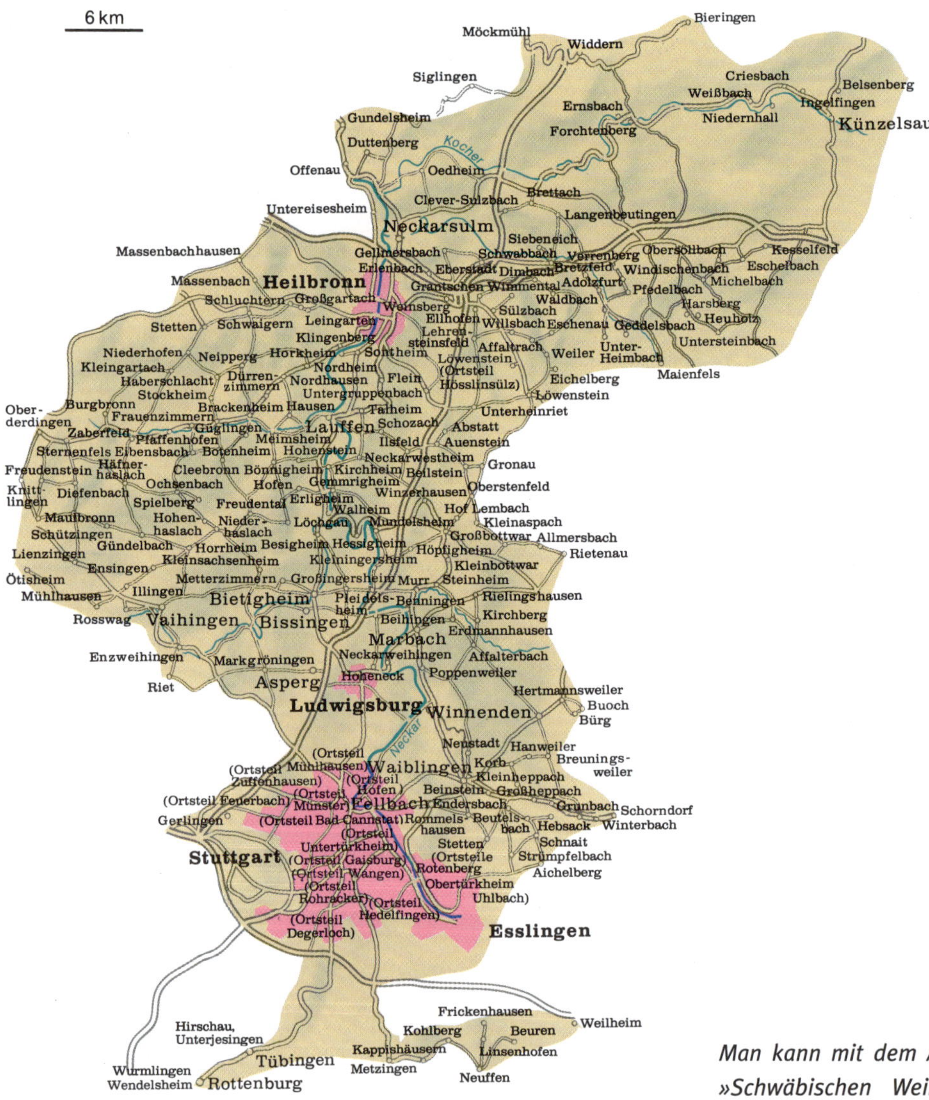

Man kann mit dem Auto der »Schwäbischen Weinstraße« bzw. Neckartalstraße folgen, die allerdings nicht speziell ausgeschildert ist. Auf dieser Karte nicht dargestellt sind der Bodensee und das Gebiet um Kressbronn.

Wein aus Frankreich

In diesem Kapitel möchten wir Sie zu einer Rundreise durch die Weinbaugebiete Frankreichs einladen. Außerhalb der großen Gebiete, in denen Qualitätsweine angebaut werden (die so genannten AOC-Gebiete, siehe Übersichtskarte), gibt es noch für Vins de Pays, also für Landwein ausgewiesene Rebflächen, die zum großen Teil in Südfrankreich liegen. Den Wein an seiner Geburtsstätte zusammen mit den Menschen und der Landschaft kennen zu lernen, ist ein spannendes Vergnügen, und dieser Überblick soll Ihnen in jeder Hinsicht Appetit auf eine Reise machen, die nicht zuletzt dank der köstlichen Regionalküchen zum kulinarischen Erlebnis wird. Allgemeine Informationen zum französischen Weingesetz und der Klassifizierung seiner Prädikatsweine finden Sie ab Seite 246. Im Allgemeinen orientieren wir uns hier an der in Frankreich maßgeblichen Einteilung in AOC-Weine (= Appellation d'Origine contrôlée), das bedeutet Qualitätsweine mit Ursprungsbezeichnung. Daneben existiert noch eine davon unabhängige Einteilung der Weinbaugebiete nach VDQS (Vins Délimités de Qualité Superieure), die ungefähr den deutschen Qualitätsweinen bestimmter Anbaugebiete entspricht.

Eine Auflistung der besten Weingüter finden Sie im Anhang ab Seite 321.

Frankreich im internationalen Vergleich

Die Weinproduktion (in Millionen Hektoliter)	*Pro-Kopf-Konsum (in Liter/Jahr)*
Frankreich 54,6	Frankreich 63
Italien 59,3	Italien 62,8
Spanien 18,9	Argentinien 44
Argentinien 18,2	Schweiz 42,2
USA 16,2	Spanien 37,2
Deutschland 10,2	Österreich 31
Australien 5,9	Deutschland 22,9
Österreich 2,6	Australien 18,5
Schweiz 1,2	

Zahlen und Fakten

Wie überall in Europa haben sich Weinbaufläche und Weinkonsum in Frankreich zugunsten höherer Qualität verringert. Der Fläche nach ist Frankreich mit etwa 940000 Hektar das drittgrößte Weinbauland der Welt nach Spanien und Italien. Die Durchschnittsernte der letzten Jahre lag bei rund 54 Millionen Hektoliter. Der Weinverbrauch der ehemals so trinkfreudigen Franzosen (1932 waren es noch 132 Liter pro Kopf im Jahr) ging, auch dies ein Trend der Zeit und eines neuen Gesundheitsbewusstseins, auf 63 Liter pro Kopf im Jahr zurück und gleicht etwa dem des Nachbarn Italien.

Ein Drittel für den Export

Rund 90000 Winzer bauen auf einer Fläche von 460000 Hektar AOC-Weine an, das sind 51 Prozent der gesamten Rebfläche. Etwa ein Viertel der Gesamtproduktion entfällt auf Landweine, rund 13 Prozent sind Tafelweine. Der Rest ist Grundwein für die Destillation von Weinbrand. Etwa ein Drittel des Gesamtumsatzes von 61 Milliarden Francs wird durch Export erzielt. Deutschland ist zum Beispiel nach Großbritannien der zweitgrößte Importeur von Chablis und nach den USA zweitgrößter Importeur von Burgunder. Insgesamt importierte Deutschland 1996 etwa 3,6 Millionen Hektoliter Wein aus Frankreich. Das sind 26,7 Prozent des französischen Gesamtertrags. Trotz wachsender Konkurrenz, vor allem auch in Übersee, ist Frankreich immer noch das Land, das mit seinen Spitzenweinen Qualitätsstandards setzt.

Nicht nur Wein, auch landwirtschaftliche Produkte unterliegen zum Teil der kontrollierten Ursprungsbezeichnung AOC.

Die französischen

1. Elsass
2. Champagne
3. Burgund
   - Chablis
   - Côte d'Or (Côte de Nuits und Côte de Beaune)
   - Côte Chalonnaise
   - Mâconnais
4. Beaujolais
5. Jura und Savoyen
6. Côtes du Rhône
7. Provence
8. Languedoc-Roussillon
9. Der Südwesten
10. Bordeaux
    - Médoc
    - Graves
    - Saint-Émilion
    - Pomerol
    - Sauternes
    - Barsac
11. Das Loiretal
12. Korsika

AOC – Weingebiete

Farbig markiert sind alle Gebiete, in denen AOC-Weine produziert werden.

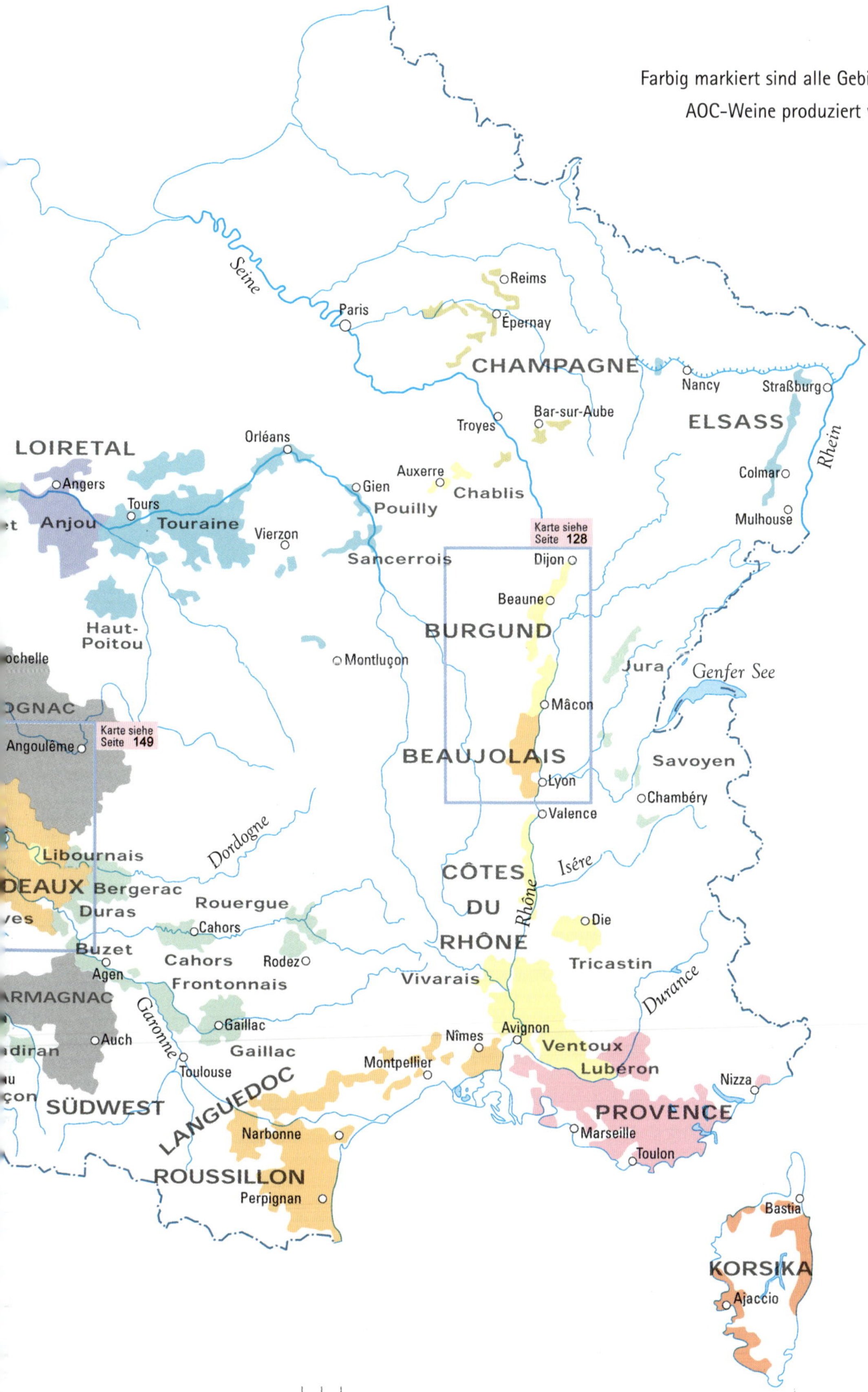

Die Anbaugebiete von Ost nach West: Elsass

Von Deutschland kommend, braucht man nur den Rhein zu überqueren und befindet sich schon in Frankreichs östlichstem Weinbaugebiet, dem Elsass. Straßburg, das Eingangstor, ist heute wie seit eh und je Sitz vieler bekannter Weinhandelshäuser, ein Besuch zur Einstimmung kann nur empfohlen werden.

Das eigentliche Weinbaugebiet liegt nur ein wenig weiter östlich und erstreckt sich entlang der Elsässischen Weinstraße über etwa 100 Kilometer Länge und selten mehr als 5 Kilometer Breite von Norden nach Süden. Die Rebhänge fallen von den schützenden Vogesen zum Rheintal hinunter ab. Im Elsass ist die geringste Niederschlagsmenge von ganz Frankreich – weniger als 500 Millimeter pro Jahr – zu verzeichnen. Dabei haben die Lagen ein recht unterschiedliches Mikroklima. Weiterhin tragen die sehr unterschiedlichen Bodenarten und Rebsorten zu einem breit gestreuten Weinsortiment bei.

Blick über die Dächer des mittelalterlichen Städtchens Dambach-la-Ville ins Rheintal.

Elsass	*auf einen Blick*
AOC-Rebfläche:	14 000 ha
AOC-Weinproduktion:	1,1 Mio hl
Spezialitäten:	Münsterkäse, Birewecke (Früchtebrot), Zwiebelkuchen, Flammkuchen, Bier, Obstwässer
Besuchenswert:	Die Weinstraße »Route du Vin« ab Marlenheim; Weinmesse in Colmar, August

Einzigartige kulturelle Mischung

Im Elsass gehen die Uhren ein wenig anders als im übrigen Frankreich: Die Menschen sind, vor allem auf dem Lande, zum großen Teil alemannischer Abstammung und sprechen unter sich noch diese Sprache, schließlich hat das Land im Verlauf der Geschichte immer wieder einmal zu Deutschland gehört. Die Küche ist eher alemannisch als französisch. Wichtige Bestandteile sind Gans und Schwein, Sauerkraut und Zwiebelkuchen – alles Gerichte, die hervorragend zu den gehaltvollen Elsässer Weinen passen. Ein weiterer Unterschied zu Frankreich: Im Elsass werden die Weine zum größten Teil nach den Rebsorten benannt, und der Weiße Riesling hat hier seinen westlichsten Vorposten. Im übrigen Frankreich darf Riesling nicht angebaut werden.

Scherb ist eines der großen Weingüter im elsässischen Gueberschwihr.

Gastfreundliches Elsass

Die wie Perlen an der Weinstraße aufgereihten Weinstädte strahlen alemannische Gemütlichkeit aus. Die gastlichen Wirtshäuser (»Winstubn«) und die zahlreichen Weinfeste ziehen alljährlich viele Besucher, vor allem aus Deutschland, an. Zahlreiche Weinwanderwege sowie das Weinmuseum im Château von Kientzheim bieten dem interessierten Weinfreund wertvolle Informationen über den Wein und den Weinbau. Kleine Winzerbetriebe prägen das Bild der Wirtschaft. Besucher sind willkommen, es sei denn, wichtige Arbeiten im Weinberg oder Keller stehen gerade an.

Die besten Weine stammen aus dem Süden des Gebiets, aus dem Ober-Elsass. Berühmte Orte sind Riquewihr, Ribeauvillé, Kientzheim, Kaysersberg und Ammerschwihr sowie die um Colmar gelegenen Städtchen Turckheim, Wintzenheim und Eguisheim.

Hauptanteil: Weißwein

Elsässische Weine sind Exportschlager. Innerhalb von 25 Jahren hat sich der Exportanteil von 6 Prozent auf 25 Prozent gesteigert.

Hauptabnehmer ist Deutschland, doch mehr als 100 weitere Länder wissen die weißen Weine aus dem Osten Frankreichs zu schätzen.

Elsässische Lagenweine sind lange haltbar, große Jahrgänge können 10 Jahre und älter werden.

Nicht nur die Nachbarn, auch die Franzosen trinken gerne die Weißweine aus ihrer östlichsten Region. Immerhin stammen 40 Prozent aller im Inland konsumierten Weißweine aus dem Elsass, und die Weißweine machen auch den Hauptanteil der Produktion aus.

Charakteristisch für Elsässer Weine sind Kraft und Körper. Alle elsässischen Qualitätsweine werden in der traditionellen Flûte, der langgezogenen grünen Schlegelflasche in den Handel gebracht, die für das Elsass gesetzlich geschützt ist.

Vier Rebsorten spielen die Hauptrolle

Das System der Ursprungsbezeichnungen, das hier seit 1945 existiert, ist so klar und unkompliziert wie nirgendwo sonst in Frankreich. Für die Weine aus einer eng umgrenzten Zone in den Hügeln wird die Herkunft mit Alsace oder Vin d'Alsace angegeben, darauf folgt der Name der Rebsorte oder die Bezeichnung Edelzwicker, die auf eine Mischung von mehreren Rebsorten hinweist. Diese Ursprungsbezeichnung tragen 85 Prozent aller Weine. Nur 3 Prozent stammen aus bestimmten Lagen und werden als Alsace Grand Cru bezeichnet.

Herbstliche Weinberge im Elsass laden zu einer Wandertour für Genießer.

- Neben dem Lagennamen sind die Weine auch mit einer der für diese Qualitätsstufe genehmigten vier Rebsorten – Riesling, Gewürztraminer, Tokay-Pinot Gris, Muscat d'Alsace – gekennzeichnet.

Eine relativ neue, aber dafür sehr erfolgreiche Ursprungsbezeichnung bezieht sich auf einen flaschenvergorenen Sekt: Crémant d'Alsace, der zum Großteil aus Pinot Blanc, aber auch aus anderen weißen Rebsorten des Gebiets gekeltert wird. Aus Pinot Noir wird auch ein Rosésekt unter diesem Namen bereitet.

Champagne

Wer wüsste nicht, was Champagner ist? Champagner, das prickelnde Kultgetränk aus der Champagne, der gleichnamigen Provinz im Norden Frankreichs, ist der bekannteste französische Wein überhaupt. Deutschland steht als Importeur an erster Stelle, und auf der ganzen Welt möchte man nicht auf die Stimmung verzichten, die Champagner verströmt. Stilecht wird er im schmalen, hohen Glas, der Flûte, serviert, in der Champagner seinen Geschmack am besten entwickeln kann. (Zum Herstellungsverfahren siehe Seite 68.)

Champagne	*auf einen Blick*
AOC-Rebfläche:	30 000 ha
AOC-Weinproduktion:	1,8 Mio hl
Spezialitäten:	Andouillettes (Kaldaunenwürstchen), Boudin (Blutwurst), Ratafia de Champagne (Likörwein aus Most und Marc), Marc de Champagne, Fine de Marne
Typische Gerichte:	Schinken in Brotteig, Hähnchen in Champagner

Ein kühles Klima

Die Landschaft, aus der der Champagner stammt, ist nicht so glitzernd und gleißend wie ihr bekanntestes Produkt, sondern eher still, beschaulich, wald- und hügelreich. Die Reben stehen in fünf Bereichen, südlich von Reims, der Königsstadt: im Reimser Bergland, dem Marnetal, der Côte des Blancs, der Côte de Sézanne sowie in der Umgebung von Barsur-Aube. Die gesetzlich streng begrenzte Rebfläche umfasst etwa 3 Prozent der französischen Weinanbaugebiete und ist damit die kleinste der Nation – jedoch die höchstbewertete landwirtschaftliche Nutzfläche der Welt!

Die Küche der Champagne ist wie die Landschaft eher derb-rustikal, ganz im Gegensatz zu ihrem prätentiös perlenden Luxusgetränk.

Das Klima kann man hier nicht gerade als unkompliziert bezeichnen. Mit 10 °C durchschnittlicher Jahrestemperatur können die Trauben gerade eben ausreifen, und wäre nicht der wärmespeichernde Kreideboden der Falaises (der Hügel) um Reims und Épernay und der ausgleichende Einfluss der ausgedehnten Wälder und zahlreichen Gewässer, wäre wohl kaum Weinbau in dieser Qualität möglich – zumal gerade der Pinot Noir, der mit etwa einem Drittel am Rebsortenspiegel beteiligt ist, eigentlich Wärme braucht.

Andererseits wirkt sich gerade das kühle Klima der Champagne ideal auf das langsame Reifen der Trauben und damit einen hohen Säureanteil aus, ohne den der Champagner nicht jene Eigenschaften hätte, die ihn weltberühmt machen.

Ein Weinberg bei Cramant in der Champagne – berühmt für hervorragende Chardonnay-Trauben.

Winzer und Champagnerhäuser

So wie der Champagner anders ist als alle übrigen Weine Frankreichs, so unterscheidet sich auch die Struktur der Firmen, die mit seiner Herstellung beschäftigt sind. Diejenigen, die den meisten Champagner herstellen, sind nicht Besitzer der Weinberge, und die meisten Winzer stellen ihren Champagner nicht selbst her. Das war schon seit jeher so. Zunächst waren die Mönche für die Champagnerbereitung zuständig, doch seit dem 18. Jahrhundert gründeten Unternehmer große Firmen, die Champagnerhäuser. Rund 85 Prozent der Rebfläche verblieben jedoch im Besitz von Winzern.

Die Champagnerhäuser kaufen die Trauben, den Most oder die Grundweine und bereiten daraus den Schaumwein, von den rund 14 000 Besitzern von Weinbergen bereiten nur knapp 5000 ihren Champagner selbst. Sie nennen sich Récoltants-Manipulants und zeichnen auf dem Etikett mit RM verantwortlich, im Gegensatz zu den NM, den Négociants-Manipulants, den Champagnerhäusern.

Winterstimmung in Ville-Dommange nahe der Königsstadt Reims – Sitz zahlreicher Champagnerhäuser.

Die einzelnen Winzer haben natürlich nicht das breite Sortiment an Grundweinen zur Verfügung wie die großen Häuser, denn sie dürfen per Gesetz nur höchstens 5 Prozent der eigenen Lesemenge dazukaufen. Dadurch unterscheiden sich diese Champagner stark voneinander, sie tragen eine individuelle Handschrift, sind allerdings auch in der Qualität sehr unterschiedlich. Die Winzer der Champagne sind im Allgemeinen gern bereit, Besucher zu empfangen und Verkostungen anzubieten – eine gute Gelegenheit für günstige Einkäufe vor Ort, denn viele Winzerchampagner sind preiswerter als die großen Marken.

Unterwegs in der Champagne

Eine Reise in die von Touristen noch wenig besuchte Champagne lohnt sich natürlich auch zur Besichtigung der großen Champagnerhäuser, zum Besuch der ehemaligen Krönungsstadt der französischen Könige, Reims, mit ihrer prächtigen Kathedrale, aber auch der kilometerlangen imposanten Kreidestollen unter der Stadt, wo der Champagner unter idealen Bedingungen lagert.

Épernay ist das zweite wichtige Zentrum der Champagnerindustrie und vor allem wegen seiner Lage inmitten der Weinberge einen Besuch wert. Erschlossen wird die Weinlandschaft durch die Route du Champagne mit ihren zahlreichen Verzweigungen.

Weitere Produkte

Neben dem prickelnden Luxusgetränk gibt es in der Champagne noch zwei Weine mit kontrollierter Ursprungsbezeichnung, die jedoch nur in geringsten Mengen erzeugt werden. Den Coteaux Champenois gibt es in Weiß und Rot, erzeugt aus den typischen Rebsorten der Champagne- Chardonnay für die Weißen sowie Pinot Noir und Pinot Meunier für die Roten, deren beste aus Bouzy kommen.

Der Rosé des Riceys ist leicht und elegant und stammt aus der gleichnamigen Gemeinde im Departement Aube.

Alain Fion

Repräsentant des Comité Interprofessionnel du Vin de Champagne, Épernay, Geschäftsführer des Informationsbüros Vin de Champagne in Deutschland

»In Deutschland wird Champagner meist zu den großen Festen wie Hochzeit, Taufe, Jubiläum, Weihnachten, Silvester getrunken; man beschränkt sich also auf wenige Anlässe. Doch aus einer relativ seltenen Begegnung kann durchaus eine dauerhafte, intensive Bindung werden. Die Frage ist nur: Wie wird ein flüchtiger Flirt zur Leidenschaft?

Die Liebe zum Champagner wächst, je näher man ihn kennenlernt. Je mehr man über seine Herkunft erfährt, seine Vielfalt entdeckt, desto mehr wird man Champagner nicht nur zu besonderen Ereignissen oder aus Prestigegründen trinken, sondern auch zu den kleinen Höhepunkten des Alltags – etwa zu einem guten Essen oder weil es einen Erfolg zu feiern gilt. Ganz einfach, weil sich der Aufwand und die Sorgfalt, mit denen dieser Wein von Menschenhand geschaffen wird, in Genusserlebnissen widerspiegelt, die man sich gerne öfter gönnt«.

Burgund und Beaujolais

»Wir haben die besten Weine der ganzen Christenheit«, soll Philipp der Kühne, Herzog von Burgund, gesagt haben, und tatsächlich ist der Aufstieg der Burgunder Weine im Mittelalter untrennbar mit dem Schicksal der ehrgeizigen Herrscher des Gebiets verbunden. Sie hatten ihre Gesandten in zahlreichen Ländern der damaligen Welt, zu ihrem Reich gehörten Teile der Schweiz, Holland und Belgien. Noch heute ist Burgunder einer der berühmtesten Weine der Welt.

Der Pinot Noir verleiht allen berühmten Burgunder Rotweinen ihre typische vollmundige, samtige Art mit dem feinen Bittermandelaroma.

Doch was ist eigentlich ein Burgunder? In vielen Ländern bezeichnet man damit einen Wein aus der Spätburgunder-Traube, dem Pinot Noir, einer Rebsorte, die zwar aus dem Burgund stammt, aber unter anderen Voraussetzungen ganz andere Weine ergibt. Ein »Burgundy« ist schon gar kein Burgunder, sondern ein Rotwein aus den USA. Kurz: Ein echter Burgunder ist nur ein Burgunder, wenn er aus dem Burgund stammt. Er muss nicht unbedingt rot sein, es gibt auch weiße – übrigens die teuersten Weißweine der Welt – und roséfarbene sowie Schaumweine.

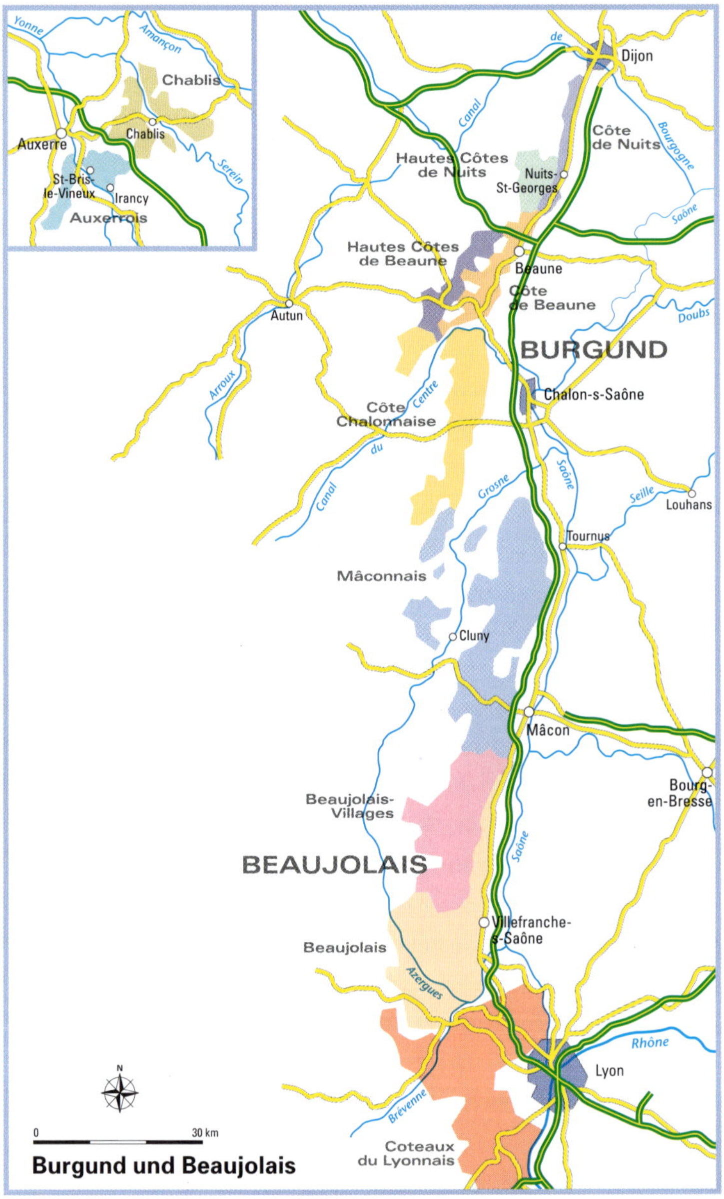

Burgund und Beaujolais	*auf einen Blick*
AOC-Rebfläche:	46.000 ha
AOC-Weinproduktion:	2,5 Mio hl
Spezialitäten:	Weinbergschnecken, Geflügel aus der Bresse, Charolais-Rind, Dijon-Senf, Epoisses-Käse, Marc de Bourgogne
Typische Gerichte:	Coq au vin (Hähnchen in Wein geschmort), Bœuf bourguignon

Prädikate im Burgund

1. Grand Cru (»cru« heißt Gewächs): Die Spitzenweine – auf dem Etikett steht nur die berühmte Lage. Beispiele: Chambertin, Clos de Vougeot, Corton, Corton-Charlemagne, Pommard, Rommanée Conti, Chevalier-Montrachet.
2. Premier Cru: Auf dem Etikett stehen sowohl der Ortsname als auch die Lagenbezeichnung. Beispiele: Chablis Premier Cru Fourchaume, Mercurey Premier Cru Clos du Roy, Puligny-Montrachet Clavoillon, Aloxe-Corton Les Maréchaudes.

Die angestammten Rebsorten

Burgund (frz. Bourgogne) besteht aus fünf großen Weinbauregionen: Chablis, die Côte d'Or mit ihren Bereichen Côte de Nuits und Côte de Beaune, die Côte Chalonnaise, Mâconnais und dem Beaujolais. Es beginnt im Norden mit dem Chablis, setzt sich südlich von Dijon fort und reicht zusammen mit dem Beaujolais in einem schmalen nordsüdlichen Streifen bis kurz vor Lyon. Im Gegensatz zu den vielseitigeren Weinregionen Südfrankreichs gibt es in Burgund nur wenige Rebsorten, die alle auch hier ihren Ursprung haben:

- Pinot Noir und Gamay für die Rotweine, Chardonnay und Aligoté für die Weißen.

Außerdem werden die meisten Weine aus einer einzigen Rebsorte bereitet. Und doch ergibt sich durch die Vielzahl der Lagen und Besitzer dieser Lagen, die Weine bereiten, ein breites Spektrum von Weinen unterschiedlichster Art.

Diese Vielfalt spiegelt sich auch in dem System der Ursprungsbezeichnungen, das sich von dem anderer Weinbaugebiete Frankreichs stark unterscheidet.

Der Clos Saint-Jacques bei Gevrey-Chambertain ist nach alter Tradition mit einer Mauer umfriedet.

Unterwegs in Burgund

Interessierten Besuchern von Burgund bieten sich zahlreiche Möglichkeiten, ihre Lieblingsweine vor Ort kennen zu lernen. Winzer, Genossenschaften und Händler haben sich zusammengeschlossen und die Organisation »De Vignes en Cave« gegründet. Bei den Mitgliedern werden Besucher gern empfangen und über den Wein informiert. Es gibt eine Broschüre unter diesem Titel, fragen Sie im Touristenbüro danach. In einem weiteren Führer sind die Restaurants verzeichnet, die auf ihren Karten unter dem Titel »Bourgognes Découvertes« gute Weine zu annehmbaren Preisen zum Entdecken anbieten. Diese Restaurants arbeiten eng mit den Winzern zusammen. Zusätzlich gibt es zu Pfingsten noch ein langes »Wochenende der offenen Tür«, an dem mehr als 500 Keller ihre Pforten für Besucher öffnen.

Von Dijon bis Santenay kann man mit dem Auto entlang der »Route des Grands Crus« die Weinorte entdecken.

Chablis – der kühle Norden und seine Weißweine

Um die Stadt Chablis, etwas abseits der anderen Burgunder Anbaugebiete, auf halbem Wege zwischen Paris und Dijon, liegt das gleichnamige Anbaugebiet – früher 40 000 Hektar groß, heute nur noch 2 400 Hektar klein und ausschließlich mit Chardonnay bepflanzt. Diese Beschränkung hat der Qualität genützt. Nach dem Reblausbefall, der hier besonders heftig war, wurden nur noch die günstigsten Lagen neu mit Reben bestockt. Selbst in diesen Lagen haben die Winzer Probleme mit dem launischen Wetter. Frühjahrsfröste machen ihnen zu schaffen, und wenn es nicht Öfen in den Weinbergen und Vorrichtungen gäbe, die die Rebstöcke mit Wasser besprühen, müsste so mancher Jahrgang vielleicht total »ausfallen«.

Die Jahrgänge sind trotzdem immer noch sehr unterschiedlich, und es lohnt sich, auf gute Jahre zu achten, die außerordentlich langlebige Weißweine ergeben, wenn sie aus guten Lagen stammen. So braucht ein Chablis Grand Cru 5 Jahre, bis er den vollen Genuss eines feinen, trockenen, nervigen Weißweines großer Klasse bietet, und kann in guten Jahren bis zu 20 Jahre alt werden.

- Grands Crus stammen aus nur 7 Steillagen oberhalb des Dorfes Chablis und sind daher rar und teuer.
- Nicht ganz so nachhaltig im Geschmack sind die Premiers Crus aus 40 Lagen am Serein.
- Der einfache Chablis ist schon mit 3 Jahren trinkfertig und der Petit Chablis nur im ersten Jahr leicht und frisch.

Nur ein Drittel kommt unter dem Etikett des Erzeugers auf den Markt, der Rest wird zu gleichen Teilen offen an Négociants-Éleveurs (siehe Seite 254) und an Genossenschaften verkauft. Deutschland ist nach Großbritannien größter Importeur von Chablis-Weinen und konsumiert rund 20 Prozent der gesamten Produktion.

Chablis – die großen Jahrgänge

Man sagt, bei Chablis komme es vor allem auf den Jahrgang an. Das ist richtig. Doch sollte man einen nicht ganz so großen Jahrgang nicht von vornherein verdammen, manche Chablis-Weine entwickeln sich noch mit der Zeit. Die besten Jahrgänge der letzten Zeit waren: 1990, 1993, 1994, 1995 und 1996. Für die Grands Crus kommen, da sie sich länger halten, die großen Jahre 1983, 1985 und 1986 sowie die guten Jahre 1988 und 1989 hinzu.

Etwas abseits des Kerngebiets von Chablis werden leichte, süffige Weine mit der Appellation Bourgogne in Weiß, Rosé und Rot erzeugt. Erwähnenswert ist vor allem der Crémant de Bourgogne, ein angenehmer, feinperliger Schaumwein.

Das Herzstück: Die Côte d'Or

Alle Weine, die als Burgunder Weltruhm erlangt haben, sind in der Côte d'Or gewachsen. Hier befinden sich auf kleinem Raum all jene berühmten Rot- und Weißweinlagen, von denen Weinfreunde in aller Welt träumen.

Im Gegensatz zum Bordelais werden die Lagen, berühmte wie weniger berühmte, jeweils von mehreren Winzern bewirtschaftet, sodass sich auch innerhalb der gleichen AOC Unterschiede auf Grund der Weinbereitung bemerkbar machen. Nicht gerade einfacher wird der Überblick über die Weinorte, ihre Lagen und ihre Weine, wenn man erfährt, dass ein Wein mit der AOC Aloxe-Corton nicht etwa aus der berühmten Lage Corton stammt, sondern dass der Ort lediglich den Namen seiner berühmtesten Lage mit dem Ortsnamen verbunden hat. Ein Aloxe-Corton ist also ein Wein aus dem Gemeindegebiet und – erfreulicherweise – deshalb auch erschwinglicher. Bei einem Corton aus der Grand-Cru-Lage Corton steht kein Ortsname auf dem Etikett – die Spitzenlage spricht für sich.

Herbststimmung in Chambolle-Musigny in der Côtes de Nuits, das für seine Rot- und Weißweine von Weltklasse berühmt ist.

Noch mehr aus der verwirrenden Etikettenkunde: Außerdem haben die Burgunder zwischen die AOC der Gemeinde und die AOC eines Grand Cru die AOC Premier Cru gesetzt. Wenn auf dem Etikett Aloxe-Corton Les Maréchaudes steht, handelt es sich um einen Wein aus der als Premier Cru eingestuften Lage Les Maréchaudes, die zur Gemeinde Aloxe-Corton gehört.

Côte de Nuits und Côte de Beaune

In der Côte de Nuits, dem nördlichen Teil der Côte d'Or, wachsen fast ausschließlich Rotweine, und es sind die Weine, die für den Typ des Burgunderweines stehen, so wie er in aller Welt geschätzt wird: vollmundig, reich an Extrakt und Körper und in seinen Spitzenqualitäten von höchster Eleganz.

- Große Namen sind Chambertin, Musigny und Clos de Vougeot sowie Romanée Conti.

Nur zwei Rebsorten sind verantwortlich für diese herausragende Qualität: Chardonnay für die Weißen, Pinot Noir für die Roten.

Etwas rustikalere Rot- und Weißweine bringen die Hautes Côtes de Nuits, die westlich angrenzenden Hügel hervor.

In der südlich angrenzenden Côte de Beaune sind die Böden sehr unterschiedlich, und neben den rassigen, feinen Rotweinen werden aus Chardonnay, der nirgendwo sonst in der Welt diese Qualitäten hervorbringt, die großen Burgunder Weißweine erzeugt.

- Kräftig, nachhaltig und trocken sind Montrachet, Meursault und Corton-Charlemagne, um die Spitzenlagen zu nennen.

Nicht weniger liebenswert sind auch die Erzeugnisse aus nicht so hoch bewerteten Lagen. Die Hautes Côtes de Beaune am westlichen Rand des Anbaugebiets bringen preiswertere, leichtere Rot- und Weißweine hervor.

Weinlese in der Heimat exzellenter Chardonnay-Weine bei Montagny.

Die Côte Chalonnaise

Südlich der berühmten Côte de Beaune, ein wenig im Schatten der großen Namen, liegt gegenüber von Chalon-sur-Saône das kleine Gebiet der Côte Chalonnaise, dessen Weine seit 1990 die kontrollierte Ursprungsbezeichnung tragen. Bekannter und älter sind die vier Gemeindebezeichnungen Rully, Givry, Mercurey und Montagny. Alle vier Rebsorten des Burgund werden hier angebaut, es gibt also sowohl Rot- als auch Weißweine. Aus Rully und Montagny kommen die Weißen, der Chardonnay ist frisch mit Nussaromen, der Aligoté weich und blumig. Außerdem wird um Rully in großem Maße Crémant de Bourgogne erzeugt. In Givry und Mercurey wachsen vor allem blaue Trauben, sie ergeben feine geschmeidige Rotweine.

Das Mâconnais

Weiter geht es nach Süden, und nach einer kurzen Unterbrechung beginnt die leicht gewellte Landschaft des Mâconnais, die nur an zwei Stellen von gewaltigen Felsen überragt wird. Das Klima ist hier ausgeglichener als im nördlichen Burgund. Weinbau gibt es seit dem 3. Jahrhundert, und die Mönche von Cluny und Tournus waren bedeutende Förderer. Bis heute ist nicht geklärt, ob die Gemeinde Cardoniacum nahe Tournus dem Chardonnay seinen Namen gegeben hat, oder ob die Rebsorte, die hier auf 87 Prozent der Ertragsfläche angepflanzt wird, am Ursprung des Gemeindenamens stand.

Ein Wahrzeichen des Mâconnais ist der Felsen von Solutré.

Die Weißweine von Mâcon sind fruchtig und bukettreich. Pouilly-Fuissé ist der bekannte von ihnen, ein feiner, trockener Wein, nicht zu verwechseln mit dem noch bekannteren Sauvignon-Weißwein

Pouilly Fumé von der östlichen Loire. Auch die Weißweine von Saint-Véran genießen einen guten Ruf.

Die fruchtig-jugendlichen roten Mâcon-Weine werden vor allem aus der Gamay-Traube gekeltert. Ein Rotwein aus einem Drittel Pinot Noir und zwei Dritteln Gamay trägt den Namen Bourgogne Passe-tout-grains.

Etwa die Hälfte der Weine wird als »Primeur« vermarktet – mit sehr unterschiedlichem Ergebnis - und verhilft damit den Winzern zum schnellen Franc.

Die 10 Crus im Beaujolais

Sie stellen die höchste Qualitätsstufe der Beaujolais-Weine dar. Ihr Charakter unterscheidet sich in Nuancen.

Geschmeidig und dabei fruchtig sind Brouilly, Chénas, Régnié und Saint-Amour. Einen eher ausgeglichenen, harmonischen Charakter bei deutlicher Fruchtigkeit zeigen Juliénas und Moulin-à-Vent.

Wer würzige Geschmacksnuancen bevorzugt, der greife zu einem Chiroubles oder Côte de Brouilly. Der eleganteste unter den Crus ist zweifellos der Fleurie, und in einem Morgon finden Freunde eines festen, körperreichen Weines das richtige Getränk.

Beaujolais, Heimat der Gamay

Wir haben das eigentliche Burgund verlassen. Eine reizvolle Berglandschaft mit bis zu 1 000 Meter hohen Gipfeln schließt sich an das Mâconnais an und reicht bis kurz vor Lyon: das Beaujolais-Gebiet. Hier regiert unbestritten die Gamay-Rebe. Alle Welt kennt den Beaujolais Primeur, jenen fröhlichen, frischen Jungwein, der – schon sechs Wochen nach der Lese – im grauen November im Glas funkelt (siehe auch Seite 65). In Deutschland ist er besonders beliebt, hier werden rund 10 Prozent der erzeugten Menge verkauft. Doch nicht jeder Beaujolais ist ein Primeur. Für die übrigen Weine gibt es hierarchisch abgestufte Appellationen. Der Beaujolais AOC sollte innerhalb eines Jahres getrunken werden. Er wird genau wie der Primeur kühler getrunken als sonst bei Rotwein üblich ist.

Obwohl alle Welt den Namen Beaujolais kennt, ist der Hauptort des Weinbaugebietes, Beaujeu, nur wenigen Touristen ein Begriff.

- Beaujolais-Villages aus 39 Dörfern, die ihre Namen nicht einzeln auf dem Etikett nennen, sind aromareiche und sehr typische Gamay-Weine.

Sie werden am besten ein bis zwei Jahre nach der Lese getrunken und sind stabiler als die einfachen Beaujolais. Sie kommen ebenfalls als Primeurs in den Handel. Am anspruchsvollsten sind die Weine aus den 10 Crus oder Lagen. Sie haben alle einen entschieden eigenen Charakter. Es lohnt sich, sie einmal nacheinander im Vergleich zu probieren, um vielleicht eine große Liebe zu finden – oder um auf ewig unentschieden zu bleiben, denn sie haben alle ihren Charme.

Unterwegs im Beaujolais

Eine Weinreise im Beaujolais ist für Weinfreunde besonders interessant. Nicht nur die reizvolle Hügellandschaft mit den grünen Tälern und den ockerfarbenen Steinen ist für einen Aufenthalt zu empfehlen. In fünf Orten des Gebiets sind Besucherzentren eingerichtet worden, in denen man sich über verschiedene Aspekte des Weinbaus informieren kann.

Die Reihe größerer und kleinerer, berühmterer und weniger bekannter Weinbaugebiete klingt im Süden aus mit den Rebhügeln der Coteaux du Lyonnais, rund um die Feinschmeckerstadt Lyon. Auch hier regiert der Gamay, aus dem leichte, fruchtige Rotweine gewonnen werden.

Jura und Savoyen

Bevor es mit den großen, traditionsreichen Weinbaugebieten weitergeht, wenden wir uns nach Osten zu zwei kleinen, weniger spektakulären, dafür aber höchst originellen Regionen: Jura und Savoyen, an der Grenze zur Schweiz und Italien.

Hinter dem Val d' Isère ragt der schneebedeckte Dent d' Arclusaz auf.

Das Weinbaugebiet Jura ist von Norden nach Süden nur etwa 80 Kilometer lang und etwa 6 Kilometer breit und liegt am Ostrand der Bresse, Frankreichs Geflügelparadies. Das Klima hier ist kontinental mit recht kalten Wintern, dafür aber für die Traubenreife günstigen, trockenen, warmen Herbsten.

Ungewöhnlich bunt ist die Palette der Weine, die im Jura erzeugt werden.

Die Rebsorten im Jura

Aus einem eher beschränkten Rebsortiment, das aus Trousseau, Poulsard, ein wenig Pinot Noir sowie Sauvignon und Chardonnay besteht, werden je nach Farbe und Herstellungsweise sehr unterschiedliche Weine bereitet. Neben trockenen Weiß-, Rosé- und Rotweinen gibt es feine Perl- und Schaumweine, und nur hier wird der sogenannte Gelbwein (Vin jaune) erzeugt. Alkoholreiche Strohweine (Vins de Paille) aus angetrocknetem Lesegut sind eine Spezialität des Gebiets und eine Rarität zugleich, da für diese Weine nur vollreife und sehr gesunde Trauben verwendet werden können (siehe auch Seite 74).

Das Städtchen Arbois mit seinen Fachwerkbauten war die Heimat von Louis Pasteur, der hier die alkoholische Gärung erforschte.

- Außer einer Reihe von Landweinen gibt es vier kontrollierte Ursprungsbezeichnungen: Côtes du Jura, Arbois, L'Étoile und Château-Châlon.

Die Bezeichnung Côtes du Jura bezieht sich auf Weine des ganzen Gebiets in allen oben erwähnten Farben und Arten. Die trockenen Weißweine zeichnen sich nach einigen Jahren Fasslagerung durch einen typischen Feuersteingeschmack aus. Die Rotweine aus Poulsard und Trousseau reifen im Eichenholzfass, erstere sind heller und zarter, letztere dunkler und kräftiger.

Rund um Arbois

In Arbois, dem Zentrum des Gebiets, einem malerischen Städtchen am Fuße des Jura, hat Louis Pasteur seine Forschungen über die Gärung und die Weinkrankheiten betrieben. Hier bietet sich die Gelegenheit, die Weine des Jura und die zauberhafte

Jura und Savoyen auf einen Blick

AOC-Rebfläche:	3 700 ha
AOC-Weinproduktion:	200 000 hl
Spezialitäten:	Morcheln, Forellen, Flusskrebse, Tomme de Savoie, Comté-Käse, Mont d'Or, Reblochon
Typische Gerichte:	Morcheln in Sahne, Käsesoufflé, Omelettes, Gratins

Die vierte AOC, Château-Châlon, gilt ausschließlich für den feinen, nussigen Gelbwein des Gebietes.

Landschaft ringsum kennen zu lernen. Arbois hat eine eigene Ursprungsbezeichnung. Fruchtig und trocken ist der bekannte Rosé d'Arbois, den schon die Könige Frankreichs im Mittelalter geschätzt haben sollen.

Die dritte AOC lautet L'Étoile und bezieht sich hauptsächlich auf einen feinen trockenen Schaumwein aus dem gleichnamigen Ort.

Alpenländischer Charme: Savoyen

Das etwas weiter südlich, an der Schweizer Grenze inmitten einer seenreichen und gebirgigen Landschaft gelegene Savoyen ist ein altes Weinland. In neuerer Zeit entdeckten hauptsächlich die Wintersportler in Grenoble und Umgebung die spritzigen Weißweine und die Schaumweine des Gebiets wieder.

In Savoyen gedeihen an die zwanzig einheimische Rebsorten, die es nirgendwo anders gibt: Die relativ bekanntesten sind Roussette oder Altesse, Jacquère, Molette und Gringet für die Weißen, Persan und Joubertin für die Roten. Zwei allgemeine Appellationen, Vin de Savoie und Roussette de Savoie, beziehen sich auf das ganze Gebiet, Crépy und Seyssel sind die zwei Gemeindeappellationen. Bis auf den Crépy werden die Weine vom Ufer des Genfer Sees kaum exportiert.

Die Weißweine ähneln etwas denen der benachbarten Schweiz. Auch hier wird Chasselas angebaut, der in der Schweiz Fendant heißt, und die noch weniger bekannten Rotweine sind angenehm frisch und fruchtig. Die Hälfte der in Savoyen hergestellten Weine sind nach dem Flaschengärverfahren hergestellte Schaumweine.

Die spritzigen, zum Teil leicht perlenden Weißweine werden von den Franzosen vor allem als Aperitif oder als Begleiter zu den typischen Käsegerichten der Region, Fondue und Raclette, geschätzt.

Côtes du Rhône

Südlich von Lyon beginnt das Weinbaugebiet des Rhônetals, die Côtes du Rhône, die sich etwa 200 Kilometer entlang des Flusses in nordsüdlicher Richtung erstrecken. Das Gebiet ist deutlich in zwei Regionen unterteilt. Im nördlichen Teil zwischen Vienne und Valence werden auf steilen Hängen nur wenige Rebsorten angebaut, während im südlichen Teil, der nach einer Unterbrechung von 50 Kilometern bei Montélimar beginnt, eine Fülle von Rebsorten anzutreffen ist. Dieser Fülle entsprechen auch die Weine – der berühmte Châteauneuf-du-Pape wird zum Beispiel aus bis zu 13 Sorten hergestellt. Ob sorten-

Die Weinberge von Hermitage-la-Chapelle mit Blick auf Tain gehören zu den ältesten in Frankreich.

rein oder aus mehreren Rebsorten verschnitten, es handelt sich fast immer um Rotweine, die Weißweine sind mit etwa 4 Prozent am Gesamtvolumen ganz eindeutig in der Minderzahl.

Das Rhônetal im Aufschwung

Das Rhônetal ist, wie bereits erwähnt, das älteste Weinbaugebiet Frankreichs, doch hat es nach der Reblauskatastrophe Ende des 19. Jahrhunderts gerade hier besonders lange gedauert, bis Ende der fünfziger Jahre das alte Niveau wieder erreicht wurde. Seither hat besonders die junge Winzergeneration einiges zur Qualitätssteigerung beigetragen, sodass auch der Export immer bedeutendere Ausmaße annahm. Exportland Nummer eins ist die Schweiz, Deutschland liegt an 5. Stelle mit steigender Tendenz. Wein ist ein wichtiger Wirtschaftsfaktor der Region, rund 45000 Arbeitsplätze sind mit Weinbau, Weinbereitung und Weinhandel verbunden.

Auf den Granit-Terrassen des Hermitage-Weinberges reifen die Trauben für einen kraftvollen Rotwein.

Die Raritäten des Nordens

Von Vienne nach Valence führt die nördliche Weinstraße in engen Kurven, vorbei an schmalen Terrassen an steilen Hängen, auf denen die Rebstöcke stehen und unter größten Mühen bearbeitet werden. Den Mut der Winzer kann man hier nur bewundern...

Die Trauben geraten auf den Granitböden besonders gehaltvoll. Sie werden meist zu rebsortenreinen Lagenweinen verarbeitet. 8 von 13 Lagen des ganzen Gebiets sind hier im Norden anzutreffen – zum Teil echte Raritäten, die man nur sehr schwer bekommt.

- Zwei Weißweine, die man zu Frankreichs Spitzengewächsen rechnen kann, Condrieu und Château-Grillet, werden ausschließlich aus Viognier gekeltert.

Milder und duftig schmeckt der Condrieu, der früher als Likörwein bekannt war.

Côtes du Rhône auf einen Blick

AOC-Rebfläche:	75 000 ha
AOC-Weinproduktion:	3,2 Mio hl
Spezialitäten:	Nougat, Perlhuhn, Knoblauch, Kräuter der Provence, schwarze Trüffel
Typische Gerichte:	wie in der Provence, da die südlichen Côtes du Rhône kulinarisch wie kulturell zur Provence gehören

Die Syrah ist die einzige rote Rebsorte der nördlichen Côtes du Rhône; sie wird aber auch in der Provence und in Languedoc-Roussillon angebaut.

Château-Grillet stammt von Frankreichs zweitkleinster AOC-Lage, die nur einem einzigen Besitzer gehört. Er ist im normalen Handel nicht zu finden, wer vor Ort ist, hat die Gelegenheit, ihn eventuell in Spitzenrestaurants der Umgebung zu genießen. Ein dritter Weißwein des Nordens stammt aus Saint-Péray. Aus den Rebsorten Marsanne und Roussanne wird auch Sekt bereitet.

Die großen Roten

Die Rotweine des Nordens werden ausschließlich aus Syrah-Trauben gekeltert. Es sind dunkle, kräftige, wuchtige Weine, die vor allem zu Wild und Wildgeflügel passen und erst nach langer Lagerzeit ihr Bukett voll entfalten. Der Weinberg von Hermitage wurde schon 400 v. Chr. mit der Syrah bepflanzt. Seinen ausdrucksvollen Geschmack verdankt der Wein dem Granitboden und der Rebsorte. Eleganz und Feinheit sind seine Merkmale.

Crozes-Hermitage und Saint-Joseph sind wegen ihrer bedeutenden Rotweinproduktion bekannt. In allen drei Gebieten werden jedoch auch helle, leichte Weißweine erzeugt, die gut zu Flussfischen aller Art passen.

Ein Original wie viele Weine des nördlichen Rhônegebiets ist der wuchtige, gerbstoffreiche Cornas, ein nahezu schwarzer Wein, den schon Karl der Große schätzte – und in den er seinen weißen Bart getunkt haben soll.

Monique R. Tramier

Winzerin, Besitzerin der Domaine La Grangette Saint-Joseph im südlichen Rhônetal

»Unser Betrieb, die Domaine La Grangette Saint-Joseph (56 ha) befindet sich inmitten der südlichen Côtes du Rhône. Das Dorf Violès, auf einer kleinen Kiesebene gelegen, erzeugt farbintensive Rot- und Roséweine mit relativ hohem Alkoholgehalt (12,5 bis 14 Volumenprozent) aus den Sorten Grenache, Cinsault und Mourvèdre mit einem Zusatz von Syrah.

Die Sorte Syrah, oft die einzige Rebe in den nördlichen Côtes du Rhône, wird jetzt auch im Süden des Gebiets eingeführt. An der Syrah erkennt man die großen Unterschiede zwischen den beiden Regionen des Rhônetals. Im Norden bei fast kontinentalem Klima, kargen, metamorphen Böden ist sie die einzige oder fast die einzige Rebsorte und ergibt lagerfähige Weine; im Süden bei mediterranem Klima und tertiären, sandigen oder kiesigen Böden ist sie eine unter zahlreichen Rebsorten und ergibt Rosé- und Rotweine, die man häufig schon im ersten Jahr genießen kann.«

Lohnender Abstecher nach Die

Weder zum Norden noch zum Süden gehört ein kleines Gebiet, das ein wenig abseits im Osten liegt und in dem ein leichter Muskatsekt mit angenehm feinem Aroma unter dem Namen Clairette de Die erzeugt wird. Auch hier führt eine Weinstraße durch enge Haarnadelkurven am Ufer der Roanne entlang. Wasserfälle und Schluchten sowie schöne alte Städte machen die Reise in die Heimat der zarten prickelnden Weine zum Erlebnis.

Die Weine des Südens

Das südliche Weinbaugebiet beginnt bei Montélimar, der Nougatstadt, zuerst am rechten Ufer, und dehnt sich später auf das linke Ufer aus. Auch hier wieder eine Zweiteilung: die Böden sind sehr verschieden. Während rechts Sand, kalkhaltiger Sandstein und kleine Kiesel vorherrschen, auf denen vor allem die Reben für die Côtes du Rhône Villages gedeihen, fallen am linken Ufer die mit mehreren Metern von Rollkieseln bedeckten Böden auf.

Mehr als 80 Prozent der im Süden erzeugten Weine in Rot, Weiß und Rosé werden unter der AOC Côtes du Rhône verkauft. Es sind Weine für jeden Tag, für jeden erschwinglich und für eine Vielzahl von Gerichten passend. Die Roten sind reich an Körper, Farbe, Bukett und Aromen. Die Roséweine sind himbeerfarben und erfrischend. Weißweine gibt es erst seit der Einführung moderner Weinbereitungsmethoden. Seither gelingt es den Winzern, trotz des warmen Klimas die notwendige erfrischende Säure zu erhalten und blumige, spritzige Weißweine zu erzeugen.

Typisch für die Villages-Weine sind kräftige, aromatische Rotweine, frische, zarte Weißweine und charmante Roséweine.

Lagenweine und Spezialitäten

Zwischen diesen Weinen und den Lagenweinen, von denen es hier im Vergleich zum Norden relativ wenige – nämlich nur fünf – gibt, stehen die Côtes-du-Rhône-Villages, Weine höherer Qualität aus 77 Gemeinden der Departements Drôme, Vaucluse, Gard und Ardèche. 16 Gemeinden dürfen ihren Namen auf dem Etikett nennen. Die Vielfalt der Weine ergibt sich vor allem aus den unterschiedlichen Böden und Klimabedingungen. Auch hier überwiegen die Rotweine mit 98 Prozent.

- Der bekannteste Wein des Südens ist sicherlich der Lagenwein Châteauneuf-du-Pape, den es hauptsächlich in Rot, aber in geringem Maße auch in Weiß gibt.

Der Rote ist wuchtig, alkoholreich, kräftig und harmonisch, dabei elegant und langlebig. Ein feuriger Gruß aus dem sonnendurchglühten Süden!

- Der berühmteste und sicherlich beste Roséwein Frankreichs ist der himbeerfarbene Tavel vom linken Rhôneufer.

Bei Tain l' Hermitage gedeihen die besten Weine der nördlichen Rhône.

Der Tavel ist ein gehaltvoller, blumiger Wein, den schon Louis XIV geschätzt haben soll.

Zwei Spezialitäten in diesem an Originalen reichen Gebiet sind noch zu erwähnen: die Likörweine Rasteau und Beaumes-de-Venise. Der Rasteau stammt aus der Grenache-Traube, die mal hell, mal dunkel gekeltert wird, und der goldfarbene Beaumes-de-Venise aus Muscat, der ihm ein feines Honigaroma verleiht. Als Dessertwein zu Süßspeisen waren sie schon immer geschätzt, neuerdings trinkt man sie auch einmal als Aperitif oder zu sehr würzigem Käse.

Die Straße der Päpste

Zahlreiche Weinstraßen durchqueren die reizvollen Landschaften der südlichen Côtes du Rhône. Mit der Route du Drôme provençale erreichen Sie zum Beispiel die Université du Vin, die Weinakademie, in Suze-la-Rousse, für den interessierten Weinfreund eine exzellente Adresse. Es gibt die gezackten Felsen der Dentelles de Montmirail zu bewundern und nicht zuletzt die Route des Papes, die Straße der Päpste, mit all den Baudenkmälern, die der Zeit der Gegenpäpste zu verdanken sind. Alle Straßen hier aufzuzählen, wäre zuviel der Beschreibung. Man sollte die Provence riechen, ihre Spezialitäten genießen und ihre Weine dort verkosten, wo sie wachsen.

Provence

Apropos Provence... Der südliche Teil der Côtes du Rhône gehört östlich des Flusses bereits dazu, und das Weinbaugebiet mit diesem Namen ist wesentlich kleiner als die bekannte ehemalige Provinz. Von Les Baux bis Nizza erstreckt sich das Gebiet, das schon auf griechische Besiedlung zurückgeht und daher als Wiege des französischen Weinbaus bezeichnet werden kann. Das Klima ist hier extrem regenarm. Nur im Herbst und im Frühjahr gibt es Niederschläge, außerdem trägt der kalte, trockene Mistralwind erheblich zur Gesundheit der Rebstöcke bei, da er Krankheiten verhindert.

Im alten Hafen von Marseille landeten die Griechen und brachten die ersten Reben mit.

Die Provence, das Land des Lavendels und der Oliven, Ferienland und Künstlerdomizil, Land einer besonderen, eigenständigen Küche, hat keine großen Kreszenzen zu bieten, wohl aber elegante, fruchtige, trockene Roséweine, die zu allen Gängen eines provenzalischen Menüs passen. Die aromatischen, samtigen Rotweine schmecken vor allem zu würzigen Fleischragouts, Wild- und Lammbraten. Die trockenen, säurearmen Weißweine eignen sich als Begleiter zu den zahlreichen Fischen und Meeresfrüchten des Mittelmeeres.

Savoir-vivre in einem der Straßencafés von Saint-Tropez.

Fülle der Rebsorten

Mit den benachbarten südlichen Côtes du Rhône hat die Provence das umfangreiche Rebsortiment gemeinsam. Neben den auch in anderen Regionen verbreiteten Sorten wie Grenache, Syrah, Cinsault, Cabernet Sauvignon, Carignan und Mourvèdre stehen einheimische wie zum Beispiel Tibouren, Folle Noire oder Braquet. Letztere gibt es allerdings nur in dem kleinen Gebiet von Bandol. Wer hat wohl schon Namen wie Rolle, Roussane, Spagnol oder Majorquin gehört? Wenn Sie einen Winzer im Bandol-Gebiet besuchen, kann er Ihnen sicher etwas dazu erzählen. Außerdem gibt es die bekannten weißen Sorten Sémillon, Ugni Blanc und Clairette. Wozu kann ein derartig großes Sortiment nützen? Die Winzer erreichen so die größtmögliche Harmonie mit der jeweiligen Lage, respektieren die Art des Weinbergs und können die einzelnen Bestandteile des Weines in ein harmonisches Gleichgewicht bringen.

Von all dem können Sie bei einem Besuch beim Winzer erfahren, denn hier ist man auf Besucher eingestellt. Rund 60 Winzer der Côtes de Provence haben sich zusammengeschlossen und zeigen Touristen ihre Kellereien und Weinberge, veranstalten Weinproben mit Erläuterungen und kleinem Imbiss, bieten zum Teil auch Unterkunft mit oder ohne Verpflegung, Kurse in Weinverkostung oder einen Tag Teilnahme an der Traubenernte im Weinberg.

Erst relativ spät, im Jahre 1977, wurden fünf kontrollierte Ursprungsbezeichnungen in der Provence anerkannt, 1985 folgten noch drei weitere.

Provence	auf einen Blick
AOC-Rebfläche:	25 000 ha
AOC-Weinproduktion:	1,1 Mio hl
Spezialitäten:	Kräuter der Provence, Meeresfrüchte, Seefisch, Tomaten, Auberginen, Zucchini, Oliven
Typische Gerichte:	Bouillabaisse, Nizza-Salat, Gefüllte Gemüse, Aioli,

Wo gefeiert wird

Die Provence ist ein Land, in dem man die Tradition wahrt und daher zahlreiche alte Feste und Bräuche pflegt. Selbstverständlich sind auch dem Wein und seinen Heiligen einige davon gewidmet. Hier einige Beispiele:

In Draguignan wird Ende Januar ein Fest zu Ehren des heiligen Vinzenz, Schutzpatron der Winzer und Beschützer der Rebstöcke und Olivenbäume, gefeiert. Man segnet die Messweinfässer, um eine gute Ernte im Herbst zu erreichen.

In Boulbon findet im Juni eine Prozession statt, mit der man die Mönche ehren will, die einst mittels Rebanbau die Sümpfe trockenlegten und damit Epidemien zum Stillstand brachten.

In Fréjus feiert man im August das Traubenfest, bei dem man Traubensaft mit Messwein mischt.

Im September kann man die Weine von Bellet in Nizza anlässlich eines Bacchusfestes kennen lernen.

In Saint-Tropez feiern die Maîtres-Vignerons, eine Vereinigung von acht großen Winzern, im September ein Lesefest mit Weinverkostung und Ausstellung von landwirtschaftlichen und kunsthandwerklichen Produkten des Landes.

Theateraufführungen zu Ehren des Weines finden ebenso statt wie Feste des noch gärenden Mostes, man kann Museen besichtigen, zum Beispiel das Korkenziehermuseum in Ménerbes, und vieles andere mehr.

Der Mittelmeerhafen Cassis bei Marseille ist die Heimat spritziger Weißweine, die gut zu den regionalen Fischgerichten passen.

Die AOC-Gebiete der Provence

Die Weine der größten Appellation der Provence kommen unter der Bezeichnung Côtes de Provence auf den Markt. Drei Viertel der Produktion entfielen bis vor einiger Zeit auf einen charmanten rosafarbenen Wein, der so gut zu einem Frühstück

im Grünen, zu einem Picknick am Meer, zu allerhand Meeresgetier, aber auch zu Wurst und Käse passt. Doch die Roten sind stark im kommen.

Die Rotweine brauchen drei bis vier Jahre, um weich und harmonisch zu schmecken, die Weißweine der Region werden häufig zum Aperitif oder zur Vorspeise aus Meeresfrüchten genossen.

Kleine Gebiete mit eigenständigem Charakter innerhalb der Skala der provenzalischen Weine sind Cassis (nur Weißwein), Bandol (Rotweine) und Bellet (Rot- und Weißweine aus besonderen Rebsorten) an der Küste sowie Palette bei Aix-en-Provence (rare Rot-, Weiß- und Roséweine aus einem winzigen Talkessel). Größere Gebiete sind Coteaux d'Aix-en-Provence, Coteaux Varois und Coteaux de Pierrevert, letzteres ein VDQS-Gebiet (dazu mehr im Kapitel über die Herkunftsbezeichnungen, siehe Seite 246).

Erst seit 1995 gibt es die AOC Les Baux-de-Provence für Rot- und Roséweine, entstanden aus der Initiative von dreizehn Winzern, die sich dafür einsetzten, das kleine Gebiet aus den Coteaux d'Aix-en-Provence herauszulösen.

Tafelweine und Landweine werden in der Provence ebenfalls in guten Qualitäten erzeugt.

Languedoc-Roussillon

Größtes Weinbaugebiet Frankreichs – knapp 40 Prozent der gesamten Rebfläche des Landes sind hier vereint –, zweitgrößtes Anbaugebiet mit kontrollierter Ursprungsbezeichnung nach dem Bordelais und zudem Europas größter Anbieter an

Nach einem Gebirgszug zwischen Pyrenäen und Zentralmassiv sind die kräftigen, ausdrucksvollen Rotweine von Corbières benannt.

Bioweinen mit steigender Tendenz – das sind die Superlative, die auf den Landstrich am westlichen Mittelmeer zutreffen. Zwischen Rhônedelta und spanischer Grenze bei Banyuls erstreckt sich das Rebenmeer, aus dem einfache Tafelweine, zahlreiche Landweine, Weiß-, Rot- und Roséweine mit Prädikat sowie einige traditionsreiche Süßwein-Spezialitäten stammen.

Auch hier: Klasse statt Masse

War das Gebiet bis noch vor wenigen Jahren vor allem Lieferant für große Quantitäten, für all die preiswerten Schoppen in den Cafés und Bistros des Landes, so hat man in jüngster Zeit viel unternommen, um die Qualität auf Kosten der Quantität anzuheben – nicht zuletzt, um den geänderten Bedürfnissen der Weinfreunde Rechnung zu tragen und um den gewaltigen Weinsee auszutrocknen, der das Land zu überschwemmen drohte. Auch die Franzosen trinken wesentlich weniger Wein als früher, und das Weniger soll auch besser schmecken. Also hat man sich daran gemacht, bessere Rebsorten anzubauen. Mit dem Rebsortiment hat sich auch die Qualität der Weine in den letzten Jahren außerordentlich verbessert. Die alten Massenträger wurden konsequent durch weniger reich tragende, dafür interessantere Rebsorten ersetzt, und die Weinbereitungsmethoden dem verbesserten Sortiment angepasst.

Auch im Languedoc hat der Weinbau der Klöster Tradition, wie hier in der Abtei von Valmagne.

Nach außen hin spiegelt sich diese Entwicklung in der größeren Anzahl von Gebieten mit kontrollierter Ursprungsbezeichnung, die oft über die Zwischenstufe VDQS (siehe Seite 248) in die höchste Klasse gelangen. Dennoch ist und bleibt das Land ein bedeutender Tafel- und Landweinlieferant. 60 Prozent aller in Frankreich erzeugten Weine dieser Klasse kommen aus diesem Gebiet, wobei die Landweine ausschließlich aus dem Languedoc stammen.

Süße Spezialitäten

Neben den sehr großflächigen Anbaugebieten – weite, flache Ebenen in Languedoc, Gebirgslandschaften im Roussillon – gibt es auch kleine Inseln mit traditionsreichen Spezialitäten, die außerhalb der Region meist wenig bekannt sind und von denen wir im folgenden einige herausgreifen möchten.

Originell sind die traditionellen Süßweine, die schon seit über 700 Jahren als Besonderheit dieser Region gelten und die Sie bei einer Reise einmal kosten sollten. Der bekannteste ist der etwa mit rotem Portwein vergleichbare Banyuls von der spanischen Grenze im Roussillon. Wenn Sie hier am Fuß der Pyrenäen einmal Stapel von im Freien lagernden Fässern begegnen, können Sie sich in deren

Innerem einen starken, roten, süßen Wein vorstellen, der gerade seine 30 Monate Lagerung durchmacht, die für einen Grand Cru vorgeschrieben sind.
Inmitten der Weinberge von Banyuls gedeiht auf kleiner Fläche eine echte Rarität, ein wuchtiger, feuriger Grenache-Rotwein namens Collioure.

Der Grenache stammt ursprünglich aus Spanien und kommt, wie viele der südfranzösischen Rebsorten, hauptsächlich in Verschnitten vor.

Bekanntere Spezialitäten sind die beiden aromatischen Muskatweine Muscat de Rivesaltes und Muscat de Frontignan, die halb-süß bis süß schmecken. Außerdem werden noch einige weitere Süß- oder Likörweine in diesem Gebiet erzeugt. Der Muscat wurde übrigens bereits 1394 erwähnt, als man Papst Benedikt XIII. einen Muskatwein kredenzte.

Perlende Rarität

Auch der älteste Schaumwein Frankreichs stammt aus diesem an Neuerungen so reichen Gebiet: der Blanquette de Limoux aus der gleichnamigen Stadt und ihrem Umland im Roussillon. Der Schaumwein wird nach dem klassischen Flaschengärverfahren (siehe Seite 69) aus den Trauben Chenin, Chardonnay und Mauzac hergestellt. Es handelt sich also um einen »Blanc de Blancs«, das heißt, er wird nur aus weißen Trauben gemacht. Die Produktionsmenge des Blanquette de Limoux ist äußerst gering, Sie werden ihn auch in Frankreich nicht so leicht finden. Falls sich die Gelegenheit ergibt, lohnt es sich auf jeden Fall, einmal diesen weichen, fruchtigen Schaumwein zu probieren.

Lebendige Weintraditionen

Über 2000 Jahre alt ist der Weinbau in Corbières im nördlichen Roussillon, eigentlich ein Rotweingebiet, in dem einige fruchtige Weißweine die Minderheit darstellen. Erst seit dem Mittelalter gibt es die Weine von Fitou, einer engeren AOC innerhalb von Corbières.

Aus dem im Roussillon beheimateten weißen Macabéo werden neben den kräftigen, aromatischen Tischweinen auch Likörweine gewonnen.

Doch vergessen wir über den Spezialitäten und Raritäten nicht die vielen angenehmen Tischweine in diesem von der Sonne verwöhnten liebenswerten Landstrich am Mittelmeer, die unter Bezeichnungen wie Côtes du Roussillon oder Coteaux du Languedoc auf den Markt kommen und hervorragend zu den einfachen, aber köstlichen Gerichten des Landes, wie zum Beispiel den deftigen Bohneneintöpfen oder den leckeren Fischspezialitäten passen.

Languedoc-Roussillon	*auf einen Blick*
AOC-Rebfläche:	40 000 ha
AOC-Weinproduktion:	1,8 Mio hl
Spezialitäten:	Wild, Wildgeflügel
Typische Gerichte:	Cassoulets (deftige Bohneneintöpfe), Brandade de morue (Stockfischmus), Civet de langouste (Langustenragout)

Der Südwesten

Ein seltsamer Name für eine Weinbauregion – nur eine Himmelsrichtung und sonst nichts? Doch verbergen sich hinter dieser streng geographischen Bezeichnung einige bemerkenswerte kleine, traditionsreiche AOC-Gebiete, die nicht zusammenhängen und die landschaftlich wie weinbaulich so unterschiedlich sind, dass nur diese Sammelbezeichnung für sie übrig blieb.

Die verstreut liegenden Gebiete befinden sich zwischen dem Languedoc-Roussillon und dem Bordelais, ja sie reichen bis nahe an die Hafenstadt Bordeaux heran. Von den Ufern der Dordogne bis zum Tal des Lot, vom Baskenland bis zur Gascogne, vom südlichen Zentralmassiv bis an die Ufer des Tarn und von den Terrassen an der Garonne bis vor die Tore von Toulouse reicht das Land, in dem es besondere Rebsorten, typische Weine und Weinbrände sowie eine hervorragende Küche zu entdecken gibt. Von den 22 kontrollierten Ursprungsbezeichnungen sollen nur ein paar besondere Spezialitäten hervorgehoben werden.

Die Weine dieser Region kommen nur zum kleinen Teil über die Grenzen Frankreichs hinaus.

Bergerac

Den Gewächsen von Bordeaux am nächsten kommen die Weine von Bergerac, die erfreulicherweise auch außerhalb Frankreichs zu bekommen sind. Das Rebsortiment ähnelt bereits dem des großen Nachbarn – Cabernet Franc und Cabernet Sauvignon, Merlot und Malbec für die Roten, Sémillon, Sauvignon und Muscadelle für die Weißen. Die Rotweine sind fruchtig und gehaltvoll, die Weißen fruchtig und rassig bis lieblich, je nach genauer Herkunft.

Eine Spezialität des Gebiets ist der Monbazillac, ein edelsüßer Weißwein, der im Charakter an Sauternes (siehe Seite 159) erinnert.

Im Herzen der Gascogne liegen die Weingärten bei Nérac in den Côtes de Buzet, die Rotweine im Stile des Bordeaux hervorbringen.

Königliche Genüsse

Ein Stück weiter die Garonne aufwärts befinden sich zwei kleine Gebiete, wo die Rebsorten des Bordelais angepflanzt werden – Côtes de Duras und Buzet. Letzteres exportierte seine Weine schon im 18. Jahrhundert nach Preußen, Holland und sogar nach New Orleans. Es werden hauptsächlich Rotweine und in geringem Maße Weißweine erzeugt – alles kleine Verwandte der großen Bordeaux-Weine, auf die wir im Folgenden zu sprechen kommen.

»Schwarz« nennt man die Weine von Cahors, und Cot Noir heißt die Rebsorte, aus der sie zu 70 Prozent bestehen müssen. Tatsächlich sind diese Weine sehr dunkel und brauchen je nach Jahrgang und Lage 5 bis 15 Jahre, um ihren Höhepunkt zu erreichen. Der Wein von Cahors wurde nach der Heirat von Eleonore von Aquitanien und Heinrich II. im 13. Jahrhundert über Bordeaux nach London exportiert. François I. trank den Wein regelmäßig und ließ sogar ein paar Rebstöcke davon in seinem Garten von Fontainebleau pflanzen. Schließlich kaufte die russische orthodoxe Kirche den Wein als Messwein, und Zar Peter der Große gab einem Weinberg in Aserbeidschan den Namen Caorskoje Vino.

Das Schloss Monbazillac gab einer natursüßen Weißweinsorte seinen Namen.

Traditionsreiche Reben

Nordöstlich von Toulouse liegen die Weinberge von Gaillac, auch sie stammen aus der Frühgeschichte des französischen Weinbaus, aus dem 6. Jahrhundert v. Chr. Die Reben gedeihen an den Ufern des vielfach gewundenen Flusses Tarn, der die Region in zwei Teile teilt: Kalkböden am rechten Ufer, Granitböden am linken. So unterschiedlich die Böden, so vielfältig das Rebsortiment. Neben bekannten Sorten wie Gamay und Muscadelle findet man einheimische Reben, die besonders gut zu den Klima- und Bodenverhältnissen passen.

Die wichtigste Weißweinrebe ist der Mauzac, aus dem je nach Lesezeitpunkt sehr unterschiedliche Weine gewonnen werden. Eine weitere Sorte mit dem seltsamen Namen Len de l'El ergibt aromatische, feine Weißweine. Eine sehr alte rote Sorte ist der Duras, der seit 20 Jahren wieder vermehrt angebaut wird und der den Weinen Farbe und Feinheit gibt. Eine weitere regionale Rebe ist der Braucol, der für diese Gegend typische kräftige, rustikale Weine hervorbringt. Ein Schaumwein des Gebiets wird nach der »Méthode gaillaçoise« hergestellt. Hierbei erfolgt die zweite Gärung ohne Zusatz von Zucker, sodass dem Wein sein natürliches Aroma erhalten bleibt.

Weitere Spezialitäten des Südwestens

Als letztes möchte ich noch den Jurançon erwähnen, denn er zeichnet sich durch zwei Besonderheiten aus: Zum einen war er 1553 der Taufwein des kleinen Kronprinzen und zukünftigen Königs Henri IV, zum anderen einer der ersten Weine Frankreichs, der die kontrollierte Ursprungsbezeichnung zuerkannt bekam. Es handelt sich hier um einen edelsüßen Weißwein aus einheimischen Rebsorten, aromatisch mit leichter Säure, der im Geschmack etwas an Zimt und Gewürznelken erinnert. Eine trockene Version, der Jurançon Sec, wird seit neuerer Zeit ebenfalls erzeugt.

Weit über die Grenzen seines Erzeugungsgebiets hinaus bekannt ist dagegen der Armagnac. Aus Weißweinen der Rebsorten Ugni Blanc, Folle Blanche und Colombard wird der edle Weinbrand in einem einzigen langsamen Destilliervorgang hergestellt. Eine Mischung aus Armagnac und Traubensaft, Floc de Gascogne, wird als Aperitif oder zu frischen Früchten genossen.

Südwest	*auf einen Blick*
AOC-Rebfläche:	13 000 ha
AOC-Weinproduktion:	595 000 hl
Spezialitäten:	Wild, Steinpilze, Trüffel, Gänse, Enten, Mais, Roquefort, Safran, Armagnac
Typische Gerichte:	Gänse- und Entengalantinen und -confits, Pipérade (Rührei mit Paprika und Schinken), Ttorro (Fischragout)

Bordeaux

Château Latour, der markante Turm aus dem 19. Jahrhundert, ist ein Wahrzeichen des Médoc.

Das Weinbaugebiet um Bordeaux – genauer das Bordelais – ist mit seinen rund 110 000 Hektar Rebfläche das größte Qualitätsweinbaugebiet der Welt. Seine Spitzenweine genießen den gleichen Ruf wie die großen Burgunder – und doch können zwei Weinregionen nicht unterschiedlicher sein als diese beiden. Im Bordelais regieren neben den Superlativen in der Qualität auch Superlative in Bezug auf Quantität. Man zählt über 5 000 Châteaux – gemeint sind nicht Schlösser im eigentlichen Sinn, sondern Weinbaubetriebe –, 60 genossenschaftliche Kellereien und rund 400 Weinhandelshäuser.

Der Verschiedenartigkeit der Böden entsprechen unterschiedliche Landschaften – von den kiesigen Hügeln des Médoc und den bescheidenen Anhöhen des Sauternais bis zu den Hängen des Gebiets von Entre-Deux-Mers. Sortenreine Weine kennt man im Bordelais nicht, aus dem Verschnitt von zwei und mehr Rebsorten ergeben sich weitere Voraussetzungen für eine breite Palette unterschiedlicher Geschmacksrichtungen und Weinstile.

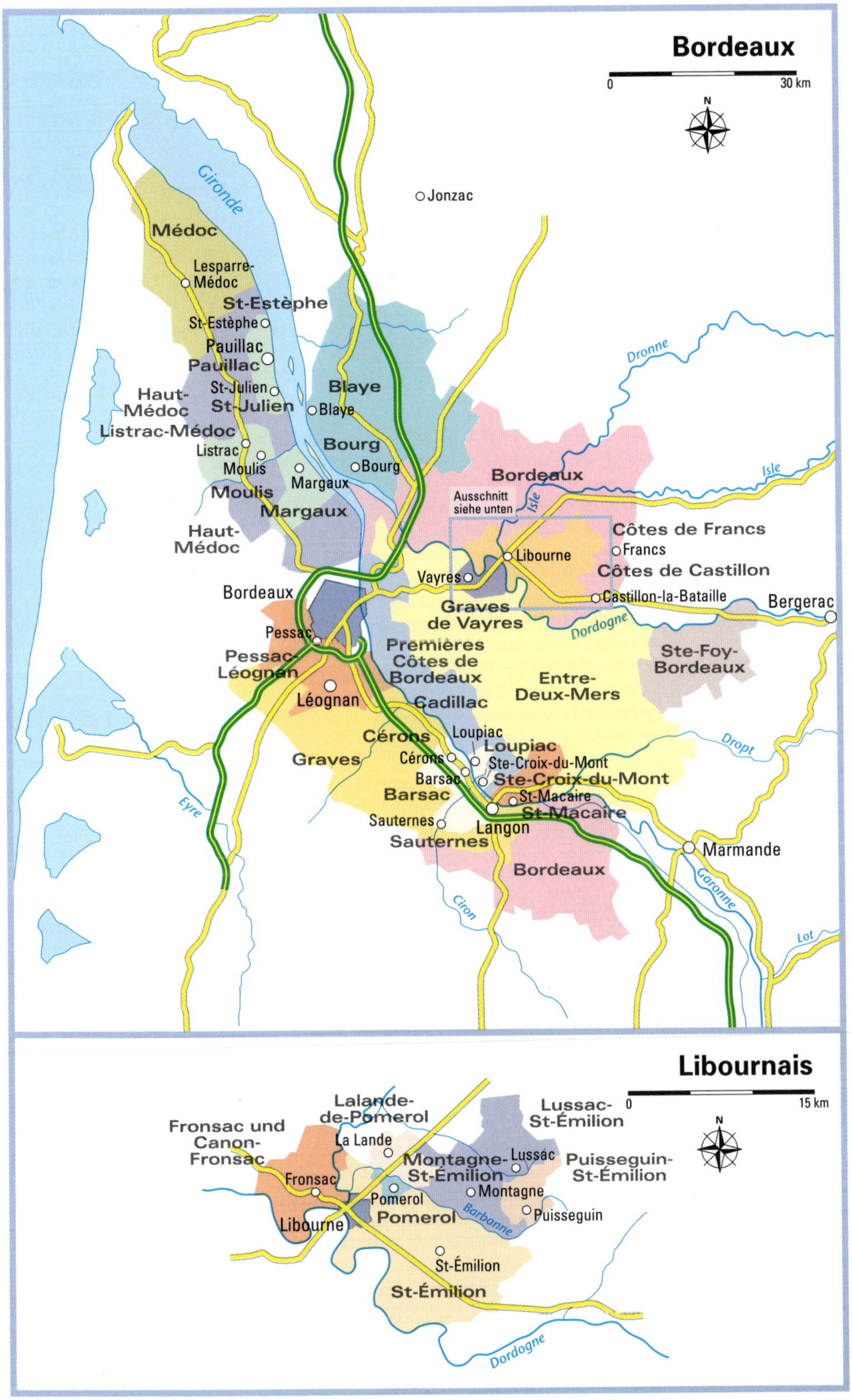
Bordeaux
0
30 km
N
Jonzac
Gironde
Médoc
Lesparre-Médoc
St-Estèphe
St-Estèphe
Pauillac
Pauillac
Haut-Médoc
St-Julien
St-Julien
Listrac-Médoc
Listrac
Moulis
Moulis
Margaux
Margaux
Haut-Médoc
Blaye
Blaye
Bourg
Bourg
Dronne
Isle
Bordeaux
Ausschnitt siehe unten
Isle
Côtes de Francs
Francs
Libourne
Côtes de Castillon
Vayres
Castillon-la-Bataille
Bergerac
Bordeaux
Graves de Vayres
Dordogne
Pessac
Pessac-Léognan
Premières Côtes de Bordeaux
Ste-Foy-Bordeaux
Entre-Deux-Mers
Léognan
Cadillac
Cérons
Loupiac
Loupiac
Graves
Cérons
Ste-Croix-du-Mont
Barsac
Ste-Croix-du-Mont
Barsac
St-Macaire
St-Macaire
Dropt
Sauternes
Langon
Sauternes
Marmande
Eyre
Bordeaux
Ciron
Garonne
Lot
Libournais
0
15 km
N
Lalande-de-Pomerol
Lussac-St-Émilion
Fronsac und Canon-Fronsac
La Lande
Montagne-St-Émilion
Lussac
Puisseguin-St-Émilion
Fronsac
Pomerol
Montagne
Libourne
Pomerol
Barbanne
Puisseguin
St-Émilion
St-Émilion
Dordogne

Das Rebsortiment ist hier kleiner als im Süden, die Unterschiede der Weine ergeben sich eher aus der Lage und dem Boden.

Das Médoc

Beginnen wir unsere Reise bei den Großen, die den Ruf des Gebiets in alle Welt getragen haben. Nördlich der Stadtgrenzen von Bordeaux erstreckt sich das Médoc entlang der Gironde mit seinen kiesigen Hügeln, auf denen ein Großteil der Reben für die berühmten roten Crus Classés (siehe Kasten) des Gebiets gedeiht.

Neben den großen Châteaux existieren kleine Landwirtschaften, die meist weniger als 5 Hektar Rebfläche bewirtschaften. Mittelgroße Betriebe gibt es in diesem Teil des Bordelais kaum.

- Im Médoc wächst überwiegend Cabernet Sauvignon, heute in vielen Ländern als edelste Rotweinsorte angebaut. Hier ist sie ursprünglich beheimatet und jene Sorte, die durch ihren Reichtum an Gerbstoffen den Rotweinen jene Fähigkeit zum Altern verleiht, für die das Gebiet berühmt ist.

Die Herkunftsbezeichnungen im Médoc

Es gibt acht kontrollierte Ursprungsbezeichnungen: zwei regionale, Médoc und Haut-Médoc, sowie sechs auf einzelne Gemeinden bezogene. Innerhalb der viel engeren Gemeindebezeichnungen befinden sich die berühmtesten Châteaux und ein Großteil der Crus Classés.

Wasserspeier am Château Cos d' Estournel, einem Märchenschloss wie aus 1001 Nacht.

Was unterscheidet die AOC von den Crus? Ganz einfach:

- Die AOC bezieht sich wie in allen Weinregionen Frankreichs einzig und allein auf die Herkunft.
- Und die Crus sind Gewächse einzelner Weinbaubetriebe oder Châteaux, die zu einem bestimmten Zeitpunkt einmal bewertet worden sind.

Dass mit der Herkunft eine gewisse Bewertung verknüpft werden kann, ergibt sich aus den Klima- und Lagebedingungen dieser Herkunft, die ideal, günstig oder weniger gut sein können. Wir werden ab Seite 246 noch allgemein auf die Qualitätseinstufungen in Frankreich zu sprechen kommen.

Médoc und Haut-Médoc beziehen sich auf bestimmte Gebiete innerhalb des Médoc, die Weine werden jünger getrunken, sind preiswerter und bieten dennoch einen Vorgeschmack auf das, was in den ganz großen Gewächsen steckt.

Die Gemeindeappellationen heißen Margaux, Moulis-en-Médoc, Listrac-Médoc, Saint-Julien, Pauillac, Saint-Estèphe.

Innerhalb ihrer Grenzen befinden sich die 60 als Crus Classés eingestuften Weingüter sowie die Crus Bourgeois und die Crus Artisans.

Die Ständegesellschaft der Crus im Médoc

Crus Classés

Die Klassifizierung der Médoc-Châteaux fand 1855 auf Wunsch von Napoléon III statt. Sie gilt heute noch, sieht man einmal davon ab, dass 1973 Château Mouton-Rothschild in den höchsten Adelsstand der Premiers Crus Classés erhoben wurde. Die Klassifizierung erfolgte keinesfalls willkürlich, die Hierarchie bestand praktisch schon seit Mitte des 18. Jahrhunderts und war nur zum internen exklusiven Gebrauch der Makler bestimmt. Die endgültige Bestätigung und Bekanntmachung für die Öffentlichkeit erfolgte dann anlässlich der Pariser Weltausstellung 1855. Die Einstufung erfolgte auf Grund der Preise, die Médoc-Weine damals erzielten. Innerhalb der Klassen gibt es keinerlei Abstufung: Weine der gleichen Klassifizierung sind also ebenbürtig. Als einziger Rotwein des Gebiets von Graves wurde Château Haut-Brion gemeinsam mit den Médoc-Weingütern klassifiziert.

Crus Bourgeois

Unterhalb des Hochadels stehen die rund 400 Crus Bourgeois, die etwa die Hälfte der Médoc-Weinproduktion ausmachen. Benannt wurde diese Qualitätsstufe nach den Bürgern von Bordeaux. Was hat Wein mit Bürgern zu tun? Die Bürger von Bordeaux hatten sogar unter englischer Herrschaft ihre Privilegien behalten und genossen später vom französischen König Vorzüge, die sonst nur dem Adel vorbehalten waren, nämlich Feudalbesitz zu erwerben und ein Schwert zu tragen. So kauften die Bürger große Güter und spielten in der Folgezeit eine entscheidende Rolle im Weinbau. Eine erste Erfassung und Klassifizierung von 444 bürgerlichen Domänen erfolgte 1932, die heutigen Crus Bourgeois beruhen auf einer Klassifizierung von 1973. Der Verband der Crus Bourgeois des Médoc umfasst zur Zeit rund 150 Mitglieder.

Crus Artisans

Die Bezeichnung Cru Artisan bezieht sich auf den Handwerker, der ein Handwerk selbständig ausübt und sich für eine Sache verantwortlich fühlt. Diese Definition weist auf die Tatsache hin, dass Crus Artisans meist aus Gütern bescheidener Größe stammen, in denen die Besitzer allen Krisen zum Trotz immer ihre eigene Identität bewahren und sich nicht nur um den Anbau, sondern auch um die Weinbereitung, die Abfüllung und oft sogar um den Vertrieb kümmern. Seit 1994 hat die europäische Gesetzgebung diese Klasse anerkannt. Immerhin gehören heute 335 Güter dieser Klassifizierung an, und der Weinfreund kann sicher sein, dass die Kommissionen, die die Güter anerkannt haben, diese auch ständig kontrollieren.

Alle Weine des Médoc haben ihre unterschiedlichen Charakteristika, doch eines haben sie gemeinsam: Finesse und Eleganz.

Bordeaux	auf einen Blick
AOC-Rebfläche:	113 000 ha
AOC-Weinproduktion:	5,5 Mio hl
Spezialitäten:	Austern, Wild, Steinpilze
Typische Gerichte:	Entrecôte bordelaise, Steinpilzgerichte
Weinreise:	Entlang der Route des Châteaux können Sie die berühmten Lagen des Médoc entdecken

Graves

Die Landschaft von Graves, dem Gebiet südlich von Bordeaux, ähnelt in vielem der des Médoc. Die gleichen kiesigen Böden, die gleichen sorgfältig bestockten Terrassen, nur ein kleiner Unterschied im Rebsortiment: An erster Stelle, noch vor den Cabernet-Sorten, steht bei den roten Reben der Merlot, der den Weinen eine runde Weichheit verleiht. Die roten Gewächse von Graves sind durchaus mit denen des Médoc vergleichbar.

Die Klassifizierung der Graves-Weine erfolgte 1953 und 1959. Es gibt außer für Haut-Brion keine Unterteilungen.

Im Gegensatz zum Médoc werden innerhalb des etwa 60 Kilometer langen Gebiets aus Sauvignon, Sémillon und Muscadelle – zum Teil von den gleichen Betrieben, die Rotweine bereiten – auch fruchtige Weißweine erzeugt, die der gleichen Klassifizierung unterliegen.

Im Welt-Weinzentrum in Bordeaux vereinen sich Tradition und Moderne.

Rund um Libourne

Weiter geht es ins Libournais, für Wein- und Kunstfreunde ein herrliches Gebiet für Wanderungen, wie sie im Juni von Lussac aus veranstaltet werden. Saint-Émilion, die mittelalterliche Stadt, liegt inmitten ihrer Weinberge und gibt den Weinen ihren Namen.

- Dank des hier vorherrschenden Merlot, ergänzt durch Cabernet Franc, sind die Rotweine hier schneller trinkfertig als im Médoc, kräftig und dabei geschmeidig und erinnern im Aroma an Trüffel.

Seit 1954 sind die ausschließlich roten Weine offiziell klassifiziert, die Klassifizierung wird alle 10 Jahre überprüft. Seit 1996 gibt es 13 Premiers Grands Crus sowie 55 Grands Crus Classés (siehe Seite 157) – das System ist also einfacher und übersichtlicher als im

Médoc. Rund um Saint-Émilion dürfen drei weitere Gemeinden, Puisseguin, Montagne und Lussac ihre Namen mit dem des Hauptortes verbinden.

Saint-Émilion ist übrigens das erste Weinbaugebiet, das in die Liste der Weltkulturgüter der UNESCO aufgenommen wurde.

Pomerol und Lalande-de-Pomerol, nördlich von Libourne gelegen, sind flächenmäßig klein, bringen aber Weine hervor, die wegen ihrer besonderen Eigenart Beachtung verdienen. Der besondere Boden des Gebiets bringt Weine von großer Feinheit, Kraft und Samtigkeit hervor.

Weltgeltung genießt der Château Pétrus aus Pomerol, der zu den teuersten Weinen überhaupt zählt.

Die Rotweine von Fronsac und Canon-Fronsac wurden wegen ihres typischen würzigen Geschmacks schon von Karl dem Großen geschätzt.

»Goldene« Weißweine des Sauternais

Die berühmte Region hat noch weitere Highlights zu bieten: 40 Kilometer südlich von Bordeaux liegt an den Ufern der Garonne eine sanft gewellte Landschaft

Die Klassifizierungen von Bordeaux

Médoc – Klassifizierung von 1855 für Rotweine

4 Premiers Crus Classés (Lafite-Rothschild, Margaux, Latour, Mouton-Rothschild)
14 Deuxièmes Crus Classés, 14 Troisièmes Crus Classés,
10 Quatrièmes Crus Classés, 18 Cinquièmes Crus Classés

Sauternes und Barsac – Klassifizierung von 1855 für edelsüße Weißweine

1 Premier Cru Supérieur (Yquem)
11 Premiers Crus
15 Deuxièmes Crus

Graves – Klassifizierung von 1953, revidiert 1959, für Rot- und Weißweine

Als einziges Gewächs von Graves wurde 1855 Château Haut-Brion zusammen mit den Weinen des Médoc als Premier Cru Classé eingestuft
16 Crus Classés

Saint-Émilion – Klassifizierung von 1954, letzte Revision 1996

2 Premiers Grands Crus Classés A (Ausone, Cheval Blanc)
11 Premiers Grands Crus Classés
55 Grands Crus Classés

Pomerol

Keine offizielle Klassifizierung
Spitzengewächs: Pétrus

mit romantischen Schlösschen aus dem 17. Jahrhundert. Château d'Yquem, das wegen seiner goldfarbenen Weißweine am höchsten klassifizierte Weingut des Sauternais, ist seit über 200 Jahren im Familienbesitz. Die Weißweine dieser Region, die aus Sémillon, Sauvignon und Muscadelle bereitet werden, verdanken ihren Ruf dem einmaligen Klima, dem aufwendigen Leseverfahren – die Beeren werden einzeln von Hand gepflückt – und nicht zuletzt dem Edelfäulepilz (siehe Seite 18).

- Im Sauternais wird aus einem Rebstock gerade einmal ein Glas Wein gewonnen, im Normalfall in anderen Gegenden durchschnittlich eine Flasche!

Ein Nachbar von Château Pichon-Longueville und aus einer Aufteilung hervorgegangen ist das Château Pichon-Lalande, das einen besonders guten Deuxième Cru erzeugt.

Die Weine reifen 2 bis 3 Jahre, bevor sie in Flaschen gefüllt werden, und haben dann eine für Weißweine ungewöhnliche Lebensdauer von einigen Jahrzehnten. Sie sind rassig und schmecken nach reifen Früchten, sind rund und harmonisch mit einem Hauch von Mandeln und Gewürzen. Wenn auch nicht jeder dieser Weißweine den Adel eines Château d'Yquem hat, so gibt es hier und in Barsac, aber auch in den umliegenden Gebieten Cadillac, Cérons, Côtes de Bordeaux Saint-Macaire, den Loupiac, den Premières Côtes de Bordeaux, Sainte-Croix-du-Mont und Sainte-Foy Bordeaux preiswertere interessante Weißweine zu entdecken. Die Süßweine von Sauternes und Barsac wurden wie die Médoc-Weine 1855 klassifiziert, wobei Château d'Yquem als einziges als Premier Cru Supérieur an der Spitze steht.

Reizvolle Rot- und Weißweine

Wenden wir uns von den großen Namen ab, hin zu den hervorragenden Gewächsen dieses gesegneten Landstrichs, die keine großen Namen tragen, dafür aber mit einem guten Preis-Leistungs-Verhältnis aufwarten können. Hier kann man interessante Entdeckungen machen!

Abseits der großen Lagen befinden sich zum Beispiel die »Côtes« von Bordeaux, mehrere Bereiche an den rechten Ufern der Garonne, der Dordogne und der Gironde.

Unter den Ursprungsbezeichnungen Côtes de Bourg, Premières Côtes de Blaye, Bordeaux Côtes de Castillon, Premières Côtes de Bordeaux und Côtes de Francs werden hauptsächlich Rotweine erzeugt, Rotweine und leichte trockene Weißweine tragen die Ursprungsbezeichnungen Côtes de Blaye und Graves de Vayres.

In der geschichtsträchtigen, reizvollen Hügellandschaft von Entre-Deux-Mers, zwischen den »Meeren« Garonne und Dordogne gelegen, werden fruchtige, frische Weißweine erzeugt, die in ihrer Leichtigkeit und ihrem Charme viel mit der Landschaft gemeinsam haben, aus der sie stammen.

Einfachere Weiß- und Rotweine tragen schließlich noch die Ursprungsbezeichnungen Bordeaux oder Bordeaux Supérieur. Es sind Alltagsweine zu Alltagspreisen, die dennoch von dem einmaligen Klima und den Böden dieses bemerkenswerten Weinbaugebietes profitieren und die es deshalb immer wieder wert sind, beachtet und genossen zu werden.

Weitere Spezialitäten des Bordelais

Spezialitäten des Bordeaux-Gebietes sind insbesondere die Rosés und Clairets. Während die Roséweine wie in anderen Gebieten auch aus blauen Trauben nach der Weißweinmethode gekelterte Weine sind, handelt es sich bei den Clairets eher um helle Rotweine. Sie sind würziger und dunkler in der Farbe als die Rosés. Auch ein Crémant und ein Weinbrand unter dem Namen Fine Bordeaux, nach der gleichen Methode gebrannt wie der Cognac, zählen zu den Spezialitäten dieser reichen Region.

Nördlich von Bordeaux, am rechten Ufer der Gironde bis nach La Rochelle am Atlantik, jedoch nicht zum Bordelais gehörig, erstreckt sich das Anbaugebiet der Weine für Cognac rings um die gleichnamige mittelalterliche Stadt, in der die Häuser von einem mikroskopisch kleinen schwarzen Pilz aus den Alkoholdämpfen der Destillerien überzogen sind.

- Hier wird der weltberühmte Weinbrand aus Weißweinen des Gebiets im zweifachen Destillierverfahren gebrannt und in Eichenholzfässern gereift.

Eine weitere Spezialität des Gebiets ist der Pineau des Charentes, der aus unvergorenem Traubenmost und mindestens einem halben Jahr alten Cognac hergestellt wird. Er wird gekühlt als Aperitif gereicht.

Die Folle blanche (auch Gros Plant genannt) und der Ugni blanc oder St.Émilion (in Italien Trebbiano) sind in Frankreich die wichtigsten Rebsorten für die Herstellung zweier köstlicher Weinbrände – des Armagnac und des Cognac.

Das Loiretal

Vom Atlantik im Westen bis nahe an die Weinberge des Beaujolais im Osten reicht dieses Weinbaugebiet an den Ufern der mächtigen Loire und bildet so die natürliche Klammer und den Abschluss unserer Rundreise durch die französischen Weinregionen.

Aus der west-östlichen Ausdehnung und den damit verbundenen Klimazonen ergibt sich eine Vielzahl von Weinarten, selbst wenn der Rebsortenspiegel hier nicht sehr breit gefächert ist. Im Westen sind die Reben dem ausgeglichenen Klima des Ozeans ausgesetzt, im Osten herrscht bereits der kontinentale Klimaeinfluss mit großen Temperaturunterschieden, im Winter durchschnittlich – 1 °C, im Sommer + 26 °C. Hinzu kommen in allen Bereichen zahllose Mikroklimas, die auch Weine aus der gleichen Rebsorte variantenreich erscheinen lassen. An dem breiten, majestätischen Fluss – im doppelten Sinne majestätisch, da die französischen Könige sich bevorzugt hier aufhielten – werden teils aus diesem Gebiet stammende, einheimische Rebsorten, teils ost- und südostfranzösische Sorten angebaut.

Das mittelalterliche »Schloss der Liebe« ist das Wahrzeichen von Saumur.

Das Loiretal ist mit 55 Prozent Anteil hauptsächlich Weißweinproduzent. Die wichtigste Rebsorte ist der Chenin Blanc. Die Loire-Weine werden zu drei Viertel in Frankreich selbst getrunken, Deutschland liegt als Importeur mit 15 Prozent an dritter Stelle.

Bei Nantes ist der Muscadet König

Beginnen wir unsere Erkundungsreise bei Nantes an der Mündung der Loire in den Ozean. Im Pays Nantais herrscht der Melon de Bourgogne oder Muscadet vor, der drei Weinen den Namen gibt. Mit 85 Prozent Anteil an der Gesamtproduktion und auch bei uns bekannt ist der Muscadet de Sèvre-et-Maine, der wie die anderen Muscadet-Weine »sur lie«, also direkt von der Hefe abgefüllt wird (siehe auch Seite 58). Die blassen Weine mit grünlichen Reflexen schmecken frisch und lebhaft, gute Qualitäten elegant. Gut gekühlt sind sie ideale Begleiter zu Fischen und Meeresfrüchten des nahen Atlantik.

Eine Besonderheit in allen Abschnitten des Loiretals: Viele Weine werden aus einer einzigen Rebsorte gekeltert.

Die beiden anderen Muscadet-Weine sowie der Gros Plant du Pays Nantais werden meist nach der gleichen Methode abgefüllt, kommen aber kaum außer Landes. Das gleiche trifft auf die VDQS-Weine der Coteaux d'Ancenis zu – 80 Prozent Rotweine aus Gamay- und auf die einzigen Weine der Vendée, südlich von Nantes gelegen, leichte erfrischende Rot-, Rosé- und Weißweine. Dies sind charmante örtliche Spezialitäten, zum Konsum für heitere Ferienwochen wie geschaffen.

Das Loiretal	*auf einen Blick*
AOC-Rebfläche:	75 000 ha
AOC-Weinproduktion:	2,5 Mio hl
Spezialitäten:	Champignons, Crottin de Chavignol (Ziegenkäse), Flussfische, Rillettes, Tarte Tatin
Typische Gerichte:	Hecht mit heller Buttersauce, Ente mit weißen Rübchen, Cremets d'Angers (Eischaumspeise)

Die breite Palette an der Loire

Das östliche angrenzende Gebiet Anjou-Saumur, zwischen Anger und Saumur, hauptsächlich am linken Flussufer gelegen, bringt vor allem Roséweine hervor. In vielen Ländern Europas ist der Rosé d'Anjou bekannt. Er wird im gesamten Anjou hauptsächlich aus Grolleau, aber auch aus anderen Sorten gekeltert und ist je nach Herkunft und Zusammensetzung entweder ein unerträglich dünner, süßlicher Massenwein, im besseren Fall und im Land selbst jedoch oft ein milder, angenehmer Picknick-Rosé. Etwas kerniger gerät der Cabernet d'Anjou aus Cabernet Franc und Cabernet Sauvignon, weitere ähnliche Weine sind Rosé de Loire und Cabernet de Saumur.

Château du Nozet im Anbaugebiet für Pouilly Fumé, einen fruchtigen Weißwein mit Feuersteinaroma.

Der einzig wirklich interessante Rotwein des Gebiets ist der Saumur Champigny aus einer besonders heißen Zone nahe Saumur. Der aus Cabernet Franc gekelterte Wein kann jung getrunken werden. Nach mehrjähriger Reife wird er wegen seiner Würze geschätzt. Ein beachtenswerter Weißwein ist der Savennières, von dem es sogar zwei Crus gibt. Er stammt aus Chenin Blanc und kann sehr elegant und harmonisch mit Anklängen an weiße Pfirsiche schmecken.

Wenn auch etwas aus der Mode, dürfen die Süßweine des Loiretals nicht unerwähnt bleiben. Sie werden ausschließlich aus spät gelesenem Chenin Blanc gekeltert, und man sollte sie als Spezialitäten des Gebiets einmal probieren, wenn sich die Möglichkeit bietet. Raritäten sind zum Beispiel der Bonnezeaux und der Quarts de Chaume. Letzterer erinnert mit seinem Namen an die Zeiten, als die Mönche des Dorfes Chaume ein Viertel ihrer Weinernte an den Lehnsherrn abliefern mussten.

Sauvignon-Weine aus der Touraine

Die Touraine am Südrand des Pariser Beckens, rund um Tours und an den Ufern von Indre, Loir und Cher gelegen, beherbergt nicht nur einige der schönsten Schlösser innerhalb ihrer Grenzen, sie ist auch ein sehr interessantes Weinbaugebiet für Weiß-, Rosé- und Rotweine sowie für ein paar hervorragende, auch bei uns bekannte Schaumweine.

Aus einer Kombination von Cabernet, Cot und Gamay wird eine Weinspezialität gekeltert, der Touraine »Tradition«.

Die wichtigste Rebe für Weißwein ist hier nicht mehr der Chenin Blanc, sondern der wertvolle Sauvignon Blanc, und so ist der unter der allgemeinen Ursprungsbezeichnung Touraine erzeugte Weißwein hauptsächlich, manchmal sogar ausschließlich ein Sauvignon mit allen Vorzügen dieser Traube – ihrer Frische, Ausdruckskraft und ihrem an Stachelbeeren erinnernden Aroma.

Weitere Weine der Touraine

Unter der gleichen Ursprungsbezeichnung gibt es Rot- und Roséweine vor allem aus Gamay, aber auch Cabernet, Cot, Pinot Meunier, Pinot Gris und einigen anderen. Die Gamay allein wird im Osten des Ursprungsgebietes wie im Beaujolais mitunter zu Primeur verarbeitet. Bleiben wir bei den Roten. Drei äußerst charmante Rotweine, Chinon, Bourgueil und Saint-Nicolas-de-Bourgueil werden ausschließlich, im Falle von Chinon vorwiegend, aus Cabernet Franc gekeltert, der hier Breton heißt. Es sind sehr alterungsfähige Weine, die je nach Jahrgang über 20 Jahre alt werden können und die je nach Lage kräftig und ausdrucksstark schmecken und interessante, komplexe Aromen aufweisen. So hat der Chinon ein Veilchen-, der Bourgueil ein Himbeerbukett. Vom Bourgueil gibt es zwei Versionen: Der Wein vom Kiesboden kann früher getrunken werden und schmeckt fruchtig und geschmeidig, der vom Tuff ist haltbarer, dafür herber und tanninreicher.

Aromatische »Weiße«

Zum Schluss möchten wir noch zwei Weißweine erwähnen, die man zu den Großen rechnen kann, wenn sie auch nicht überall bekannt sind. Montlouis wird in stiller und schäumender, trockener und lieblicher Version in drei Gemeinden östlich von Tours aus Chenin Blanc erzeugt. Er kann gut altern und zeichnet sich durch sein Honigaroma aus. Bei uns bekannter ist wohl der Nachbar Vouvray auf der anderen Seite des Flusses. Etwas mehr als die Hälfte wird als Stillwein, auch als stiller Süßwein bereitet, der Rest zu Schaumwein verarbeitet. Die Süßweine aus beiden Appellationen erreichen in guten Jahren außergewöhnliche Qualität. Während der Vouvray an Akazie und reife Quitten erinnert, zeichnet sich der Montlouis durch Bergamott- und Mandelaromen aus.

In Bourgueil wird ausschließlich Cabernet Franc angebaut.

Heimat des Sancerre

Weitab von dem am Beginn des Kapitels beschriebenen Land um Nantes liegt ein kleines Weingebiet, das sich schlicht Centre-Loire nennt und dessen Weinberge südlich und nördlich der Stadt Bourges liegen.

- Sancerre ist über das Gebiet hinaus bekannt, vor allem in seiner weißen Version – ein trockener, ausdrucksvoller, typischer Sauvignon.

Die Rot- und Roséweine findet man nur vor Ort. Gegenüber von Sancerre liegt der Ort Pouilly, der aus Sauvignon, hier auch Blanc fumé genannt, einen würzigen Weißwein mit der AOC Pouilly Fumé erzeugt.

Auf kleineren Rebinseln werden neben Sauvignon- auch Chasselas-Weine gewonnen, die jünger trinkfertig und säureärmer sind als der Sauvignon. Die Rot- und Roséweine stammen aus Pinot Noir. Wer einmal einen Menetou-Salon, Quincy oder Reuilly angeboten bekommt, sollte ihn unbedingt probieren.

Noch weiter am Oberlauf der Loire, nahe der Quelle dieses langen Flusses, liegen die kleinen Weininseln der Auvergne im Zentralmassiv, wo Gamay-Weine in Rot und Rosé bereitet werden.

Korsika

Häufig wird Korsika zusammen mit der Provence besprochen. Wir wollen jedoch den separatistischen Neigungen der eigenwilligen Korsen Respekt erweisen und die Insel der Schönheit gesondert vorstellen.

Die wichtigsten Rebsorten, Nielluccio und Sciacarello sowie Vermentino, sind italienischen Ursprungs. Sie werden ergänzt durch Syrah, Grenache und Cinsault.

Der Weinbau auf Korsika geht schon auf vorchristliche Zeit zurück, als die Griechen die Rebkultur hierher mitbrachten. Heute kümmern sich vor allem aus Algerien zurückgekehrte Franzosen um Anbau und Ausbau der Weine.

Ajaccio und Patrimonio haben eigene Ursprungsbezeichnungen, für den Rest der Weine gilt die Bezeichnung Vin de Corse, gefolgt von Coteaux du Cap-Corse, Calvi, Figari, Porto-Vecchio und Sartène.

Wie in Südfrankreich spielt der Rosé eine wichtige Rolle. Er passt auch besonders gut zu der originellen, bäuerlichen Küche der Insel, in der neben Fischen und Meeresfrüchten Schweine- und Ziegenfleisch, Wild, Schaf- und Ziegenkäse eine wichtige Rolle spielen.

Wurden früher die korsischen Rotweine hauptsächlich als Verschnittweine und Ersatz für die preiswerten algerischen Rotweine verwendet, ist heute ein deutlicher Trend zu verbesserter Qualität zu spüren. Die Weiß- und Roséweine geraten durchaus frisch, fruchtig und fein. Die Rotweine der Insel sind bukett- und körperreich und gut lagerfähig.

Idyllisch liegt dieser Weinberg hoch über dem Meer bei Propriano auf Korsika.

Korsika	*auf einen Blick*
AOC-Rebfläche:	2 200 ha
AOC-Weinproduktion:	78 000 hl
Spezialitäten:	Schaf- und Ziegenkäse, Wildschwein, Fisch und Meeresfrüchte, Oliven, Obstweine, Kräuterliköre
Typische Gerichte:	Stufatu (Fleischeintopf mit Makkaroni), Wildschwein in Rotwein, Zickleinbraten, Fritelle (Krapfen)

Der Wegweiser

Herkunfts-bezeichnung/ Name	***Wein-art****	***Region***	***Hauptrebsorten *****
Alsace Gewürztraminer	○	Elsass	Gewürztraminer
Alsace Riesling	○	Elsass	Riesling
Anjou	●	Loiretal	Cab. Franc, Cab. Sauvignon
Banyuls	●	Languedoc-Roussillon	Grenache
Beaujolais Cru	●	Burgund	Gamay
Beaujolais Nouveau	●	Burgund	Gamay
Beaune	○	Burgund	Chardonnay
Beaune	●	Burgund	Pinot Noir
Bergerac	○	Südwest	Sauvignon, Sémillon, Muscadelle, Chenin
Bergerac	●	Südwest	Cab. Sauvignon, Cab. Franc, Merlot
Bordeaux	○	Bordeaux	Sauvignon, Sémillon, Muscadelle
Bordeaux	●	Bordeaux	Cab. Sauvignon, Cab. Franc, Merlot
Bourgogne	○	Burgund	Chardonnay, Pinot Blanc
Bourgogne	●	Burgund	Pinot Noir
Bourgueil	●	Loiretal	Cab. Franc
Cahors	●	Südwest	Malbec
Chablis	●	Burgund	Chardonnay
Champagner	S	Champagne	Chardonnay, Pinot Noir, Pinot Meunier
Châteauneuf-du-Pape	●	Côtes du Rhône	Grenache, Mourvèdre, Cinsaul, Roussanne u. a. (13 Rebsorten)
Chinon	●	Loiretal	Cab. Franc
Clairette de Die	S	Côtes du Rhône	Clairette, Muscat de Frontignan
Condrieu	○	Côtes du Rhône	Viognier
Corbières	●	Languedoc-Roussillon	Carignan, Grenache, Cinsaul
Coteaux du Languedoc	●	Languedoc-Roussillon	Grenache, Cinsaul, Carignan
Côtes de Duras	○	Südwest	Sauvignon
Côtes de Provence	◍	Provence	Grenache, Cinsaul, Mourvèdre
Côtes de Provence	●	Provence	Grenache, Cinsaul, Mourvèdre
Côtes du Rhône Villages	●	Côtes du Rhône	Grenache, Syrah, Mourvèdre, Cinsaul
Côtes du Roussillon	○	Languedoc-Roussillon	Macabéo, Malvoisie, Grenache Blanc
Côtes du Roussillon	◍	Languedoc-Roussillon	Carignan, Grenache, Cinsaul
Côtes du Roussillon	●	Languedoc-Roussillon	Carignan, Grenache, Cinsaul
Côtes du Ventoux	◍	Côtes du Rhône	Syrah, Grenache
Côtes du Ventoux	●	Côtes du Rhône	Syrah, Grenache
Crémant d'Alsace	S	Elsass	Pinot Blanc, Pinot Gris, Pinot Noir, Auxerrois

○ = Weißwein ● = Rotwein ◍ = Roséwein * S = Schaumwein

Lagerfähigkeit *** (in Jahren)	Charakter der Weine	Serviertemperatur (°C)	Schmeckt besonders gut zum Beispiel zu ...
1–3	aromareich, würzig	8	Aperitif, Munsterkäse, Dessert
1–3	trocken, kräftig, rassig	8	Flussfisch blau, Spargel
2–5	leicht, fruchtig	14	dunkles Fleisch, Wild, milder Käse
6–15	fruchtig, halbsüß bis süß	8	Aperitif, Dessert, Obst, Kuchen
1–5	fruchtig, elegant	12	Braten, Lamm, dunkles Geflügel
6 Wo.–1 Jahr	leicht, süffig	12	Wurstplatten, Pot-au-Feu, Käse
3–15	trocken, kernig	10	Fisch, helles Fleisch u. Geflügel
6–12	kräftig, elegant	16	Rinderbraten, Gänseleber
2–5	frisch, trocken	6–8	Vorspeisen
3–6	halbtrocken, elegant	18	Braten, dunkles Geflügel
4–6	trocken, fruchtig	6–8	Aperitif, Meeresfrüchte
5–10	halbkräftig, leicht-herb	18	dunkle Braten, vor allem Lamm, kräftiger Käse
2–5	trocken, rassig	10	Austern, Krustentiere, Fisch
5–10	kräftig, bukettreich	16	dunkle Braten, Wild, Käse
3–4	fruchtig, bukettreich	16	Wurst, Geflügel, Kaninchen
5–10	sehr kräftig, herb	16	Federwild, pikanter Käse
3–15	trocken, rassig	10	Austern, Fisch, helles Fleisch
1–4	feinperlig, von extra trocken bis süß	6	trocken: Aperitif, Austern süß: Dessert, Kuchen
3–8	sehr kräftig, körperreich	16	Rotwild, Trüffel, kräftiger Käse
3–4	fruchtig, bukettreich, rassig	16	Geflügel, Kaninchen
1–2	feinperlig, Muskatgeschmack	6	vor und nach dem Essen
1–3	feiner Duft, elegant	8	Spargel, Fisch, Krustentiere
2–3	kräftig, körperreich	16	Federwild, Hasenpfeffer
2–3	trocken, leicht	8	Gemüseeintopf, Hartkäse
1–2	trocken, fruchtig	8	Fisch, Meeresfrüchte
1–2	trocken, halbkräftig	10	Pilze, gebratener Fisch, Geflügel
2–5	frisch, halbkräftig	16	Lamm, Rinderbraten
1–5	kräftig, bukettreich	16	Wildschwein, Hasenpfeffer, provenzalisches Gemüse
2–5	trocken, rassig	10	Meeresfrüchte, Vorspeisen
1–2	trocken, nervig	8	pikante Torten, milder Käse
3–5	kräftig, körperreich	16	dunkle Braten, Wild
1–2	trocken, frisch	8	Wurst, Grillgerichte
2–3	frisch, halbkräftig	16	dunkles Geflügel, helle Braten
1–4	feinperlig, extra trocken bis süß	6	vor und nach dem Essen

** Cab. = Cabernet *** Höhere Qualitäten sind länger lagerfähig

Herkunfts-bezeichnung/ Name	***Wein-art ****	***Region***	***Hauptrebsorten *****
Crémant de Bourgogne	S	Burgund	Chardonnay
Entre-Deux-Mers	○	Bordeaux	Sauvignon, Sémillon
Fronsac	●	Bordeaux	Merlot
Gaillac	S	Südwest	Mauzac, Len de l'El
Gaillac	○	Südwest	Mauzac, Len de l'El, Sauvignon
Gaillac	●	Südwest	Duras, Braucol, Gamay, Merlot
Gigondas	●	Côtes du Rhône	Grenache, Syrah, Mourvèdre
Graves	○	Bordeaux	Sémillon, Sauvignon, Muscadelle
Graves	●	Bordeaux	Cab. Sauvignon, Cab. Franc, Merlot
Hermitage	○	Côtes du Rhône	Roussanne, Marsanne
Hermitage	●	Côtes du Rhône	Syrah
Jurançon sec	○	Südwest	Gros Manseng, Courbu
Mâcon	○	Burgund	Chardonnay
Mâcon	●	Burgund	Gamay, Pinot Noir
Médoc	●	Bordeaux	Cab. Sauvignon, Cab. Franc, Merlot
Mercurey	●	Burgund	Pinot Noir
Meursault	○	Burgund	Chardonnay
Minervois	●	Languedoc-Roussillon	Grenache, Cinsaul, Carignan
Monbazillac	○	Südwest	Sauvignon, Sémillon, Muscadelle
Pessac-Léognan	○	Bordeaux	Sauvignon, Sémillon, Muscadelle
Pessac-Léognan	●	Bordeaux	Cab. Sauvignon, Merlot, Cab. Franc
Pouilly Fumé	○	Loiretal	Sauvignon
Rivesaltes	○	Languedoc-Roussillon	Malvoisie, Muscat, Macabéo
Rivesaltes	●	Languedoc-Roussillon	Grenache
Rosé d'Anjou	◍	Loiretal	Grolleau
Saint-Émilion	●	Bordeaux	Merlot, Cab. Sauvignon, Cab. Franc
Sancerre	○	Loiretal	Sauvignon
Saumur	S	Loiretal	Cab. Franc, Cab. Sauvignon, Chenin, Chardonnay
Sauternes	○	Bordeaux	Sémillon, Sauvignon, Muscadelle
Tavel	◍	Côtes du Rhône	Grenache, Syrah, Mourvèdre, Cinsaul
Vin de Corse	○	Korsika	Vermentino, Sciaccarello
Vin de Corse	◍	Korsika	Nielluccio, Sciaccarello
Vin de Savoie	○	Savoyen	Altesse, Jacquère, Chardonnay
Vouvray	S	Loiretal	Chenin

○ = Weißwein ● = Rotwein ◍ = Roséwein * S = Schaumwein

*Lager-fähigkeit *** (in Jahren)*	*Charakter der Weine*	*Servier-tempe-ratur (°C)*	*Schmeckt besonders gut zum Beispiel zu ...*
1–3	extra trocken bis süß	6	vor und nach dem Essen
2–3	trocken, frisch	8	Austern, Meeresfrüchte, Fisch
5–10	rassig, bukettreich	18	gegrilltes Fleisch
1–2	trocken bis süß	6	Früchte
1–2	trocken, frisch	8	Meeresfrüchte, Sardinen
2–5	halbkräftig, frisch	16	Fischsuppe, Confit, Schinken, Wild
3–5	kräftig, körperreich	16	Wild
5–10	trocken, rassig	10	Fisch, Gänseleber, Meeresfrüchte
7–15	kräftig, elegant, seidig	18	Lamm, Steak
2-3	trocken, vollmundig	15	Fisch und Fleisch in heller Sauce
3–10	kräftig, elegant	16	Wild, dunkles Fleisch
2–5	trocken, rassig	10	Fisch, Hartkäse
1–3	trocken, fruchtig	10	Austern, Schnecken
2–3	leicht, fruchtig	12	Schweinefleisch, dunkles Geflügel
10–20	kräftig, elegant	13	Rindfleisch, Lamm, Federwild
3–8	gehaltvoll, bukettreich	16	Hähnchen, Rebhuhn, Rinderbraten
5–20	trocken, geschmeidig	10	Jakobsmuscheln, Spargel, Ente
2–3	zart, samtig	16	Hasenpfeffer, Federwild, Cassoulet
5–15	lieblich, bukettreich	6	Aperitif, Gänseleber, Jakobs-muscheln, Dessert
5–10	aromatisch, trocken	10	Fisch, Austern, Langusten
6–12	samtig, bukettreich	18	Lamm, Rindfleisch
1–2	bukettreich, trocken	10	Ziegenkäse, Lachs, Meeresfrüchte
6–10	süß, Likörwein	5	Aperitif, Dessert
6–10	süß, Likörwein	5	Aperitif, Dessert
1–2	leicht, fruchtig	8	Schweinefleisch, Dessert
5–10	samtig, bukettreich	18	Lamm, Roquefort
1–2	trocken, rassig	10	Meeresfrüchte, Fisch, Ziegenkäse
1–4	feinperlig, trocken bis halbtrocken	6	Aperitif, Dessert
10–20	lieblich, rund	6	Gänseleber, Roquefort, Dessert
1–2	trocken, kräftig	10	Fleischpastete, frischer Ziegenkäse
1–2	trocken, frisch	8	Aperitif, Fisch, Meeresfrüchte
3–6	trocken, kräftig	8	pikantes Gebäck, Schafkäse
1–2	trocken, frisch	8	Hartkäse, Geflügel
1–4	feinperlig, fruchtig	16	Obst, Dessert

** Cab. = Cabernet

*** Höhere Qualitäten sind länger lagerfähig

Wein aus Italien

Wein und Italien – immer noch ein enges Liebesverhältnis. Die jährliche Weinproduktion liegt bei knapp 60 Millionen Hektolitern.

Dank seiner natürlichen geographischen und klimatischen Voraussetzungen, und nicht zuletzt dank der jahrtausendealten Tradition, ist Italien immer ein großes Weinland geblieben. Wer seine Weinlandschaften einmal besucht hat, wird sich daran erinnern, wie sehr der Weinbau sämtliche Regionen und Landstriche beherrscht. Kleine, bäuerliche Winzerhöfe wie im Piemont, Adelsschlösser wie in der Toskana, Genossenschaften in Südtirol oder der Emilia-Romagna und riesige Weinlatifundien in Venetien und im Süden des Landes bilden die vielen Facetten der italienischen Weinwirtschaft. Traditioneller Weinbau und moderne Kellertechnik, verwilderte Weingärten in Mischkultur und rationell angelegte

Rebflächen, die sich für maschinelle Bearbeitung eignen, existieren hier ebenso einträchtig nebeneinander wie alte, einheimische Reben und neue, internationale Sorten auf den Weinbergen.

Die Vielfalt der italienischen Weinbauregionen und Anbaugebiete auf wenigen Seiten zu skizzieren, scheint fast unmöglich. Dennoch gibt es in jedem Teil des Landes eine kleine Anzahl von Weinen und Weinmachern, die in gewisser Weise stellvertretend für den Rest der Weinwirtschaft stehen. Auf ihrer Darstellung soll der Schwerpunkt der folgenden Seiten liegen, wobei wir unsere Reise im Norden beginnen und mit den beiden Inseln Sizilien und Sardinien enden.

Am Ende des Kapitels finden Sie eine Übersicht über die wichtigsten Weine und ihre Charakteristika. Doch zunächst einige Worte zur Situation des Weinbaus in Italien.

Wandel beim italienischen Wein

Obwohl das 19. Jahrhundert dem italienischen Weinbau einen großen Aufschwung beschert hatte (siehe auch Seite 20) - die politischen, sozialen und nicht zuletzt militärischen Wirren des ausklingenden 19. und beginnenden 20. Jahrhunderts sollten die eigentliche Karriere des italienischen Weins noch eine ganze Weile verzögern.

Nach dem Ende des Zweiten Weltkriegs gab es nur drei oder vier wirklich bekannte und populäre italienische Weine –

- vor allem Marsala, Chianti und Barolo, vielleicht auch noch Brunello oder den einen oder anderen venetischen und Südtiroler Tropfen.
  Die wirklich guten, international renommierten Weinbaubetriebe und Kellereien ließen sich an den Fingern einer Hand abzählen.

Die traditionellen Mischkulturen von Rebstöcken mit Oliven- und Obstbäumen sowie Feldfrüchten, die Italiens Weinlandschaften über Jahrhunderte hinweg geprägt hatten, verschwanden nach und nach.

Masse statt Klasse

In den sechziger Jahren des 20. Jahrhunderts wurde in den meisten Anbaugebieten Italiens eher auf Masse als auf Klasse gesetzt. Frankreich, die führende Weinnation

Oliven und Wein

In alten Zeiten zogen die Bauern ihre Reben an Bäumen empor, so brauchten sie keine aufwendigen Stockanlagen oder Drahtrahmen zu errichten. Das typische Bild der italienischen Weinberge bis noch vor wenig mehr als zwanzig Jahren war geprägt von Rebzeilen, in denen Olivenbäume standen. Der Wein, der aus solchen Anlagen kam, war nicht unbedingt schlechter, aber mit einer modernen Betriebsführung war eine solche Mischkultur natürlich nicht vereinbar. Immerhin sind noch heute einige Parzellen der Weinberge des berühmtesten italienischen Weins, des Sassicaia, in einer Art Mischkultur angelegt.

Europas und der Welt, brauchte nach dem Wegfall des Nachschubs aus seiner Kolonie Algerien dringend neue Verschnittweine, und kein Land war besser in der Lage, diese Lücke zu schließen, als Italien. In den Weinbergen zwischen Südtirol und Apulien, zwischen Sizilien und dem Friaul machte man sich deshalb daran, neue, hochproduktive Rebzeilen anzulegen, um der massenhaften Nachfrage nach einfachen, meist roten Weinen gerecht werden zu können.

- Diese mussten im Grunde nur zwei Qualitäten besitzen: hohen Alkoholgehalt und gute Farbintensität, beides Eigenschaften, die so manchem »blutleeren«, schwächeren Wein aus nördlicheren Anbaugebieten fehlten.

Bis in die Nachkriegsgeneration hinein war der tägliche Liter Wein unverzichtbarer Kalorienlieferant für breiteste Bevölkerungsschichten – eher ein Grundnahrungs- als Genussmittel.

Die goldene Regel jener Zeit lautete: Je mehr und effizienter, desto besser! Während im Italien der fünfziger Jahre im Schnitt gerade mal 45 Hektoliter Wein aus den Trauben eines Hektars Weinbergsfläche gekeltert werden konnten, stieg der Ertrag bis zum Beginn der siebziger Jahre um mehr als das Doppelte, wobei auf vielen Weinbergsflächen sogar Erntemengen von 200, 300 oder mehr als 400 Hektolitern pro Hektar erreicht wurden.

Änderung des Konsumverhaltens

Dass diese Mengenrechnung für Winzer und Weinproduzenten auf Dauer nicht aufgehen konnte, dafür sorgten die Italiener dann ganz von allein. In dem Land, das erst spät dem westeuropäischen Wirtschaftswundermodell folgte, änderten sich mit steigendem Wohlstand und wachsender Angleichung an die anderen europäischen Nationen auch die Lebensgewohnheiten und damit der alltägliche Weinkonsum. Vom Ende der sechziger Jahre an schrumpfte der Verbrauch im Land um fast die Hälfte.

- Der jährliche Verbrauch sank von über 110 Litern im Jahre 1970 auf 80, dann 70 und heute knapp 60 Liter pro Kopf der Bevölkerung und hat sich in den letzten zehn Jahren auf diesem Niveau stabilisiert.

Dies ist gegenüber dem Wein- und Sektkonsum in Deutschland (rund 25 Liter pro Kopf und Jahr gegenüber immerhin 140 Liter Bier und knapp 100 Liter Mineralwasser) und Österreich (etwas über 30 Liter) allerdings noch immer nicht wenig! Weltweit trinken nur die Franzosen so viel Wein wie die Italiener (siehe auch Seite 125).

Zur aktuellen Situation

Gegen Ende der siebziger und im Verlauf der achtziger Jahre vollzog sich im Zuge dieser Entwicklungen im italienischen Weinbau ein Wandel, wie ihn Europa bis dahin noch nicht erlebt hatte. Der Massenweinbau wurde vor allem in den Regionen Toskana, Piemont, Südtirol und Friaul radikal zurückgedrängt. Die Winzer begannen auch, sich am Geschmack der Weinfreunde in aller Welt zu orientieren, der zu Anfang dieser Entwicklung vor allem vom französischen, ein wenig vielleicht auch vom wachsenden Renommee des kalifornischen Weinstils geprägt war. Nicht zuletzt in

Italien selbst – vor allem in den großen Städten des Nordens, aber auch in Florenz, Rom und Palermo – stiegen jetzt die Ansprüche der Konsumenten. In früheren Zeiten hatten die Weine des »contadino di fiducia«, des Weinbauern des Vertrauens, und »il vino dello zio«, der Wein des Onkels in der Toskana oder im fernen Kalabrien, als das Maß aller Dinge gegolten. Dieser Idee hängen im übrigen einige Italienliebhaber noch immer an und nehmen dafür ohne Zögern auch wenig empfehlenswerte Qualitäten in Kauf, wenn nur das Lächeln des Gastwirts oder Weinverkäufers liebenswürdig genug ist. Heute stellt sich eine neue, selbstbewusste Generation von Winzern (nicht wenige von ihnen sind Damen!) einem kritischer gewordenen Publikum mit einer reichen Palette vorzüglicher, alterungsfähiger Rotweine und frischer Weißweine, die keine Konkurrenz scheuen müssen.

Auf italienischen Etiketten findet man nur wenige Zusatzbezeichnungen wie »riserva« oder »superiore« - beide beziehen sich meist auf einen höheren Alkoholgehalt und eine längere Fassreife - beziehungsweise »classico«, womit meist der historisch älteste oder beste Teil eines Anbaugebietes gemeint ist.

Entdeckungen gibt es vor allem in den bisher bei den Spitzenweinen eher unterrepräsentierten Landstrichen wie Sizilien, aber auch die »Klassiker« aus der Toskana wurden durch konsequente Verbesserungen in Weinberg und Keller und einige klimatisch sehr günstige Jahre zu einer neuen Blüte geführt. Das hat sich allerdings nicht nur in internationaler Anerkennung und Prämierungen, sondern natürlich auch in einem deutlich höheren Preisniveau niedergeschlagen.

Einheimische Rebsorten neu entdeckt

Die Italiener führten im Zuge der Neuorientierung in den achtziger Jahren zunehmend neue Rebsorten ein. Aus den besten Weingütern und Rebschulen jenseits der Alpen holten Italiens Winzer sich fortan das für sie geeignete Rebenmaterial,

- vor allem die rote Sorte Cabernet Sauvignon, den Star des Bordelaiser Weinbaus, und den weißen Chardonnay.

In den letzten Jahren haben sich viele Weinmacher jedoch auch wieder den einheimischen Sorten zugewandt.

Die Freunde des italienischen Weins haben dank der Initiative experimentierfreudiger Winzer wiederentdecken können, welche Gaumenfreuden ein Barbera bieten kann, wie viel Alterungsfähigkeit in einem Lagrein aus Südtirol oder einem Teroldego aus dem Trentino steckt und wie überwältigend ein Refosco und ein Pignolo aus dem Friaul schmecken können. All diese Namen waren noch bis vor wenigen Jahren nur einigen Spezialisten bekannt, und dass aus ihnen einmal große Weine gekeltert werden könnten, hätte sich wohl kaum jemand träumen lassen.

Die Anbaugebiete

Region	wichtige Städte	Rebfläche	Weinproduktion	Spezialitäten
Aostatal	Aosta	900 ha	31 000 hl	französisch inspirierte Küche; Fontina-Käse, auch als Zutat in zahlreichen Gerichten
Piemont	Turin, Alessandria, Asti, Alba, Cuneo, Novara, Vercelli	59 000 ha	3 200 000 hl	weiße Trüffel, Pilze, Süßigkeiten, Pralinen Grissini, Vermouth
Ligurien	Genua, La Spezia, Savona, Imperia, San Remo	5 000 ha	270 000 hl	Pesto, Fisch, Ravioli, gefüllte Kalbsbrust (cima)
Lombardei	Mailand, Pavia, Bergamo, Brescia, Varese, Sondrio, Mantova	29 000 ha	1 400 000 hl	Reis, Gorgonzola, Salami, Grana padano, Mailänder Schnitzel, Panettone, Campari
Südtirol und Trentino	Bozen, Brixen, Meran, Trento	13 000 ha	1 200 000 hl	Südtirol: Speck, Pilze, Vezzena-Käse, Schüttelbrot, Knödel, Trentino: Polenta
Venetien	Venedig, Verona, Vicenza, Treviso Padua, Belluno Rovigo	78 500 ha	7 500 000 hl	Fisch, Bohnen, Radicchio, Mais, Reis, Gnocchi
Friaul-Julisch Venetien	Udine, Pordenone, Gorizia, Triest	19 500 ha	1 200 000 hl	von Österreich und Ungarn inspirierte Küche; Fisch, Meeresfrüchte, San Daniele-Schinken, Montasio-Käse, Minestrone
Emilia-Romagna	Bologna, Piacenza, Parma, Reggio Emilia, Ferrara, Ravenna	65 000 ha	7 200 000 hl	Parmaschinken, Mortadella, Parmesan-Käse, Tortellini, Spaghetti Bolognese Aceto Balsamico

im Überblick

Region	***wichtige Städte****	***Rebfläche***	***Wein-produktion***	***Spezialitäten***
Toskana	Florenz, Siena, Arezzo, Pisa, Livorno, Lucca, Pistoia, Massa, Grosseto	72 000 ha	2 700 000 hl	Olivenöl, Pecorino-Käse, Bistecca Fiorentina, Pici (Nudeln), Panforte
Marken	Ancona, Pesaro, Macerata, Ascoli, Piceno	27 000 ha	2 000 000 hl	Fisch, Oliven, Trüffel, Stockfisch, Porchetta (Spanferkel), Schafkäse
Abruzzen Molise	L'Aquila, Pescara, Teramo, Chieti, Campobasso	41 000 ha	4 700 000 hl	Olivenöl, Sulmona (Konfekt), Maccheroni, Safran
Umbrien und Latium	Perugia, Terni, Orvieto, Gubbio, Rom, Viterbo, Rieti, Velletri, Frosinone, Latina	Umbrien: 20 000 ha Latium: 60 000 ha	Umbrien: 1 000 000 hl Latium: 3 300 000 hl	Olivenöl, Trüffel, Schinken (Norcia), Pecorino-Käse, Saltimbocca
Kampanien und Basilikata	Neapel, Salerno, Avellino, Potenza	Kampanien: 43 000 ha Basilikata: 14 000 ha	Kampanien: 2 300 000 hl Basilikata: 2 470 000 hl	Mozzarella, Peperoncini, Tomaten, Pizza
Apulien und Kalabrien	Bari, Foggia, Brindisi, Taranto, Cosenza, Catanzaro, Reggio di Calabria	Apulien: 120 000 ha Kalabrien: 26 000 ha	Apulien: 9 600 000 hl Kalabrien: 1 000 000 hl	Fisch, Meeresfrüchte, Zitrusfrüchte, Feigen, Auberginen, Tiella (Eintopf mit Kartoffeln)
Sizilien	Palermo, Messina, Catania, Siracusa, Agrigento, Trapani	150 000 ha	9 300 000 hl	Fisch, Schweinefleisch, Pistazien, Honig, Mandeln, Cassata
Sardinien	Cagliari, Oristano, Sassari, Nuoro	47 000 ha	1 000 000 hl	Pecorino-Käse Spanferkel, Fladenbrot

Die Anbaugebiete von Nord nach Süd: Piemont und Aostatal

Unsere Reise beginnt beim Piemont und seiner kleinen Schwester Aostatal im äußersten Nordwesten.

Eingebettet in den Alpenbogen, am Schnittpunkt der italienischen und französischen Weinbaukulturen, aber nach Osten, also nach Italien hin geöffnet, liegt das Piemont. Es ist neben der Toskana die wichtigste Weinbauregion des Landes, die zudem noch als einzige an eine wirkliche Qualitätsweintradition anknüpfen kann. Hier »erfand« vor mehr als einem Jahrhundert der französische Önologe

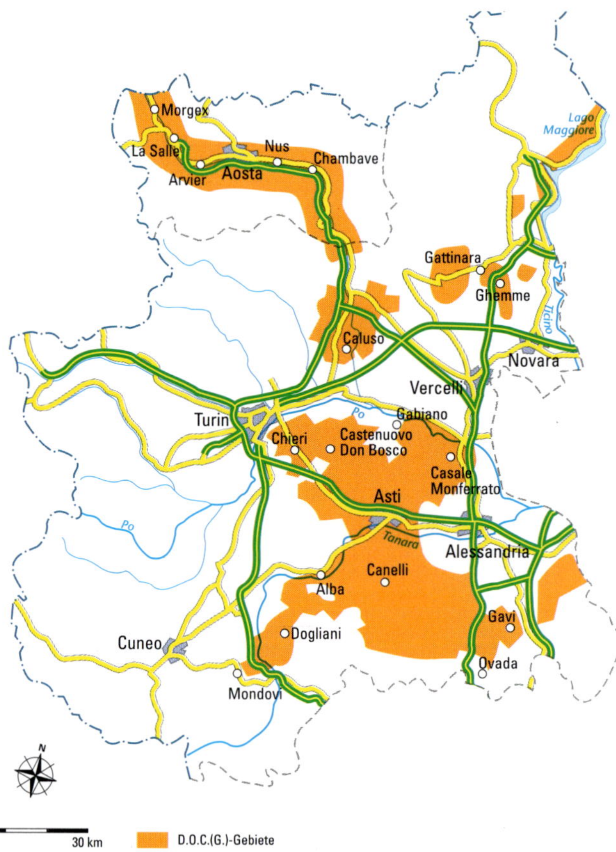

Piemont	*auf einen Blick*
Rebfläche:	59 000 ha
Traubenproduktion:	4,5 Mio dz
Weinproduktion:	3,2 Mio hl
Produktion von D.O.C.(G.)- Weinen:	1,25 Mio hl
Wichtige D.O.C. und D.O.C.G.-Weine:	Asti, Barbaresco, Barbera d'Alba, Barbera d'Asti, Barolo, Dolcetto d'Alba, Gattinara, Ghemme, Grignolino del Monferrato Casalese, Langhe, Nebbiolo d'Alba, Piemonte, Roero

Wiege des großen Barolo: Weinberge in der Nähe von Castiglione.

Oudart den modernen Barolo, einen der größten Rotweine der Welt, indem er den einst süß gekelterten Wein zum ersten Male richtig durchgären ließ und damit trocken ausbaute, so wie wir ihn heute kennen.

Der Qualitätsweinbau der Region konzentriert sich auf die Hügellandschaften der Provinzen Cuneo und Asti, sieht man von wenigen Rebeninseln im Gebiet um Alessandria, die Hauptstadt Turin und am Alpenrand ab. Geologisch gesehen, gehören diese Hügel zur Gebirgskette des Apennin, der die Region nach Süden, zum Mittelmeer hin begrenzt. Sie bieten mit ihren kalkhaltigen Verwitterungsböden aus dem Erdzeitalter des Tertiär, über die sich im Laufe der Zeiten Tonmergel und Sandschichten gelegt haben, hervorragende Bedingungen für die Produktion exzellenter Rotweine.

Nebbiolo, die königliche Traube

Für das Prestige der Region ist seit Jahrzehnten die Nebbiolo-Traube verantwortlich: Aus ihr werden der Barolo – Wein der Könige, König der Weine hat man ihn getauft – und der Barbaresco gekeltert, die beiden Spitzenweine aus dem Gebiet der Langa, einem kleinen Weinbaugebiet um die Trüffelhochburg Alba. Aber auch

Aostatal	*auf einen Blick*
Rebfläche:	900 ha
Traubenproduktion:	45 000 dz
Weinproduktion:	31 000 hl
Produktion von D.O.C.- Weinen:	3 600 hl
Wichtige D.O.C.-Weine:	Valle d`Aosta

eine Reihe anderer, unbekannterer Weine haben diese noble Sorte – auch unter dem Namen Spanna geführt – zur Grundlage: Es sind die Weine des Roero, das im Nordwesten an die Langa angrenzt, und die der kleineren Anbaugebiete des nördlichen Piemont, Gattinara und Ghemme. Letztere, die einst zu den bekanntesten Piemonteser Weinen gehörten, fristen heute leider ein wenig beachtetes Dasein im Schatten der großen Langa-Weine.

Große Namen des Barolo

Nach dem kleinen Ort Carema im Piemont ist ein Nebbiolo-Wein benannt.

Einen großen Prestigegewinn verzeichneten Barolo und Barbaresco schon in den siebziger Jahren, als einige bedeutende Betriebe der beiden Anbaugebiete wie Prunotto, Ratti, Fontanafredda, Giacosa oder Gaja damit begannen, die Trauben der besten Weinbergslagen separat zu verarbeiten und diese Weine auch mit eigenem Etikett zu füllen.

- Seitdem gelten Einzellagen wie zum Beispiel Cannubi, Rocche, Brunate, Santo Stefano oder Rabajà als die eigentlichen Geheimtipps für Weinfreunde.

Jeder qualitätsbewusste Winzer versucht, wenigstens ein paar Parzellen von ihnen sein eigen nennen zu können.

Hinzu kam die allgemeine Qualitätssteigerung, die eine neue Art des Weinmachens bei Dutzenden, vor allem jungen Winzern, mit sich brachte. Mit ihren modern gestalteten Weinen schaffte es eine ganze Reihe von »Shooting Stars« wie Altare, Clerico, Sandrone, Scavino, Rocca, Nada, Voerzio oder Conterno, sich aus der Vorherrschaft der großen Handelshäuser der Region zu befreien und mit ihren Weinen die Märkte der ganzen Welt zu erobern.

Die Barbera-Revolution

Wenn der Nebbiolo als König der Weine gilt, so ist die Barbera doch immer noch uneingeschränkte Herrscherin des Piemont: Sie wird auf fast der Hälfte der Weinbaufläche der Region angebaut, war aber früher als Lieferant billiger, oft auch wirklich schlechter Massenweine verschrien. Das Bild wandelte sich erst mit dem Beginn der achtziger Jahre, als ein Weinhändler aus der Nähe von Asti, Giacomo Bologna, damit begann, seine Eindrücke von zahlreichen Frankreichreisen in die Tat umzusetzen. Er unterzog die von Natur aus sehr säurebetonten Weine einem systematischen Säureabbau (siehe auch Seite 57) und legte sie anschließend ein paar Monate in kleine, neue Fässer aus französischem Eichenholz, um sie geschmacklich anzureichern und gleichzeitig zu verfeinern. Die Resultate waren sehenswert.

Auf einzigartige Weise vereinen Barbera-Weine Frucht und Kraft, Biss und Schmelz.

- Giacomo Bolognas Barbera-Gewächse, Bricco dell'Uccellone und Bricco della Bigotta, wurden zu wahren Kultweinen.

Dutzende anderer Winzer, wie Gaja, Vietti und Altare, Bertelli und Grasso, in jüngeren Jahren auch Correggia oder Corino, folgten ihm mit immer besseren Ausgaben dieses einstigen Aschenputtels unter den Piemonteser Weinen. Ein wahrer Barbera-Boom war die Folge.

Weitere Piemonteser Größen

Damit aber war die Entwicklung im Piemont noch nicht zu Ende. Im Sog des großen Rebsortengespanns kamen auch Weine zu Ehren, die vor weniger als zwei Jahrzehnten selbst vielen Experten nicht bekannt waren.

- Zu ihnen gehören die roten Sorten Dolcetto und Freisa sowie Grignolino und der oft süß ausgebaute, perlende Bracchetto.

Dolce heißt zwar auf italienisch süß, aber die Dolcetto-Weine sind trocken und ungemein fruchtbetont. Die Freisa wird meist zu leichten, kühl zu trinkenden Tropfen verarbeitet.

- Auch weiße Reben wurden mehr beachtet, wie die Cortese-Traube, die die Grundlage des Gavi bildet, und der Arneis.

In den letzten Jahren begannen die Winzer – auf den Spuren des erfolgreichen Angelo Gaja – zudem verstärkt, mit den französischen Sorten Chardonnay und Sauvignon Blanc zu experimentieren, und erzielten dabei beachtliche Resultate.

Selbst im traditionsbewussten Piemont haben in den letzten Jahren mehr und mehr Winzer mit Beigaben zu den eigentlich reinsortigen Barolo und Barbaresco experimentiert.

Asti Spumante

Der qualitative Fortschritt machte selbst vor dem wirklichen Massenprodukt der Region, dem Asti Spumante, nicht Halt. Lange Zeit war die Produktion von »falschem« Asti Spumante mitverantwortlich für die merkwürdige Tatsache, dass im Piemont nur 3 Millionen Hektoliter Wein im Jahr produziert wurden, auf den Märkten der Welt aber bis zu 8 Millionen Hektoliter angeblicher Piemonteser Weine im Umlauf waren.

Die Qualitätseinstufungen

Die Klassifizierung der italienischen Weine, über die wir ab Seite 257 noch mehr erfahren, erfolgt nach einem erstmals 1963 verabschiedeten und kürzlich erneuerten Gesetz zum Schutz der Herkunftsbezeichnungen.

Die höchste Stufe sind die lediglich 13 Weine mit D.O.C.G. (Denominazione di Origine Controllata e Garantita), gefolgt von 257 D.O.C.-Weinen (Denominazione di Origine Controllata). Diese beiden Qualitätsstufen machen nur fünf Sechstel der Gesamtproduktion aus.

Danach kommen 121 Weine mit der neuen Einstufung I.G.T. (Indicazione Geografica Tipica) und schließlich eine nicht näher bekannte Zahl von VT (Vino da Tavo la), die immerhin 25 Mio Hektoliter ausmachen.

- In den letzten Jahren mauserte sich der tankvergorene, süße Schaumwein in vielen Kellereien zu einem respektablen Qualitätsprodukt. Vor kurzem wurde der Asti Spumante sogar mit der Erhebung in die höchste Qualitätsstufe (D.O.C.G.) »geadelt«. Vor allem der kleine Bruder des Asti, der Moscato naturale, dessen Gärprozess handwerklicher abläuft, verschaffte sich als delikater, aromatischer Dessertwein selbst bei ausgesprochenen Weinfreaks Anerkennung.

Im Aostatal

Wenn gesagt wurde, dass das Herz des Piemonteser Weinbaus zwischen Asti und Alba schlägt, dann heißt das nicht, dass in anderen Teilen der Region nichts Interessantes wächst. Von den Nebbiolo-Weinen in Gattinara und Ghemme, die ihr historisches Tief langsam zu überwinden scheinen und wieder in guten Qualitäten angeboten werden, war bereits die Rede. Ähnliches gilt auch für den Carema aus derselben Rebsorte, der nördlich von Turin angebaut wird, wo das Piemont ins Aostatal übergeht. Hier, im Flusstal des Dora Baltea, hat sich in den letzten Jahren fast unbemerkt von einer breiteren Öffentlichkeit ein qualitativ hochstehender Weinbau entwickelt. Auf extrem steilen, schwierig zu bearbeitenden Kleinstanbauflächen werden unter der einheitlichen Herkunftsbezeichnung Valle d'Aosta insgesamt 24 Weintypen produziert.

- Die verwendeten Rebsorten sind dabei entweder gänzlich unbekannt, zum Beispiel Premetta, Petite Arvine und Fumin, oder in Italien nicht eben typisch, wie Müller-Thurgau und Gamay. Dies tut aber der Qualität der Weine der Charrère, Vevey und Grosjean, der Genossenschaft Crotta di Vegneron und des regionalen Weinbauinstituts keinen Abbruch.

Morgex im Aostatal ist die Heimat eines Weißweins aus der einheimischen Rebsorte Blanc de Morgex.

Ligurien

Überquert man von Alba, Asti oder Alessandria aus den Apennin in Richtung Süden, gelangt man in eine der faszinierendsten Regionen Italiens: Ligurien. Über einem oft nur handtuchbreiten Küstenstreifen thronen die majestätischen Berge der Seealpen und des Apennin, die von Ventimiglia an der französischen Küste bis hin zur toskanischen Grenze hinter La Spezia ständige Begleiter des Ligurienreisenden bleiben. In den letzten Jahren hat sich Ligurien zu einem wahren Touristenmagnet entwickelt.

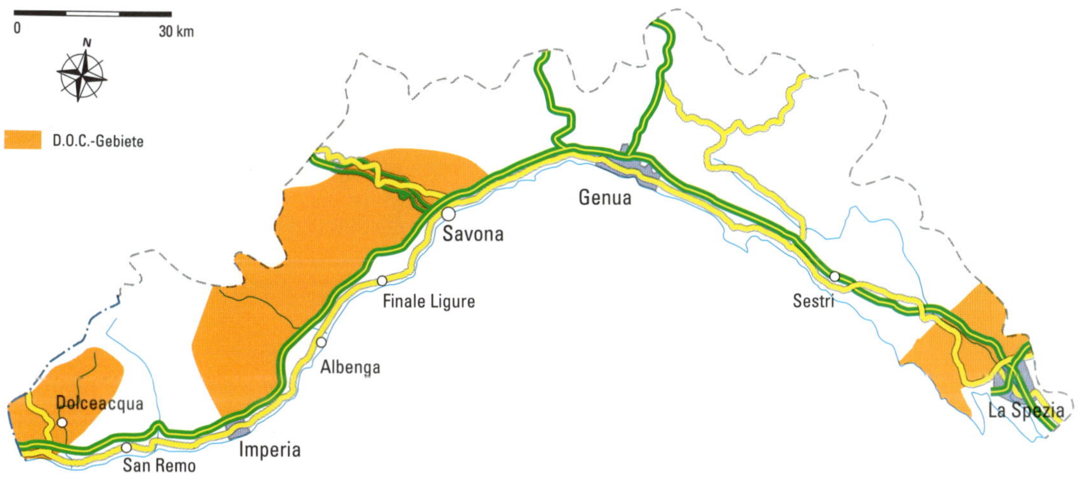

Schwierige Bedingungen für die Winzer

Die pittoreske Landschaft bietet der Rebe ideale Wachstumsbedingungen, was für den Weinbau in wirtschaftlicher Hinsicht leider überhaupt nicht gilt. Die meist nur auf steilen und steilsten Terrassen mögliche Anlage von Rebzeilen und der steinige Untergrund gestalten die Arbeit der Winzer so entbehrungsreich, dass viele nach lohnenderen Alternativen Ausschau halten. Vom Wein als einem Wirtschaftsfaktor der Region kann kaum noch die Rede sein, und es ist zu befürchten, dass es in so malerischen Regionen wie den Cinque Terre bei anhaltendem Exodus der Jugend in ein paar Jahren überhaupt keinen Weinbau mehr geben wird.

Ligurien	*auf einen Blick*
Rebfläche:	5 000 ha
Traubenproduktion:	400 000 dz
Weinproduktion:	270 000 hl
Produktion von D.O.C.- Weinen:	17 800 hl
Wichtige D.O.C.-Weine:	Cinque Terre, Colli di Luni, Riviera Ligure di Ponente, Rossese di Dolceacqua

Die Weine Liguriens

Umso erstaunlicher ist das, was die wenigen überlebenden Weinbaubetriebe vor allem im Weißweinbereich zu bieten haben. Zwar werden auf den ligurischen Terrassen auch ein wenig Rossese, Dolcetto und Ciliegiolo – der spielt in der Toskana eine weit größere Rolle – angebaut, die besten Weine aber stammen aus den weißen Sorten Pigato, Vermentino und Albarola, wobei aus letzteren in den Cinque Terre auch ein sehr interessanter Süßwein, der Sciacchetrà, gekeltert wird.

Bild rechts: Blick auf Riomaggiore an der steil abfallenden Küste Liguriens mit dem typischen Terrassenweinbau.

- Die wichtigsten Namen im ligurischen Weinbau sind Bianchi, Bisson, Cascina Feipu, Colle dei Bardellini, Lupi und Terre Rosse.

Es ist nur zu bedauern, dass die Weine von Cinque Terre, Riviera, Ligure di Ponente und Dolceacqua – so die Namen der vier D.O.C.-Gebiete – praktisch ausschließlich vor Ort konsumiert werden.

Lombardei

Die dritte Flanke des Piemont wird von einer Region gebildet, die vor allem durch ihre Hauptstadt – Mailand ist nicht nur in Italien der Inbegriff für Mode schlechthin – und für ihre industrielle Produktion berühmt wurde. Nur wenige wissen, dass die Lombardei auch eine der vielfältigsten und größten Weinbauregionen Italiens ist, die einige der renommiertesten Weine ihr eigen nennt. Immerhin ist die Rebfläche fast halb so groß wie im Piemont.

Man findet in diesem Gebiet auch einige gute Stillweine, und der Pinot Nero ist in Einzelfällen sogar ganz ausgezeichnet.

Schaumweine aus der Lombardei

Wer vom Piemont aus in die Lombardei fährt oder von Mailand in Richtung Genua unterwegs ist, kommt fast zwangsläufig in der Nähe des Oltrepò Pavese vorbei, einem der produktivsten Anbaugebiete, das gleichwohl nur wenig bekannt ist. Wein aus dem Oltrepò ist in vielen italienischen Spumanti enthalten und stellt zum Beispiel den Grundwein der renommierten flaschenvergorenen Schaumweine des Piemontesers Bruno Giacosa.

Die Schaumweinproduktion steht auch im Franciacorta-Gebiet, einer Moränenlandschaft auf halbem Weg zwischen Mailand und dem Gardasee, im Mittelpunkt. Hier haben die Winzer und Kellereien schon seit langer Zeit ein gutes

Renommee, und sie erreichten auch als erste, dass ihr Schaumwein als D.O.C.G. anerkannt wurde, eine ganze Weile vor dem neuen D.O.C.-Sekt Talento.

- Ca' del Bosco, Cavalleri, Bellavista, Uberti oder Monte Rossa heißen die besten Betriebe.

Die ebenfalls hier ansässige Sektkellerei Berlucchi verarbeitet dagegen Grundweine aus anderen Regionen.

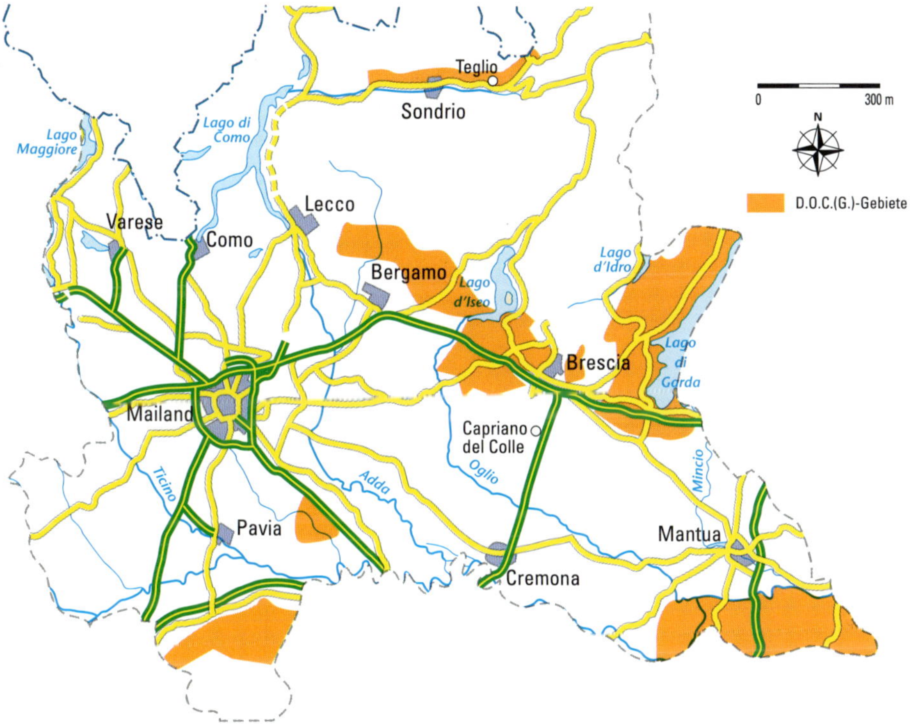

Lombardei auf einen Blick

Rebfläche:	29 000 ha
Traubenproduktion:	2 Mio dz
Weinproduktion:	1,4 Mio hl
Produktion von D.O.C.(G.)- Weinen:	635 000 hl
Wichtige D.O.C.- und D.O.C.G.-Weine:	Colli Morenici Mantovani del Garda, Franciacorta, Lambrusco Mantovano, Lugana, Oltrepò Pavese, Riviera del Garda Bresciano, S. Martino della Battaglia, Terre di Franciacorta, Valcalepio

Ein Mauerblümchen: Die Valtinella

Viel zu wenig tut sich dagegen im Nebbiolo- alias Chiavennasca-Gebiet Veltlin, der Valtellina, wie das langgestreckte Tal an der Schweizer Grenze auf italienisch heißt. Hier hatte sich der Weinbau lange auf seine Rolle als Fassweinlieferant für den nahegelegenen Kanton Graubünden beschränkt, und erst in den letzten Jahren konnten Kellereien wie Nino Negri oder Conti Sertoli Salis mit einer Handvoll wirklich guter Produkte überzeugen.

Reben am Spalier schmücken diesen alten Hauseingang in der Lombardei.

Wie kaum eine zweite Region spiegelt die Lombardei eine der grundsätzlichen Schwächen des italienischen Weingesetzes: Es gibt zu viele D.O.C.-Bezeichnungen und -Gebiete, die praktisch ohne jede Bedeutung sind. Wer, so muss man kritisch fragen, hat schon je von einem Botticino, einem Capriano del Colle, Cellatica, San Colombano oder Valcalepio gehört?

Südtirol und Trentino

Unsere Reise führt von der Lombardei aus weiter Richtung Norden und Osten: Südtirol–Trentino, die autonome Doppelregion mit österreichischem Erbe, ist die nächste Etappe. Per Gesetz geeint, trennen die beiden Provinzen Bozen und Trient doch Welten: Während das nördlichere Bozen (Südtirol) Teil der deutschsprachigen Tiroler Kultur ist, identifiziert sich das südlichere Trient (Trentino) mit dem italienischen Kulturraum.

Inmitten seiner Weinberge liegt der Ort St. Pauls in Südtirol.

Die Weine der Region

Im Weinbau setzen sich diese Traditionen fort.

- In Südtirol findet man vorwiegend Rebsorten, die auch in Deutschland bekannt sind, zum Beispiel Riesling, Traminer, Trollinger (Vernatsch), Silvaner und Müller-Thurgau.

Die Qualitätsspitze bei den Rotweinen wird jedoch eindeutig von den »Franzosen« Cabernet Sauvignon und Pinot Nero (Pinot Noir) gehalten. Von den einheimischen Sorten kann in dieser Region allenfalls noch der rote Lagrein (Lagrein Dunkel, im Gegensatz zum Rosé Lagrein Kretzer) überzeugen.

- Im Trentino prägen ganz im Gegensatz zu Südtirol drei einheimische Sorten das Bild – die roten Teroldego und Marzemino und der weiße Nosiola.

Erst in den letzten Jahrzehnten konnten sich andere Sorten wie Merlot, Cabernet, Pinot Nero und Chardonnay durchsetzen, die allerdings in kürzester Zeit beachtliche Ergebnisse lieferten.

Die eigentliche Spezialität des Trentino sind die tank- oder flaschenvergorenen Spumante-Sekte.

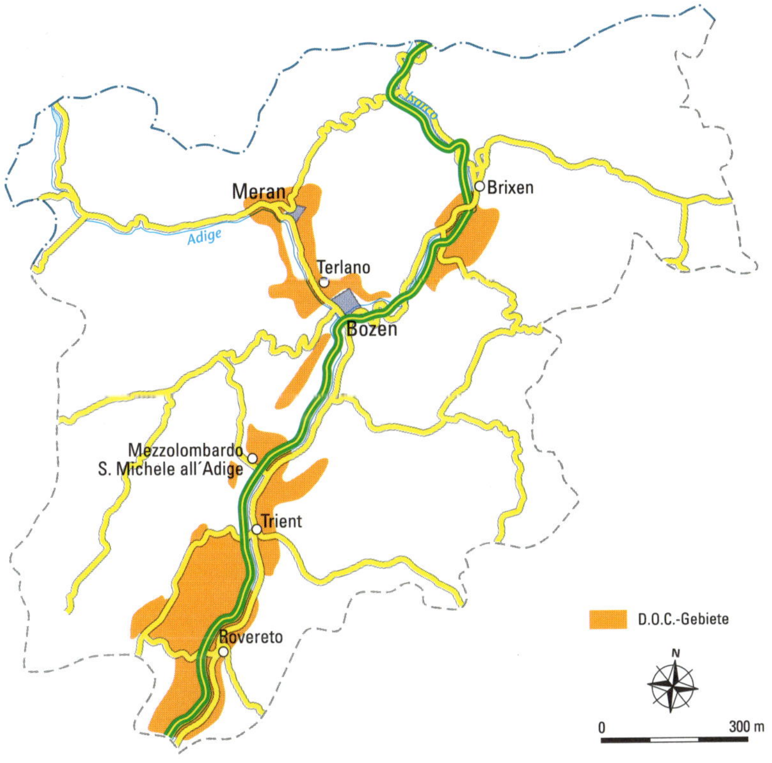

Die wichtigsten Weinproduzenten in Südtirol und Trentino

Besonders hervorgetan haben sich in diesem Gebiet Privatbetriebe wie Lageder, Hofstätter, Tiefenbrunner, Endrizzi, Foradori, La Cadalora, Maso Cantanghel oder die Tenuta San Leonardo und die Kellereigenossenschaften Girlan/Cornaiano, Schreckbichl/Colterenzio, Erste & Neue/Prima & Nuova, Terlan und St. Michael.

Fundstücke aus dem Eisack-Tal belegen, dass in dieser Gegend bereits vor der Expansion des Weinbaus durch die Römer die ersten Reben angebaut wurden.

Neu geschaffene Weinfreuden

Bis vor nicht allzu langer Zeit musste man die hochstehenden Qualitäten in dieser Doppelregion mit der Lupe suchen. Das Bild wurde von billigen, meist recht wässrigen Vernatsch-Weinen (Kalterer See) beherrscht. Umso erstaunlicher ist es, was Winzer, Kellereien und auch zahlreiche Genossenschaften – vor allem die Südtiroler – heutzutage in ihren Weinkellern in die Flasche zaubern. Finessenreiche Weißweine, wie man sie sonst in Italien kaum findet, und kräftige, alterungsfähige Rotweine, die in Einzelfällen nicht einmal die Konkurrenz der großen Gewächse aus Toskana und Piemont zu fürchten brauchen, gehören zu den Trümpfen, mit denen die Region ihr Image aufbesserte.

Für den Weinfreund lohnt sich eine Reise in diesen nördlichsten Vorposten Italiens allemal. Entlang der Südtiroler Weinstraße kann man nahezu 50 verschiedene Weinorte entdecken, die in bis zu 900 Meter Höhe über dem Meeresspiegel ihre Reben anbauen. Zum Genuss dieser gepflegten Kulturlandschaft gesellt sich das überaus breite und touristenfreundliche Angebot an ausgezeichneten Restaurants und »Törggelen«-Stuben.

Südtirol und Trentino	*auf einen Blick*
Rebfläche:	13 000 ha
Traubenproduktion:	1,5 Mio dz
Weinproduktion:	1,2 Mio hl
Produktion von D.O.C.- Weinen:	760 000 hl
Wichtige D.O.C.- und D.O.C.G.-Weine:	Alto Adige (Südtiroler), Casteller, Lago di Caldaro (Kalterer See) in Südtirol; Teroldego Rotaliano, Trentino, Trento, Valdadige im Trentino

Venetien

Während die nördlichste Region Italiens ihr Image deutlich verbessern konnte, steckt Venetien noch immer in den Anfängen dieses Prozesses. Das Veneto, wie das Gebiet auf italienisch heißt, ist zwar eine der größten und bedeutendsten Weinbauregionen Italiens und seine vielleicht wichtigste Weinhandelsregion.

Seine kommerziellen Erfolge mit Valpolicella, Soave oder auch Bianco di Custoza und Bardolino kannten in den letzten Jahrzehnten – sieht man einmal vom Chianti oder dem Asti Spumante ab – nicht ihresgleichen.

Erfolg macht aber bekanntlich oft blind, und so kam es, dass Winzer, Genossenschaften und Handelshäuser in Venetien den Zug zum Spitzenweinbau, den die Toskana, das Piemont und andere Regionen am Ende der siebziger Jahre nahmen, erst einmal gründlich verschliefen.

Die Weine Venetiens

Zwar findet der Weinfreund hier einige der besten Weine Italiens, wie zum Beispiel

- den trockenen Strohwein Amarone (siehe auch Seite 75), exzellente rote Valpolicella und Bardolino, weiße Soave, Custoza oder Gambellara sowie süße Recioto-Weine.

Daneben aber wurden und werden in den Ebenen um Verona, Vicenza oder Treviso immer noch große Mengen dünner, nichtssagender Weine produziert, die in den Supermärkten der Welt zu Billigstpreisen verschleudert werden.

Der süße Recioto wird heute auch häufig im Barrique ausgebaut und erhält dadurch interessante neue Dimensionen.

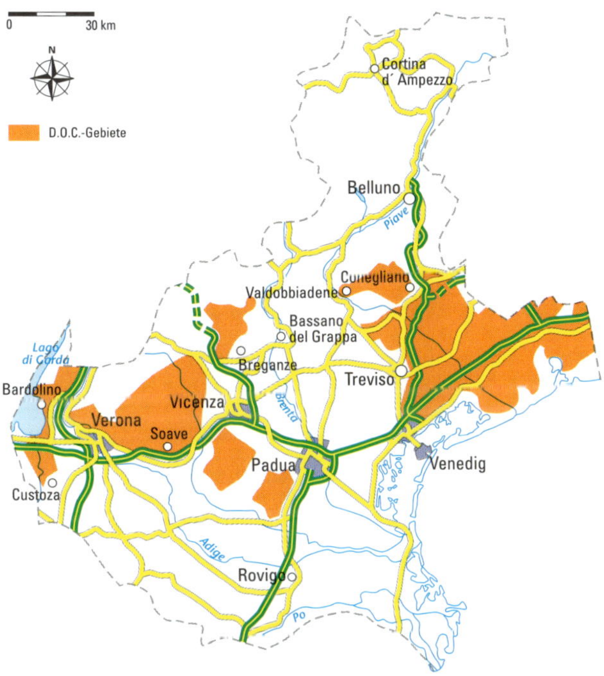

Weingarten bei San Pietro nordwestlich von Verona, mitten im Gebiet des Valpolicella Classico.

Dennoch sind die Anstrengungen, Qualität zu produzieren, unübersehbar. Das gilt auch für die Winzer des Valpolicella-Gebiets, wo eine alte Methode der Weinbereitung wieder auflebte, mit deren Hilfe man den Weinen früher schon mehr Stoff und Kraft verschafft hatte. Wenn der Amarone im Frühjahr gepresst war, ließ man den jungen Valpolicella noch einmal auf seinen Schalen nachvergären: Ripasso heißt die Methode, und die Produkte kommen heute entweder als Tafelweine oder als Valpolicella Superiore in den Handel.

Venetien	*auf einen Blick*
Rebfläche:	78 500 ha
Traubenproduktion:	10,2 Mio dz
Weinproduktion:	7,5 Mio hl
Produktion von D.O.C.- Weinen:	2 Mio hl
Wichtige D.O.C.-Weine:	Bardolino, Bianco di Custoza, Breganze, Colli Berici, Colli Euganei, Gambellara, Lison-Pramaggiore, Lugana, Montello e Colli Asolani, Prosecco di Conegliano Valdobbiadene, Recioto di Soave, Recioto della Valpolicella, Soave, Valdadige, Valpolicella, Vini del Piave

Die Burg von Soave in der Provinz Verona. Aus der Gegend um Soave stammt der gleichnamige Weißwein, der in mehreren Versionen bereitet wird.

Aufstrebende Weingüter

Während die großen Handelshäuser also die Entwicklung verschliefen, machten sich kleine und mittlere Weinbaubetriebe und Kellereien auf, den eher schlechten Ruf des Gebiets aufzupolieren. Zu ihnen gehören Vignalta und Ca'Lustra, Villa dal Ferro, Maculan, Serafini & Vidotto und La Biancara im östlichen Teil der Region, Allegrini, Gini, Inama, Pieropan oder Prà im Soave-Gebiet und Allegrini, Le Ragose, Ottella, Zenato, La Brigaldara, Tedeschi, Speri, Masi, der Altmeister Quintarelli, Dalforno, Le Vigne di San Pietro, Le Tende und Cavalchina in den Weinbergen von Verona an den Ufern des Gardasees.

Inbegriff des Sommerweins: Prosecco

Venetiens – vielleicht sogar Italiens – bekanntester Wein aber ist der Prosecco aus der Provinz Treviso. Nur wenige wissen, dass Prosecco eine Rebsorte ist, deren Produkt in verschiedenen Varianten angeboten wird:

- als Stillwein, als Perlwein (Frizzante) und als tank- oder flaschenvergorener Schaumwein (Spumante).

Für den Verbraucher ist es oft schwierig, diese Qualitäten voneinander zu unterscheiden. Nicht selten bekommt er den billigen Perlwein für den Preis des teuren Schaumweins vorgesetzt: Prosecco heißen sie beide – aufpassen ist also angesagt, will man die köstliche Frische dieses prickelnden Sommergetränks wirklich auskosten!

Die Rebflächen in großen Teilen der Emilia-Romagna sind bereits deutlich dem mediterranen Klima ausgesetzt. Im Sommer herrschen ähnliche Temperaturen wie im Süden Italiens.

Emilia-Romagna

Innerhalb der Region am nördlichen Rand des Apennin, die entlang der römischen Konsularstraße Via Aemilia von Piacenza bis zum Seebad Rimini reicht, liegen

Aceto Balsamico

Das wohl berühmteste Feinschmecker-Produkt der Emilia-Romagna ist nicht ihr Wein, sondern ein anderes Rebenelixier: der Aceto Balsamico Tradizionale. Damit dieser dunkelbraune, gehaltvolle Essig sein unnachahmliches, pikant-süßsaures Aroma erhält, wird die aus eingekochtem Traubenmost gewonnene Flüssigkeit während der natürlich ablaufenden Gärung immer wieder in kleinere Holzfässer umgefüllt. Ein Aceto Balsamico Tradizionale muss mindestens zwölf Jahre im Fass reifen, ehe er abgefüllt wird. Das Gütesiegel Tradizionale wird erst nach einem Qualitätstest durch eine strenge Prüfungskommission verliehen. Außerdem trägt die Flasche einen Kontrollstreifen mit der geschützten Ursprungsbezeichnung D.O.C. (Denominazione di origine controllata). Der echte Tradizionale wird nur in kleinen Mengen und zu sehr hohen Preisen verkauft. Noch teurer ist nur der Aceto Balsamico Tradizionale extra vecchio, der mindestens fünfundzwanzig Jahre reifen durfte.

einige der reizvollsten und kunsthistorisch interessantesten Städte Italiens. Außerdem liefert sie international bekannte Produkte wie Parmaschinken, Balsamico-Essig und Mortadella für die Küchen Europas.

Die Weinszene aber wird leider nach wie vor von riesigen Genossenschaftskellereien – eine einzige von ihnen verarbeitet die Trauben von mehr als 25 000 ha Weinland, was einem Viertel der gesamten deutschen Weinbergsfläche entspricht – und privaten Abfüllbetrieben dominiert, die vom »obligatorischen« Lambrusco

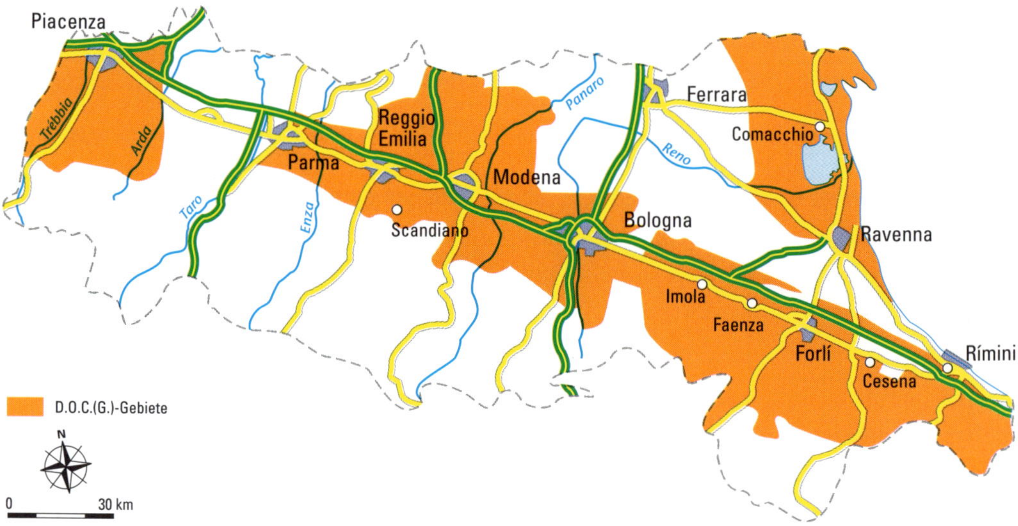

Emilia-Romagna	*auf einen Blick*
Rebfläche:	65 000 ha
Traubenproduktion:	9,4 Mio dz
Weinproduktion:	7,2 Mio hl
Produktion von D.O.C.(G.)- Weinen:	850 000 hl
Wichtige D.O.C.- und D.O.C.G.-Weine:	Albana di Romagna, Bosco Eliceo, Colli Bolognesi, Colli Piacentini, Lambrusco di Sorbara, Lambrusco Grasparossa di Castelvetro, Lambrusco Reggiano, Lambrusco Salamino di S. Croce, Pagadebit di Romagna, Sangiovese di Romagna, Trebbiano di Romagna

bis hin zu weinhaltigen Erfrischungsgetränken in der Dose (fast) alles anbieten.
- In diesem tristen Gesamtpanorama fallen die wenigen Qualitätsinseln, wie Castelluccio, Terre Rosse, Paradiso, Stoppa oder Spezia – es gibt auch guten Lambrusco! – umso positiver auf.

Letztere produzieren jedoch eine solche Vielfalt guter Weine, dass man den Weinsee fragwürdiger Qualität um sie herum fast vergessen könnte.

Da findet der Weinfreund dann schöne, saubere und fruchtige Weißweine aus der Albana-Traube, Rotweine internationalen Stils – vom Spätburgunder alias Pinot Nero über den Cabernet bis hin zum Sangiovese –, und selbst im Süßweinbereich haben die Spitzenwinzer der Region das eine oder andere erfreuliche Produkt zu bieten.

Friaul-Julisch Venetien

Die Temperaturschwankungen im Gebiet des Collio sind sehr ausgeprägt: Das begünstigt die Entstehung von Weißweinen, wie wir sie sonst nur aus nördlichen Weinbauländern kennen.

Im äußersten Nordosten des Landes, in der Region Friaul-Julisch Venetien, hat in den letzten Jahrzehnten eine wirkliche Weinbaurevolution stattgefunden. Während früher vor allem rote Trauben kultiviert wurden, setzte man vor etwa zwanzig Jahren bewusst auf weiße Sorten.

Da sich das Klima vor allem im Collio, in den Hügeln zur slowenischen Grenze hin, für feine, fruchtige Weißweine eignet und da in Italien neben Südtirol kein anderer Anbieter in diesem Marktsegment Großes zu bieten hatte, entpuppte sich diese Wahl schnell als die richtige Entscheidung.

Rosetta Dorigo

Rosetta Dorigo hat mit ihrem Ehemann Girolamo, einem Buchhalter, der als Seiteneinsteiger zum Weinbau kam, eines der bekanntesten Weingüter des Friaul aufgebaut. Ende der achtziger Jahre gründete sie mit Kolleginnen aus allen Teilen Italiens die Vereinigung »Donne del Vino«.

»Die Gründung der ›Donne del Vino‹ war nichts anderes als die Anerkennung der Tatsache, dass in Italiens Weingütern viele Frauen arbeiten, mit oder ohne ihre Männer, aber immer mit der Idee, ihre Rolle als Frauen mit einem besonderen Anspruch an die Qualität der Weine zu verbinden…

Seither arbeiten wir in unseren Betrieben an der Verwirklichung dieses Anspruchs und versuchen, unsere Qualitätsphilosophie als allgemeine Lebenseinstellung auch an unsere Kinder weiterzugeben.«

Die großen Namen im Weißwein

Binnen weniger Jahre machten Chardonnay, Sauvignon Blanc, Tocai Friulano, Pinot Grigio und Ribolla Gialla eine Karriere, wie sie Italien bis dahin nicht erlebt hatte. Verantwortlich dafür sind Weinbaubetriebe wie Vigna dal Leon, Volpe Pasini, Abbazia di Rosazzo, Ronco del Gnemiz – hier erreicht der Chardonnay Weltniveau –, Villa Russiz, Venica, Jermann, Gianfranco Gallo, Pierpaolo Pecorari, Doro Princic – und, nicht zu vergessen, die »jungen Wilden« um Josko Gravner, die Bensa, Radikon oder Primosic. In den einschlägigen Weinführern mit hohen und höchsten Bewertungen gepriesen, wurden die Weine leider auch teurer und teurer.

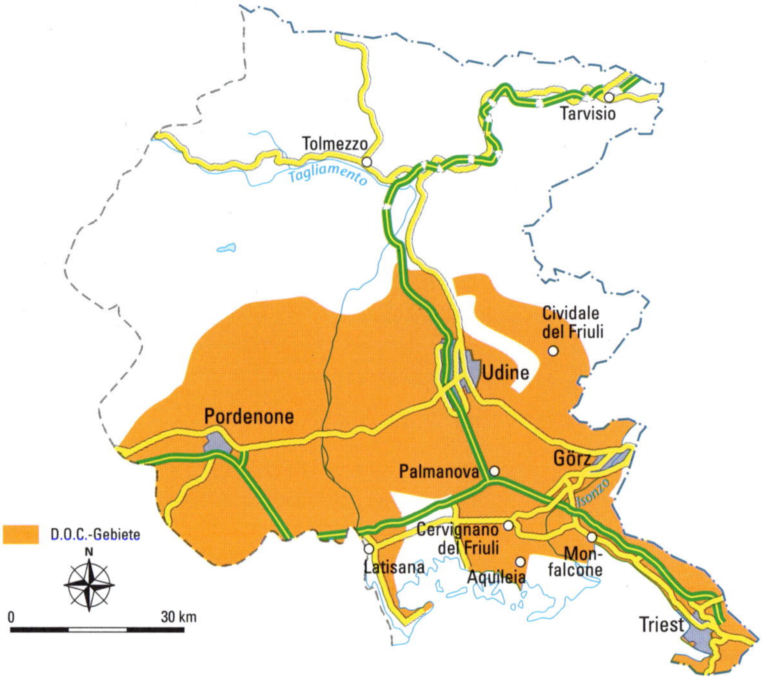

Friaul-Julisch Venetien	auf einen Blick
Rebfläche:	19 500 ha
Traubenproduktion:	1,6 Mio dz
Weinproduktion:	1,2 Mio hl
Produktion von D.O.C.- Weinen:	620 000 hl
Wichtige D.O.C.- Weine:	Carso, Colli Orientali del Friuli (COF), Collio Goriziano (Collio), Friuli Aquileia, Friuli Grave, Friuli Latisana, Isonzo

Die Rotweine des Friaul

Nur wenige Winzer hielten – von der Öffentlichkeit meist unbeachtet – trotz der Weißweineuphorie an der alten, der roten Tradition fest.

- Auf Ronchi di Cialla pflegen Paolo und Dina Rapuzzi ihre Schioppettino- und Refosco-Reben, und keltern aus diesen Trauben feine, ungemein alterungsfähige Rotweine.

Mitte der achtziger Jahre kamen auch andere Betriebe auf den (roten) Geschmack. Die Initialzündung ging diesmal von Girolamo Dorigo aus, einem einstigen Steuerberater und großen Frankreichliebhaber, der seine Weinberge nach Burgundermodell mit dichtstehenden, niedrig gezogenen Stöcken bepflanzte und aus den Trauben Weine im Stil von Bordeaux kelterte, die rasch die Anerkennung der Fachwelt fanden.

Dorigos Montsclapade wurde zum Vorbild für die gesamte Region, und selbst aus der einheimischen, fast verschwundenen Sorte Pignolo kelterte er Rotweine, die an Dichte, Kraft und Finesse mit den Großen der Welt mithalten konnten.

Neue Heimat für den Merlot

Auf den Spuren von Cialla und Dorigo hat eine Reihe von Winzern die Zeichen der Zeit erkannt. Sie konzentrieren sich dabei vor allem auf die einstige Massenrebe des Friaul, den Merlot. Früher meist zu grasigen, süffigen Weinen verarbeitet, entfaltet er bei richtiger Pflege sein enormes Qualitätspotential. Heute gelten Merlot-Weine selbst im Vergleich mit französischen oder kalifornischen Gewächsen als ebenbürtige Konkurrenten.

- Große Namen sind Villa Russiz, Livio Felluga, Miani oder Specogna, von Meroi und Livon, Russiz Superiore oder Borgo del Tiglio, nicht zu vergessen Gravner mit seinem Tafelwein Ruino.

Informationen über den »Turismo del Vino« sowie Wissenswertes zum italienischen Wein finden Sie im Internet unter http://www.wine.it/

Toskana

Wer von Mittelitalien redet, denkt automatisch an die Toskana, vor allem, wenn es um Weinbau geht. Die europäische Kulturlandschaft par excellence gilt zu Recht auch als wichtigste Weinlandschaft Italiens. Man braucht sich nur vor Augen zu halten, dass die Region zwischen der Kunststadt Florenz, dem weltberühmten Pisa und Siena mit seinem faszinierenden Pferderennen, dem Palio, in fast allen Weinführern des Landes ein Viertel bis ein Drittel aller prämierten Weingüter stellt – eine Quote, an die nur das Piemont mit etwa einem Fünftel der Nennungen annähernd herankommt.

Die Anziehungskraft der Toskana

Geschichtsschreiber werden die Periode zwischen 1975 und 1990 sicherlich einmal als Wendepunkt in der Weinbaugeschichte der Toskana bezeichnen: Es waren die Jahre, in denen das enorme Qualitätspotential der Region zum ersten Mal wirklich

zur Entfaltung kam. Die Grundlage dieser Entwicklung lag in den Wandlungsprozessen, die hier seit dem Zweiten Weltkrieg stattgefunden hatten. Nach dem Ende der Halbpacht, der »mezzadria«, das zunächst eine massive Landflucht ausgelöst hatte, zog es wohlhabende Städter aus dem Norden des Landes und ausländische Investoren hierher, die ihren Traum vom ruhigen Leben in einer der schönsten Landschaften der Welt verwirklichen wollten.

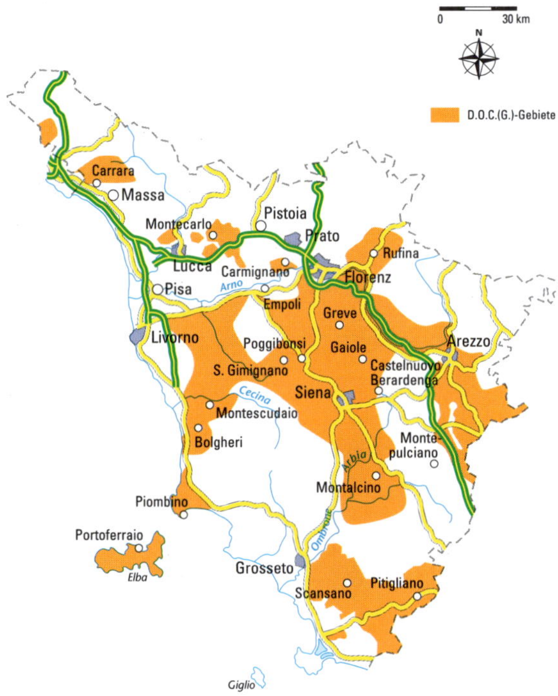

Toskana	*auf einen Blick*
Rebfläche:	72 000 ha
Traubenproduktion:	4 Mio dz
Weinproduktion:	2,7 Mio hl
Produktion von D.O.C.(G.)- Weinen:	1,2 Mio hl
Wichtige D.O.C.-und D.O.C.G.-Weine:	Barco Reale di Carmignano, Bianco di Pitigliano, Bianco Pisano di San Torpé, Bianco Vergine Valdichiana, Bolgheri, Brunello di Montalcino, Carmignano, Chianti, Chianti Classico, Colli dell' Etruria Centrale, Colli di Luni, Elba, Montecarlo, Montescudaio, Morellino di Scansano, Moscadello di Montalcino, Parrina, Pomino, Rosso di Montalcino, Rosso di Montepulciano, Val d'Arbia, Vernaccia di San Gimignano, Vino Nobile di Montepulciano, Vin Santo del Chianti Classico

Klassische toskanische Hügellandschaft mit Zypressen und einem natürlich eingewachsenen Weingarten.

Mit ihren Önologen – sie selbst hatten ja meist nur wenig Kenntnis von Weinbergspflege und Kellerwirtschaft – brachten die Neuankömmlinge viele alte Poderi (Weingüter) und Castelli wieder auf Vordermann, investierten in die technische Ausstattung der Keller und schafften es, mit wunderschönen Rotweinen die Gunst von Weinfreunden im In- und Ausland zu gewinnen. Gleichzeitig aber hatten auch die alten, traditionsreichen Weinhandelshäuser, die Antinori, Frescobaldi und Ruffino, verstanden, dass mit den Fluten billiger und billigster Chianti-Weine in der traditionellen Korbflasche, dem »fiasco«, kein Geschäft mehr zu machen war.

Modernisierung der Rebsorten

Die Anstrengungen beider Gruppen richteten sich vor allem auf den Sangiovese, die interessanteste einheimische Sorte Italiens, sieht man einmal vom Piemonteser

Maßnahmen zur Qualitätsverbesserung

Der sorgfältigen und gewissenhaft geplanten Weinbergsarbeit wird heute die allergrößte Bedeutung zugemessen, und in den renommierten Weinbaugebieten wie der Toskana, dem Friaul oder dem Piemont gilt es als wichtigste Aufgabe der kommenden Jahre und Jahrzehnte, die Weinberge nach wissenschaftlichen Erkenntnissen umzugestalten. Die Rebzeilen werden dichter angelegt. Während man früher oft nur 1500 oder 2000 Stöcke pro Hektar pflanzte, gehen heute einige Winzer so weit, bis zu 10.000 Reben auf einem Hektar auszusetzen. Auf diese Weise muss jeder einzelne Stock keine so große Last tragen und weniger Trauben ernähren. Die Erziehungsformen, also die Art, wie der Winzer seinen Weinstock im Winter schneidet und im Frühsommer an den Drahtrahmen oder die Pergeln anbindet, werden ebenfalls verändert. Im Sommer dünnt man überschüssige Trauben aus, damit die übrigbleibenden ein Höchstmaß an Nähr- und damit Inhaltsstoffen erhalten und so wirkliche Spitzenweine hervorbringen können.

Der Chianti Classico wurde zum Symbol der Umgestaltung des toskanischen Weinbaus.

Nebbiolo ab. Aufgrund seiner hohen Säure, der eher geringen Farbdichte seiner Weine, die mit ihren Tanninen sogar ein wenig hart wirken können, war es beileibe kein Kinderspiel, die toskanischen Gewächse so zu perfektionieren, dass sie dem internationalen Weingeschmack entsprachen.
Drei Rezepte waren es, die dafür entwickelt wurden:

- der Gebrauch von Barriques für den Ausbau der Weine,
- die Verbesserung der Rebsortenzusammensetzung – zudem wurde die alte Gewohnheit, weiße Trauben zusammen mit den roten zu pressen, weitgehend aufgegeben –
- und schließlich die Einführung neuer, internationaler Rebsorten wie Cabernet und Merlot.

Weinberge im Gebiet des Chianti Classico.

Da das italienische Weingesetz die Verwendung dieser Rebsorten für D.O.C.-Weine nicht zuließ (siehe Seite 259), mussten die Produkte als Tafelweine verkauft werden, auch wenn einige unter ihnen, wie Sassicaia, Solaia, Flaccianello oder Fontalloro, unbestreitbar zu den besten Gewächsen des Weltweinbaus zählten und immer noch zählen.

Typisch Toskana: der Chianti

Eines der wichtigsten Resultate dieser Entwicklung war die Modernisierung des Chianti, des meistproduzierten und wahrscheinlich bekanntesten italienischen D.O.C.-Weins überhaupt. Ihm kam zugute, dass die weißen Trauben Trebbiano und Malvasia zu einem neuen Modewein, dem Galestro, verarbeitet wurden, der gegen Ende der achtziger Jahre große internationale Erfolge verbuchen konnte (siehe auch Seite 28). Allein oder zumindest überwiegend aus roten Trauben gekeltert, wurde der Chianti – vor allem in seiner besten Version, dem Chianti Classico – zu einem wirklichen Spitzenprodukt, und es kommt heute nicht selten vor, dass Riserva-Qualitäten vom Chianti besser sind als die erwähnten Top-Tafelweine derselben Produzenten.

Als herausragenden Jahrgang der letzten Dekade bezeichnen die Liebhaber toskanischer Weine 1997, anknüpfend an das Super-Jahr 1990 und gefolgt vom 1995er Jahrgang.

Die Varianten des Chianti,- die Rufina, Colline Pisane oder Colli Fiorentini - sollen hier nicht vergessen werden. Vor allem der Chianti Rufina, der heute vorwiegend von den Marchesi Frescobaldi und der Fattoria Selvapiana angeboten

Donatella Cinelli Colombini

Donatella Cinelli Colombini ist Brunello-Produzentin im toskanischen Montalcino. Seit einigen Jahren hat sie sich verstärkt der Verbindung von Tourismus und Wein zugewandt und den »Movimento del Turismo del Vino« gegründet.

»Wer große Weine und Ausflüge aufs Land liebt, kann in Italiens Weinkellern phantastische Momente erleben. Denn die verstecken sich nicht selten unter mittelalterlichen Schlössern, unter venetischen Villen, in toskanischen Dörfern oder in alpinen Landschaften, die ein ungemein romantisches Ambiente bilden.

In Italien ist der Weintourismus noch in den Anfängen, und deshalb ist es immer ratsam, den Besuch beim Winzer telefonisch anzukündigen. Dann allerdings sind die Winzer sehr gastfreundlich, und vor allem in den kleinen Weinbaugebieten lässt man Sie die Weine gerne in der eigenen Wohnstube probieren.

Für all diejenigen, die an besonderen Veranstaltungen teilnehmen wollen, organisiert unser ›Movimento del Turismo del Vino‹ zwei Highlights im Jahr: Im Mai gibt es den Tag der offenen Tür, an dem die Weinmacher ihre Besucher persönlich im Keller empfangen, und im August laden die ›Gläser voller Sterne‹ zum Träumen ein, eine Nacht, in der die Weinkeller für alle unter vierzig reserviert sind.«

wird, beweist in guten Jahren immer wieder, dass er es in punkto Eleganz und Langlebigkeit ohne Probleme mit dem berühmteren Vetter aufnehmen kann.

Die feinsten Weine der Toskana stammen aus den höher gelegenen Hügeln des Chianti-Gebiets oder vom Küstenstreifen zwischen Grosseto und Pisa, wo sie kühleren Winden und einem idealen Temperaturausgleich ausgesetzt sind.

Der Brunello

Zum zweiten großen Star unter den Sangiovese-Weinen der Toskana wurde der Brunello di Montalcino: Brunello heißt er, weil in der Umgebung des kleinen Bergstädtchens Montalcino die Sangiovese-Traube so genannt wird. Wie sein großer Piemonteser Gegenspieler, der Barolo, schon im letzten Jahrhundert auf Initiative eines einzigen Weinbaubetriebs »erfunden« – hier war es das Weingut der Familie Biondi Santi –, ist die toskanische Weinbaurevolution auch an diesem Paradewein nicht spurlos vorübergegangen.

Neu angelegte Weinberge, runderneuerte Fassbestände in den Kellern, veränderte Methoden des Weinmachens – auch hier hielt das Barrique Einzug – und reduzierte Hektarerträge haben dazu beigetragen, dass der Brunello nach einem historischen Tief heute wieder zu den absoluten Größen Italiens gezählt werden kann (leider auch zu entsprechenden Preisen).

Gleiches gilt für den kleinen Bruder des Brunello, den Rosso di Montalcino und seinen nahen Verwandten, den Vino Nobile di Montepulciano, der an der Grenze zu Umbrien wächst. Auch er wird vorwiegend aus Sangiovese-Trauben gekeltert und hat im letzten Jahrzehnt eine merkliche Qualitätssteigerung erlebt. Montepulciano ist eine umtriebige Ortschaft, die dem weinliebenden Touristen alles bietet: von Führungen durch die Kellerei Redi über köstliches Essen bis zur Übernachtung in Weingütern.

Die Mittelmeerküste

Viel spektakulärer aber war das, was sich in demselben Zeitraum an der toskanischen Mittelmeerküste abspielte. Die Heimat des berühmtesten italienischen Weins überhaupt, des Sassicaia, der einst, weil aus Cabernet-Trauben gekeltert, als Tafelwein vermarktet werden musste, heute aber das Recht auf seine eigene D.O.C.-Bezeichnung hat, ist in den letzten Jahren so etwas wie der Geheimtipp unter den toskanischen Anbaugebieten geworden.

Der Gallo Nero oder schwarze Hahn ist das Markenzeichen des Chianti Classico und wird vom gleichnamigen Schutzkonsortium verliehen.

- Namen wie Ornellaia, Grattamacco, Terriccio, Ghizzano oder Le Pupille lassen die Herzen jedes Weinfreundes höher schlagen. Sie haben aus der einstigen Randregion – was den Weinbau betrifft – eines der wichtigsten italienischen Weinbauzentren gemacht.

Marken

Nicht ganz so rasant wie in der Toskana entwickelte sich der Weinbau auf der anderen Seite des Stiefels, in den Marken, an den Ufern der Adria. Die Region wurde in den fünfziger Jahren für ihre Weißweine aus der Verdicchio-Traube berühmt, die in einer auffälligen Amphorenflasche auf den Markt kam. Nach einer tiefgreifenden Qualitäts- und Absatzkrise in den siebziger Jahren erfreut sich der Verdicchio heute wieder steigender Beliebtheit, obwohl seine Anbaufläche weiter zurückging.

Auch die Rotweine der Region konnten mit stabilen Qualitäten neue Freunde gewinnen. Besonders begehrt ist der Rosso Conero, ein Sangiovese-Gewächs. Namen wie Moroder, Bucci, Fazi Battaglia, Umani Ronchi, Garofoli, Mecella und Le Terrazze gehören mit ihren Weißen und Roten deshalb heute zu Recht zu den bekanntesten im italienischen Weinbau.

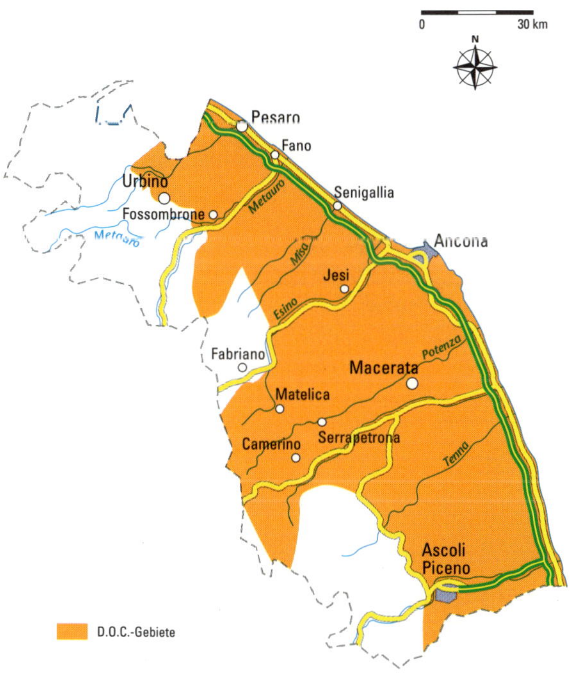

Die Marken	auf einen Blick
Rebfläche:	27 000 ha
Traubenproduktion:	2,7 Mio dz
Weinproduktion:	2 Mio hl
Produktion von D.O.C.- Weinen:	360 000 hl
Wichtige D.O.C.-Weine:	Colli Maceratesi, Colli Pesaresi, Falerio dei Colli Ascolani, Lacrima di Morro, Rosso Conero, Rosso Piceno, Verdicchio dei Castelli di Jesi, Verdicchio di Matelica, Vernaccia di Serrapetrona

Abruzzen und Molise

Direkt an die Marken schließt sich im Süden die Region Abruzzen an, landschaftlich eine der reizvollsten ganz Italiens. Auf sanften Hügeln, die zur Adria hin abfallen und von der fast immer schneebedeckten Kuppe des Gran Sasso überragt werden, wachsen weiche, angenehm zu trinkende Rotweine aus der so genannten Montepulciano-Traube, einer Sorte, die wahrscheinlich mit dem Sangiovese verwandt ist, sowie kräftige Weiße, die aus Trebbiano gekeltert werden.

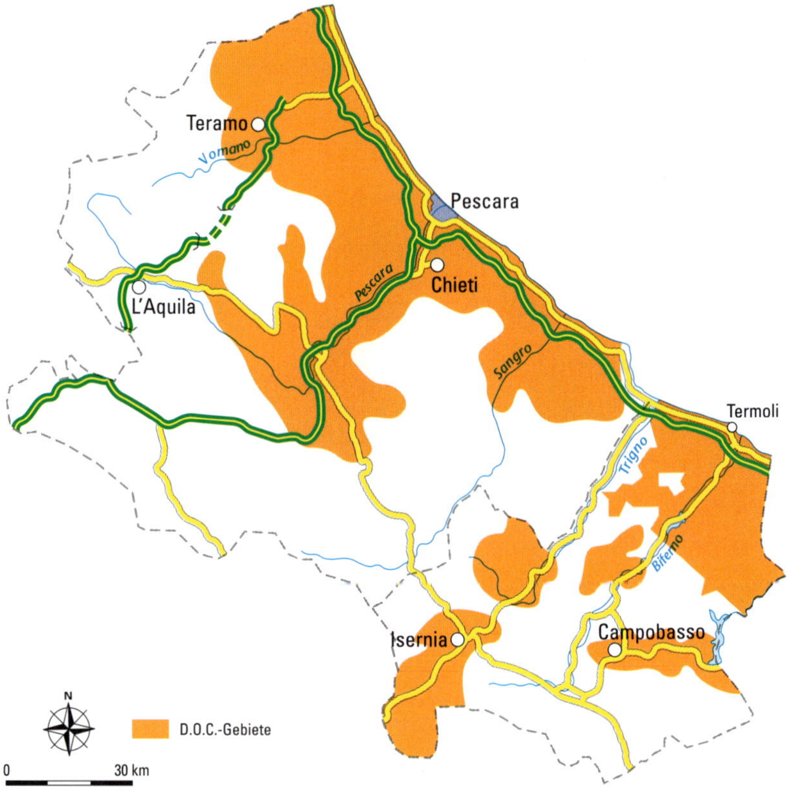

Abruzzen und Molise	auf einen Blick
Rebfläche:	41 000 ha
Traubenproduktion:	6 Mio dz
Weinproduktion:	4,7 Mio hl
Produktion von D.O.C.- Weinen:	650 000 hl
Wichtige D.O.C.-Weine:	Montepulciano d'Abruzzo, Trebbiano d'Abruzzo in den Abruzzen; Biferno, Pentro di Isernia in Molise

Wie eine Oase wirkt die Rebfläche inmitten der kargen Landschaft von Molise, der Heimat des Biferno.

Nur wenige Kilometer weiter südlich liegt das Molise, eine kaum bekannte Bergregion, die weinbaumäßig zu den kleinsten des Landes gehört. Viel gibt es von hier nicht zu berichten: Der einzige Weinbaubetrieb, der sich in den vergangenen Jahren um Qualität bemühte, Di Majo Norante, verdient deshalb um so mehr Anerkennung.

Umbrien und Latium

Interessant wird es erst wieder, wenn wir den Weg zurück zur tyrrhenischen Seite des Stiefels einschlagen. Umbrien, das grüne Herz Italiens, und Latium, die historische Region um die Ewige Stadt, gehören zu den traditionsreichsten Weinbauregionen des Landes und produzieren zusammen fast ein Drittel mehr Wein als die benachbarte Toskana.

Traditionell findet der Qualitätsweinbau in Italien vor allem in Hügel- und Berglagen statt.

So erstaunlich es hier im Süden klingen mag, aber die bekanntesten Weine der beiden Regionen sind weiß: Kein Italienreisender, der nicht bei einem kühlen

Umbrien	*auf einen Blick*
Rebfläche:	20 000 ha
Traubenproduktion:	1,3 Mio dz
Weinproduktion:	1 Mio hl
Produktion von D.O.C.(G.)- Weinen:	178 000 hl
Wichtige D.O.C.- und D.O.C.G.-Weine:	Colli Altotiberini, Colli del Trasimeno, Colli Perugini, Montefalco, Orvieto (Classico), Torgiano

Gläschen Orvieto, Frascati oder Est!Est!!Est!!! ins Träumen gekommen wäre. Leider hat, wie so oft, die Qualität mit der Popularität nicht Schritt halten können, und so endet auch hier der Großteil der Produktion als billige Literware. Dass es auch anders geht, beweist seit ein paar Jahren eine Handvoll couragierter Produzenten, unter denen auch Genossenschaften zu finden sind.

- In Umbrien sind das die Großkellerei Bigi und Weinbaubetriebe wie Barberani, Le Vellette oder Il Palazzone, Lungarotti und Val di Maggio.

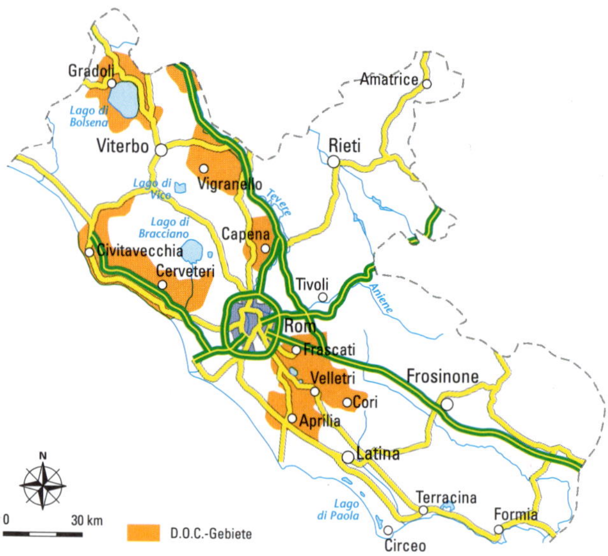

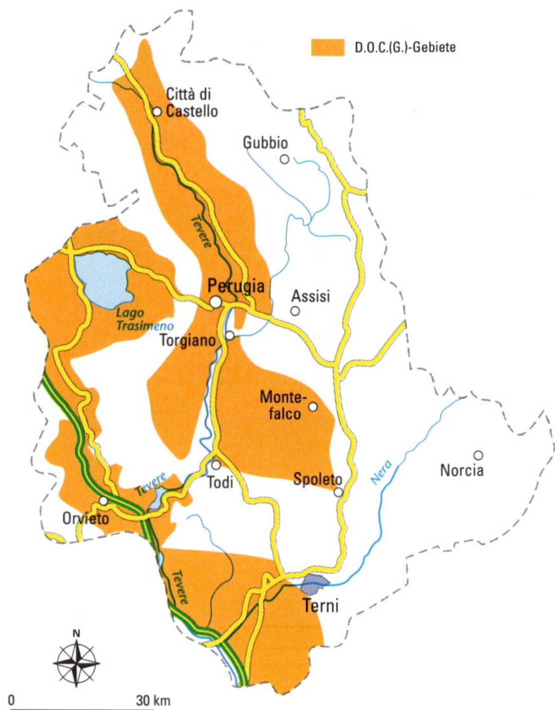

Latium	*auf einen Blick*
Rebfläche:	60 000 ha
Traubenproduktion:	4,6 Mio dz
Weinproduktion:	3,3 Mio hl
Produktion von D.O.C.-Weinen:	515 000 hl
Wichtige D.O.C.-Weine:	Aleatico di Gradoli, Aprilia, Cerveteri, Cesanese del Piglio, Cesanese di Affile, Cesanese di Olevano Romano, Colli Albani, Cori, Est!Est!!Est!!! di Montefiascone, Frascati, Marino, Orvieto, Velletri, Vignanello

Allerdings sollten wir nicht das zum Antinori-Imperium gehörende Castello della Sala übersehen, das seit gut einem Jahrzehnt einsame Spitze ist. Noch dünner sind die exzellenten Namen in Latium gesät, als da wären

- Paola di Mauro, Colacicchi, Falesco, Costantini und Castel de Paolis.

Darüber hinaus bieten die Hügel im Süden und Norden von Rom kaum noch Nennenswertes.

Hoch über seinen Rebfeldern thront das an Kunstwerken reiche Städtchen Trevi.

Kampanien und Basilikata

Unsere Rundreise nähert sich ihrem Ende. Der Süden Italiens, das historische »Oinotria« der Griechen, die Heimat des berühmten Falerner der alten Römer, hat sich in unseren Tagen in ein riesiges Weinmeer verwandelt, in dem die wenigen Anstrengungen, wirklich gute Produkte zu keltern, unterzugehen drohen.

Das Potential für Qualität ist dabei durchaus vorhanden: Kampanien und die Basilikata besitzen mit der roten Aglianico-Traube eine der besten Sorten Italiens überhaupt.

- Als Solopaca oder Taurasi, als Cilento, Aglianico del Vulture oder Taburno kann der Aglianico ebenso mächtige wie feine, elegante und vielschichtige Weine hervorbringen.

Im Süden erheben sich Italiens große, noch aktive Vulkane, deren Böden zum Beispiel dem Aglianico del Vulture in der Basilikata seine Finesse verleihen.

Kampanien	auf einen Blick
Rebfläche:	43 000 ha
Traubenproduktion:	3,4 Mio dz
Weinproduktion:	2,3 Mio hl
Produktion von D.O.C.-Weinen:	65 000 hl
Wichtige D.O.C.-Weine:	Aglianico del Taburno, Capri, Cilento, Falerno del Massico, Fiano di Avellino, Greco di Tufo, Ischia, Penisola Sorrentina, Sant'Agata dei Goti, Solopaca, Taburno, Taurasi, Vesuvio

Winzer wie D'Angelo, Mastroberardino, Villa Matilde und Paternoster beweisen das immer wieder.

Auch bei den weißen Sorten hat gerade Kampanien mit dem Greco oder dem Fiano (Apianum), zwei uralten Sorten, deren Ursprünge sich bis zu den Griechen zurückverfolgen lassen, sowie Falanghina und Biancolella – hervorragend bei D'Ambra auf der Insel Ischia – gleich vier brandheiße Eisen im Feuer.

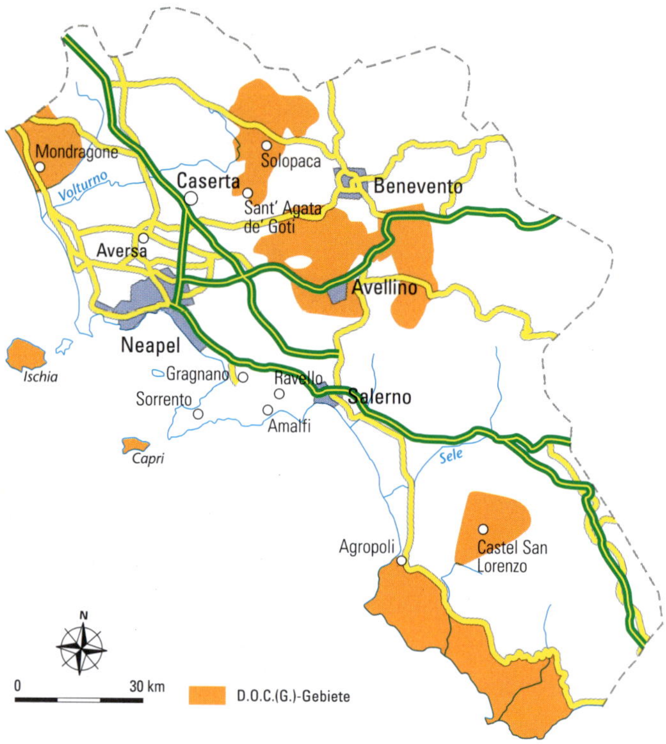

Küstenlandschaft mit Weinreben in der Bucht von Amalfi, einem der schönsten Orte Italiens.

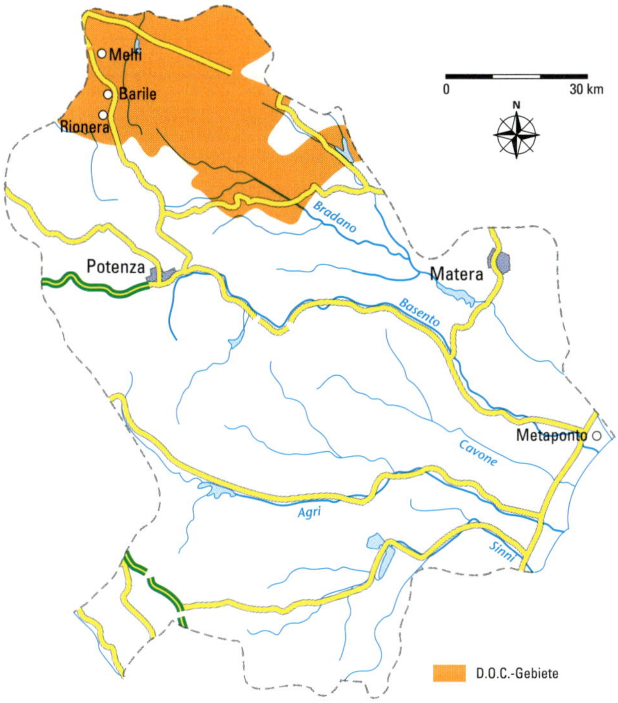

Basilikata	*auf einen Blick*
Rebfläche:	14 000 ha
Traubenproduktion:	700 000 dz
Weinproduktion:	470 000 hl
Produktion von D.O.C.-Weinen:	7 000 hl
Wichtige D.O.C.-Weine:	Aglianico del Vulture

Apulien und Kalabrien

Fachleute gehen davon aus, dass Qualität im Weinberg nur unter der magischen Grenze von 100 Doppelzentnern Ertrag pro Hektar erzielbar ist.

Auch in Apulien, der historischen Grenzregion zwischen Rom und Athen, zwischen Europa und dem Orient, ist das Potenzial für großartige Weine gegeben.

• Hier herrschen die Negroamaro-Traube und die Uva di Troia.

Sie bringen den köstlichen Castel del Monte – benannt nach dem berühmten Jagdschloss Friedrichs II. – oder den schweren, reichen Taurino, einen im Amarone-Stil gekelterten Roten, hervor.

Die Crux des gesamten Südens aber ist – wie im Veneto und der Emilia-Romagna – der Massenweinbau, dessen einziges Ziel und Zweck hier über Jahrzehnte darin bestand, alkoholreiche, neutrale Verschnittware für den Norden und das Ausland zu produzieren. Vor allem Apulien ist nach wie vor einer der ungekrönten Mengenkönige Italiens – Hektarerträge von 300, 400 oder mehr Doppelzentnern sind keine Seltenheit.

Schwieriger Imageaufbau

Die Folge dieser Situation ist, dass qualitätsbewusste Winzer im Süden fast übermenschliche Anstrengungen unternehmen müssen, um ihren Weinen ein gewisses Renommee zu sichern und ihnen neben Barolo und Brunello, neben Merlot und Chardonnay den ihnen gebührenden Platz auf den Märkten zu verschaffen. Symptomatisch für die verfahrene Lage ist auch die Anzahl von D.O.C.-Weinen, die Apulien besitzt, die aber in keinem Verhältnis zur echten Marktposition der apulischen Weine steht. Jedem Dorf seine D.O.C., scheint zumindest eine Zeitlang die Beschwichtigungs-Politik der Verantwortlichen in Rom gewesen zu sein, um ihre Wählerklientel im Süden zu befriedigen oder zumindest ruhig zu stellen. Dass dabei

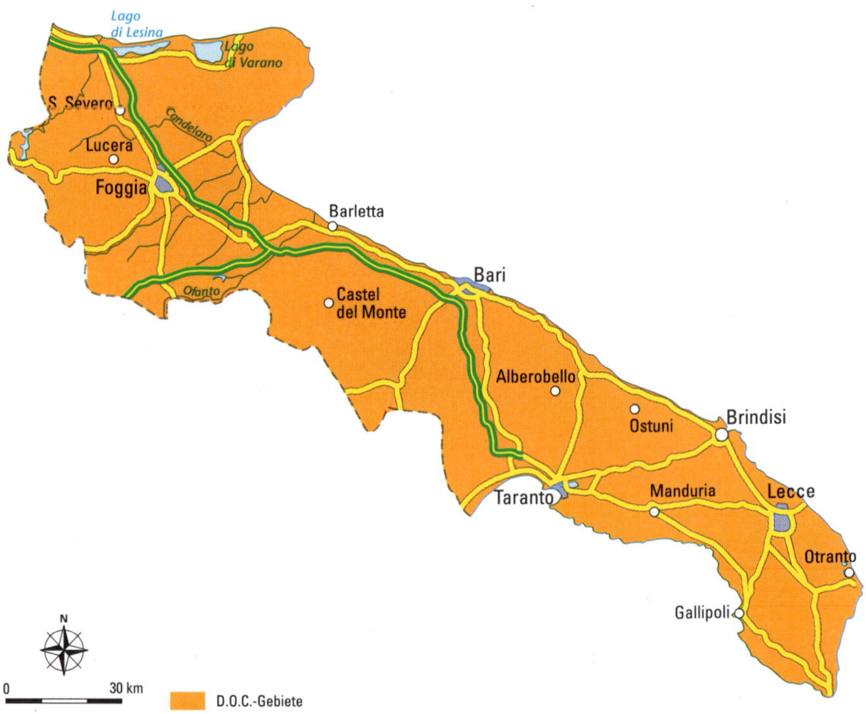

Apulien auf einen Blick

Rebfläche:	120 000 ha
Traubenproduktion:	12,7 Mio dz
Weinproduktion:	9,6 Mio hl
Produktion von D.O.C.-Weinen:	177 000 hl
Wichtige D.O.C.-Weine:	Aleatico di Puglia, Alezio, Brindisi, Cacc'e Mmitte di Lucera, Castel del Monte, Copertino, Leverano, Lizzano, Locorotondo, Martina Franca, Matino, Moscato di Trani, Primitivo di Manduria, Salice Salentino, San Severo, Squinzano

Trulli, Wahrzeichen von Apulien, inmitten von Weingärten.

lebensunfähige Herkunftsbezeichnungen entstanden, die oft nur von ein oder zwei Betrieben angeboten werden und fast zwangsläufig im Meer der Weinetiketten untergehen, schien die Verursacher dieses Chaos in Rom nicht weiter zu stören. Umso mehr ist es zu bewundern, was Einzelne aus dieser misslichen Ausgangslage machten. Unterstützt vom besten Önologen des Südens, Severino Garofano, haben Weingüter wie Taurino, Candido und Vallone und Genossenschaften wie Botromagno und Copertino in den vergangenen Jahren der Welt gezeigt, wie gut die Weine vom Absatz des italienischen Stiefels wirklich sein können. Nimmt man die

Kalabrien	*auf einen Blick*
Rebfläche:	26 000 ha
Traubenproduktion:	1,3 Mio dz
Weinproduktion:	1 Mio hl
Produktion von D.O.C.- Weinen:	84 000 hl
Wichtige D.O.C.-Weine:	Cirò, Greco di Bianco, Lamezia, Pollino, Sant'Anna di Isola Capo Rizzuto, Savuto

apulischen Besitzungen der Piemonteser Kellerei Gancia, die Weingüter Rivera und Torrebianco hinzu und vergisst auch den ausgezeichneten Roséwein Rosa del Golfo nicht, dann wird klar, dass den Weinreisenden auch hier unten im Süden ein paar Inseln der Glückseligkeit erwarten.

Die Situation in Kalabrien

Apuliens Star-Önologe Garofano ist auch für einen Großteil der besten Produkte Kalabriens, der letzten Region auf italienischem Festland, verantwortlich. Kalabrien ist nicht nur in ökonomischer Hinsicht, sondern leider auch im Weinbau so etwas wie das ewige Schlusslicht Italiens. Über regionale Grenzen hinaus bekannte Weine gibt es kaum, und die einzigen Ausnahmen, Cirò, Greco di Bianco oder Pollino, werden in so geringen Mengen produziert, dass sie auf den Weinmärkten kaum eine Rolle spielen. In Angesicht dieser Ausgangssituation sind die Weine, die beispielsweise die Fattoria San Francesco, Librandi, Cerratti oder Odoardi produzieren, bemerkenswert, auch wenn sie natürlich weit davon entfernt sind, mit den großen Sorten und Weinen des italienischen Weinbaus mithalten zu können.

Weinberg im Schutz des schroffen Pollino-Bergzuges.

Sizilien

Ganz anders Sizilien! Die – zusammen mit Apulien – produktivste Weinbauregion Italiens hat in den letzten Jahren erhebliche Anstrengungen in Richtung bessere Qualitäten unternommen und dabei erstaunliche Erfolge verzeichnet.

Auf Sizilien herrschen in bis zu 700 Meter über dem Meeresspiegel liegenden Weinbergen trotz der Sommerhitze ideale Bedingungen für den Weinbau.

Marsala und Co.

Früher war Sizilien fast ausschließlich für seinen Marsala bekannt. Dieser aufgespritete Likörwein (siehe Seite 73), im 19. Jahrhundert von zwei Engländern auf der Suche nach billigem Ersatz für Sherry und Madeira entdeckt – man könnte sogar sagen erfunden –, hat eine bewegte Geschichte hinter sich. In seinen Blütezeiten war er als Aperitif und Dessertwein gleichermaßen beliebt und garantierte einer florierenden Weinindustrie im Westen der Insel ihr Einkommen.

Schafherden und Weinfelder im äußersten Westen der Insel, dem Anbaugebiet für Marsala.

Nach dem Krieg jedoch verkam er mehr und mehr zur Back- und Kochzutat, denn zu mehr waren die dicksüßen, mit allerlei Spezereien oder gar Eigelb – Marsala all'uovo – versetzten Produkte kaum zu gebrauchen. Dank des kleinen Weinbaubetriebs von Marco De Bartoli und der Kellerei Florio hat der Marsala jedoch eine erstaunliche Renaissance erlebt. Heute wird er wieder in vielen Varianten, vom trockenen, sherryähnlichen Aperitifwein bis hin zum exotisch-süßen Dessertwein angeboten.

Renaissance auch auf den Inseln

An die Süßweintraditionen der Region knüpfte man auch auf den Inseln der Lipari-Gruppe und auf Pantelleria vor der Küste Tunesiens mit gutem Erfolg an. Moscato di Pantelleria und Malvasia delle Lipari heißen die beiden Produkte, die heute von knapp einem halben Dutzend Winzern und Kellereien angeboten werden. Besonders ein Name, der des verstorbenen Carlo Hauner, ist eng mit der

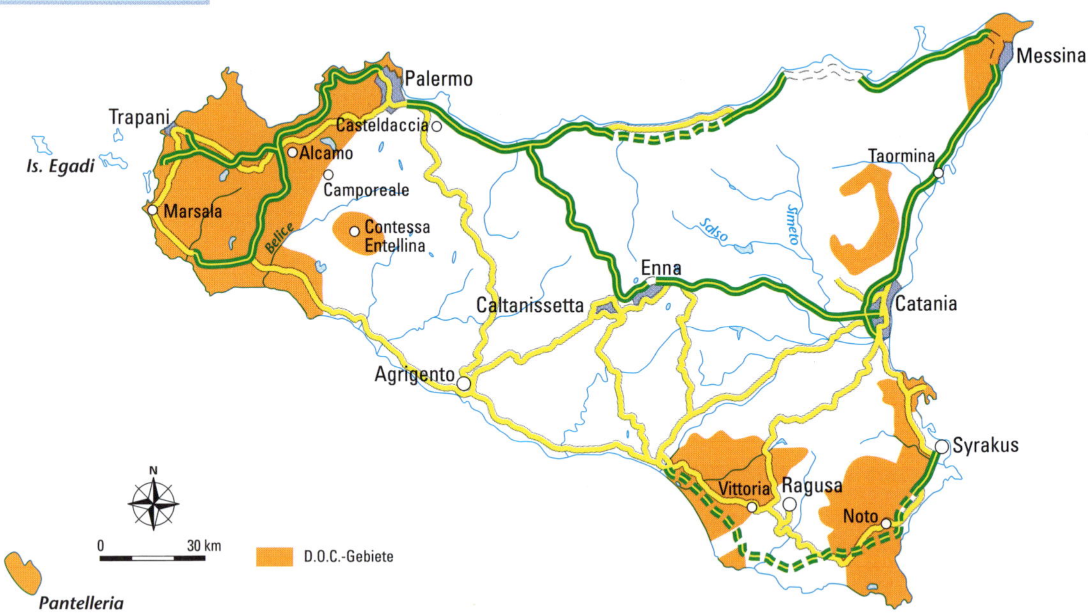

Sizilien	*auf einen Blick*
Rebfläche:	150 000 ha
Traubenproduktion:	12 Mio dz
Weinproduktion:	9,3 Mio hl
Produktion von D.O.C.- Weinen:	155 000 hl
Wichtige D.O.C.-Weine:	Alcamo, Cerasuolo di Vittoria, Contessa Entellina, Eloro, Etna, Malvasia delle Lipari, Marsala, Menfi, Moscato di Noto, Moscato di Pantelleria

Wiederbelebung dieser antiken Weine verbunden. Hauner gelang es, auf der Lipari-Insel Salina zum ersten Mal nach langen Jahrzehnten international konkurrenzfähige Produkte zu keltern. Er gab damit dem gesamten sizilianischen Weinbau entscheidende Impulse für einen Neuanfang.

- An seine Stelle sind heute Antonio Caravaglia für die Lipari-Inseln, Salvatore Murana, Gioia-Casano und De Bartoli für Pantelleria getreten.

Der Hang zu süßen Leckereien wird auch in der Küche des Landes deutlich. Die Cassata, eine Art Eisbombe mit Sahnefüllung, und köstliches Marzipan sind sizilianische Delikatessen.

Jenseits der Massenware

Noch erstaunlicher aber ist, was in derselben Zeit im Bereich der trockenen Stillweine Siziliens passierte. In der Kühle der Berge arbeitete Conte Tasca d'Almerita auf seinem Gut Regaleali zielstrebig an der Schaffung großer sizilianischer Weine, die in der Lage waren, mit den renommierten Namen des italienischen Weinbaus Schritt zu halten.

Nur Insidern waren lange Zeit seine aus einheimischen Sorten gekelterten Rosso del Conte und Nozze d'Oro bekannt. Anfang der neunziger Jahre trat Regaleali dann aus dem Schatten der großen Vorbilder: Mit einem Cabernet Sauvignon und einem Chardonnay von internationalem Format bewies man, zu was der Weinbau der Region hier in der »Wildnis« des Hinterlands fähig war.

Andere Betriebe folgten dem Beispiel: Die Großkellerei Duca di Salaparuta, lange nur durch den Massenwein Corvo bekannt, brachte in schneller Folge gleich eine ganze Serie von Weinen heraus, die höchste Anerkennung verdienten. In jüngeren Jahren gelang es Firmen wie der Azienda Agricola COS, Planeta, Spadafori und in gewisser Weise gar der riesigen Genossenschaft Settesoli, auf den Zug des Qualitätsweinbaus aufzuspringen.

Im Blickpunkt: Einheimische Sorten

Es sind nicht nur die internationalen Sorten, die ihre Eignung für große Gewächse bewiesen haben. Auch die einheimischen Reben Grillo, Inzolia oder Nero d'Avola lieferten einen Vorgeschmack davon, was bei intelligenter Weinbergspflege und geschickter Kellerwirtschaft in der schier unerschöpflichen Vorratskammer des italienischen Weinbaus noch an verborgenen Schätzen zu entdecken ist.

- Die typische rote Traube, der Nero d'Avola, lieferte in letzter Zeit auch in sortenreinen, sehr ausdrucksvollen und fassgereiften Rotweinen herausragende Ergebnisse.

Aus dem Grillo wird auch der Marsala bereitet.

Diese Weine können mit anderen italienischen und sogar französischen Spitzenweinen Schritt halten. Da die Sizilianer zudem noch mit einem wesentlich günstigeren Preis-Leistungs-Verhältnis aufwarten können, stellen sie inzwischen eine ernst zu nehmende Konkurrenz für ihre nördlichen Rivalen, die großen und kleinen Weinkellereien in der Toskana und im Piemont dar.

Sardinien

Vermentino ist ein Weißwein, während es sich bei dem Wein mit dem hübschen Namen Monica um einen aromatischen Rotwein handelt.

Ein gutes Stück Weges hat die letzte Station unserer Reise, die Insel Sardinien, in dieser Beziehung noch vor sich. Zwar haben hier eine Handvoll privater und genossenschaftlicher Großkellereien und zwei oder drei kleinere Winzerbetriebe in der Vergangenheit immer wieder mit schönen Weinen geglänzt, aber der noch weitgehend archaisch wirkende Weinbau kommt nur sehr langsam auf Touren. Wären da nicht ein paar gute, kräftige Rote aus Cannonau, einer ursprünglich spanischen Sorte, die in Südfrankreich unter dem Namen Grenache weit verbreitet ist und als meistangebaute Sorte der Welt gelten kann, und gäbe es nicht wenigstens eine Handvoll interessanter Produkte aus Vermentino- und Monica-Trauben, die zauberhafte Insel müsste wohl gänzlich unter dem Stichwort »Strand und Sonne gut« abgebucht werden.

Der Kreis ist geschlossen, die Rundreise durch Italiens Weinbauregionen hat uns fast an den Ausgangspunkt zurückgeführt. Dass dies nicht nur eine leere Metapher ist, beweisen die intensiven kulturellen und wirtschaftlichen Beziehungen, die über Jahrhunderte hinweg zwischen Sardinien und dem Festland bestanden. Ligurer und Piemonteser kamen auf die Insel, Sarden zogen zum Arbeiten über das Meer gen Norden, und auch die Hauptrebsorte Sardiniens, der Cannonau, hat sich unter dem Namen Alicante an der toskanischen Küste niedergelassen.

Lagerung von Wein in Barriques auf Sardinien.

Sardinien	*auf einen Blick*
Rebfläche:	47 000 ha
Traubenproduktion:	1,5 Mio dz
Weinproduktion:	1 Mio hl
Produktion von D.O.C.- Weinen:	106 000 hl
Wichtige D.O.C.-Weine:	Alghero, Cannonau di Sardegna, Carignano del Sulcis, Girò di Cagliari, Malvasia di Cagliari, Mandrolisai, Monica di Cagliari, Moscato di Sardegna, Nasco di Cagliari, Nuragus di Cagliari, Vermentino di Gallura, Vernaccia di Oristano

Ein Streifzug wie der, den wir soeben beendet haben, kann sicher nur andeuten, was in Italiens Weinbau steckt. Dies umso mehr, als Winzer und Weinmacher des Landes nach einer Periode, in der sie erfolgreich internationalen Anschluss suchten, gerade erst damit begonnen haben, auch ihr Erbe an Rebsorten – über die Jahrhunderte als naturgegeben und unveränderlich hingenommen – gründlich zu erneuern.

Erst wenn diese Arbeit der nächsten ein, zwei Jahrzehnte gelungen ist, wird Italiens Weinbau vollends an das historische Vermächtnis anknüpfen, das die alten Griechen und Römer hinterließen.

101 Weine von A-Z	*Rot, Weiß, Rosé?*	*Quali-täts-stufe*	*Region* **	*Hauptrebsorte(n)* ***
Aglianico del Vulture	●	DOC	Basilikata	Aglianico
Albana di Romagna	○	DOCG	Emilia-R.	Albana
Altero	●	VdT	Toskana	Sangiovese
Alto Adige (Südtiroler)*	○ ◍ ●	DOC	Südtirol	
Anfiteatro	●	VdT	Toskana	Sangiovese
Annagallis	●	VdT	Toskana	Sangiovese
Barbaresco	●	DOCG	Piemont	Nebbiolo
Barbera d'Alba	●	DOC	Piemont	Barbera
Barbera d'Asti	●	DOC	Piemont	Barbera
Bardolino	●	DOC	Venetien	Corvina
Bardolino	◍	DOC	Venetien	Corvina
Barilot	●	VdT	Piemont	Barbera, Nebbiolo
Barolo	●	DOCG	Piemont	Nebbiolo
Bianco di Custoza	○	DOC	Venetien	Trebbiano Toscano, Garganega
Boscarelli	●	VdT	Toskana	Sangiovese
Bricco dei Manzoni	●	VdT	Piemont	Nebbiolo, Barbera
Bricco della Bigotta	●	VdT	Piemont	Barbera
Bricco dell´Uccellone	●	VdT	Piemont	Barbera
Brunello di Montalcino	●	DOCG	Toskana	Sangiovese
Bruno di Rocca	●	VdT	Toskana	Cab. Sauvignon, Sangiovese
Brusco dei Barbi	●	VdT	Toskana	Sangiovese
Campofiorin	●	VdT	Venetien	Corvina
Canneto	●	VdT	Basilikata	Aglianico
Cannonau di Sardegna	●	DOC	Sardinien	Cannonau
Carmignano	●	DOCG	Toskana	Sangiovese, Canaiolo Nero, Cabernet Sauvignon
Cepparello	●	VdT	Toskana	Sangiovese
Cervaro della Sala	○	VdT	Umbrien	Chardonnay
Chianti	●	DOCG	Toskana	Sangiovese, Canaiolo Nero, Trebbiano Toscano/Malvasia del Chianti
Chianti Classico	●	DOCG	Toskana	Sangiovese, Canaiolo Nero Trebbiano Toscano/Malvasia
Colli Orientali del Friuli*	◍ ●	DOC	Friaul-J.V	
Collio (Collio Goriziano)*	●	DOC	Friaul-J.V	
Darmagi	●	VdT	Piemont	Cabernet Sauvignon
Dolcetto d'Alba	●	DOC	Piemont	Dolcetto
Duca Enrico	●	VdT	Sizilien	Nero d'Avola

○ = Weißwein ● – Rotwein ◍ = Roséwein

Lagerfähigkeit (in Jahren)	**Charakter der Weine**	**Serviertemperatur (°C)**	**Schmeckt besonders gut zum Beispiel zu ...**
5–8	kräftig, tanninbetont	16–18	Ente, Wildgeflügel
2–5	trocken oder süß	10–12	Pasta (Ravioli mit Ricotta)
5–10	elegant, reich	16–18	Steak
5–15	elegant, kräftig	16–18	Rinderbraten, Lamm
5–15	elegant, kräftig	16–18	Steak, Wild
5–10	elegant, komplex	16–18	Wild, Wildgeflügel, Trüffel
5–8	fruchtig, kräftig	16–18	Braten, Ziegenkäse, Hartkäse
3–5	fruchtig, elegant	14–16	Spaghetti, Lasagne, Gnocchi
1–3	leicht, süffig	14–16	Frittierter Fisch, Pasta, Kalb
1–2	frisch, fruchtig	12	Spaghetti, Carpaccio
5–10	kräftig	16	Ente, Wild
10–20	bukett- und tanninbetont	16–18	Wildschwein, Rind, Trüffel
1–2	fruchtig, leicht	12–14	Risotto mit Gemüse
8–15	gehaltvoll, tanninbetont	16–18	Steak, Wild
8–15	voll und kräftig	16–18	Fleischgerichte, Hartkäse, Trüffel
3–10	voll und würzig	16–18	Ente, Ziegenkäse
3–10	voll und würzig	16–18	Ente, Ziegenkäse
10–20	gehaltvoll, tanninbetont	16–18	Wildschwein, Steak
8–15	tanninbetont, kräftig	16–18	Ente, Steak
3–10	fruchtig, kräftig	15–16	Pasta, Kaninchen
5–10	weich, rund, alkoholbetont	16–18	Wildschwein, Rinderbraten
5–10	kräftig, weich	16	Wild
5–10	kräftig, alkoholbetont	16	kräftige Fleischgerichte
5–15	fruchtig, kräftig	16–18	Steak, Ente
10–15	gehaltvoll, ausdrucksvoll	16–18	Wild, Wildgeflügel, Steak
3–10	kräftig, komplex, reich	12–14	Pasta, Fischgerichte
2–5	fruchtig, süffig bis kräftig, je nach Herkunft	14–16	Geflügel, Wildgeflügel
3–15	fruchtig, kräftig (Riserva: tanninbetont)	14–18	Lamm, Wild, Steak
8–20	dicht, reich, kräftig	16–18	Wild, Fleischgerichte
1–3	fruchtig, süffig	14–16	Pasta, Trüffel
3–10	kräftig, schwer, lang anhaltend	16–18	Wildschwein, Rinderfilet

* Eine ganze Reihe von Weinen aus unterschiedlichen Rebsorten – meist zusätzlich nach der Traubensorte benannt. Keine einheitliche Einstufung möglich. ** Emilia-R. = Emilia-Romagna; Friaul-J.V. = Friaul-Julisch Venetien *** Cab. = Cabernet

101 Weine von A-Z	***Rot, Weiß, Rosé?***	***Quali-täts-stufe***	***Region** ***	***Hauptrebsorte(n) *****
Est! Est!! Est!!! di Montefiascone	○	DOC	Latium	Trebbiano Toscano
Feldmarschall von Fenner	○	VdT	Südtirol	Müller-Thurgau
Fiano di Avellino	○	DOC	Kampanien	Fiano, Greco
Flaccianello	●	VdT	Toskana	Sangiovese
Fontalloro	●	VdT	Toskana	Sangiovese
Frascati	○	DOC	Latium	Malvasia, Trebbiano Toscano
Gaja & Rey	○	VdT	Piemont	Chardonnay
Galestro	○	VdT	Toskana	Trebbiano
Gavi	○	DOC	Piemont	Cortese
Graf de la Tour	●	VdT	Friaul-J.V-	Merlot
Granato	●	VdT	Trentino	Teroldego
Grattamacco	●	VdT	Toskana	Sangiovese, Cab. Sauvignon
Grave del Friuli*	●	DOC	Friaul-J.V	
Grifi	●	VdT	Toskana	Sangiovese, Cab. Sauvignon
Grosso Sanese	●	VdT	Toskana	Sangiovese
Guado al Tasso	●	VdT	Toskana	Cab. Sauvignon, Merlot
I Sistri	○	VdT	Toskana	Chardonnay
Il Pareto	●	VdT	Toskana	Cabernet Sauvignon
La Gioia	●	VdT	Toskana	Sangiovese
La Poja	●	VdT	Venetien	Corvina
Le Pergole Torte	●	VdT	Toskana	Sangiovese
Lago di Caldaro (Kalterer See)	●	DOC	Südtirol	Vernatsch
Lambrusco	◍ ●		Emilia-R., Lombardei	Lambrusco
Maurizio Zanella	●	VdT	Lombardei	Cab. Sauvignon, Cab. Franc, Merlot
Monprà	●	VdT	Piemont	Nebbiolo, Barbera
Montefalco	○	DOC	Umbrien	Grechetto
Montefalco Sagrantino	●	DOC	Umbrien	Sangiovese, Sagrantino
Montepulciano d'Abruzzo	●	DOC	Abruzzen	Montepulciano
Montepulciano Cerasulo	◍	DOC	Abruzzen	Montepulciano
Montesclapade	●	VdT	Friaul-J.V	Cab. Sauvignon, Merlot
Nebbiolo d'Alba	●	DOC	Piemont	Nebbiolo
Nozze d'oro	●	VdT	Sizilien	Nero d'Avola
Oltrepò Pavese*	○ ●	DOC	Lombardei	
Ornellaia	●	VdT	Toskana	Cab. Sauvignon, Merlot
Orvieto/Orvieto Classico	○	DOC	Latium, Umbrien	Trebbiano Toscano

○ = Weißwein ● = Rotwein ◍ = Roséwein

Lager-fähigkeit (in Jahren)	Charakter der Weine	Serviertemperatur (°C)	Schmeckt besonders gut zum Beispiel zu ...
1–2	leicht und frisch	10–12	Aperitif, leichte Nudelgerichte, Fisch
1–3	bukettreich, fruchtig	10–12	Melone & Schinken, Risotto
1–3	fruchtig, süffig	10–12	Süßwasserfisch
5–15	kräftig, tanninbetont	16–18	Fasan, Ente, Steak
5–15	tanninbetont, komplex	16–18	Wild, Wildgeflügel
1–3	leicht, frisch	10–12	Süßwasserfisch, Muscheln
3–10	kräftig, komplex	12–14	Pasta, Fisch
1–2	frisch, leicht	8 –12	Süßwasserfisch
1–3	kräftig, frisch	10–12	Risotto
5–15	fruchtig, alterungsfähig	16–18	Rinderfilet, Wild, Ente
5–15	kräftig, komplex	16–18	Pasta, kräftige Fleischgerichte
3–10	elegant, vielschichtig	16–18	Fasan, Ente, Steak
5–15	tanninbetont, kräftig	16–18	Wildgeflügel, Ente, Steak
5–15	kräftig, alterungsfähig	16–18	Ente, Steak, Fasan
5–15	Bordeaux-Stil	16–18	Wild, Fasan, Steak
3–10	dicht, kräftig	12–14	Pasta, Fisch
5–15	tanninbetont, kräftig	16–18	Wild, Wildgeflügel
5–15	elegant, komplex, reich	16–18	Fasan, Ente, Steak
3–10	reich, rund, alkoholbetont	16–18	Wildschwein
8–20	tanninbetont, elegant	16–18	Wildgeflügel, Steak
1–3	süffig, leicht	12–14	Pasta, Kalbfleisch
1–3	leicht, süffig bis rund und fruchtig, je nach Herkunft	12–14	Spaghetti Carbonara, Lasagne
5–15	Bordeaux-Stil	16–18	Rehfilet
5–10	kräftig	16–18	Trüffelgerichte, Wildgeflügel
1–2	leicht	10–12	Frittierter Fisch
2–5	rund, kräftig	14–18	Wildschwein
2–5	fruchtig, rund	14–16	Pasta
1–3	weich, fruchtig	12	Fisch, gebraten oder gegrillt
8–15	kräftig, tanninbetont, dicht	16–18	Wild, Wildgeflügel
3–10	tanninbetont, fruchtig	14–18	Ente, Trüffelgerichte
5–15	kräftig, langlebig	16–18	Wild
3–10	kräftig, rund, komplex	16–18	Ente, Wildgeflügel, Steak
1–3	frisch, leicht, anregend	10–12	Süßwasserfisch, leichte Nudelgerichte

* Eine ganze Reihe von Weinen aus unterschiedlichen Rebsorten – meist zusätzlich nach der Traubensorte benannt. Keine einheitliche Einstufung möglich. ** Emilia-R. = Emilia-Romagna; Friaul-J.V. = Friaul-Julisch Venetien *** Cab. = Cabernet

101 Weine von A-Z	*Rot, Weiß, Rosé?*	*Qualitätsstufe*	*Region* **	*Hauptrebsorte(n)* ***
Percarlo	●	VdT	Toskana	Sangiovese
Pin	●	VdT	Piemont	Barbera, Nebbiolo
Piodilei	○	VdT	Piemont	Chardonnay
Prosecco di Conegliano Valdobbiadene	○	DOC	Venetien	Prosecco
Querciagrande	●	VdT	Toskana	Sangiovese
RF Selice	●	VdT	Toskana	Sangiovese
Ronco dei Roseti	●	VdT	Friaul-J.V	Cab. Sauvignon, Cab. Franc, Merlot, Refosco
Rosso Conero	●	DOC	Marken	Montepulciano, Sangiovese
Rosso del Gnemiz	●	VdT	Friaul-J.V	Cab. Sauvignon, Merlot
Saffredi	●	VdT	Toskana	Cab. Sauvignon, Merlot, Alicante
Sammarco	●	VdT	Toskana	Cab. Sauvignon, Sangiovese
Sassicaia	●	VdT	Toskana	Cabernet Sauvignon
Sito Moresco	●	VdT	Piemont	Nebbiolo
Soave	○	DOC	Venetien	Garganega, Pinot/Chardonnay/ Trebbiano di Soave
Solaia	●	VdT	Toskana	Cab. Sauvignon, Cabernet Franc, Sangiovese
Solatio Basilica	●	VdT	Toskana	Sangiovese
Terre Alte	○	VdT	Friaul-J.V	Tocai Friulano, Chardonnay, Sauvignon Blanc
Tignanello	●	VdT	Toskana	Sangiovese, Cab. Sauvignon
Torgiano	○	DOC	Umbrien	Riesling Italico, Chardonnay, Trebbiano, Pinot Grigio
Torgiano (Riserva = DOCG)	◍ ●	DOC	Umbrien	Sangiovese, Cab. Sauvignon, Pinot Nero
Valle d'Aosta*	○ ●	DOC	Aostatal	
Valpolicella	●	DOC	Venetien	Corvina Veronese, Rondinella
Valpolicella Amarone	●	DOC	Venetien	Corvina Veronese, Rondinella
Valtellina	●	DOC	Lombardei	Nebbiolo
Verdicchio dei Castelli di Jesi	○	DOC	Marken	Verdicchio
Vernaccia di San Gimignano	○	DOCG	Toskana	Vernaccia
Vigna Arborina	●	VdT	Piemont	Nebbiolo
Vigna l'Apparita	●	VdT	Toskana	Merlot
Vigna Larigi	●	VdT	Piemont	Barbera
Vignaserra	●	VdT	Piemont	Nebbiolo, Barbera
Vigorello	●	VdT	Toskana	Sangiovese, Cab. Sauvignon
Vino Nobile di Montepulciano	●	DOCG	Toskana	Sangiovese

○ = Weißwein ● = Rotwein ◍ = Roséwein

Lager-fähigkeit (in Jahren)	***Charakter der Weine***	***Servier-temperatur (°C)***	***Schmeckt besonders gut zum Beispiel zu ...***
8–15	elegant, tanninbetont	16–18	Wild, Steak
5–15	dicht, reich, komplex	16–18	Wildgeflügel
3–8	bukettbetont, reich	12–14	Pasta, frittierter Fisch
1–2	leicht und einfach	8–10	Muscheln, Fisch
5–10	tanninbetont, kräftig	16–18	Wild, Steak
5–10	dicht, komplex, rund	16–18	Fasan, Ente, Steak
5–15	reich, kräftig, fruchtig	16–18	Wild, Wildgeflügel
3–10	weich, rund, kräftig	16	Pasta mit Tomatensauce, Ente
5–15	Bordeaux-Stil	16–18	Wild, Wildgeflügel
8–15	kräftig, tanninbetont	16–18	Fasan, Ente, Steak
8–15	elegant, alterungsfähig	16–18	Wild, Steak
10–20	elegant, komplex, kräftig	16–18	Wildgeflügel
5–10	reich, elegant	16–18	Pasta, Fleischgerichte
1–3 (z.T. bis 10)	frisch, leicht oder komplex, je nach Winzer	10–14	Aperitiv, Muscheln, Fisch
10–20	Bordeaux-Stil: elegant, komplex, tanninbetont	16–18	Wildgeflügel, Fleischgerichte
8–15	dicht, reich, elegant	16–18	Ente, Steak, Wildgeflügel
2–8	kräftig, mineralisch	12–14	Muscheln, frittierter Fisch, Pasta
5–15	elegant, rassig, finessenreich	16–18	Fasan, Ente, Steak
1–5	leicht und fruchtig bis kräftig, je nach Rebsorte	10–12	Melone und Schinken, Muscheln, Fisch
3–12	einfach, fruchtig bis kräftig, komplex, je nach Machart	14–18	Wildgeflügel, Fleischgerichte
1–5	fruchtig, süffig	14–16	Nudelgerichte, Fleischgerichte
5–15	schwer, gehaltvoll	16–18	Wildschwein, Schmorbraten
2–10	einfach bis kräftig	14–18	Braten, Wildgeflügel
1–5	einfach bis kräftig	10–14	Fisch
1–5	frisch, mineralisch	10–12	Muscheln, Fisch, Pasta
5–15	kräftig, tanninbetont, reich	16–18	Wildgeflügel
8–20	elegant, alterungsfähig	16–18	Steak, Wild, Ente
5–12	dicht, fruchtig, kräftig	16–18	Pasta, Hartkäse
5–15	kräftig, tanninbetont	16–18	Pasta, Trüffelgerichte
5–12	kräftig, tanninbetont	16–18	Fasan, Steak
3–12	elegant, tanninbetont	16–18	Ente, Steak, Kaninchen

* Eine ganze Reihe von Weinen aus unterschiedlichen Rebsorten – meist zusätzlich nach der Traubensorte benannt. Keine einheitliche Einstufung möglich. ** Emilia-R. = Emilia-Romagna; Friaul-J.V. = Friaul-Julisch Venetien *** Cab. = Cabernet

Vom Umgang mit Wein

Der Weg zum Weinkenner

Eine weiter gehende Beschäftigung mit dem Thema Wein ist natürlich eine Sache des individuellen Geschmacks und der Leidenschaft, die der Einzelne dafür entwickelt.

Wie kommt man zum Wein, wie wird man zum Weingenießer und -kenner? Der »einfachste« Weg ist sicherlich der, in einem Weinbaugebiet geboren zu werden. Dort wird einem der Weingenuss quasi in die Wiege gelegt, beziehungsweise gehört er zum täglichen Brot. Da es uns aber nicht gegeben ist, unseren Geburtsort selbst zu bestimmen, bleibt dem Neugierigen und Wein-Novizen nur die Alternative, sich selbst auf den Weg zu machen, den Wein oder besser die verschiedenen Weinarten aufzuspüren und zu lernen, wie sie sich hinsichtlich der Rebsorte, der Herkunft und nicht zuletzt der Qualität unterscheiden.

Ganz einfach ist die verständige und verstehende Annäherung an die Welt der Weine nicht, und sie ist auch nicht im Schnellgang zu bewältigen. Dies sei gleich zu Anfang betont, um keine Illusionen aufkommen zu lassen. Zu breit und zu verwirrend ist das Spektrum der Möglichkeiten: rot oder weiß, süß oder herb, Rheingau, Bordeaux, Toskana, Australien, »Barrique«, »Stahltank«, sonnengereift, sortenrein oder »Verschnitt«, durchgegoren, ökologisch: Dies sind nur einige wenige der vielen Ausdrücke, mit denen uns die Weinwerbung tagtäglich bombardiert und die inzwischen fast jedes Etikett und nahezu jeden Weinprospekt zieren.

Der Kopf dreht sich vor all den Namen, Fakten, Adjektiven, und wer sich nicht auskennt, verliert schnell die Orientierung. Deshalb wollen wir auf diesen Seiten versuchen, ein wenig Ordnung in das Chaos, Licht in das Dunkel zu bringen, um Ihnen einen ersten Zugang zu ermöglichen.

Den Zugang finden

Natürlich kann man zum Kennenlernen der Weine einfach den jeweils gängigen Moden folgen: mal Champagner, mal Prosecco, mal trocken, dann wieder edelsüß, rot, weiß, französisch, italienisch, australisch und immer so weiter. Einen Vorteil hätte das gewiss: Die Trends wechseln so häufig, dass große Chancen bestehen, im Laufe eines Lebens viele Weintypen kennen zu lernen. Aber wirklicher Weingenuss eröffnet sich nur dem, der sich auf solche Tendenzen nicht festlegen lässt, der sich allen Weinarten öffnet und sie auf sich wirken lässt.

Auch junge Leute lieben die ungezwungene Atmosphäre auf regionalen Winzerfesten.

Reisen zum Wein

Für den Anfang bieten sich verschiedene Zugangsmöglichkeiten. Da wäre einmal das systematische Erforschen einer einzigen Weinsorte oder der Weine eines einzigen Anbaugebietes, das vielleicht nicht allzu weit von Ihrem Heimatort entfernt ist. Kaufen Sie sich zuerst ein paar Flaschen dieser Weine, vergleichen Sie sie, versuchen Sie, andere, interessantere, bessere Produkte derselben Sorte zu entdecken, und im Laufe der Zeit lernen Sie fast automatisch die verschiedenen Typen, die Qualitätsstufen, die unterschiedlichen »Handschriften« der Winzer genauer kennen! Nach einer Weile können Sie Ihr Interesse dann auf benachbarte Regionen ausweiten, auf andere Sorten, auf Weine, die von einer anderen »Handschrift« geprägt sind, und gehen dann nach demselben Muster vor.

Wenn die Familie mitspielt, sind Weinreisen sicher die unterhaltsamste und erholsamste Art, die Weine der Welt (oder zumindest Europas) kennen zu lernen.

Natürlich kann man auch anders verfahren, kann von Anfang an auf Vielfalt setzen und beispielsweise seinen Urlaub so planen, dass er Kontakt mit immer neuen Weinbau-Realitäten bringt. Ein Jahr in die Toskana, ein Jahr in die Provence, dann wieder ins Elsass und Ostern an die Mosel. Wein- und Feinschmeckerreisen werden auch von spezialisierten Reiseveranstaltern organisiert und bieten eine gute Gelegenheit, der eigenen Leidenschaft in einer Gruppe Gleichgesinnter zu frönen.

Wein »vor Ort« zu entdecken ist gar nicht so schwierig, wenn man bedenkt, dass der überwiegende Teil der wichtigen Anbaugebiete ohnehin zu den beliebtesten Reisegebieten zählt, so wie hier die französische Provence.

Verkostungen und Kurse

Vielleicht die einfachste Möglichkeit, möglichst viele verschiedenartige Weine kennen zu lernen, bieten heute Weinhändler an, die zum Zwecke der Verkaufsförderung umfangreiche Weinproben organisieren oder in ihren Verkaufsräumen ständig ein paar Probierflaschen bereithalten. Insbesondere die größeren Handelsketten mit ihren Depots in allen Ballungsgebieten betrachten einen solchen Service heute als selbstverständlichen Bestandteil ihrer Arbeit. Eine weitere Möglichkeit, die den ganz Eifrigen unter Ihnen sicherlich gefallen wird, besteht darin, einmal eines jener Weinseminare für ganz »unvorbelastete« Anfänger oder fortgeschrittene Amateure zu belegen, wie sie heute von vielen Institutionen, angefangen von den Volkshochschulen über bestimmte Gourmet-Restaurants bis hin zu den Werbeträgern des deutschen Weinbaus, wie dem Deutschen Wein-Institut in Mainz, organisiert werden.

Ausprobieren und genießen!

Viele Weinliebhaber haben heute schon ein so enormes Wissen über Anbaugebiete, Lagen, Winzer, Weine und Jahrgänge erworben, dass sogar manchem Weinmacher bei der Begegnung mit ihnen geradezu angst und bange wird. »Wein wird durch Wissen erst schön«, sagt man gerne, und das stimmt zumindest teilweise, denn zum vollkommenen Weingenuss gehört auch das intellektuelle Vergnügen, so wie sich

Gar nicht so ungewöhnlich wäre es, wenn Sie Ihre Liebhaberei zum Spezialistentum ausbauen wollen.

die Feinheiten einer großen Symphonie nur dem vollends erschließen, der sie zu verstehen in der Lage ist. Aber Achtung! In unseren Breiten vergisst man allzu schnell über dem Wissen und dem Lernen das hedonistische Element, das den Wein doch erst zur vollen Geltung und Entfaltung kommen lässt – das Genießen. Zum Weingenuss gehören nun einmal sowohl Systematik als auch Sinnenfreude. Das Wissen über den Wein allein kann nämlich schnell in weinseliger Besserwisserei enden.

Wichtige Unterscheidungskriterien

Vor dem Weingenuss steht zuallererst die Qual der Wahl. 300 Millionen Hektoliter Wein, das sind 30 Milliarden Liter oder umgerechnet mehr als 40 Milliarden Normalflaschen – mal mehr, mal weniger, wie es der Jahrgang gerade will –, werden jedes Jahr in den 40 oder 50 Weinproduktionsländern dieser Erde gekeltert. Allein der Welt größter Weinproduzent, die kalifornische Firma Gallo, füllt 600 Millionen Flaschen ab! Wenn man weiß, dass allein im klassischen Weinland Italien in unseren Tagen rund 45 000 Abfüller ihre Produktpaletten auf dem Markt feilbieten - was Jahr für Jahr schätzungsweise rund 300 000 verschiedene Etiketten ergibt -, dann kann man die Schwierigkeit der Wahl des richtigen Weines zur richtigen Gelegenheit annähernd ermessen. Es ist also unerlässlich, sich etwas näher mit der hohen Kunst der Etikettenkunde zu befassen, um sich in dieser Vielfalt zurechtzufinden.

- Wir können einen Wein bezüglich seiner Art (weiß oder rot, rosé oder Schaumwein), seiner Rebsorte, seiner Herkunft und seiner Qualitätseinstufung auswählen.

Die Weinart

Angesichts der wachsenden Vielfalt wird es immer wichtiger, vor dem Weinkauf die notwendigen Informationen zu sammeln – denn der Preis ist nicht immer ein zuverlässiger Maßstab für Qualität.

Auf den folgenden Sonderseiten finden Sie eine Einteilung der Weinarten. Sie ist das erste wichtige Kriterium für die Weinauswahl. Es ist ja schließlich ein Unterschied, ob Sie einen fruchtigen Weißen oder einen gehaltvollen Rotwein trinken möchten. Welcher Wein zu welchem Essen passt, können Sie übrigens ab Seite 300 nachlesen.

Zunächst möchten wir Ihnen anhand dieses kurzen Überblicks eine Art Gerüst verschaffen, an dem Sie sich immer orientieren können.

- Sie ersehen daraus, welche Rebsorte bzw. welche Cuvée aus welchem Land der jeweiligen geschmacklichen Richtung entspricht.

Es wurden dabei lediglich Beispiele aus den wichtigsten Anbaugebieten ausgewählt. Die Liste weist einige Überschneidungen auf, und jeder entdeckungsfreudige Weinkenner wird sie natürlich je nach seinen Bedürfnissen um einige Posten erweitern können.

ATEAU
UY DUCASSE
ILLAC
DE LOIRE
DU BOURG
ROUX PÈRE & FILS
OURGOGNE
Chardonnay

Die Weinarten und ihre

Anmerk.: Die Abkürzungen für die Länder entsprechen den Autokennzeichen; Ausnahme: Kalifornien = CA.

1. Junge leichte Weißweine – (etwa 8–12 Volumenprozent Alkohol)
- neutral (Silvaner D, Müller-Thurgau D, Muscadet F, Entre-Deux-Mers F, Terlaner I, Trebbiano aus der Toskana I, Vernaccia di S.Gimignano I, Frascati trocken I, Grüner Veltliner A, Welschriesling A, Chasselas CH, Vinho verde P, California »Chablis« CA)
- frisch, lebendig (Riesling aus Franken D, Riesling von der Mosel D, Sancerre F, Pouilly fumé F)

2. Volle und/oder alterungsfähige Weißweine – (etwa 10–14 Volumenprozent Alkohol)
- fruchtig, vollmundig (Riesling aus dem Rheingau D, Riesling halbtrocken oder Spätlese von der Mosel D, Weißburgunder aus Baden D, Riesling aus dem Elsass F, Chablis F, Riesling aus der Wachau A)
- würzig (Ruländer aus Baden D, Pinot gris aus dem Elsass F)
- aromatisch (Gewürztraminer und Muscat aus dem Elsass F)
- körperreich, charaktervoll (Burgunder F)
- halbtrocken, kräftig (Riesling Spätlese und Auslese aus dem Rheingau D, Vendanges tardives aus dem Elsass F, Orvieto abboccato I)

3. Rosé- und leichte Rotweine – (etwa 11–13 Volumenprozent Alkohol)
- Rosé, leicht (Weißherbst aus der Rheinpfalz D, Bardolino Chiaretto I)
- Rosé, gehaltvoll (Weißherbst aus Baden und Württemberg D, Tavel F)

bekanntesten Vertreter

- Rot, leicht, fruchtig (Portugieser D, Chinon F, Zweigelt A)
- Rot, mild, jung (Schwarzriesling aus Württemberg D, Beaujolais F, Bardolino I, Merlot aus dem Friaul I, Merlot CH, roter Vinho verde P)

4. ***Rotweine*** – (etwa 11–15 Volumenprozent Alkohol)
- schlank, elegant (Spätburgunder D, Chianti I, Valpolicella I, Rioja E)
- kräftig, alterungsfähig (Bordeaux F, Burgunder F, Côte Rôtie F, Chianti Riserva I, Barbaresco I, Rioja Riserva E, Cabernet CA, Cabernet und Shiraz AUS)
- schwer, gehaltvoll (Châteauneuf-du-Pape F, Barolo I, Brunello di Montalcino I, Amarone I)

5. ***Schaumweine***
- Champagnermethode (Winzersekte D, Champagner F, Spumante metodo classico I, Cava E)
- Tankgärung (Sekt D, Prosecco I)

6. ***Dessert- und Likörweine*** – (etwa 6–19 Volumenprozent Alkohol)
- Auslese-Prädikate (alle Beerenauslesen, Trockenbeerenauslesen, Eisweine D und A, Ausbruch A, Sélections de grains nobles aus dem Elsass F, Tokajer H)
- holzfassgereifte Botrytis-Weine (Sauternes F, Barsac F)
- Strohweine und ähnliche (Recioto Soave I, Vin Santo I)
- aufgespritete Weine (Vins doux naturels F, Marsala I, Sherry Medium und Cream E, Madeira P)
- süße Rotweine (Banyuls F, Recioto Valpolicella I)

Die Rebsorte

Die Unterteilung in Weinarten hätte bis vor nicht allzu langer Zeit ausgereicht, dem Weinfreund bei der Auswahl zu helfen. Das Interesse für andere Unterscheidungsmerkmale, wie zum Beispiel die Rebsorten, ist noch nicht alt.

- Lediglich Deutschland und Österreich mit ihren reinsortigen Weinen und mit ihren Weingesetzen, die schon immer neben dem Anbaugebiet auch die Rebsorte in den Mittelpunkt gestellt hatten, bildeten darin eine Ausnahme.

Grenache-Trauben auf steinigem Boden bei Châteauneuf-du-Pape im südlichen Rhônetal.

Das Desinteresse gegenüber den Sortenbezeichnungen ist spätestens seit dem Aufkommen des Qualitätsweinbaus in der Neuen Welt verschwunden. Plötzlich tauchten nämlich Weine auf dem Markt auf, die mit den besten französischen, italienischen und spanischen Produkten konkurrieren konnten, die aber statt der bekannten Herkunfts- oder Lagenbezeichnung nur die Namen der Rebsorten – Chardonnay, Sauvignon, Cabernet, Syrah – auf dem Etikett trugen.

- Von den vielen Rebsorten, die auf der Welt angebaut werden, haben allerdings zum Glück nur insgesamt 40 bis 50 für den Weinkenner Bedeutung, und von diesen bringt nur knapp ein Dutzend die besten Weine der Welt hervor, wie wir ab Seite 34 gesehen haben.

Das heißt natürlich nicht, dass es nicht auch hervorragende Produkte aus anderen Sorten gäbe. Sie sind nur sehr viel seltener und verschwinden oft in der Masse der anonymen oder gar minderwertigen Vertreter ihrer Art. Zumeist werden sie ausschließlich in ihren jeweiligen Anbauregionen getrunken oder gehen als Verschnitt in Tafelweine ein.

Die Herkunftsbezeichnungen

Haben Sie sich nicht schon einmal sehnlichst gewünscht, dass man Ihnen »reinen Wein einschenken« möge? Spaß beiseite: Die alte Metapher hat durchaus ihren Sinn! Reiner, also nicht gepanschter Wein lag schon den Herrschern und Gesetzgebern vergangener Epochen am Herzen. Die ältesten Weingesetze, eine Vorstufe unserer heutigen garantierten Herkunftsbezeichnungen, stammen immerhin schon aus dem 18. Jahrhundert, genauer gesagt aus dem Jahr 1716 (für 4 toskanische Weine, darunter die heutigen Chianti und Carmignano) beziehungsweise von 1756 (für Portwein).

Da aber das beste Weingesetz nur so viel wert ist wie die Sicherheit, die es dem Verbraucher wirklich bietet, erfand man das Etikett. Und so steht der arme »König Verbraucher« heute vor einem Wald von Schildern, deren Namen, Bezeichnungen, Kürzel und andere »Inhaltsangaben« ihm eigentlich helfen sollen, ihn aber – seien wir ehrlich! – in der Mehrheit der Fälle eher verwirren.

Allein der deutsche Weinbau kennt zum Beispiel etwa 2750 Lagennamen, 2590 Einzel- und 160 Großlagen. Dazu kommen noch 36 Bereiche und 13 Anbaugebiete. In Frankreich gibt es fast 300 Weine mit der Herkunftsgarantie A.O.C. beziehungsweise V.D.Q.S. und den entsprechenden Unterdefinitionen (zum Beispiel Cru, Premier Cru). Italien besitzt über 250 D.O.C.- und D.O.C.G.-Gewächse mit insgesamt etwa 900 bis 1000 Unterbezeichnungen. Und das ist nur die Spitze des Eisbergs, denn in Frankreich repräsentieren die Qualitätsweine gerade mal 50 Prozent, in Italien ungefähr 15 Prozent und z.B. in Spanien nur 4 Prozent des gesamten Weinangebots.

Lauter schöne Flaschen...

Die Orientierung wird heute um so schwieriger, als sich neben den Weinbürokraten inzwischen auch die Werbedesigner der Weinflasche und ihrer Ausstattung angenommen haben und versuchen, unabhängig von offiziellen Auszeichnungen, Siegeln und Nummern, ein gewisses Image zu kreieren und Eindruck zu schinden. Mehr noch! Früher einmal waren Flaschenform und Etikettenstil ein fast untrügliches Erkennungszeichen für einen Weintyp, ein Anbaugebiet, eine Domaine oder ein Château. Das hat sich gründlich geändert, und zwar vor allem in den »neuen« Qualitätsweinländern Australien und den USA, zuletzt aber auch in Deutschland, Italien und beim Traditionshüter Frankreich selbst. Bordeaux-, Burgund-, Rheinweinflaschen oder sogar Bocksbeutel stehen oft nicht mehr für das, was sie einmal waren. Jeder füllt heute jeden Wein in jedwede Flasche, und wer das Geld (seiner Kunden!) und die Phantasie hat, lässt sich besonders schöne schlanke, konische, doppelt schwere oder blauphosphoreszierende Weinbehälter anfertigen und

Bezieht man die Tafel- und Landweine mit ein, wird die ellenlange Liste möglicher Herkunftsbezeichnungen und Weinnamen vollkommen unüberschaubar.

Weinflaschen und ihre Normgrößen

Piccolo	=	0,187 Liter
halbe Flasche	=	0,375 Liter
Tokajer	=	0,5 Liter
Normalflasche	=	0,75 Liter
Magnum	=	2 Normalflaschen/1,5 Liter
Doppel-Magnum/Jeroboam/Jeroboam (Champagne)	=	4 Normalflaschen/3 Liter
Jeroboam (Bordeaux)	=	6 Normalflaschen/4,5 Liter

Aber es gibt auch noch größere Flaschen, mit den schönen Namen Rehoboam/Rejoboam, Impériale, Mathusalem/Methusclah, Salmanazar, Balthazar und Nebuchadnezar/Nabuchodonosor (= 20 Normalflaschen oder 16 Liter Fassungsvermögen), die bis zu 1 Meter hohe Giganten sein können.

Auf einem Weinfest kann man die unterschiedlichen Qualitätsstufen in fröhlicher Runde kennen lernen.

verziert sie dann mit Etiketten, die zwar keinerlei Informationsgehalt mehr haben, aber dafür dem Graphikergewerbe alle Ehre machen. Ein Irrtum wäre es allerdings, von der besonderen Flasche, dem besonderen Etikett (und dem besonderen Preis!) auch auf besonders gute Qualität schließen zu wollen.

Was uns die Etiketten verraten

Geben all die amtlichen und folkloristischen Namen, Herkunftsbezeichnungen und Klassifizierungen dem Verbraucher wirklich verlässliche Hinweise und Hilfen beim

Tafel- und Landwein (Gebiete auf dem Etikett)

1. Die deutschen Tafelweine nach Gebieten

Weinbaugebiet Rhein-Mosel – Untergebiete: Rhein, Mosel
Weinbaugebiet Bayern – Untergebiete: Main, Donau, Lindau
Weinbaugebiet Neckar
Weinbaugebiet Oberrhein – Untergebiete: Römertor, Burgengau
Weinbaugebiet Albrechtsburg

2. Die deutschen Landweine nach Gebieten

Ahrtaler, Starkenburger, Rheinburgen-Nahegauer, Altrheingauer, Rheinischer, Pfälzer, Mosel, Ruwer, Saar, Fränkischer, Regensburger, Bayerischer Bodensee, Südbadischer, Unterbadischer, Taubertäler, Sächsischer, Anhaltiner Landwein.

Einkauf? Die Antwort auf diese Frage ist recht schwierig. Wissen nicht beispielsweise Eingeweihte, dass die berühmten Weine des »Clos de Vougeot« im Burgund auch gelegentlich recht mickrig sein können, je nachdem, welcher Winzer für die betreffende Flasche verantwortlich zeichnet? Haben wir nicht schon erlebt, wie hervorragenden Weinen in deutschen Prüfkommissionen die Prüfnummer verweigert wurde, nur weil sie nicht den Geschmacksgewohnheiten der Verkoster entsprachen... vielleicht weil der eine oder andere Wein in den hierzulande lange verpönten kleinen Fässern aus neuem Eichenholz vergoren worden war?

Das Dilemma, dass eben die Etikettierung eines Weines als A.O.C., D.O.C. oder Q.b.A. letztlich doch nicht alles über seine tatsächliche Qualität aussagt, spiegelt sich in der weitverbreiteten Manie wider, neben den »amtlichen« Anerkennungen noch weitere Preise, Goldmünzen, Kammermünzen, Diplome und ähnlichen »Glitzerkram« zu verleihen.

Die Problematik der schier unübersehbaren Fülle zeigt sich nicht zuletzt in einer steigenden Zahl von Weinzeitschriften, Weinführern, Bildbänden und Informationsschriften.

Man kann also, und das gilt heute noch viel mehr als vor ein, zwei Generationen, vom Etikett eines Weines nicht direkt auf seine Qualität schließen.

- Allenfalls garantieren die Herkunftsbezeichnungen, das amtliche Siegel oder die Prüfnummer dem Verbraucher einen bestimmten Weintyp und vielleicht auch noch eine gewisse Mindestqualität des Weines.

Wichtig: Der Erzeuger

Wie soll man nun – trotz allem – ein Etikett lesen? Zuerst werden sicherlich, wie bereits besprochen, der Weintyp und die Rebsorte, soweit sie angegeben sind, interessieren. Auch das Anbaugebiet, das Land und gegebenenfalls die Art des Ausbaus – trocken, halbtrocken, süß – gehören zu den ersten Informationen, die man suchen sollte. Spätestens dann – manchmal in Wirklichkeit aber schon vorher – schaut man direkt nach dem Namen des Winzers, denn er ist der einzige wirkliche Garant für die Qualität eines Weines. Anschließend interessieren geogra-

Markenwein – der sichere Tipp

Besonders im Lebensmittelhandel werden Weine angeboten, die statt einer geographischen Ursprungsbezeichnung einen Phantasienamen (zum Beispiel Blanchet, Amselkeller) tragen. Auch der Jahrgang ist nicht angegeben. Das müssen keine schlechten Weine sein! Sie haben Erfolg, weil viele Verbraucher, die Experimente scheuen, Wert darauf legen, dass »ihre Marke« immer gleich schmeckt. Beim Sekt sind preiswerte Markenprodukte ja schon lange gang und gäbe.

Wenn auch so mancher darüber die Nase rümpft – diese Weine haben ihre Daseinsberechtigung. Viele Menschen sind erst durch die unproblematischen Markenweine auf den Geschmack gekommen und haben sich später zu Weinkennern entwickelt.

Die heutige Bezeichnung Kabinett ist dem früheren Cabinet entlehnt. Besonders ausgelesene Weine wurden im 18. Jahrhundert von den Kellermeistern im sogenannten »Cabinet-Keller« aufbewahrt – so wie hier auf Schloss Johannisberg. Der Begriff wurde später als zusätzliche Qualitätsangabe für besonders hochwertige Weine übernommen.

phische Präzisierungen (zum Beispiel die Lage) und der Jahrgang. Schließlich vergewissert man sich, ob es sich wirklich um eine »Erzeugerabfüllung« handelt – manchmal ist diese Angabe allerdings erst auf dem Korken vermerkt (z.B. »Mis en bouteilles au château«, »Imbottigliato all'origine« oder ähnliches ist da eingebrannt) – und liest vielleicht auch noch den Alkoholgehalt und all die vielen Zusatzbeschreibungen und freiwilligen Angaben, die so manchem Rückenetikett zu wahrhaft komischer Grandeur verhelfen.

Bei der Vielfalt von Wein-, Herkunfts- und Lagennamen, die nicht einmal Experten annähernd vollständig kennen, ist es vor allem für den Wein-Novizen sinnvoll, sich ein oder zwei Dutzend Erzeugernamen zu merken (eine Übersicht finden Sie im Anhang dieses Buches ab Seite 318). Natürlich gibt es auch beim besten Winzer einmal einen enttäuschenden Wein, aber die Sicherheit, wirklich Qualität fürs Geld zu bekommen, ist doch auf diese Weise sehr viel größer, als wenn man sich nur nach »offiziellen« Titeln und Auszeichnungen richtet.

Trotz dieser etwas pessimistischen Vorbemerkung muss betont werden, dass Grundkenntnisse der jeweiligen nationalen Weinkennzeichnungen für den engagierten Weinamateur unerlässlich sind. Wir wollen daher auf den folgenden Seiten die Bestimmungen und Kennzeichnungen für Weine aus Deutschland, Frankreich und Italien detaillierter betrachten.

Die deutschen Qualitätsstufen

Das deutsche Gesetz kennt, wie auch das französische, zwei Arten der Ordnung und Klassifizierung der schier unübersichtlichen Weinflut: eine geographische und eine qualitative. Den geographischen Rahmen bilden die Anbaugebiete, Bereiche, Gemeinden und Lagen, den qualitativen die Qualitätsstufen: in Deutschland Tafel-, Land-, oder Qualitätswein bestimmter Anbaugebiete (Q.b.A.), ohne oder mit Prädikat.

Alle deutschen Weine sind nach dem Gesetz in vier Qualitätsstufen eingeteilt. Ihre Angabe auf dem Etikett ist obligatorisch. Zugelassen sind:

- Tafelweine
- Landweine
- Qualitätsweine
- Qualitätsweine mit Prädikat.

Deutsche Prädikatsweine auf einen Blick

- Kabinett (je nach Anbaugebiet und Rebsorte) mindestens 70–85 Grad Oechsle;
- Spätlese mindestens 76–95 Grad Oechsle, Erntebeginn frühestens 7 Tage nach dem allgemeinen Lesebeginn, vollreife Trauben;
- Auslese mindestens 83–105 Grad Oechsle, ausgelesen werden nur ganze, vollreife und gesunde Trauben, eventuell mit Edelfäule;
- Beerenauslese mindestens 110–128 Grad Oechsle, überreife oder edelfaule, einzeln verlesene Traubenbeeren;
- Trockenbeerenauslese mindestens 150–154 Grad Oechsle, eingeschrumpfte, edelfaule und einzeln verlesene Beeren;
- Eiswein wird aus Trauben gekeltert, die am Rebstock eingefroren waren und dies bis zur Kelter bleiben. Die Außentemperatur bei der Lese muss mindestens –7 °C betragen, das Mostgewicht muss dem einer Beerenauslese entsprechen.

Ähnliche Einstufungen gelten auch in Österreich.

Ab 1. August 2000 kommt im Zuge der europäischen Gesetzgebung außerdem als unterste Stufe die Kategorie der »Verarbeitungsweine« dazu. Hierbei handelt es sich um einen Verschnitt von Tafelweinen aus verschiedenen EU-Ländern.

Tafelwein

Tafelweine stellen die unterste Stufe dar, die allerdings – je nach Erzeuger – nicht immer der geringsten Qualität entsprechen muss. Tafelweine dürfen nur aus inländischen empfohlenen und zugelassenen Trauben stammen, die in einem der 5 deutschen Weinbaugebiete für Tafelwein bzw. ihren Untergebieten (siehe Kasten Seite 230) geerntet wurden. Um Verwechslungen zu vermeiden, sind die Namen dieser Tafelweingebiete nicht mit denen für Qualitätswein identisch. Das Mindestmostgewicht muss 44 Grad Oechsle (in Baden 50 Grad) betragen, was einen natürlich erreichbaren Alkoholgehalt (ohne Anreicherung) von 5 beziehungsweise 6 Volumenprozent ergäbe. Tafelweine unterliegen nicht der »Amtlichen Qualitätsprüfung« (siehe Seite 238).

Landwein

Ein Landwein ist ein Tafelwein von etwas höherer Qualität. Er muss geringfügig (0,5 Volumenprozent) höher im natürlichen Alkoholgehalt sein und zu 100 Prozent aus einem Weinbaugebiet für Landwein stammen, zum Beispiel »Pfälzer Landwein« (siehe Kasten Seite 230).

Deutscher Landwein ist trotz des rustikalen Namens, der erst 1982 offiziell eingeführt wurde, ein Flop am Markt geblieben. Während sich die Franzosen mit ihren preiswerten, fast immer trockenen Landweinen und einer sehr geschickten Werbung schon längst erfolgreich etablieren konnten, wurde in Deutschland hin und her diskutiert und damit die Einführung des Landweines verschleppt.

Die deutschen Landweine kamen bisher nicht an ihre trockenen französischen Vorbilder heran, weil sie fast alle auf »süffig« getrimmt wurden. So passten sie weder zum Essen noch zum Trinken danach, weil sie einfach zu süß und ausdruckslos waren. Erst in den letzten Jahren findet man vor allem in Großmärkten da und dort deutsche Landweine, die für einen frischen Schoppen taugen.

Qualitätsweine

Qualitätswein mit dem Zusatz »bestimmter Anbaugebiete« oder »b.A.« stellt mit durchschnittlich 75 Prozent den mengenmäßig größten Anteil an einer durchschnittlichen Weinernte aus Deutschland dar. Entsprechend groß ist auch das Qualitätsspektrum dieser Klasse.

Die Trauben von Qualitätsweinen müssen aus einem einzigen der 13 genau definierten »bestimmten Anbaugebiete« stammen (siehe unser Kapitel über die deutschen Anbaugebiete ab Seite 93). Jede Abfüllung eines Qualitätsweines muss der »Amtlichen Qualitätsweinprüfung« unterzogen werden, die wir unten beschreiben. Ebenso wie Tafel- und Landwein muss auch der Qualitätswein einen bestimmten Mindestalkoholgehalt (allgemein 7 Volumenprozent, in Baden 9 Volumenprozent) aufweisen.

Man kann davon ausgehen, dass heute so gut wie jeder Qualitätswein auch angereichert wird, um einen höheren als den gesetzlich geforderten Alkoholgehalt zu erreichen. Das gibt den Weinen »Rückgrat«, denn Alkohol ist ein wichtiger Geschmacks- und Aromaträger.

Qualitätsweine mit Prädikat

Die höchste Qualitätsstufe stellen die Prädikatsweine dar. Die Prädikate heißen in aufsteigender Reihenfolge:

- Kabinett, Spätlese, Auslese, Beerenauslese, Trockenbeerenauslese.

Ein »Eiswein« ist ein Wein, dem mindestens das Prädikat Beerenauslese zusteht und dessen Trauben bei Lese und Kelterung gefroren waren.

- Prädikatsweine dürfen nicht angereichert werden.

Die Eingangsstufe Kabinett weist darauf hin, dass die Trauben eine bestimmte Reife (der Fachmann spricht von Mindestmostgewicht) erreicht haben und der Most nicht mit Zucker aufgebessert ist. Da die Mindestreife nicht gerade hoch angesetzt ist – der vorhandene Mindestalkoholgehalt liegt unter dem des Tafelweins –, muss man bei einem »Gerade-so-eben-Kabinett« in Kauf nehmen, ein Produkt zu erhalten, das etwas ausdruckslos ist, weil es am geschmacksbeeinflussenden Alkohol mangelt.

Ein gut angereicherter Qualitätswein b.A. ist allemal einem schwachen Mindest-Kabinett vorzuziehen. Hier hilft nur ein Blick auf

Malerischer Innenhof eines Weingutes in Rheinhessen, einer Region, die besonders für hochwertige Silvaner-Weine bekannt ist.

den Namen des Produzenten, denn Erzeuger, die auf ihren Ruf bedacht sind – und das sind nicht nur Weingüter, sondern auch Genossenschaften – bieten solche »Schwächlinge« gar nicht an. Sie stufen sogar oft reifere Trauben, die für das Prädikat »Spätlese« geeignet wären, freiwillig zum Kabinett herab, um ein komplettes Sortiment guter Qualitäten vorweisen zu können.

In diesen Fällen erkennt man zum Glück am Preis, was vom Flascheninhalt zu erwarten ist, denn für DM 3,98 kann kein Winzer eine gute Spätlese erzeugen.

Spätlese

Die Einstufung eines Weines in die Kategorie Spätlese richtet sich nicht nur nach dem Reifegrad – es werden vollreife Trauben verlangt –, sondern nach dem Zeitpunkt der Traubenlese, der mindestens 7 Tage nach dem Beginn der allgemeinen Weinlese für die jeweilige Traubensorte liegen muss.

Spätleseweine erfreuen sich einer überdurchschnittlichen Beliebtheit, denn unter dem Namen kann sich auch der unerfahrene Weinfreund etwas vorstellen: spät gelesen = hohe Reife. Der übergroßen Nachfrage nach diesen – leider oft sehr süß angebotenen Tropfen – können die Produzenten neuerdings auch in Jahren entgegenkommen, in denen es das Wetter nicht so gut mit der natürlichen Reife der Trauben meinte. Sie pflanzen einfach eine der vielen neu gezüchteten Rebsorten an, die auch in »durchwachsenen« Jahren die nötige Mindestreife für eine Spätlese der gesetzlich geforderten Art mitbringen. Die daraus erzeugten Weine sind oft einfach nur süß, sehr zum Ärger der Erzeuger traditioneller, gehaltvoller Spätlesen.

Ausleseweine

Müssen die Trauben für eine gute Spätlese schon voll ausgereift sein, so werden sie für die nächsthöhere Prädikatsstufe »Auslese«, wie der Name bereits sagt, besonders ausgelesen, das heißt unreife Beeren werden bei der Lese ausgesondert. Vielmehr sollten sie. Das Weingesetz verlangt für eine Auslese zwar nur ein bestimmtes Mostgewicht und reife, gesunde Trauben, jedoch nehmen es die verantwortungsbewussten Erzeuger hochwertiger Weine mit diesem Begriff sehr ernst und sortieren tatsächlich die dafür bestimmten Beeren manuell aus. Das schlägt sich – angesichts des hohen Arbeitsaufwandes – natürlich im Preis nieder, womit dieser zum Qualitätsindiz wird.

Ausleseweine sind von großer Geschmacksintensität, besonders wenn sie aus den »alten« Rebsorten Riesling, Silvaner, Ruländer oder Spätburgunder gekeltert werden, sowie von einer starken natürlichen Süße. Die typischen deutschen Auslesen sind eher niedrig im Alkohol, dafür aber säurereich und dabei von feiner Süße.

Als Folge der Renaissance der trockenen Weine findet man heute immer mehr »trockene«, also durchgegorene Ausleseweine mit höherem Alkoholgehalt.

Beerenauslesen

Für Beerenauslesen werden – wie der Name schon andeutet – überreife Wein»beeren« ausgelesen. Für die Trockenbeerenauslesen müssen die Trauben durch die Edelfäule sogar noch rosinenartig eingeschrumpft sein (siehe auch Seite 18).

Ob es sich bei der auf dem Etikett angegebenen Lagenbezeichnung um eine Groß- oder Einzellage handelt, ist aus der Aufschrift nicht zu ersehen.

Weine dieser Qualität gibt es nur in den allerbesten Jahren, wie 1971, 1976, 1990, oder zuletzt 1999, in denen der Witterungsverlauf besonders günstig war. Ihre Geschmacksfülle ist überragend, wenn auch die überaus große Süße den Charakter der Traubensorte leicht überdeckt. An der Süße der Beeren- und Trockenbeerenauslesen scheiden sich die Geister beziehungsweise die Qualitäten. Die ganz großen Weine, besonders aus der Rieslingtraube, haben eine unnachahmliche charaktervolle Geschmacks- und Duftfülle, während die sehr früh reifenden Rebsorten – zum Beispiel die Siegerrebe – sehr oft minderwertige Weine ergeben, die nur klebrig und süß sind.

Obwohl Beeren- und Trockenbeerenauslesen wegen ihres fast likörähnlichen Geschmacks auf den ersten Schluck viel Alkohol vermuten lassen, ist der Alkoholgehalt noch niedriger als beim Auslesewein. Durch den hohen natürlichen Zuckergehalt kommt die Gärung schwer in Gang und wird relativ früh durch den Zucker gestoppt. Die konservierende Eigenschaft des natürlichen Restzuckers und der hohe Extraktgehalt bewirken, dass Trockenbeerenauslesen oft jahrzehntelang und länger haltbar sind. Für die Kapitalanlage im Keller sind sie also ideal geeignet. Um sie für den Verbraucher noch erschwinglich zu halten, werden sie meistens in halbe Flaschen gefüllt. Man trinkt sie aus kleinen Gläsern in geringen Mengen, denn sie machen schnell »satt«.

Eiswein

Neben den geschilderten Prädikaten gibt es noch eine besondere Rarität, die nur in manchen Jahren erzeugt wird: den Eiswein.

Dieser Wein ist ein Kuriosum und ein Spekulationsobjekt für die Winzer zugleich. Das Gesetz verlangt, dass die Trauben, die zur Herstellung von Eisweinen verwendet werden, bei der Lese und Kelterung gefroren sein müssen. Die Winzer müssen also auf Frost von mindestens -8 bis -10 Grad C warten. Kommt er nicht, hat man Pech gehabt, und die für den Eiswein reservierten Trauben wandern auf den Müll. Hat man aber Glück mit dem Vabanque-Spiel mit Mutter Natur, so wird der Verbraucher die Risikobereitschaft gewiss honorieren. Allerdings bezahlt er weniger den Weinwert als die Kuriosität einer solchen Kreszenz. Obwohl durch das Gefrieren des in den Trauben enthaltenen Wassers eine ähnliche Konzentration erreicht wird wie bei einer Trockenbeerenauslese, schmeckt diese meist harmonischer. Eine vergleichende Probe ist auf jeden Fall interessant!

Von Zeit zu Zeit kontrolliert der Winzer mit einem Weinheber die Entwicklung des heranreifenden Weines.

Angaben auf deutschen Weinetiketten

Es ist wenig sinnvoll, an dieser Stelle das Bezeichnungsrecht in aller Breite darzustellen. Wichtig ist vielmehr, all das zu erklären, was den Käufer am Regal erwartet.

Für alle, die in den vielfältigen Vorschriften und dem daraus resultierenden Bezeichnungswirrwarr zwar ein Ärgernis, nicht aber ein Hindernis am Weingenuss sehen, folgen hier einige praxisnahe Informationen über die Angaben auf den Etiketten deutscher Wein- und Sektflaschen.

Vorgeschriebene Angaben:

1) Tafelwein

1 die Angabe »Deutscher Tafelwein« bei inländischem Wein, der nicht als Landwein bezeichnet ist, die Angabe »Weißwein« oder »Rotwein«, wenn keine nähere Herkunftsangabe als »deutsch« gewählt ist
2 Nennvolumen (Flascheninhalt)
3 Abfüller sowie Mitgliedsstaat, Gemeinde seines Hauptsitzes oder Abfüllungsort
4 vorhandener Alkoholgehalt

2) Qualitätswein b.A.

1 das bestimmte Anbaugebiet, aus dem der Wein stammt
2 die Qualitätsstufe; bei Qualitätswein mit Prädikat das Prädikat
3 Nennvolumen (Flascheninhalt)
4 Abfüller (siehe Tafelwein)
5 amtliche Prüfungsnummer
6 vorhandener Alkoholgehalt

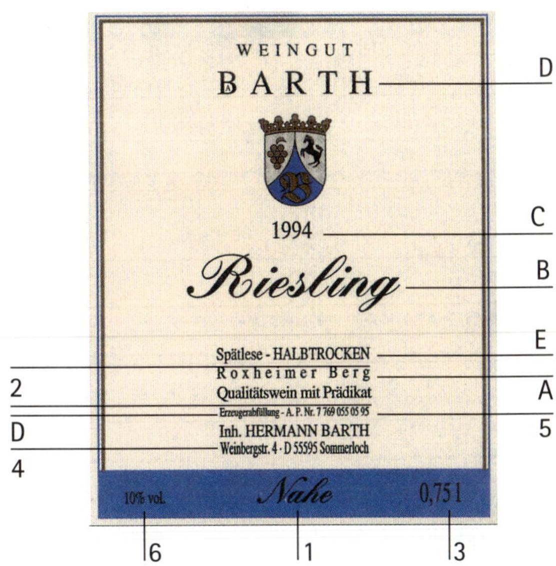

Zulässige Angaben

A engere geographische Angaben
B eine oder höchstens zwei Rebsorten
C Jahrgang
D Weingut, Erzeugerabfüllung, usw. (siehe Seite XX)
E Geschmacksangaben
F EU-Verpackungszeichen »e« (hier nicht dargestellt)
G Empfehlungen an den Verbraucher (außerhalb des Hauptetiketts)

Die amtliche Prüfung

Alle Qualitätsweine mit und ohne Prädikat tragen eine amtliche Prüfungsnummer. Dafür ist eine Prüfung vorgeschrieben, die bereits im Weinberg beginnt. Im »Herbstbuch« muss der Winzer Erntedatum, Rebsorte, Mostgewicht und Erntemenge festhalten. In einem zweiten Dokument, dem »Kellerbuch«, muss zugekaufte Ware, wie Zucker, Mostkonzentrat, Traubensaft zur Süßung, verzeichnet sein.

Nach der Abfüllung wird eine Probeflasche in einem amtlich zugelassenen Weinlabor auf Einhaltung der gesetzlichen Werte untersucht. Erst wenn der Chemiker »grünes Licht« gibt, darf der Wein in Form von drei Musterflaschen der amtlichen Prüfstelle vorgestellt werden. Dort verkosten Fachleute die Weine auf die ihrer Art entsprechende Farbe und optimale Klarheit, und weiterhin, ob sie in Geruch und Geschmack für ihre Herkunft und, wenn angegeben, den Jahrgang, die Rebsorte und das Prädikat typisch sind. Bei fünfmal »ja« wird weitergeprüft. Jetzt werden Harmonie, Geruch und Geschmack mit 1 bis 5 Punkten bewertet, die Ergebnisse zusammengezählt und durch 3 geteilt.

- Hat ein Wein die Qualitätszahl 1,5 erreicht, erhält er die amtliche Prüfungsnummer, darf etikettiert und verkauft werden.

Die amtliche Prüfung kann nicht die Qualität in jeder Hinsicht garantieren und auch nicht vor Manipulationen schützen. Durch die amtliche Prüfungsnummer ist es aber möglich, einen Wein, zum Beispiel bei Reklamationen, einwandfrei zu identifizieren, denn von jeder geprüften Partie müssen identische, amtlich versiegelte Kontrollproben aufbewahrt werden.

Kenner der Materie bedauern immer wieder, dass das amtliche Prüfverfahren zu einer gewissen Nivellierung des Weingeschmacks geführt hat. Die Prüfer erwarten von den Weinen ihr gewohntes, das heißt ein repräsentatives Geschmacksbild, das von der Masse der Weine erfüllt wird. Experimentierfreudige Winzer oder auch solche, die Wein nach althergebrachter Tradition herstellen und deren individuelle Tropfen nicht ins übliche Geschmacksbild passen, haben in diesem System keine Chance, eine Prüfungsnummer zu erhalten. Das ist auch der Grund dafür, dass »Barrique-Weine« wegen ihres holzigen Gerbstoffgeschmacks nicht ins Schema passen. Sie müssen – trotz eigentlich hoher Qualität – als »Tafelweine« verkauft werden.

Jahrgangsangabe

Die Jahrgangsangabe auf dem Etikett ist zulässig, aber nicht obligatorisch. Bei deutschen Weinen bedeutet sie, dass mindestens 85 Prozent des Weines aus diesem Jahr stammen. Der Jahrgang, genauer der Witterungsverlauf im Erntejahr, prägt den Charakter eines Weines entscheidend. Wechsel zwischen Sonne und Regen ergibt Weine mit höherer Säure und damit mehr Eleganz. Allzu sonnenreiche Jahre liefern sehr alkoholreiche, oft säurearme, ausdruckslose Weine. Auf Markenweinen (siehe Kasten Seite 231) findet man keine Jahrgangsangabe.

Überschneidungen bei der Bezeichnung kommen zwar bei Mosel, Saar und Ruwer vor – die Angabe »Tafelwein« oder »Landwein« spricht jedoch für sich.

Angabe der Lage

Auf den Etiketten von Qualitätsweinen mit und ohne Prädikat darf eine Lage angegeben werden, wenn 85 Prozent des Weines aus dieser Lage stammen. Der Name der Lage muss in Verbindung mit dem Namen des Ortes, in dessen Gemarkung der Weinberg liegt, genannt werden. Ausnahmen sind aus historischen Gründen Schloss Vollrads, Steinberger, Schloss Reichartshausen, Schloss Johannisberg im Rheingau und Scharzhofberger an der Mosel.

Früher war beim deutschen Wein die Angabe der Lage ein Hinweis auf Qualität. Das trifft heute nur noch bedingt zu, denn die meisten im Handel angebotenen Weine stammen von Großlagen, das heißt größeren Flächen, die mehrere Einzellagen umfassen. Die einstmals 30 000 deutschen Weinlagen wurden mit der Weinrechtsreform von 1971 auf ein Zehntel zusammengefasst – angeblich zugunsten von mehr Transparenz für den Verbraucher, der sich »nur« noch 3 000 Namen merken muss. Bei Tafel- und Landweinen darf lediglich das Tafelweinbaugebiet beziehungsweise eines der Landweinbaugebiete genannt werden, zum Beispiel Tafelwein Neckar oder Pfälzer Landwein (siehe Kasten Seite 230).

Angabe des Erzeugers

In den meisten Fällen ist die Angabe des Erzeugers wesentlich aufschlussreicher als die Herkunftsbezeichnung, denn letztlich entscheiden das Können des Kellermeisters und die Qualitätsauffassung des Produzenten über die Güte des Weines.

Die Angabe des Abfüllers ist obligatorisch. Sie kann bei Qualitätsweinen durch die Angabe »Erzeugerabfüllung« oder »Gutsabfüllung« ersetzt werden. Auch Winzergenossenschaften dürfen – sehr zum Unwillen einiger Weingüter – diese Bezeichnung führen, denn die Winzer, welche die Trauben der Genossenschaft liefern, sind als Genossen »Besitzer« der Genossenschaft. »Weingut« weist fast immer auf eine Erzeugerabfüllung hin. Nur fast, weil zum Beispiel ein kleines Weingut ohne eigene Abfüllanlage seine selbst geernteten und produzierten Weine woanders abfüllen darf. Wenn die Abfüllung auf Rechnung und unter Aufsicht des anwesenden Winzers erfolgt, darf Erzeugerabfüllung auf dem Etikett stehen. Ist das nicht der Fall, muss »Abfüller« draufstehen. Der Abfüller ist also ein Betrieb, der den fertigen, nicht von ihm selbst erzeugten Wein gegen Entlohnung auf Flaschen füllt.

Verkaufsfördernde Bezeichnungen wie »Schloss«, »Domäne«, »Burg« oder »Kloster« dürfen nur dann verwendet werden, wenn die Trauben aus dem Lesegut des so bezeichneten Betriebes stammen und dort auch zu Wein gemacht wurden.

Von allen Angaben auf dem Etikett ist die Erzeugerangabe die wichtigste. Nur sie sagt etwas über den wirklichen Produzenten eines Weines und damit auch über dessen Qualitätsphilosophie aus. Diese kennen zu lernen, setzt allerdings einen Besuch im entsprechenden Betrieb voraus – vielleicht ein Anlass für eine informative Weinreise.

Angabe der Rebsorte

Wie der Jahrgang ist die Angabe der Rebsorte auf dem Etikett eine »Kann«-Angabe, allerdings eine äußerst wichtige, denn nichts prägt Bukett und Geschmack eines Weines stärker als die Rebsorte. Eine Rebsorte darf nur dann angegeben werden, wenn der Wein zu mindestens 85 Prozent aus dieser Sorte bereitet wurde. Es kann durchaus üblich und für den Verbraucher von Vorteil sein, wenn einem Wein geringe Anteile einer anderen Traubensorte zugesetzt werden. So kann zum Beispiel einem Riesling mit schwachem Bukett durch einen kleinen Zusatz von Müller-Thurgau »aufgeholfen« werden. Werden zwei Rebsorten genannt, müssen diese in der Reihenfolge ihrer Anteile genannt werden.

Trocken ist nicht gleich trocken: In Frankreich und Italien bedeutet »trocken« die Abwesenheit von Zucker und Säure, der Wein selbst kann milder als ein vergleichbarer deutscher Wein sein.

Geschmacksangaben

Geschmacksangaben sind ebenfalls eine »Kann«-Angabe.

- Als klassisch »trocken« werden Weine bezeichnet, die nicht mehr als 4 Gramm Restzucker enthalten.

Auch Weine bis maximal 9 Gramm pro Liter dürfen als trocken bezeichnet werden, wenn Zucker- und Säureanteil in einem genau festgelegten Verhältnis zueinander stehen (Säure + 2 = Restzucker). Das klingt vielleicht auf den ersten Blick verwirrend, ist aber nicht so schwer zu verstehen, wenn man sich einmal klarmacht, wie wichtig diese Regelung für den Geschmackseindruck ist: Während nämlich zum Beispiel ein Wein aus der säurearmen Rebsorte Müller-Thurgau bei relativ geringem Restzucker »mild« schmeckt, kann ein säurereicher Riesling trotz höherem Restzucker immer noch ein »harter Knochen« sein.

- Steht »halbtrocken« auf dem Etikett, so hat der Wein höchstens 12 Gramm Restzucker pro Liter (oder höchstens 18 Gramm, wenn der Säuregehalt höchstens 10 Gramm unter dem Zuckerrest liegt).

Weine aus säurereichen Rebsorten wie Riesling, Kerner oder Bacchus entfalten ihren Geschmack besser mit etwas mehr Süße. Probieren Sie es zum Beispiel einmal bei Rheingauer Weinen aus: Die halbtrockenen sind meist die geschmacklich besseren! Im übrigen sind der »Trocken-Wahn« und die Zeit, als Liebhaber süßerer

Weine arrogant belächelt wurden, gottlob längst überstanden. Die halbtrockenen Weine haben ihren Marktanteil erheblich gesteigert.

Für süßere deutsche Weine ist die Geschmacksangabe »lieblich« erlaubt, wenn der Wein mehr Zucker als ein halbtrockener enthält, höchstens jedoch 45 Gramm pro Liter. Bei noch höherem Zuckergehalt ist die Angabe »süß« erlaubt.

Weitere Angaben

Die zugelassenen gesundheitsbezogenen Angaben auf dem Etikett sind sehr unvollständig. Während die Angabe »Für Diabetiker geeignet« mit dem Zusatz »Nur nach Befragen des Arztes« für Wein verwendet werden darf, der im Schwefel ebenfalls begrenzt ist, nimmt die Verordnung sonst wenig Rücksicht auf die Gesundheit der Verbraucher.

Die Angabe des Gehaltes an schwefliger Säure ist nicht gestattet, obwohl Schwefel alles andere als ein harmloser Stoff ist. Da es bis heute noch nicht möglich ist, ohne Schwefelzusatz haltbare Weine zu erzeugen (siehe auch Seite 58), sollte man dem »mündigen Verbraucher« den Gehalt an schwefliger Säure besser mitteilen. Diabetikerweine tragen zusätzlich ein weißes Rückenetikett, auf dem sowohl der unvergorene Zucker als auch der Alkohol- und Gesamtbrennwert in Kilojoule und Kilokalorien steht. Gut sind diese Angaben auch für diejenigen, die auch bei einer Schlankheitskur ihren Wein nicht missen möchten.

Pflichtangabe auf dem Etikett ist schließlich noch der Flascheninhalt. Außerdem muss seit 1988 der Alkoholgehalt in Volumenprozent angegeben sein. Das nicht mehr obligatorische »e« auf der Flasche dagegen besagt nur, dass der Flascheninhalt der EG-Norm entspricht.

Das deutsche Weinsiegel

Das Deutsche Weinsiegel wird von einer Tochtergesellschaft der Deutschen Landwirtschafts-Gesellschaft (DLG) in Frankfurt vergeben.

Weine mit diesem Siegel müssen höhere Qualitätsansprüche erfüllen als die für die amtliche Qualitätsweinprüfung. Während ein Wein bereits bei einer Punktzahl von 1,5 in den Prüfmerkmalen Geruch, Geschmack und Harmonie die amtliche Prüfungsnummer bekommt, wird für das Weinsiegel als Mindest-Qualitätszahl 2,5 verlangt, was bei der amtlichen Prüfung bereits ein »gut« bedeutet. Natürlich kann auch ein Wein ohne ein solches Siegel von höherer Qualität sein, nur sieht ihm der Verbraucher das nicht an.

Eine beliebte Attraktion fernab der Anbaugebiete: Die Pfälzer Weinprobierstuben in der Münchener Residenz.

Wozu der Schwefel?

Sauberkeit bei der Weinbereitung im Keller und besonders bei der Abfüllung sind Bedingung, um bekömmliche Weine zu erzeugen. Wo dies nicht zutrifft, muss dem Wein zur Konservierung mehr Schwefel zugesetzt werden als normalerweise notwendig. Dies gilt für alle Weine, ob weiß, rot oder rosé, wobei Rotweine wegen des oft höheren (konservierenden) Alkoholgehalts weniger Schwefel benötigen, vor allem wenn sie »trocken« sind.

Die Auswirkungen von Schwefel auf die Gesundheit

Die schweflige Säure kann auch in geringen Mengen bei empfindlichen Menschen Reaktionen wie Hautrötung, Aufstoßen oder starke Kopfschmerzen auslösen. Wer auf Schwefel negativ reagiert, sollte trockene Weine bevorzugen, denn diese brauchen wegen ihres höheren Alkoholgehalts relativ wenig Schwefel. Zu empfehlen sind auch Weine mit dem »Gelben Weinsiegel« und Diabetiker-Rückenetikett. Sekt enthält – mit Ausnahme der süßen Sorten – ebenfalls in der Regel wenig Schwefel. Es gibt übrigens in Apotheken Sulfit-Teststäbchen (Merck), mit denen jeder selbst feststellen kann, ob ein Wein viel oder wenig Schwefel enthält.

Eine deutliche Deklaration tut Not

Bisher hat sich die Weinlobby beim Gesetzgeber gegen eine Deklaration des Gehaltes an Schwefel oder schwefliger Säure erfolgreich durchsetzen können. Man hat in den letzten Jahren, bedingt durch eine »saubere« Kellertechnik, die zulässigen Schwefelmengen immer weiter herabgesetzt, doch müsste der Wein, wenn er unter die Bestimmungen des Lebensmittelgesetzes fiele, auf dem Etikett als »geschwefelt« bezeichnet werden. Die Schwefeldiskussion wird in Deutschland immer wieder mit dem Argument heruntergespielt, der Gesetzgeber habe unschädliche Grenzwerte festgelegt. Das stimmt nur bedingt. Bei Weinen vom Typ Beeren- oder Trockenbeerenauslese sind Schwefelmengen erlaubt, die bei empfindlichen Menschen Beschwerden hervorrufen können.

Außerdem sollte man Zusatzstoffe in Nahrungsmitteln nicht isoliert betrachten. Schließlich sind Schwefelverbindungen auch in anderen Lebensmitteln enthalten (zum Beispiel in Fischkonserven, Meerrettich und Trockenobst), sodass es leicht zu einer Überschreitung der für die Gesundheit unbedenklichen Grenzwerte kommen kann.

Lobenswerte Ausnahmen

Im Zusammenhang mit dem Schwefel sind die Erzeuger von Bioweinen lobend zu erwähnen. Aufgrund ihrer eigenen äußerst strengen Vorschriften beschränken sie sich bei der Schwefelzugabe auf höchstens 2/3 des gesetzlich erlaubten Wertes (Bioland). Selbstverständlich gibt es auch verantwortungsbewusste konventionelle Winzer, die den Schwefelzusatz stark reduziert haben. Für diese würde es sich sicherlich verkaufsfördernd auswirken, wenn eine Deklaration vorgeschrieben wäre.

In der EU zugelassener Schwefelzusatz

Folgende Höchstmengen (in mg/l) sieht die Gesetzgebung vor:

Rotwein unter 5 g/l Restzucker	160
Weiß- und Roséwein unter 5 g/l Restzucker	210
Rotwein über 5 g/l Restzucker	210
Weiß- und Roséwein über 5 g/l Restzucker	260
Spätlese	300
Auslese	350
Beeren- und Trockenbeerenauslese, Eiswein	400

- Das Weinsiegel findet sich besonders bei Weinen mittlerer Qualität, beispielsweise auf Literflaschen. In diesem Marktsegment, in dem es auch »schwache« Qualitäten in Hülle und Fülle gibt, bietet das Siegel eine gute Möglichkeit, höhere Qualität optisch zu signalisieren.

Seit neben dem roten Weinsiegel auch noch das gelbe zur Ausstattung von trockenen Diabetiker-Weinen eingeführt wurde, entwickelte sich das Weinsiegel nach und nach zu einem Geschmackszeichen. Zusammen mit dem grünen Siegel für die halbtrockenen Weine bilden alle drei eine gute »Geschmacksampel« für den schnellen Überblick beim Einkauf. Zusätzlich zu den regionalen Gütesiegeln gibt es Auszeichnungen der regionalen Weinprämierungen aus den 13 Anbaugebieten.

Regionale Gütesiegel

Wer allerdings glaubt, damit sei die allumfassende nationale Zusatzkennzeichnung deutscher Weine erledigt, hat nicht mit dem historisch gewachsenen badischen oder fränkischen Selbstbewusstsein gerechnet. Obwohl auch dort viele Betriebe mit Erfolg das Deutsche Weinsiegel verwenden, hat man noch eigene Gütezeichen geschaffen.

- Das Badische Gütezeichen gibt es in Gelb für trockene Weine und in Weiß für alle übrigen Weine.

Die farbigen Weinsiegel erleichtern die Auswahl: Rot signalisiert einen lieblicheren Wein, Gelb einen trockenen, und Grün einen halbtrockenen.

»Badisch trocken« bedeutet dabei kompromisslos höchstens 4 Gramm Restzucker pro Liter. Zusätzlich zum Badischen Gütezeichen kann für ausgesuchte Weine das Gütezeichen »Baden Selection« verliehen werden. Die Badener verleihen übrigens ihr Gütezeichen nur Weinen in 0,75-Liter-Flaschen. Deshalb findet man hier das Deutsche Weinsiegel auf den 1-Liter-Flaschen, was nicht schlechtere Qualität bedeuten muss. Überhaupt stellt die Flaschengröße in diesem Anbaugebiet nur in wenigen Fällen ein Indiz für die Qualität dar.

- Das Gütezeichen Franken wird seit 1981 Weinen in Bocksbeutelflaschen bis zu 3 Litern Inhalt verliehen.

Auch hier signalisiert der gelbe Rand trockenen Wein mit höchstens 4 Gramm Restzucker pro Liter. Zusätzlich veranstaltet jedes der 13 deutschen Anbaugebiete regionale Weinprämierungen. Zugelassen sind Weine, welche die amtliche Qualitätsprüfung mit Erfolg bestanden haben. Bis auf eine Ausnahme – beim Rotwein – müssen alle zur Prämierung angemeldeten Weine Qualitätsweine mit Prädikat sein. Als Auszeichnungen werden bronzene, silberne oder goldene Medaillen verliehen. Für den Winzer bedeuten sie einen erheblichen Werbeeffekt, denn hohe Prämierungswürden färben verständlicherweise auch auf alle übrigen Weine des Hauses ab.

Die Bundesweinprämierung

Über den gebietlichen Weinprämierungen steht dann der höchste Weinwettbewerb, die »DLG-Bundesweinprämierung«. Diese wird nur einmal jährlich abgehalten. Um die bronzenen, silbernen und großen Preise der DLG (die es übrigens auch für Bier, Brot oder Fleisch gibt) können sich nur die Weine bewerben, die bereits auf einem der Gebietswettbewerbe Preise davongetragen haben.

Bei der jährlichen Prämierungswoche im März treffen sich die kritischen Zungen der Nation- Winzer, Kellermeister, Weinprüfer und fachkundige Verbraucher- und verkosten Tausende von Weinen aus allen deutschen Landen.

Zur Bundesweinprämierung dürfen sich nur Weine aus drei Jahrgängen der letzten Jahre – mit Ausnahme des jeweils letzten Jahrgangs – den gestrengen Prüfern stellen. Damit will man erreichen, dass nur reife Weine vorgestellt werden. So kann es durchaus vorkommen, dass ein Wein, der auf einer regionalen Prämierung nur einen bronzenen Preis erhalten hat, bei der DLG den Großen Preis erhält. Dies nicht etwa, weil die Prüfer dort milder urteilen, sondern weil der Wein vielleicht bei der Regionalprämierung noch zu jung war und sich ein Jahr später bei den Bundesweinprüfern ausgereift präsentiert.

Der Verbraucher erkennt die Auszeichnung der Bundesweinprämierung auf der Flasche als Prämierungsstreifen, DLG-Punkt oder DLG-Rechteck.

Die Bestimmungen bei deutschem Schaumwein

Schaumwein und Sekt unterliegen ebenfalls dem Bezeichnungsrecht durch das Weingesetz. Ein Erzeugnis darf als Schaumwein bezeichnet werden, wenn es »durch erste (Wein-) und zweite (Schaumwein-) Gärung im geschlossenen Behältnis (Sektflasche) einen Überdruck von 3 bar und einen Alkoholgehalt von mindestens 9,5 Volumenprozent aufweist«.

»Qualitätsschaumwein b. A.«, oder »Sekt b.A.« darf sich ein Schaumwein nennen, dessen Trauben aus einem einzigen bestimmten Anbaugebiet stammen. Auch eine Lagebezeichnung und Jahrgangsangabe ist möglich. »Winzersekt« ist Sekt b.A., der aus bestimmten Rebsorten nach besonderen Qualitätsvorschriften produziert wurde. Ein kleiner Winzerbetrieb, der sich keine eigene Sektherstellung leisten kann, darf seinen Wein in einer Gemeinschaftskellerei verarbeiten lassen, muss aber den Grundwein selbst bereitet haben. Winzersekt ist ein Geheimtipp!

Die unterschiedlichen Verfahren der Sektherstellung sind auf dem Etikett nicht so ohne weiteres zu erkennen (siehe auch Seite 68). Nur die zusätzliche Bezeichnung »Traditionelle Methode« weist auf die Gärung in Einzelflaschen hin.

Die Geschmacksangaben auf den Sektetiketten sind eigentlich eine Verbraucherverwirrung. Wer guten Glaubens eine Sektflasche mit der Bezeichnung »trocken« kauft, kann eine »süße Überraschung« erleben: Bis zu 35 Gramm pro Liter Restzucker können enthalten sein. Wer einen wirklich trockenen Sekt nahezu ohne jeglichen Restzucker sucht, der halte nach der Bezeichnung »extra brut« oder »extra herb« Ausschau.

Wie gesund ist Wein?

An dieser Stelle möchten wir noch kurz auf das Verhältnis von Wein und Gesundheit eingehen. Vieles konnte man in letzter Zeit lesen darüber, dass Wein die Aufnahme von Vitamin C beim Essen favorisiert, dass er die Verdauung erleichtert, dass er entspannt, psychosomatische Heilungsprozesse begünstigt, die Bildung von schädlichem Cholesterin verhindert und auf diese Art einigen Zivilisationskrankheiten entgegenwirkt. Dem stehen die vielen Toten durch Alkohol am Steuer gegenüber, die vielen sozial entwurzelten Alkoholiker, die Todesfälle durch Leberzirrhose. Die Augen davor zu verschließen, wäre fatal. Eine bekannte englische Weinschriftstellerin hat sich einmal öffentlich zu der Behauptung verstiegen, »pregnant drinking«, Trinken während der Schwangerschaft, habe keinerlei schädliche Folgen. Solche Thesen erfordern keinen Kommentar, und sie dienen weder dem Wohl der Weinfreunde noch – wenn man es genau nimmt – dem der Weinwirtschaft.

Wie jedes Rauschmittel erfordert Alkohol und damit der Wein – wie der Gesetzgeber richtig sagt, ist ein Traubenprodukt ohne Alkohol kein Wein – Mäßigung beim Konsum. Auch wenn die französische »Académie de médecine« die unschädliche Alkoholaufnahme mit 1 Gramm pro Kilogramm Körpergewicht und Tag festgelegt hat, was etwa der Menge einer Flasche für einen Mann von 75 kg Körpergewicht entspricht (für Frauen gelten um 20 bis 30 Prozent niedrigere Werte), empfehlen wir: Ein Viertel am Tag ist in Ordnung, eine halbe Flasche nur mit Pausen und nur zum Essen, weil es die Aufnahme des Alkohols erheblich verlangsamt, eine ganze nur selten und mehr am besten gar nicht!

Ansonsten halten wir es mit dem alten chinesischen Sprichwort, das lautet: Einen Tag pro Woche, eine Woche pro Monat und einen Monat pro Jahr ganz ohne Alkohol, dann kann die Leber sich wieder erholen. Was das Alkoholproblem betrifft, ist Qualität der Gesundheit förderlich. Wer einen großen, gehaltvollen Wein trinkt, wird diesen fast automatisch in kleinen Schlucken genießen und nicht so schnell Durst auf einen zweiten haben, denn der erste beschäftigt noch lange die Geschmacks- und Geruchssensoren in Nase und Gaumen. Gegen den Durst trinkt man am besten immer Wasser, das auf keinem Tisch neben dem Weinglas fehlen sollte.

Die französischen Ursprungsbezeichnungen

In der obersten Kategorie befinden sich alle Spitzenweine, aber nicht jeder AOC-Wein ist automatisch ein Spitzenwein!

Sämtliche gesetzlichen Regelungen zum Thema Wein werden in Frankreich seit 1936 im »Code du Vin« zusammengefasst. Selbstverständlich ist das französische Weinrecht heute dem europäischen Weinrecht angepasst, das zum Beispiel die europäischen Weinbauzonen und die Qualitätsklassen festlegt. Während es im europäischen Recht nur zwei Kategorien, Tafelweine und Qualitätsweine bestimmter Anbaugebiete, gibt, hat Frankreich diese beiden Klassen noch einmal unterteilt, sodass in vier Stufen gerechnet wird:

- Die höchste ist die AC oder AOC (Appellation Contrôlée oder Appellation d'Origine Contrôlée), Weine mit kontrollierter Ursprungsbezeichnung.
- Es folgen die VDQS oder AOVDQS (Vin Délimité de Qualité Supérieure) – Weine höherer Qualität aus bestimmten Gegenden,
- darauf die VdP (Vin de Pays) oder Landweine
- und zuletzt die VdT (Vin de Table), Tafel- oder Tischweine.

Die AOC-Weine

Die kontrollierte Ursprungsbezeichnung für Qualitätswein wird immer in Verbindung mit einem bestimmten Gebiet – von einer ganzen Region bis hin zur kleinen Lage – genannt.

Rund 40 Prozent aller französischen Weine gehören dieser höchsten Qualitätsstufe an, die seit 1935 existiert. Ihr Anteil steigt jedes Jahr, da immer mehr VDQS-Gebiete ihre Aufnahme in die höchste Klasse beantragen und auch bekommen, was zu einer gewissen Verwässerung dieser Kategorie führt. Die AOC umfasst Weine von der allerhöchsten Spitzenklasse bis hin zu einfachen Alltagsweinen, wenn diese nur folgende Mindestbedingungen erfüllen:

1. Sie stammen aus einem genau abgegrenzten Gebiet, das möglichst einheitliche Bedingungen wie Kleinklima und Boden bietet.
2. Sie stammen von ausdrücklich für dieses Gebiet bestimmten Rebsorten. Werden andere Rebsorten angepflanzt, verlieren sämtliche Weine aus dieser Parzelle die AOC. Eine Ausnahme bildet das Elsass: Hier bezieht sich die AOC auf die Rebsorte.
3. Die Trauben und damit der Most haben einen Mindestzuckergehalt aufzuweisen.
4. Die Hektarerträge liegen unter der für das Gebiet festgesetzten Grenze. Da nach dem in der Landwirtschaft geltenden Menge-Güte-Gesetz immer dort höhere Qualität geerntet wird, wo der Ertrag niedrig ist, kann man verstehen, welche Bedeutung diese Regelungen für die Weinqualität haben. Die Höchsterträge werden vom INAO (Institut national des Appellations d' Origine) immer wieder neu festgesetzt und liegen zwischen 25 und 50 Hektoliter pro Hektar.

Französische Weinetiketten

Anders als in den anderen europäischen Weinländern dürfen Landweine in Frankreich nicht aufgebessert werden; reife Trauben sind Voraussetzung.

Voll im Trend: Rebsortenreine Landweine

Einen Wein nach der Rebsorte zu wählen, war in Frankreich bisher nur im Elsass und an der Loire möglich. Kein Wunder, dass die neu geschaffene Kategorie der rebsortenreinen Landweine (Vins de Cépage) einen spektakulären Erfolg zu verzeichnen hat. Vor allem in der mengen- und flächenmäßig größten Landweinregion Languedoc-Roussillon werden bereits über 70 Prozent der Vins de Pays d'Oc aus nur einer Rebsorte hergestellt. Die südfranzösischen Winzer haben sich damit von der Massenproduktion abgewendet und auf die Wünsche der Konsumenten reagiert. Der Erfolg gibt ihnen Recht.

Weitere Vorschriften beziehen sich auf den Anbau, den Rebschnitt sowie die Methoden der Weinbereitung. Alle für die kontrollierte Herkunftsbezeichnung vorgesehenen Weine werden außerdem einer chemischen Analyse und einer Verkostung unterzogen. Letzteres Verfahren kam durch die europäische Weingesetzgebung zustande.

Für den noch unkundigen Weinfreund ist es nicht einfach, vom Namen des Herkunftsgebietes auf die Qualität in der Flasche zu schließen. Generell kann man sagen: Je enger, je kleiner das Herkunftsgebiet, desto höher die Qualität, die sich im übrigen meistens am Preis ablesen lässt.

Die zweite Stufe: VDQS

VDQS-Weine gehören ebenfalls zu den Qualitätsweinen und stehen qualitativ nicht zwangsläufig unter den AOC-Weinen. Sie stammen nur aus anderen Gebieten. Spitzenweine gibt es in dieser Klasse nicht, da diese ausschließlich aus traditionellen, also AOC-Gebieten, stammen, doch rücken alljährlich einige VDQS in die AOC-Klasse auf. Eines Tages werden die Landweine wohl die Rolle der VDQS übernehmen.

Die Einstufung entstand im Gegensatz zur staatlichen AOC erst im Jahre 1949 durch private Initiative einiger Weinbauverbände vor allem in Südfrankreich, das zunächst in der AOC-Kategorie unterrepräsentiert war, da die AOC sich hauptsächlich auf traditionelle, alte Gebiete bezog.

- VDQS-Weine werden nach europäischem Recht zur Klasse der Qualitätsweine mit Ursprungsbezeichnung gerechnet.

Die Voraussetzungen betreffen genau wie bei den AOC-Weinen neben dem Produktionsgebiet die verwendeten Rebsorten, den Mindestalkoholgehalt, den Maximalertrag pro Hektar, die Anbaumethoden, die Methoden der Weinbereitung, sowie die Analyse und die Verkostung.

Landweine

Die französischen Landweine stellen heute eine höchst interessante Kategorie dar. Man hat mit neuen Vorschriften Kategorien geschaffen, die diese Weine aus der Anonymität herausheben und für alle attraktiv machen, die nach preiswerten, unkomplizierten, sauberen Weinen suchen. Nach europäischem Recht gehören die Landweine in die Klasse der Tafelweine, sie bilden ihre obere Kategorie. Ihr Anteil an der Gesamtproduktion liegt bei etwa 25 Prozent.

Wichtigstes Merkmal der Landweine ist die »Geburtsurkunde« - die auf dem Etikett ausgewiesene Herkunft. Das kann eine Region, ein Departement oder eine Produktionszone sein. Eine Region besteht aus mehreren Zonen oder Departements, insgesamt gibt es vier: Jardin de la France – Loiretal, Pays du Comté Tolosan – Südfrankreich und Pyrenäen, Comté Rhodaniens – Rhônetal, Pays d'Oc – Languedoc-Roussillon. Etwa die Hälfte aller Landweine tragen Namen von Departements. Ausgenommen sind Departementnamen, die schon für AOC-Weine gelten. Nach der Produktionszone sind die originellsten und individuellsten Landweine aus relativ kleinen Gebieten benannt. Die Namen sind allerdings Phantasienamen, und es fällt nicht leicht, die Zone einer Provinz oder einer Landschaft zuzuordnen. Hier hilft nur probieren.

Auch für Landweine gelten strenge Bestimmungen in Bezug auf Rebsorten und Höchstertrag. Landweine dürfen nicht mit Weinen aus anderen Produktionszonen verschnitten werden und müssen einen natürlichen Mindestalkoholgehalt aufweisen.

Tafelweine

Die Tischweine stellen die einfachste Kategorie dar. Sie werden häufig offen ausgeschenkt. Es sind sehr einfache Weine, die dennoch Mindestvoraussetzungen entsprechen müssen. Sie stammen entweder ganz aus Frankreich und dürfen sich entsprechend »französisch« nennen, oder sie sind ein Verschnitt aus französischen Weinen und Weinen aus anderen Ländern der Europäischen Union. Auch das ist deklarationspflichtig. Verschnitte mit Weinen aus Gebieten außerhalb der EU sind verboten.

Qualität und Charakter von Tafelweinen, die unter bestimmten Markennamen verkauft werden, sind unterschiedlich. Die Herstellerfirmen werden sich bei der Zusammenstellung der Verschnitte sicherlich in erster Linie nach dem Geschmack ihrer Klientel richten.

Das berühmte Anbaugebiet von Tain l' Hermitage an der Rhône. Dem breiten Strom als Transportweg und Wärmereflektor ist es zu verdanken, dass hier schon in antiken Zeiten der Weinbau heimisch wurde.

Das System der französischen Ursprungsbezeichnungen

So unterschiedlich wie die französischen Weinbaugebiete, die wir bereits ab Seite 125 kennengelernt haben, sind auch ihre Herkunftsbezeichnungen, Regeln und Traditionen. Wer Etiketten richtig lesen möchte, muss sich mit diesem System und seinen Hierarchien beschäftigen. Für alle gilt die Regel: Je detaillierter die Angabe, desto wertvoller das Erzeugnis. Weine mit genauer Lagenbezeichnung sind also höher zu bewerten als Gewächse mit allgemeiner Herkunftsangabe.

Elsass

Regionale Bezeichnung:	Alsace
Spezielle Bezeichnungen:	Alsace Grand Cru – bezieht sich auf 50 Gemarkungen und 4 der 7 Rebsorten - und Crémant d'Alsace – nur für Schaumweine mit Flaschengärung.

Champagne

Allgemeine Ursprungsbezeichnung:	Champagne - gilt für alle Schaumweine des Gebiets, ist also die einzige wichtige Bezeichnung
Unterregionale Bezeichnungen:	Coteaux Champenois und Rosé de Riceys für weiße bzw. rosé Stillweine

Burgund

Regionale Bezeichnungen:	z.B. Bourgogne, Bourgogne Aligoté usw.
Unterregionale Bezeichnungen:	z.B. Côte de Nuits, Côte de Nuits-Villages, Beaujolais
Gemeindebezeichnungen:	z.B. Aloxe-Corton, Beaune
Gemeindebezeichnungen mit Lage (Premier Cru):	z.B. Mercurey Premier Cru Clos du Roy, Chablis Premier Cru Fourchaume
Lagenbezeichnungen ohne Gemeinde (Grand Cru):	z.B. Montrachet, Corton

Jura und Savoyen

Regionale Bezeichnungen:	z.B. Côtes du Jura, Mousseux de Savoie
Gemeindebezeichnungen:	z.B. Arbois-Pupillin, Seyssel

Côtes du Rhône

Regionale Bezeichnung:	Côtes du Rhône
Unterregionale Bezeichnungen:	z.B. Côtes-du-Rhône-Villages, auch mit Zusatz von 16 Ortsnamen wie Beaumes-de-Venise, Rasteau
Gemeindebezeichnungen:	z.B. Saint-Joseph, Cornas

Provence

Regionale Bezeichnungen: z.B. Côtes de Provence, Coteaux d'Aix-en-Provence
Gemeindebezeichnungen: z.B. Bandol, Cassis

Languedoc-Roussillon

Regionale Bezeichnungen: z.B. Clairette du Languedoc, Côtes du Roussillon
Gemeindebezeichnungen: z.B. Collioure, Muscat de Frontignan

Der Südwesten

Eine Hierarchie wie in Burgund oder dem Bordelais gibt es im Südwesten nicht, da das Gebiet sich aus vielen kleinen, voneinander unabhängigen Gebieten zusammensetzt.

Bordeaux

Regionale Bezeichnungen: Bordeaux, Bordeaux supérieur
Unterregionale Bezeichnungen: z.B. Graves, Pomerol, Saint-Émilion, Pessac-Léognan
Gemeindebezeichnungen: z.B. Margaux, Pauillac

Die Klassifizierung der Châteaux des Médoc geht nicht in die Ursprungsbezeichnung ein. Auch die großen Kreszenzen des Médoc tragen höchstens die Gemeindebezeichnung. Nur in Saint-Émilion wird die Klassifizierung in die Ursprungsbezeichnung einbezogen: z.B. Appellation Saint-Émilion Grand Cru Contrôlée.

Loiretal

Regionale Bezeichnungen: z.B. Anjou, Crémant de Loire
Unterregionale Bezeichnungen: z.B. Muscadet de Sèvre-et-Maine, Coteaux de Saumur
Gemeindebezeichnungen: z.B. Bourgueil, Bonnezeaux
Lagenbezeichnungen: z.B. Savennières Roche aux Moines

Korsika

Die allgemeine Herkunftsbezeichnung Vin de Corse wird unter bestimmten Voraussetzungen mit einer Gemeindebezeichnung z.B. Calvi, Sartène verbunden.

Angaben auf französischen Weinetiketten

Außer den beschriebenen Qualitätsstufen sind die Weinbehandlungsmethoden wie Anreicherung mit Zucker, Säuerung, Entsäuerung und Schwefelung in Frankreich gesetzlich geregelt – Vorschriften, die vor allem die Produzenten betreffen. Für den Verbraucher besonders wichtig ist dagegen das Bezeichnungsrecht, das heißt alles, was mit dem Etikett auf der Flasche zu tun hat. Das Etikett fungiert als Mittler zwischen Weinmacher und Weinfreund und informiert den Interessenten, bevor er die Flasche kauft und sich seine Meinung durch Verkosten selbst bilden kann.

Französische Weinetiketten sind nicht einfacher und nicht schwieriger zu lesen als italienische oder deutsche. Bei allen Etiketten unterscheidet man zwischen obligatorischen Angaben, also Angaben, die zwingend vorgeschrieben sind, und Zusatzangaben, die der Tradition entsprechen oder nähere Hinweise auf Art und Charakter des Weines geben. Auch diese freiwilligen Angaben müssen dem französischen und europäischen Weinrecht entsprechen, also zugelassen sein, und selbstverständlich der Wahrheit entsprechen (ein Loirewein kann nicht als Burgunder verkauft werden). Alle nicht ausdrücklich erlaubten Angaben sind verboten.

Etikett eines Qualitätsweins

a) Der Hinweis auf das Ursprungsland ist für den Export vorgeschrieben.
b) Handelsmarke oder Name des Weingutes. Die Bezeichnung »Château« ist AOC-Weinen vorbehalten.
c) Ursprungsbezeichnung (Appellation Contrôlée)
d) Jahrgangsangabe (freiwillig)
e) Alkoholgehalt (obligatorisch)
f) Adresse des Weinbaubetriebs (obligatorisch)
g) Hinweis auf Erzeugerabfüllung. Nur zulässig, wenn die Abfüllung am gleichen Ort stattfindet wie Lese und Verarbeitung der Trauben.
h) Nennvolumen (obligatorisch)

Champagner-Etikett

a) Ursprungsbezeichnung (Appellation Contrôlée), bei Champagner nicht obligatorisch, doch muss das Wort »Champagne« deutlich erkennbar sein.
b) Handelsmarke oder Name des Herstellers (obligatorisch)
c) Hinweis auf den Geschmack (bei Champagner obligatorisch)
d) Nennvolumen (obligatorisch) in cl und ml

e) Sitz der Herstellerfirma oder des Inhabers der Handelsmarke
f) Buchstabenkombination, die auf die Art des Herstellerbetriebs hinweist (siehe unten)
g) Immatrikulationsnummer des CIVC (obligatorisch)

Etikett eines Landweins

a) Rebsorte (freiwillig)
b) Jahrgangsangabe (freiwillig)
c) Name des Weines, hier identisch mit dem Weinbaubetrieb. Der Name kann auch eine Handelsmarke oder eine Phantasiebezeichnung sein. Die Angabe ist freiwillig.
d) Qualitätsstufe Landwein in Verbindung mit der Landweinregion (obligatorisch)
e) Hinweis auf Erzeugerabfüllung (freiwillig)
f) Name und Adresse des Abfüllers (obligatorisch)
g) Alkoholgehalt (obligatorisch)
h) Ursprungsland (obligatorisch für Export)
i) Nennvolumen (obligatorisch)

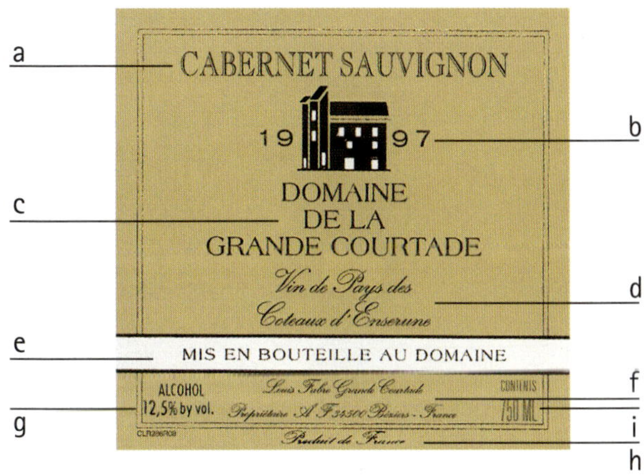

Die Buchstabenkombinationen vor der Immatrikulationsnummer bei Champagner bedeuten:

NM = Négociant-Manipulant: Champagnerhaus, das Trauben, Most oder Grundwein kauft/weiterverarbeitet
RM = Récoltant-Manipulant: Winzer, der Champagner aus eigenen Weinen herstellt
RC = Récoltant-Coopérateur: Genossenschaftswinzer
CM = Coopérative de Manipulation: Genossenschaft
SR = Société de Récoltants: Winzervereinigung
ND = Négociant Distributeur: Vertriebsgesellschaft
R = Récoltant: Winzer, der seine Weine nicht selbst ausbaut
MA = Marque d'Acheteur: Handelsmarke, die dem Kunden des Herstellers gehört

Wichtigste Angabe: Die Herkunft

Zunächst einmal werden Sie sich der bei französischen Weinen wichtigsten Angabe zuwenden – der Herkunft.

Bei den Qualitätsweinen – ob VDQS oder AOC – ist die Ursprungsbezeichnung immer mit der Qualitätsstufe verbunden, bei ersteren steht sie unmittelbar darunter, bei den AOC kann die Bezeichnung »Appellation d'Origine Contrôlée« oder »Appellation Contrôlée« (die Formulierungen sind gleichwertig) die Ursprungsangabe einrahmen oder nicht.

- Appellation Bordeaux Contrôlée oder Bordeaux Appellation Contrôlée bedeutet also das gleiche und ist kein Geheimcode, der auf verborgene Qualitäten oder Mängel hinweist.

Es gibt eine Ausnahme: Bei Champagner muss die Angabe der Qualitätsstufe nicht unbedingt auf dem Etikett stehen. Champagner steht glanzvoll für sich und niemand würde hier einen Tafelwein erwarten!

Négociants-Éleveurs sind hoch angesehene Leute in Burgund und haben nichts mit einer Abfüllfirma zu tun, wie sie vielleicht in anderen Gebieten Massenweine verarbeitet.

Abfüller

Die zweite wichtige Angabe und daher auch ebenso obligatorisch wie die Herkunftsangabe ist der Name und die Adresse des Abfüllers, und zwar bei Qualitätsweinen wie bei Tafelweinen.

Eine Besonderheit: Bei Tafelweinen darf der Ort des Hauptfirmensitzes nicht zu Verwechslungen mit einer kontrollierten Ursprungsbezeichnung, also einem AOC-Wein führen. Aus diesem Grund nennt man in einem solchen Fall einfach die Postleitzahl allein, ohne den Ort anzugeben.

Eine weitere Besonderheit: In Burgund werden etwa 85 Prozent aller Weine an sogenannte Négociants-Éleveurs verkauft. Das sind Handelshäuser, die den Wein nicht nur abfüllen, sondern ihn auch ausbauen, das heißt sie kaufen beim Erzeuger jungen Wein und lassen ihn in ihren Kellern reifen. Sie stellen auch Cuvées, Verschnitte, aus ein und derselben Lage von unterschiedlichen Produzenten her, um größere Mengen dieser Lage anbieten zu können. Durch diese Praxis gleicht der Händler auch reichere und magerere Jahre aus. Ist in einem Jahr die Ernte sehr gering ausgefallen, kann er auf Reserven aus üppigeren Jahren zurückgreifen, und der

Die Crus

Das Wort »Cru«, das soviel wie Gewächs heißt, deutet immer auf eine höhere Qualität hin. In welchem Zusammenhang das Wort auf dem Etikett verwendet wird, ist in den einzelnen Gebieten unterschiedlich. Im Bordelais wird die Klassifizierung der Crus zusätzlich auf dem Etikett genannt, in den anderen Gebieten ist die Angabe Grand Cru, Premier Cru usw. Teil der Ursprungsbezeichnung.

Winzer hat in erntemäßig reichen Jahren die Möglichkeit, höhere Mengen zu verkaufen. Wenn ein Weingut exklusiv über einen Händler vermarktet, setzt es seinen Namen neben den des Händlers auf das Etikett.

Der Erzeuger

Warum wird der Abfüller obligatorisch genannt und nicht der Winzer? Ganz einfach, weil der Abfüller der letzte ist, der vor dem Kunden mit dem Wein zu tun hat. Vom Abfüller kann man auf den Erzeuger rückschließen, vom Erzeuger, der nicht selbst abfüllt, kaum auf den Abfüller, der mit dem Wein noch alles mögliche anstellen könnte.

- Bei Weinen höherer Qualität ist der Erzeuger sowieso mit dem Abfüller identisch.

Eine freiwillige Angabe ist dafür vorgesehen. Sie kann lauten »mis en bouteille à la propriété«, »mis en bouteille au domaine, au château« oder auch einfach »dans la région de production«. Das heißt, der Wein wurde im Weingut oder im Produktionsgebiet abgefüllt. Die Abfüllung muss dann tatsächlich in unmittelbarer Nähe des Ortes erfolgen, wo die Trauben gewachsen sind und verarbeitet wurden.

Weitere verbindliche Angaben auf dem Etikett

Die übrigen verbindlichen Angaben sind zwar auch nicht unwichtig für den Kaufentscheid, jedoch nicht unbedingt ausschlaggebend.

Zunächst einmal muss das Nennvolumen in Liter (l), Zentiliter (cl) oder Milliliter (ml) angegeben werden. Die Normalflasche in der EU fasst 75 cl. Daneben gibt es größere Flaschen, vor allem für Schaum- und Landweine, und kleinere Flaschen für Spezialweine. Ferner muss auf allen Etiketten seit 1988 der Alkoholgehalt in ganzen oder halben Einheiten in Volumenprozent (% Vol.) angegeben sein. Diese Angabe muss auf allen Flaschen stehen, die in der EU vertrieben werden. Davor kann noch stehen »titre alcoométrique aquis«, »alcool aquis« oder einfach »Alc«.

Freiwillige Angaben

Bei Tafelweinen sind nicht viele weitere Angaben erlaubt, allenfalls Empfehlungen an den Verbraucher, wie zum Beispiel »kühl servieren« und eine Handelsmarke, die aber nicht zu Verwechslungen mit Weinen anderer Qualitätsstufen führen darf. Dass man einen Tafelwein nicht Champagner nennen darf, ist klar!

Landweine oder Vins de Pays dürfen eine ganze Reihe mehr Angaben auf den Etiketten tragen. Der Besitzer des Weinguts oder auch der Name der Winzergenossenschaft - nicht jedoch Domaine, Clos oder Château - dürfen

Château heißt Schloss, bezieht sich aber nicht auf einen Adelssitz, sondern auf ein Weingut. Der Ausdruck stammt traditionell von der Gironde im Bordelais und darf nur für AOC-Weine verwendet werden, die von einem tatsächlich existierenden Weingut dieses Namens stammen – wie hier im Bild das Château Sercy.

genannt werden. Handelsmarken, Empfehlungen an den Verbraucher, Informationen über Weinbereitung oder Rebsorten sind erlaubt und durchaus üblich.

All diese Angaben sind auch auf Qualitätsweinetiketten erlaubt, zusätzlich jedoch die Nennung von Clos, Château, Domaine oder Cave coopérative als Hinweis auf die Produktionsstätte. Vielleicht wundert es Sie, dass zum Beispiel die Jahrgangsangabe freiwillig ist. Sie ist eine wichtige Angabe, aber der Gesetzgeber ist ja hauptsächlich für den Verbraucherschutz zuständig, und darunter fällt die Jahrgangsangabe nicht. Jeder Erzeuger von Qualitätswein wird den Jahrgang aus eigenem Interesse angeben. Auch die Angabe einer oder mehrerer Rebsorten ist freiwillig, es sei denn die Rebsorte ist Teil der Herkunftsbezeichnung, zum Beispiel im Falle von Alsace Riesling oder der neuen sortenreinen Landweine (Vins de Cépage) aus dem Languedoc-Roussillon (siehe Kasten Seite 248).

Diese Angaben sind nicht vorgeschrieben, müssen aber natürlich der Wahrheit entsprechen und offiziell zugelassen sein.

Traditionelle Zusatzangaben sind auch die Klassifizierungen, die für Betriebe im Bordelais und neuerdings auch in den Côtes de Provence existieren. Die Klassifizierungen (siehe Seite 159) dürfen selbstverständlich auf dem Etikett angegeben werden, außerdem die Bezeichnung »Cru Bourgeois« für Médocweine.

Interessant für den Verbraucher, jedoch nicht zwingend vorgeschrieben, sind Angaben über Weinbereitungsmethoden und die Art des Produkts. Der Käufer wird diese Angaben dankbar begrüßen, und daher sind sie auch im Normalfall auf der Flasche vermerkt. Dazu gehören Bezeichnungen wie Primeur oder Nouveau für die jungen Weine, »Vendanges tardives« für die Spätlese, ein wichtiger Hinweis auf den Geschmack und die Gelegenheit, ihn zu servieren und »sur lie« für einen direkt von der Hefe abgefüllten Wein.

Freiwillig sind auch die Angaben über das Herstellungsverfahren eines Schaumweines. Allerdings darf »Méthode champenoise« nur noch auf Champagnerflaschen stehen, andere, nach dem gleichen Verfahren der Flaschengärung hergestellte französische Schaumweine tragen die Bezeichnung »Méthode traditionnelle«.

Auf einer Reise durch Frankreich können Sie auch in einfachen Lokalen so manchen guten Tropfen der Region entdecken.

Das italienische Weingesetz auf einen Blick

Das italienische Weingesetz regelt die Produktion und die Kennzeichnung der Weine. Es enthält insbesondere Vorschriften zu den Qualitätsstufen, zu Herkunftsnamen und Zusatzbezeichnungen, zum Weinbau und zur Kellerwirtschaft sowie zur Aufmachung der Flaschen und zu den Angaben, die das Etikett enthalten muss.

Zu den D.O.C. Weinen gehören so berühmte Namen wie Vernaccia di San Gimignano, Chianti und Soave.

Kategorien – Qualitätsstufen

Italiens Weinproduktion ist in vier Qualitätsstufen hierarchisch klassifiziert:

- D.O.C.G.-Weine: Denominazione di origine controllata e garantita (kontrollierte und garantierte Herkunftsbezeichnung)
- D.O.C.-Weine: Denominazione di origine controllata (kontrollierte Herkunftsbezeichnung)
- IgT-Weine: Vino con indicazione geografica (Regionalwein mit geographischer Herkunftsangabe)
- VdT-Weine: Vino da Tavola (Tafelwein)

Namen – Herkunftsbezeichnungen

Jeder dieser Weine trägt einen spezifischen Namen (Herkunftsbezeichnung), der von keinem anderen Produkt verwendet werden darf (z.B. Collio). Bei gewissen Herkunftsbezeichnungen enthält dieser Name auch die Rebsorte, innerhalb einer Herkunftsbezeichnung sind mehrere Rebsortennamen möglich (z.B. Chardonnay Collio, Sauvignon Blanc Collio).

Zusatzbezeichnungen

Für gewisse D.O.C.G.- und D.O.C.-Weine sind neben der Herkunftsbezeichnung folgende Zusatzbezeichnungen möglich:

- Riserva: Der Wein muss länger als die Normalversion im Fass oder im Tank gereift sein. Oft müssen Alkoholgehalt und andere Analysewerte höher liegen.
- Superiore: Der Wein muss nach strengeren Richtlinien produziert worden sein als die Normalversion – z.B. bezüglich Alkoholgehalt, Hektarertrag, Analysewerten.
- Classico: Der Wein muss aus einer enger definierten Teilzone des Anbaugebietes stammen, dies ist meist der beste oder historisch älteste Teil.
- Einzellage (Vigna x, Vigneto y): Einzellagennamen dürfen nur bei D.O.C.G.- und D.O.C.-Weinen auf dem Etikett angebracht werden und nur dann, wenn es sich um eine im Weinbaukataster eingetragene Lage handelt (also keine Phantasienamen).

Neu ist, dass das Gesetz nun ein besonderes Herausstellen von Spitzenlagen und -zonen erlaubt.

Weinbau – Anbau- und Lesevorschriften

Das Weingesetz legt die Grenzen jeder Herkunftsbezeichnung fest sowie im Falle von D.O.C.G.- und D.O.C.-Weinen die für die Erzeugung zugelassenen Gemeinden oder Weinbergsflächen. Es schreibt weiterhin vor: Höchsterträge pro Hektar, Erntepraktiken, verwendete Rebsorten, Reifezustand der Trauben (Mostgewicht) bei der Lese.

Kellerwirtschaft und Weinprüfung

Die Vorschriften betreffen Ausbautechniken (z.B. Holzfass), Ausbaudauer, Laboruntersuchungen und geschmackliche Prüfungen vor bzw. bei DOCG-Weinen zusätzlich nach dem Abfüllen, den frühesten Vermarktungstermin, ggf. die Abfüllung im Produktionsgebiet selbst.

Aufmachung der Flaschen

Das Gesetz regelt Flaschengrößen, teilweise auch Flaschenform und Verschlussart. DOCG-Weine müssen eine Banderole mit der amtlichen Prüfnummer tragen.

Angaben auf dem Etikett – siehe Seite 262.

Das italienische Weingesetz

Die Entwicklungen im italienischen Weinbau spiegelten sich in der Entwicklung der Gesetze wider, die nicht nur den Weinbau und die Weinwirtschaft regulieren, sondern vor allem den Verbraucher schützen sollten. Anders als Frankreich oder Deutschland hatte Italien bis zum Anfang der sechziger Jahre noch kein einheitliches Weingesetz, das dem Weinfreund die Orientierung in der Vielzahl von Namen und Etiketten ermöglicht hätte. Es gab keinen wirklichen Schutz der Herkunftsbezeichnungen, und auf den Etiketten herrschte die fröhlichste Anarchie.

Die Entstehung des Weingesetzes

Erst 1963 bekam Italien ein solches Gesetz, das Dekret zum Schutz der Weine mit kontrollierter Herkunftsbezeichnung. In ihm wurden in Übereinstimmung mit den europäischen Verordnungen zunächst zwei Weinkategorien definiert – Tafelweine und Qualitätsweine mit kontrollierter Herkunftsbezeichnung –, und im Laufe der Jahrzehnte erhielten gut 300 solcher Weine die Denominazione di origine controllata – kurz D. O. C. genannt.

Das Gesetz regelt in allen Einzelheiten, aus welchen Rebsorten die D.O.C.-Weine der einzelnen Anbaugebiete zu keltern sind, welche Weinbergsflächen für ihre Produktion in Frage kommen, wie lange sie vor dem Abfüllen im Holzfass oder im Stahltank lagern müssen, wie viel Alkohol sie mindestens enthalten und welchen Geschmackstypus sie repräsentieren müssen.

Es sieht für einzelne D.O.C.-Namen eine Reihe von Unterbezeichnungen vor – Riserva oder Superiore zum Beispiel –, die meist den besseren Qualitäten des jeweiligen Anbaugebiets vorbehalten waren.

Nur das Anbaugebiet entscheidet

Anders als in Deutschland oder Frankreich sieht das italienische Weingesetz keinerlei differenzierende Qualitätsstufen innerhalb eines Anbaugebiets vor. Während in Frankreich die einzelnen Weinbergslagen oder sogar Weingüter vom Gesetz in verschiedene Qualitätsklassen eingeteilt werden und in Deutschland die Weine je nach dem Zuckergehalt, also dem Reifegrad der Trauben, als Qualitätsweine, Spätlesen oder Auslesen bezeichnet werden, herrscht in Italien eine etwas unverständliche Gleichmacherei.

Vor dem Gesetz und damit auf dem Etikett ist zum Beispiel noch immer jeder der fast 100 Millionen Liter Chianti, die Jahr für Jahr produziert werden, von derselben Qualität, ganz gleich, ob er aus einer Spitzenlage oder aus einem zweitklassigen Weinberg stammt, ob dem Winzer mehr an der Qualität seiner Produkte oder an der Herstellung möglichst großer Mengen mit geringen Kosten gelegen war.

Die zusätzliche »Garantie«

Das System der einfachen kontrollierten Herkunftsbezeichnungen reichte schon bald nicht mehr aus, und auf der Suche nach weiteren Unterscheidungsmöglichkeiten innerhalb der großen Zahl von D.O.C.-Namen erfand man Anfang der achtziger Jahre eine etwas elitärere Herkunftsbezeichnung: »kontrolliert und garantiert«, im Amtsitalienisch »Denominazione di origine controllata e garantita«, kurz D.O.C.G.

Für die Weine, denen diese höhere Auszeichnung zugeteilt wurde, galten strengere Produktionsvorschriften, die erlaubten Erträge wurden niedriger angesetzt, und oft muss der Wein auch eine längere Reifezeit im Fass absolvieren. Zudem muss jedes einzelne Produkt von einer Kommission von Weinverkostern begutachtet werden, bevor es die Banderole mit der Prüfnummer tragen darf.

Die Realität holte das Gesetz ein

Leider schossen die italienischen Gesetzgeber hier über das Ziel hinaus.

Neben den besten und renommiertesten Gewächsen wurden auch Tropfen von fragwürdigem Prestige in den (D.O.C.G.-) Adelsstand erhoben, unter ihnen Albana di Romagna, Asti Spumante oder Montefalco Sagrantino.

Noch nicht einmal eineinhalb Dutzend Weine dürfen sich heute mit der Bezeichnung D.O.C.G. schmücken, darunter der Brunello di Montalcino, Barbaresco und Vino Nobile di Montepulciano.

Für die meisten Weinfreunde war eine solche Verwässerung der an sich lobenswerten Absicht des Gesetzgebers, qualitative Unterscheidungsmerkmale zum Erkennen der besten Weine festzulegen, unbegreiflich. Wer, so fragt man sich, würde schon freiwillig einen exzellenten Chardonnay Collio, gesetzlich gesehen einen »einfachen« D.O.C.-Wein, gegen einen Albana di Romagna fragwürdiger Qualität, für das Gesetz aber ins D.O.C.G.-Oberhaus gehörig, eintauschen? Unerträglich waren einige der Bestimmungen des Weingesetzes für die besten Winzer des Landes vor allem deshalb, weil die Regelwerke meist schon bei ihrer Verabschiedung der sich wandelnden Realität des Weinmarkts nicht mehr gerecht wurden. Wer beispielsweise der Meinung war, dass der beste Chianti nicht aus vier oder fünf Rebsorten – darunter die weißen Sorten Trebbiano und Malvasia – gekeltert werden sollte, sondern einzig und allein aus dem großartigen Sangiovese, weil ihm dies Produkte von viel höherer Qualität garantierte, der durfte seinen Wein fortan nicht mehr als Chianti D.O.C.G. etikettieren, sondern musste ihn als einfachen Tafelwein, Vino da Tavola, kurz VdT, in den Handel bringen. - Allerdings ersetzte das Preisschild den fehlenden Qualitätshinweis auf dem Etikett!

Die 1992 verabschiedete Neufassung des Weingesetzes, dessen Vorschriften jetzt allmählich in die Praxis umgesetzt werden, hat in dieser Beziehung zum Teil Abhilfe geschaffen. Die unsinnigsten Produktionsvorschriften wurden gemildert: So darf jetzt ein Chianti auch ausschließlich aus der Sorte Sangiovese gekeltert werden, und der Brunello di Montalcino muss nicht mehr mindestens viereinhalb Jahre im Holzfass liegen, ein Verfahren, das ihm vielleicht in dem einen oder anderen kleineren Jahrgang gar nicht gut bekommt.

Die aktuellen Qualitätseinstufungen

Die neue Qualitätspyramide besteht aus vier Stufen: Ganz unten findet man wie bisher die einfachen Tafelweine (Vino da Tavola, VdT). Darüber stehen die Tafelweine mit einer genaueren, regionalen Herkunftsbezeichnung (Vino con indicazione geografica, Igt), die etwa den Landweinen anderer europäischer Länder entsprechen und aus großen Weinbauzonen stammen, zum Beispiel Chardonnay della Puglia. Über diesen stehen die D.O.C.- und die D.O.C.G.-Weine. Innerhalb eines D.O.C.-Anbaugebiets darf jetzt eine besonders gute Weinbergslage einen eigenen D.O.C.- oder gar D.O.C.G.-Namen tragen. Ein Wein wie der Sassicaia braucht deshalb nun nicht mehr als Tafelwein verkauft zu werden, sondern ist als besondere Herkunftsbezeichnung innerhalb des D.O.C.-Gebietes Bolgheri ausgewiesen.

Die Unterscheidung der verschiedenen Rebsorten ist auch für einen geübten Winzer nicht immer einfach. Oft bedarf es einer genauen Beobachtung der Blatt- oder Traubenform, einer detaillierten chemischen Analyse und der Kontrolle des Vegetationsverlaufs, um die Identität einer Sorte genau zu bestimmen.

Die Etiketten italienischer Weine

Dank des Weingesetzes von 1963 und seines Folgegesetzes von 1992 kann der Verbraucher heute auf den Etiketten italienischer Weine mit kontrollierter Herkunftsbezeichnung eine ganze Reihe von Angaben finden, die Hinweise auf die Art des Flascheninhalts geben und ihm so die Auswahl seines Lieblingstropfens erleichtern. Die Angabe der Qualitätsstufe, zum Beispiel Vino da tavola oder Denominazione di origine controllata, ist in jedem Fall obligatorisch, und natürlich darf auch der Name der jeweiligen D.O.C. nicht fehlen. Am vorgeschriebenen Vermerk des Alkoholgehalts kann man ablesen, ob der Wein eher leicht oder schwerer ist, und aus der Bezeichnung Riserva entnimmt man, dass der Wein länger im Fass reifte als die »Normal«-Version desselben D.O.C.-Weins.

Ein Künstleretikett der Trentiner Weinkellerei Endrizzi, die Anfang der achtziger Jahre damit begann, ihre Weinflaschen als einheitliches Designobjekt zu gestalten.

Etikett eines Qualitätsweins

Vorgeschriebene Angaben

a) Name des Weinguts, dessen Eigner unter f) genannt ist
b) Herkunftsbezeichnung, Name des Anbaugebiets
c) Qualitätsstufe, Klassifizierung (D.O.C.G.)
d) Riserva bezieht sich auf eine erhöhte Mindestlagerzeit und einen Mindestalkoholgehalt
e) Jahrgangsangabe (vor allem bei edlen Weinen ein wichtiger Qualitätsaspekt)
f) Abfüllung im Ursprungsgebiet durch den Erzeuger, Name und Gemeinde des Erzeugers
g) Nennvolumen, genormt nach EU-Richtlinien
h) Ursprungsland
i) Alkoholgehalt
j) Nummer der Füllpartie

Mögliche Elemente

– Einzellage (nur bei D.O.C.G.- und D.O.C.-Weinen)
– Siegel oder Sonderetiketten von Schutzkonsortien der einzelnen Herkunftsbezeichnungen (z.B. Gallo Nero für den Chianti Classico)

Etikett eines Tafelweins

a) Phantasiename, darf nicht zu Verwechslungen mit offiziellen Herkunftsbezeichnungen führen
b) Qualitätsstufe Tafelwein, hier in Verbindung mit der Angabe der Region
c) Jahrgangsangabe
d) Name und Gemeinde des Erzeugers
e) Angaben, wie der Wein ausgebaut wurde (diese Angabe ist nicht vorgeschrieben)

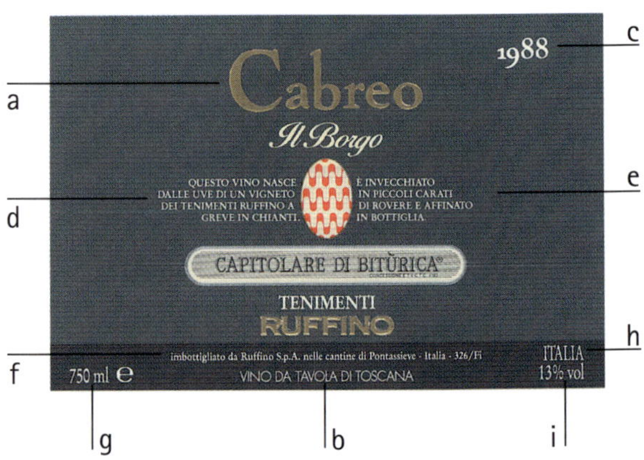

f) Name und Gemeinde des Abfüllbetriebes (hier der Erzeuger)
g) Nennvolumen, genormt nach EU-Richtlinien
h) Ursprungsland
i) Alkoholgehalt

Etikett eines Schaumweins

a) Erzeuger
b) Qualitätsschaumwein
c) Markenname
d) Geschmacksangabe, brut entspricht einem Schaumwein mit geringer Dosage (siehe auch Seite 70)
e) Hinweis auf das Herstellungsverfahren, Metodo classico bezieht sich auf Flaschengärung
f) Herkunftsbezeichnung

Vorgeschriebene Angaben

Natürlich muss auf dem Etikett auch der Abfüller oder der Produzent angegeben werden. Liest man »imbottigliato da« (abgefüllt von), so kann es sich um ein Produkt handeln, das fertig gekauft und durch den genannten Betrieb nur in Flaschen gefüllt wurde. Liest man dagegen »imbottigliato all'origine da« (am Ursprung abgefüllt von), so darf der Weinfreund davon ausgehen, dass der Wein vom Winzer selbst gekeltert und abgefüllt wurde. Außerdem muss das Inhaltsvolumen der Flasche (zum Beispiel 0,75 l) vermerkt sein, und bei D.O.C.- und D.O.C.G.-Weinen ist auch die Angabe des Jahres der Weinlese obligatorisch. Die Gemeinde des Abfüllers oder Winzers darf ebenfalls auf dem Etikett nicht fehlen.

Für Weine mit kontrollierter und garantierter Herkunftsbezeichnung (D.O.C.G.) gilt zusätzlich zu den erwähnten Etikettangaben die Pflicht, eine Banderole mit Prüfnummer zu tragen, die darauf hinweist, dass die Qualität des entsprechenden Weines durch eine Laboranalyse und eine Verkostung überprüft wurde.

Oft tragen italienische Weinflaschen heute zwei Etiketten – ein Frontetikett und ein Rückenetikett. Das Paradoxe daran ist, dass das, was man vielleicht für das Frontetikett halten könnte, manchmal gar nicht das offizielle Etikett ist und eigentlich nur zur Dekoration dient. Die offiziellen, vom Gesetzgeber vorgeschriebenen Angaben zum Wein findet man in diesen Fällen meist auf dem unscheinbareren Etikett, das man auf den ersten Blick für das Rückenetikett halten könnte.

Weitere Angaben

Weitere Angaben, wie zum Beispiel der Name eines bestimmten Weinbergs (Einzellage), sind nicht obligatorisch, werden aber in Zukunft strenger überprüft. Früher konnte es vorkommen, dass ein Wein sich Vigna x oder Vigneto y nannte, ohne dass Trauben des jeweiligen Weinbergs in seine Produktion eingingen, und manchmal gab es einen Weinberg solchen Namens auch gar nicht. Nach dem neuen Gesetz dürfen auf den Etiketten von D.O.C.-Weinen nur noch solche Weinbergsnamen vermerkt sein, die tatsächlich im Weinbergskataster der jeweiligen Gemeinde eingetragen sind. Qualitätshinweise liefern auch die Siegel regionaler Schutzkonsortien, die die Erzeugnisse der Winzer ihres Gebiets noch einmal überprüfen und die Flaschen mit entsprechenden Siegelmarken und Kontrollnummern versehen, zum Beispiel der »Gallo Nero« (schwarzer Hahn) im Chianti-Gebiet.

Wichtig: der Erzeuger

Die Vorschriften des Weingesetzes und damit die Bezeichnungen des Etiketts sowie die Prüfnummern garantieren nur eine Mindestqualität, die im einen oder andern Fall recht niedrig angesetzt sein kann. Eine absolute Garantie, dass wirklich hochklassige Weine in den Flaschen sind, kann nur der Name des Winzers oder der Kellerei geben, die für den Wein verantwortlich zeichnen. Erfahrene Weinfreunde wissen: Nur wenn ein Wein den Namen des Winzers ihres Vertrauens trägt, können sie sich wirklich darauf verlassen, dass auch hochwertige Weine in den Flaschen sind.

Warum Blindverkosten? Ein Blick auf das Etikett ist schon die Hälfte des Urteils, und wer wollte sich schon freiwillig mit nur einer Hälfte des Lohns seiner Mühen begnügen?

Regeln für die Weinbeurteilung

Bei gut organisierten Weinproben sind die Etiketten der Flaschen nicht sichtbar, die Rahmenbedingungen neutral, das Licht gut und die Verkoster ausgeruht.

Die Kriterien der Weinbeurteilung sind Intensität, Feinheit, Komplexität, Harmonie, Typizität und individueller Charakter von Farbe, Geruch und Geschmack.

Zur Beurteilung eines Weines betrachtet man zuerst Klarheit und Farbe, riecht dann vorsichtig am unbewegten Glas, schwenkt dieses, betrachtet die Schlieren am Rand, riecht erneut daran und nimmt einen angemessenen Schluck, der so lange auf der Zunge »gerollt« wird, bis seine Aromen die Mundhöhle füllen. Nach dem Ausspucken beobachtet man die Länge und die Qualität des Nachgeschmacks.

Alle Angaben über den Wein und alle Eindrücke werden sorgfältig notiert, um die Entwicklung des Weines später nachvollziehen zu können und vor allem auch um mögliche Verwechslungen auszuschließen.

Die Weinverkostung

Nach so viel grauer Theorie wird es langsam Zeit, sich den Weinen auch in der Praxis zu widmen. So mancher unter Ihnen hat sicher schon einige Lieblingsweine gefunden und ist vielleicht noch neugierig auf andere, neue Erfahrungen. Ein anderer mag sich fragen, woran man denn nun, bei der Fülle des Angebots, einen wirklich guten Wein erkennt?

In jedem Fall bietet eine Weinprobe oder Weinverkostung eine gute Gelegenheit, die eigene Weinkennerschaft zu vertiefen. Wir wollen Ihnen sagen, wie eine professionelle Weinverkostung verläuft, und Ihnen das nötige Handwerkszeug für die Weinbeurteilung mit auf den Weg geben.

Was sind die Ziele einer Weinverkostung?

Warum verkostet man eigentlich Wein? Um seine Qualitäten kennen zu lernen und seine Fehler zu entdecken, wird jeder spontan antworten. Dabei kann die individuelle Motivation, bewusst und konzentriert Wein zu »degustieren«, recht unterschiedlich sein.

Das Degustieren ist nicht auf das Weinmilieu beschränkt: Verkostet werden auch Tee, Kaffee, Whisky und sogar Kakao.

Da sind zum einen Profis: Für Winzer, Kellermeister und Önologen (das sind die studierten Kellermeister) ist die regelmäßige Verkostung ihrer Produkte das sicherste Mittel, eventuelle Weinfehler zu entdecken und Entscheidungen über Behandlungsmethoden zu treffen. Dann gibt es die Verkoster von Prüfkommissionen und natürlich die Weinhändler, Gastronomen, Weinkellner und Vertreter der Getränkeindustrie.

Auf der anderen Seite stehen die Hobby- und Amateurverkoster. Sie degustieren, um sich einen schönen Weinkeller zusammenzustellen, oder um im Kreis von Freunden und Gleichgesinnten das Gespräch über die Weine, den Austausch von Wissen als intellektuelles und soziales Vergnügen zu genießen.

Kann man Verkosten lernen?

Weinnovizen fragen sich oft in falscher Ehrfurcht, ob nicht zur korrekten Beurteilung der seltenen und berühmten Tropfen ein besonderes Talent gehöre, das man sozusagen in die Wiege gelegt bekommen müsse. Dem ist nicht so! Einmal abgesehen von den wenigen Menschen, die unter akuten Erkrankungen der Atemwege leiden, ist jeder Normalverbraucher in der Lage, die meisten Weine einigermaßen korrekt zu beurteilen.

Die wirkliche Schwierigkeit besteht nicht darin, die Qualität der angebotenen Weine richtig zu bewerten, sondern darin, die geschmacklichen Wahrnehmungen in Worte zu fassen, und genau das wollen wir Ihnen mit diesem Kapitel erleichtern.

Wie erkennt man einen guten Wein?

Ein feiner, ein großer Wein enthält unendlich viele Aroma- und Geschmacksnuancen und zeigt sich im Glas nur von seiner besten Seite. Er hat eine attraktive Farbe, verschafft von Minute zu Minute subtilere und aufregendere Eindrücke und klingt dann in seiner vollen aromatischen Vielfalt am Gaumen noch lange nach, wenn der Schluck den Mund schon verlassen hat. Natürlich sollte ein solcher Wein ein typischer Vertreter seiner Rebsorte und seines Anbaugebietes sein und dem Kenner vielleicht auch den Jahrgang seiner Entstehung, die Böden und das Klima, die sein Wachstum ermöglichen, verraten. Und schließlich soll er – last but not least – die feine »Handschrift« seines Winzers zu erkennen geben.

Sinn und Unsinn der »Analyse«

Wenn sich auch Weinmacher, trotz aller Möglichkeiten, ihre Produkte mit den modernsten Labormethoden durchleuchten lassen, immer wieder auf ihren Geschmack verlassen, so gilt das noch mehr für den Weinamateur. Es ist in jüngster Zeit Mode geworden, den Winzer oder Produzenten um Angaben über Säuregehalt, Restzucker, Trockenextrakte und vieles mehr zu bitten, in der vagen Hoffnung, aus diesen Analysewerten auf die Qualitäten des gerade probierten Weines schließen zu können. In einigen Ländern sind die Weinmacher schon dazu

Bei Weinversteigerungen können die Weine vorher von Kaufinteressenten verkostet werden.

übergegangen, diese Informationen in ihre Prospekte oder sogar auf die Etiketten zu drucken. Ich kann vor einer Überbewertung ihrer Aussagekraft nur warnen. Die chemische Analyse kann allenfalls dem Fachmann Hinweise – und beileibe nicht immer eindeutige – geben, die dieser dann gemeinsam mit dem Ergebnis seiner Verkostungen zu einem komplizierten Puzzle zusammensetzt, um so ein annähernd genaues Bild vom Gesundheitszustand, von der Alterungsfähigkeit oder von Fehlern seiner Weine zu erhalten. Jede kurzschlüssige Interpretation von einzelnen Analysedaten aber bringt den Weinfreund unweigerlich auf den Holzweg.

Objektivität ist gefragt

Trotz der unterschiedlichen Ansprüche und Absichten sind die Methoden der Verkostung fast immer dieselben. Die Kriterien der Beurteilung sind bei allen Variationsmöglichkeiten doch relativ »objektiv«, das heißt, sie können von allen Verkostern in gewissem Maße nachvollzogen werden. Voraussetzung dafür ist natürlich, dass derjenige, der den Wein verkostet, ihm wirklich Aufmerksamkeit schenkt.

Wer Weine mit ihren guten und ihren schlechten Seiten verstehen will, muss vor allen Dingen ein gutes Maß Ehrlichkeit gegenüber sich selbst und gegenüber seiner eigenen Urteilskraft mitbringen. »Un goût imaginé est déjà à moitié perçu« (einen Geschmack, den man sich vorstellt, hat man auch schon fast wahrgenommen), hat einmal ein bekannter französischer Weinjournalist geschrieben und damit den Nagel auf den Kopf getroffen. Auch jeder professionelle Verkoster wird schon die Erfahrung gemacht haben, wie sehr Vorurteile das Verkostungsresultat beeinflussen können. Das gute oder schlechte Renommee eines Weingutes, ein schönes oder hässliches Etikett, ein bekannter Name, das freundliche oder mürrische Gesicht des Winzers, der uns den Wein verkosten lässt: All das trägt zur Bildung von meist unbewussten Vorurteilen bei. Deshalb und nur deshalb muss bei einer ernst zu nehmenden Weinprobe unbedingt auf weitgehend »neutrale« Bedingungen, wie ich sie später schildere, Wert gelegt werden.

Erfahrene Verkoster finden auch ohne den ganzen wissenschaftlichen Apparat in eigener empirischer Arbeit über den Wein und seine Qualitäten heraus, was – in rudimentärer Form vielleicht, aber noch heute von großer Gültigkeit – schon die Gelehrten des alten Rom ausgetüftelt hatten.

Weinverkosten heißt nicht Weinraten

Auf den Holzweg gerät allerdings meist, wer sich an das allseits so beliebte Weinraten macht. Dieses besonders bei den Angelsachsen verbreitete Spiel besteht darin, bei Weinen, deren Etiketten man nicht sieht, die Traubensorte, das Herkunftsgebiet, den Jahrgang und vielleicht sogar den Erzeuger zu erraten. Das bringt sicher Stimmung in so manches gesellige Beisammensein, vor allem, wenn es nicht tierisch ernst genommen wird. Man sollte aber nicht vergessen, dass diese Art von Spielen aus einer Zeit stammt, in der große Weine selten und meist unverwechselbar waren. Leider – oder zum Glück, sollte ich besser sagen – kommen exzellente Weine zum Beispiel aus der Cabernet-Sauvignon-Traube heute nicht mehr nur aus Bordeaux, sondern auch aus Südfrankreich, aus Italien und Spanien, aus Österreich, Australien, Chile und den Vereinigten Staaten. Wann immer in der jüngeren Vergangenheit Weinmuster all dieser Länder in internationalen Vergleichsverkostungen gemeinsam bewertet wurden, stellte es sich heraus, dass es sehr schwierig, wenn nicht unmöglich war, die einzelnen Proben dem jeweiligen Ursprungsland zuzuordnen.

- Wirklich eindeutig identifizieren kann man zum Beispiel eine Rebsorte – ganz zu schweigen von Anbaugebiet, Jahrgang und Produzent – nur dann, wenn der Wein ein typischer und guter Vertreter seiner Gattung ist.

Bei allen anderen können Fremdtöne, unreife Noten oder Fehler in dem Maße überwiegen, dass die Gewächse auch dem erfahrensten Verkoster ihre Identität nicht offenbaren.

Natürlich gibt es im Weingeschäft einige Talente, die eine erstaunlich große Trefferquote vorweisen können, weil ihr Gedächtnis in fast unglaublicher Weise auf das Speichern von Geruchs- und Geschmackseindrücken in Kombination mit lexikalischen Informationen trainiert ist. Und sicher wird jeder Weinfreund, der einen bestimmten Wein besonders oft verkostet hat, diesen eventuell auch »blind« wiedererkennen können. Aber solche Fälle sind im Grunde doch so etwas wie ein »Sechser« im Lotto.

Ein Pinot Noir aus einer französischen Spitzenlage vermittelt ein ganz eigenes Geschmackserlebnis – das Zusammenspiel verschiedener Faktoren macht den Unterschied aus.

Das gute Beispiel zählt

Diese Überlegungen haben auch Konsequenzen für den Weinfreund, der zum Weinkenner werden will: Die Weine dieser Welt, die Rebsorten und die Typologien der verschiedenen Länder und Regionen lernt man nur dann wirklich kennen, wenn man möglichst viele ihrer besten Vertreter verkostet.

- Wer richtiges Verkosten lernen will, muss dies an guten Beispielen tun!

Nur so wird er verstehen, was ein »komplexes Bukett« ist oder wie schön ein großer und reifer Wein in »feiner Süße nachklingen« kann. Vor allem aber muss er die Praxis des Verkostens beherrschen und sich die wichtigsten Begriffe der Weinbeschreibung einprägen. Auch ist eine gewisse Grundkenntnis der Rebsorten, Anbaugebiete und Ausbauarten, wie wir sie in diesem Buch vermitteln wollen, absolut unumgänglich.

Erst wenn diese Basis gesichert ist, wird das »Degustieren« zu einem wirklichen Vergnügen und liefert sowohl wichtige Hinweise zum Kauf, zur Lagerung und zum Genuss des Weines als auch die Möglichkeit, sich mit Gleichgesinnten über die Sinneswahrnehmungen austauschen zu können.

Optimale Bedingungen für eine Weinverkostung

Bei einer sinnvollen Weinverkostung muss zunächst einmal der Rahmen stimmen. Als wichtigste Regel ist zu beachten, dass alle Weine zunächst »anonym« serviert werden: Man schenkt sie entweder in Abwesenheit der Verkoster ein oder wickelt die Flaschen in Alufolie oder Papier ein oder steckt sie in speziell vorbereitete Säckchen und teilt den Verkostern nur das Thema der Reihe mit, das heißt: Anbaugebiet, Sorte und eventuell Jahrgang, nicht aber Lage, Produzent und andere Merkmale.

Umgebung und Tageszeit

Ein neutraler, hell gehaltener Raum mit viel Tageslicht und ohne dominierende Farbtöne bietet die günstigsten Voraussetzungen, um die Sichtprüfung des Weins korrekt vorzunehmen. Geradezu betrügerisch ist Neonlicht, da es durch seine Spektralzusammensetzung, an die sich unser Auge nicht gewöhnen kann, die Farbe vor allem von Rotweinen absurd verfälscht.

Natürlich sind Idealbedingungen selten, und der Verkoster wird im Laufe der Zeit lernen müssen, seine Wahrnehmungen bei schlechtem Licht zu relativieren.

Absolut zu vermeiden sind Fremdgerüche wie Küchendüfte, Zigarettenrauch oder zu starkes Parfüm.

Auch auf eventuell angebotenen Käse sollte man verzichten, denn mit dem Käsegeschmack im Mund munden auch minderwertige Weine gut.

Der beste Zeitpunkt für die Verkostung ist der Vormittag, möglichst nicht direkt nach dem Frühstück oder nach dem Genuss von starkem Kaffee. Vormittags ist der Gaumen nämlich sowohl neutral als auch ausgeruht und erlaubt ein langes, konzentriertes und »objektives« Degustieren. Noch besser ist es, vor dem Beginn der eigentlichen Verkostung zur Neutralisierung des Gaumens einen Schluck einfachen Weines zu trinken.

Das Glas

Die verwendeten Gläser müssen sauber und geruchlos sein. Am besten spült man sie mit einer winzigen Menge des zu verkostenden Weines kurz an. Sie müssen eine genaue Inspektion von Farbe und Geruch des Weines zulassen. Es kommt darauf an, dass das Glas glatt- und dünnwandig ist, um nicht durch die eigenen Reflexe die Farbbetrachtung zu verfälschen. Die Idealform ist am besten in jenem Allround-Normglas realisiert, welches das französische Institut National des Appellations d'Origine geschaffen hat und das deshalb auch INAO-Glas genannt wird.

Anzahl

Die Anzahl der Proben, die man sinnvollerweise verkosten kann, ohne in seinem Urteilsvermögen nachzulassen, hängt allein von der Routine des Verkosters oder der Gruppe ab. Profis »schaffen« ohne weiteres 60 oder 80 Proben am Tag. Für jeden Amateur wäre dies eine ungeheure Überforderung. Andererseits fehlen bei einer zu kleinen Anzahl von Weinen die Vergleichsmöglichkeiten. Ich empfehle deshalb für den Anfang 10 oder 12 Proben, bei Fortgeschrittenen auch einmal 20.

- Voraussetzung für das Bewältigen einer solch großen Anzahl von Weinen ist natürlich, dass man jeden Schluck nur so lange im Mund behält, bis man ihn ausreichend analysiert hat und ihn dann rigoros wieder ausspuckt.

Andernfalls sinkt durch den Alkohol die Aufnahmefähigkeit der Sinne des Verkosters schon nach wenigen Weinen rapide.

Die Zielsetzung

Was soll nun bei der Verkostung genau bewertet werden? Dies ist eine wichtige Frage, denn im Grunde könnte eine sehr subjektive Verkostung auch in der schlichten Entscheidung münden: Gefällt mir, gefällt mir nicht! So einfach geht es jedoch nicht, denn verkostet wird genau deshalb, um über eine momentane Laune hinaus für uns selbst und für andere nachvollziehbare – und das heißt wiederholbare – Qualitätsurteile abgeben zu können. Denn wer hätte etwas von einer Verkostung, bei der uns ein Wein »ganz nett« vorkommt, den wir aber schon bei der nächsten Gelegenheit nicht mehr trinken mögen?

Bewertet werden, das habe ich schon angedeutet, Farbe, Geruch und Geschmack eines Weines, wobei die sechs wichtigsten Kriterien für die Qualität aller Sinneseindrücke immer und bei jedem Wein dieselben sind:

- Intensität, Feinheit, Komplexität, Harmonie, Typizität und Individualität.

Was diese im einzelnen bedeuten, wird in den folgenden Abschnitten klarer werden.

So verläuft eine Weinverkostung

Jede Degustation spielt sich in vier Schritten ab. Der erste umfasst die sogenannte »sensorische« oder »organoleptische«, das heißt, die Sinnen- oder Geschmacksprüfung mit Hilfe von vier der sechs menschlichen Sinne: Wie sieht der Wein aus, wie riecht er, wie fühlt er sich auf der Zunge und im Rachen an, und wie schmeckt er.

Bei einer Blindverkostung werden die Flaschen mit verdeckten Etiketten präsentiert.

Als zweiter Schritt folgt dann die Beschreibung dieser Wahrnehmungen. Dies ist zugestandenermaßen die schwierigste Phase der Verkostung. Das Wichtigste hierbei ist, alle Eindrücke genau aufzuschreiben, ebenso natürlich später auch die Daten über den Jahrgang, das Anbaugebiet, die Weinart, eventuelle Einzellagen, Erzeuger und anderes.

Als dritter Schritt muss das, was der Verkoster in jedem einzelnen Wein gesehen, gerochen, gefühlt und geschmeckt hat, mit seinem gespeicherten Wissen und seiner Erinnerung verglichen werden. Schließlich ergibt sich als Folge dieser drei ersten Schritte ein Urteil, eine Bewertung oder je nach Anlass gar eine Benotung des Weines.

Die Sichtprüfung

Die Farbe eines Weines und sein gesamtes äußeres Erscheinungsbild bergen viele Informationen, die für ein korrektes Urteil wichtig sind. Dem trainierten Verkoster gibt die Sichtprüfung genaue Hinweise darauf, was ihn im Glas erwartet: So kann er aus der Farbe Rückschlüsse auf das Alter des Weines, auf seinen Gesundheitszustand und in begrenztem Umfang auch auf eventuelle geruchliche und geschmackliche Fehler ziehen.

Schon der römische Dichter und Tribun Quintus Horatius Flaccus, besser bekannt als Horaz (65–8 v.Chr.), umschrieb die Weinanalyse mit der Formel C-O-S, Color-Odor-Sapor.

Dabei wird auf ganz verschiedene Aspekte geachtet: auf ein frisches Aussehen, das einen ausreichenden Säuregehalt signalisiert, auf die Konsistenz – das heißt, ob der Wein leicht- oder schwerflüssig ist, ob eventuell Perlen an die Oberfläche steigen – und schließlich auf Klarheit und Transparenz. Außerdem untersucht man aufs Genaueste seine Brillanz – die Oberfläche muss glitzern und glänzen –, den Farbton sowie die Tiefe und Dichte der Färbung.

Der Wein darf bei der Durchsicht keine Trübung oder gar wolkige Flocken aufweisen: Dies gilt für junge Weißweine natürlich noch viel mehr als für gealterte Rotweine. Die Oberfläche sollte das Licht zurückspiegeln, und der Gesamteindruck muss leuchtend und frisch sein.

Nach der Klarheit wird die Viskosität beurteilt, indem man den Inhalt des Glases einmal leicht umherschwenkt. Je dicker, gleichmäßiger und zahlreicher die Tropfen – das heißt, je enger die von ihnen gebildeten »Bögen« – sind, desto mehr

Vorurteile vermeiden

Der französische Önologe Émile Peynaud hat einmal gezeigt, wie sehr das Urteil einer Personengruppe über ein und denselben Wein variieren kann und im Extremfall sogar verfälscht wird, je nachdem, ob die Verkoster die Farbe vorher sehen konnten oder nicht. Denn sosehr es wahr ist, dass die Farbe auf eventuelle Fehler eines Weines hinweisen kann, so ist ein schönes Äußeres nicht die mindeste Garantie für einen großartigen Wein. Deshalb sollte man nach der Sichtprüfung die gewonnenen Eindrücke notieren, das Ganze dann möglichst schnell vergessen und sich an Geruch und Geschmack wagen. Ein guter Trick, um das zu bewerkstelligen, bietet sich in einer seriösen Verkostung fast von alleine an: Wer zahlreiche Gläser gleichzeitig vor sich stehen hat und bei sämtlichen Proben zuerst die Farbe beurteilt und die visuellen Eindrücke sofort notiert, wird danach das einigermaßen unvoreingenommene Herangehen an den Geruch nicht schwierig finden.

Alkohol und/oder Zucker enthält der Wein. Eine übertriebene Zähflüssigkeit deutet aber – ausgenommen sehr alkoholreiche und edelsüße Weine – auf ein krankes Produkt hin.

Ein farbintensiver Bordeauxwein mit dazu passendem Glas.

Die Farbe des Weins

Die Farbtönung ist am unmittelbarsten zugänglich, jedoch ein äußerst schwierig einzuschätzendes Kriterium von Weinqualität. Um mit einem meist unbeachteten Problem zu beginnen: Man sollte sich unbedingt angewöhnen, immer Gläser mit ungefähr gleichem Füllstand zu beurteilen – das Volumen wirkt sich auf die Wahrnehmung der Farbdichte aus.

Ein Urteil über die Farbe erfordert besonders bei Rotweinen die Beachtung der Gesamttönung und die der Farbnuancen, die sich vom Mittelpunkt des Glases – der Seele oder dem Herz, wie man gerne sagt – zu seinem Rand hin zeigen. Der Farbeindruck sollte sich bis fast an die Glaswand hin gleichmäßig fortsetzen, denn ein breiter wässriger Rand ist ein untrügliches Zeichen für zu dünne, extraktarme Weine oder für einen schwächeren Jahrgang. Dann fragen wir uns: Ist die Farbe noch frisch, oder entspricht sie einem schon reifen Wein?

Entwicklung der Farbe

Großzügigkeit ist bei der kritischen Beurteilung allerdings dann geboten, wenn im Rotwein durch unsanfte Behandlung der Flasche ein »Depot« aufgewirbelt wurde: Dieser Bodensatz besteht aus schweren Tannin-Farbstoffmolekülen, die sich nicht mehr in Lösung halten, sondern auf den Flaschenboden absinken. Dann sollte man dem Wein in aufrechter Position einige Stunden Ruhe gönnen, und das »Problem« wird von alleine verschwinden. Kristalle am Boden der Flasche oder im Glas sind Weinstein – ein natürliches Produkt der im Wein enthaltenen Weinsäure –, der völlig harmlos ist und keine Veränderung des Geschmacks zur Folge hat. Dasselbe gilt für die weinsteinähnliche, aber eher schleimige, weiße Substanz am Boden hochwertiger, edelsüßer Weißweine: Schleimsäure, die von der Edelfäule gebildet wurde. Auch sie ist kein Grund zur Beunruhigung.

Das Gegenteil gilt allerdings für jedes matte oder dumpfe Aussehen eines Weines, das auf einen Säuremangel oder auf frühzeitiges Altern des Weines zurückzuführen ist und deshalb auch meist auf eine Beeinträchtigung der geschmacklichen Qualität hinweist.

Die Farbe von Weißweinen durchläuft einen Zyklus, der sich mit den entsprechenden Abweichungen für die einzelnen Sorten und Gebiete immer ähnlich darstellt: farblos, bleiches Gelbgrün (zum Beispiel Chablis, Mosel), weißgold, helles Strohgelb (Meursault, Traminer), zitronengelb, strohgelb, goldgelb (reife, süße Rieslinge, Gewürztraminer), grüngold (Mosel-Beerenauslese), tiefgold (reifer Süßwein, alter Burgunder), altgold, rotgold, gelb-braun, kupferfarben, bernsteinfarben, braun. Im letzten Stadium angekommen, dürfte jeder Wein untrinkbar geworden sein, während »kupferfarben« bei einigen edelsüßen Weinen das Stadium höchster Vollendung anzeigen kann.

Die Farbdichte von Weinen aus roten und blauen Trauben (Rotweine und Rosés) ist ein erster Indikator für die Konzentration von Aroma- und Geschmacksstoffen des Traubenguts und eventuell auch für eine lange Maischegärung. Die Terminologie zur Beurteilung der Farbdichte (vom Positiven zum Negativen fortschreitend):

- undurchsichtig, sehr dicht, mittlere Dichte, hell, wässrig.

Auch bei Rotweinen hängt die Farbtönung von der Traubenart und vom Alter des Weins ab. Experimente haben gezeigt, dass die meisten Rotweine in ihren verschiedenen Entwicklungsstufen folgende Farbtöne annehmen: violett, karmesin, rubin, granat, kirschrot, klatschmohnfarben, feuerrot, scharlachrot, goldrot.

Rosés sind diejenigen Weine, an die man gemeinhin die geringsten Ansprüche bezüglich der Farbe stellt. Sie sollten korall- oder altrosa sein, eventuell mit leichten Orangetönen bei südfranzösischen Provenienzen.

Auch bei einer geselligen Weinprobe sollten Notizzettel, geschmacksneutrales Gebäck und Gefäße zum Ausgießen von Resten nicht fehlen.

Die Technik der Sichtprüfung

Wählen Sie eine gut beleuchtete weiße, hellbeige oder pastellfarbene Umgebung. Tageslicht ist die beste Lichtquelle, Glühbirnen sind akzeptabel, Neonlicht ist zu vermeiden. Betrachten Sie zuerst den Farbton und die Farbintensität. Halten Sie das Glas schräg, damit sich eine möglichst große Fläche ergibt, die auch eine Einschätzung der Brillanz erlaubt. Es folgen die Beurteilung der Transparenz (am besten im Gegenlicht) und der Klarheit (im Streiflicht, das heißt mit einer seitlichen Lichtquelle).

Weitere wichtige Aspekte: Hat der Wein Kohlensäure-Perlen, ist die Farbe typisch für die Rebsorten und das Alter?

Notieren Sie die Eindrücke. Schwenken Sie das Glas, beobachten Sie die »Tränen«. Bei Schaumweinen beobachten Sie als erstes den Schaum und die Perlen. Ein feiner Schaumkranz, der lange »stehen bleibt« und ein feines, regelmäßiges und anhaltendes »perlage« sind Zeichen für Qualität.

Die Geruchsprobe

Die Geruchsprobe ist ein äußerst wichtiger Bestandteil der Verkostung. Sie hilft, das Alter des Weins einzuschätzen – dazu unterscheidet man primäre, sekundäre und tertiäre Aromen, die wir unten näher erläutern–, die Rebsorte und eventuell sogar das Anbaugebiet zu erkennen und dementsprechend die Typizität des Weines zu beurteilen. Außerdem gibt sie Hinweise auf Fehler, auch auf solche, die sich im Mund vielleicht noch nicht bemerkbar machen, den Wein aber über kurz oder lang zerstören können: Alles was nach Kraut, Essig, aufdringlicher Bittermandel, Jogurt, Knoblauch, Zwiebel, Moder oder ähnlichem riecht, muss deshalb Verdacht erregen. Aber das ist nicht alles. Das Vergnügen beim Weintrinken stammt zum überwiegenden Teil von den Aromen und dem Bukett, und die Empfindungen, die man zum Beispiel beim Einatmen des Dufts einer Blume verspürt, sind ähnlich denen, die ein großer Wein uns schenken kann.

Beachten Sie: Ein kalter Wein wirkt säurebetonter, ein warmer wird süßer erscheinen.

Die Rolle des Geruchssinns

Da der Geruchssinn ein »emotionaler« Sinn ist, bietet er dem Weingourmet ungeheure Möglichkeiten der sinnlichen Befriedigung, zu der sich die intellektuelle Befriedigung, das Wiedererkennen von Aromen, das Aufspüren von Feinheiten und von Vielschichtigem, gesellt. Dennoch gilt es auch hier, das Kind nicht mit dem Bade auszuschütten: Schließlich will man den Wein trinken und nicht nur riechen, was leider immer noch viele Verkoster bei Weinproben tun. So manche Gewächse, vor allem ältere Rote, können in der Nase noch ein wunderschönes Bukett zeigen, doch fehlt es ihnen im Geschmack an der nötigen Kraft, und sie sind vielleicht schon vom Alter ausgezehrt und brüchig geworden. Solche Weine sind manchmal ausgesprochen talentierte Bluffer!

Entscheidend bei der Geruchsprüfung ist, dass man sich eine klare Meinung darüber bildet, ob ein Wein einfach oder komplex, sauber oder fehlerhaft, jung oder gereift, abstoßend oder aufregend ist.

Ein entscheidender Unterschied zu unseren anderen Sinnen ist der, dass unsere Geruchsnerven sich, haben sie einmal auf einen bestimmten Geruch angesprochen, verschließen und unempfindlich werden. Das ist auch die Ursache dafür, dass man oft selbst extremen Gestank nach einer Weile nicht mehr wahrnimmt.

- Der Verkoster muss aus diesem Grund den ersten Eindruck beim Riechen sehr schnell und aufmerksam verarbeiten, »übersetzen« und notieren: eine Fähigkeit, die gelernt sein will.

Die Aromen des Weins

Natürlich sind auch die Aromen und Gerüche, noch mehr als die Farben, von Wein zu Wein verschieden. Das Traubenmaterial und seine Anbau- und Reifebedingungen, die Art der zur Gärung benutzten Hefen und die Keltermethoden, die Ausbauformen und die Reifezeit – all das formt und bestimmt das Aroma oder Bukett, aber auch die Fehlgerüche eines Weines. Dabei muss man verschiedene Arten von Geruchsstoffen unterscheiden: Sie können entweder schon in der Traube vorhanden sein, bei der Gärung entstehen oder sich durch einen langen Reifeprozeß im Fass, besonders aber in der Flasche bilden.

Ein junger Wein hat meist einen noch unentwickelten Geruch: Bei Weißweinen ist er ganz schwach, bei Rotweinen spürt man noch den ursprünglichen Geruch der Trauben in der Nase. Man sagt in diesem Fall, der Wein sei noch »verschlossen«. In diesem frühen Entwicklungsstadium des Weins sind Farbe und Geschmack die wichtigeren Bestandteile des Qualitätsurteils. Später, beim alternden und reifenden Wein wird das Aroma – das »offene« und »entfaltete« Bukett – immer wichtiger und komplexer, vor allem, wenn es sich um eine große Kreszenz handelt.

- Man unterscheidet zwischen drei Aromatypen oder besser -stufen: dem primären, dem sekundären und dem tertiären.

Jeder wird schon einmal vor der Aufgabe gestanden haben, einen Geruch präzise beschreiben zu müssen, und hat dies wahrscheinlich als sehr schwierig empfunden.

Primär- und Sekundäraromen

Primäre Aromen werden durch Geruchsstoffe hervorgerufen, die schon in der Traube vorhanden und dort meist innen an die Beerenhäute angelagert sind. Sie

Der Korkgeschmack

Einer der häufigsten Fehler und zugleich ein Reklamationsgrund bei Ihrem Lieferanten (und im Restaurant) ist der Korkgeschmack, ein übelriechender und faulig-holzig schmeckender Weinfehler, der leider sehr häufig vorkommt. Schuld daran ist unter anderem die enorm gestiegene Nachfrage nach der Rinde der Korkeiche, die zu schnell »geerntet« wird. Aber auch das ästhetische Bewusstsein des modernen Weinkonsumenten und sein Wunsch nach schönen, sauberen Korken tragen ihren Teil zum Korkgeschmack bei. Die Eichenrinde wird nämlich mit einem chlorhaltigen Bleichmittel aufgehellt, das man als Ursache jenes Bakterienbefalls nachgewiesen hat, der diesen besonders üblen Weinfehler hervorruft.

Einen »Korkschmecker« kann man gut feststellen, indem man am frisch herausgezogenen Korken riecht. Aber Achtung: Es gibt »korkähnliche« Holzfassnoten, die oft schwer vom wirklichen Korkgeschmack zu unterscheiden sind. Ein sicheres Mittel, Korkgeschmack aufzuspüren, besteht darin, ein Glas zu zwei Dritteln mit warmem Wasser und zu einem Drittel mit dem inkriminierten Wein zu füllen. Wenn wirklich der Kork der Übeltäter war, muss das Gemisch jetzt teuflisch stinken.

bringen den typischen Duft der jeweiligen Rebsorte zum Ausdruck. So riechen Riesling-Weine z.B. häufig nach Ginster, Pfirsich, Zitrone oder Rosen.

Sekundäraromen sind die geschmacklich wahrnehmbaren Stoffe wie die Bernstein- oder die Essigsäure. Weitere Sekundäraromen, aber leider oft auch eine Reihe von Fehlgerüchen, wie Milch-, Käse-, Kraut- und Stearinstiche, entstehen beim biologischen Säureabbau. Die Produktion von Sekundäraromen bei der Gärung hängt entscheidend von einem hohen Zuckergehalt der Trauben und von ihrer physiologischen Zusammensetzung ab.

Primäre und sekundäre Aromen machen den Charme eines Weines in seiner Jugend aus, lassen aber schon nach wenigen Monaten in ihrer Intensität nach. Sie können sogar ganz verschwinden, wenn der Wein zwar nicht durch seine Anlage, aber durch einen adäquaten Ausbau tertiäre Aromen, das eigentliche Lager- oder Reifebukett, bildet. Diese tertiären Noten erinnern oft an Pilze, Trüffel, Leder, Fell, Teer oder auch an Petroleum. Sie entstehen zum geringen Teil schon während der Fasslagerung, hauptsächlich aber in der Flasche, wo sich im Laufe der Jahre unter Luftabschluss – der gute Korken einer liegenden Flasche lässt so gut wie keinerlei Luftaustausch zu – bestimmte chemische Substanzen verändern, und das umso mehr, je vollkommener der Luftabschluss ist.

Ausgiebiges Lüften des Weines – sei es, dass man ihn dekantiert, ihn eine Weile offen stehen lässt oder im Glas kräftig schwenkt – kann einige Geruchsfehler noch beheben.

Feststellung von Geruchsfehlern

Neben den drei Aromastufen, die zur Einschätzung des Alters und der Entwicklung eines Weines wichtig sind, muss man bei der Verkostung vor allem auch auf Geruchsfehler achten: Sie sind ein untrügliches Zeichen dafür, dass mit dem Wein etwas nicht stimmt. Zu den Fehlern gehört zuallererst der Korkton oder Korkgeschmack, den man auch im Mund feststellen kann. Etwas subtiler und nicht immer leicht festzustellen sind Muff- und Modergerüche, die meist von unsauberen alten Fässern stammen und mit dem Korkgeschmack verwechselt werden können: Einfacher festzustellen sind dagegen ranzige Gerüche, faulige Aromen, medizinisch-chemische »Düfte«, die meist von faulem Traubengut verursacht werden, und die schon erwähnten Käse- und Krautstiche eines missglückten biologischen Säureabbaus. Solche Geruchsfehler muss man bei der Verkostung schnell aufspüren und notieren, denn die Nase hat ja, wie oben geschildert, die Eigenschaft, sich gegenüber einzelnen Gerüchen zu »verschließen«. Sonst gewöhnt man sich bei mehrmaligem Riechen an die Fehler des Weines.

Der »Böckser«

Die häufigste Beanstandung bei der Geruchsprüfung betrifft allerdings den sogenannten Böckser, einen Fehler, der in unterschiedlichen Formen auftritt. Der Geruch nach faulen Eiern, chemisch Schwefelwasserstoff (H2S), entsteht vor allem beim Ausbau von Weißweinen unter vollständigem Luftabschluss bei gleichzeitig falsch dosierter Schwefelzugabe. Stellt der Winzer diesen Fehler noch vor der Flaschenabfüllung fest, so kann er ihn manchmal durch einfaches »Lüften« des Weines entfernen, indem er ihn in ein anderes Fass umpumpt. Ist der Wein erst einmal »auf der Flasche«, so ist oft nichts mehr zu machen. Der Schwefelwasserstoff wird sich allmählich mit dem Alkohol zu Äthylmercaptan verbinden, und dieser für sich allein schon übelriechende Stoff steigert seine Wirkung bei fortschreitender Alterung des Weines zu einem knoblauch- und zwiebelartigen Gestank.

Der Geschmackssinn bedient sich der Weichteile im Gaumenbereich – vor allem der Zunge –, die mit mehreren tausend empfindlichen Geschmacksknospen besetzt sind.

Die Geschmacksprüfung

Erst im Mund erschließt sich der volle Reichtum eines Weines, von dem die Nase gekündet hat. Beurteilt werden hier Frische, Dichte, Komplexität, Extraktfülle, Feinheit, Harmonie, Alkoholgehalt, Restsüße und Dauer der Empfindungen. Dennoch: Wenn Weinfreunde sich über den guten Geschmack eines ihrer edlen Tropfen unterhalten, meinen sie in 80 Prozent der Fälle den Geruch. Und das hat eine ganz einfache Erklärung. Erinnern Sie sich, wie Kinder den schlechten Geschmack von Medikamenten überwinden? Indem sie sich die Nase zuhalten! Durch Ausschalten des Riechorgans wird gleichzeitig auch die Geschmackswahrnehmung eliminiert. So paradox es klingt, ist das in Wirklichkeit gar nicht. Denn was gemeinhin als Geschmack verstanden wird, ist nichts anderes als das, was die

Die Technik der Geruchsprüfung

Riechen Sie zuerst einmal kurz und behutsam am unbewegten Glas. Einige der Geruchsstoffe vor allem reiferer Weine sind so flüchtig, dass jede heftige Bewegung sie »verwirbeln« würde. Bei diesem ersten Eindruck werden Sie auch schnell auf unsaubere Aromen, auf Gärtöne oder Böckser stoßen.

Notieren Sie diese Eindrücke. Schwenken Sie dann das Glas gegen den Uhrzeigersinn: Erstens ist das zumindest für Rechtshänder praktischer, zweitens behaupten Physiker, diese Drehung verändere den Energiezustand des Weines so, dass er seine Aromen leichter freigibt. Sicher ist, dass die Verdunstung der weniger flüchtigen Aromastoffe durch das Schwenken und die damit verbundene Erwärmung des Weines gefördert werden.

Schnüffeln Sie anschließend intensiver als beim ersten Mal am Glas, und wiederholen Sie den ganzen Vorgang gegebenenfalls mehrmals. Wenn ein Verdacht auf zu viel freien Schwefel besteht, ziehen Sie die Luft scharf durch die Nase ein: Ein Beißen in der Nasenhöhle wird Ihre Vermutung bestätigen.

Eine weitere Beurteilung der Aromen können Sie vornehmen, nachdem der Wein ein paar Stunden im offenen Glas gestanden hat. Dabei wird dann deutlich, ob er eine Tendenz zur schnellen Oxidation hat, das heißt, ob Sie Ihren Bestand im Keller möglichst rasch leer trinken sollten.

Riechsensoren der Nase über die Verbindung zwischen Rachen und Nasenhöhle wahrnehmen. Versuchen Sie es selbst. Halten Sie sich die Nase zu und beschreiben Sie dann einen Wein: Das Ergebnis wird Sie überzeugen! Der Mund unterscheidet nur vier Geschmacksempfindungen: süß, sauer, salzig und bitter. Dazu kommen noch weitere Wahrnehmungen, mit deren Hilfe wir zum Beispiel die Temperatur und die Konsistenz einer Flüssigkeit feststellen können. Da bestimmte »Zonen« unserer Zunge auf jeweils eine der Geschmacksarten besonders ansprechen – die Zungenspitze auf Süßes, die vorderen Zungenränder auf Salziges, der Zungenhintergrund auf Bitteres und die mittleren Zungenränder auf Saures –, kommt es beim Verkosten darauf an, den Wein mehrfach über die Zunge zu »rollen«.

Auch der Alkohol ist eine wichtige Süßquelle, und man sagt, 4 Volumenprozent (knapp 32 Gramm pro Liter) Alkohol hätten denselben Effekt wie 20 Gramm Zucker.

Die vorherrschenden Geschmackseindrücke

Der Eindruck der Süße im Wein entsteht nicht allein durch Zucker, obwohl Fruktose und Glukose, die im Wein als »Restzucker« noch von der Traube her enthalten sind, natürlich zuallererst dazu beitragen. Abgemildert wird der Eindruck der Süße dagegen durch die Säure des Weins... und umgekehrt. Bei einem guten Wein befinden sich die beiden Elemente in einem harmonischen Gleichgewicht.

Der saure Geschmack von Weinen entsteht durch eine Reihe von Säuren, die zum größten Teil schon in der Traube enthalten sind. Zu der Wein-, Äpfel- und Zitronensäure aus der Beere gesellen sich während der Gärung noch erwünschte und weniger erwünschte Säuren wie die Bernstein- und die Essigsäure. Ein hoher

Die Technik der Geschmacksprüfung

Nehmen Sie zu Beginn einen ausreichenden Schluck, der es Ihnen erlaubt, den Wein eine Weile zu »kauen«, ohne dass der Geschmack durch Vermischung mit dem Speichel gleich verwässert wird. Dieses »Rollen« oder »Kauen« üben Sie am besten eine Weile zu Hause, bevor Sie sich damit in die Öffentlichkeit wagen.

Dasselbe gilt noch viel mehr für die folgende Stufe, das Ansaugen von Luft durch die spaltbreit geöffneten Lippen. Es dient dazu, die Verdunstung der Aromabestandteile im Mund noch mehr zu fördern. Hier brauchen Sie schon eine gewisse Routine, bevor Sie sich in eine Verkostergruppe wagen sollten. Nach ein paar Sekunden wird der Wein ausgespuckt.

Ein zweiter Schluck kann helfen, die Eindrücke zu überprüfen und sich ganz auf den Abgang zu konzentrieren. Eventuell sollten Sie nun eine winzige Menge des Weines wirklich schlucken.

Sorgfältiges Notieren der gewonnenen Eindrücke und ihr Vergleich mit dem Ergebnis der Farb- und Geruchsprobe schließen die Verkostung ab. Jetzt fehlt nur noch das abschließende Urteil oder die Note.

Säuregehalt verringert, wie schon erwähnt, den Eindruck der Süße, verstärkt aber den bitteren und rauhen Geschmack der Tannine, weshalb besonders bei tanninreichen Rotweinen der biologische Säureabbau höchst erwünscht ist. Die Säuren verleihen dem Wein seine Frische und – zusammen mit dem Alkohol – seine »Nervosität«; sie tragen zu seiner »Struktur« bei. Ein Säuremangel hingegen führt zu flachen, ausdruckslosen Weinen. Allerdings ist Säure nicht gleich Säure. Die verschiedenen Säuregrade, ausgedrückt als pH-Wert, machen sich natürlich auch am Gaumen unterschiedlich bemerkbar. Die Äpfelsäure zum Beispiel hat einen niedrigen pH-Wert, ist also sehr sauer und hat deshalb meist einen »grüneren« oder »härteren« Geschmack als die Weinsäure. Die Essigsäure zeigt sich vor allem im Rachen: Weine mit hohem Essigsäuregehalt schmecken besonders unangenehm, mager und dürr und haben einen brennenden und kratzenden Nachgeschmack. Man macht die Essigsäure häufig für den Essigstich eines Weines verantwortlich. Das ist nicht ganz korrekt, denn dieser Geruchsfehler, den man übrigens durch Verreiben eines Tropfens Wein auf dem Handrücken klar und deutlich feststellen kann, wird durch Zwischenprodukte bei der Essigsäurebildung hervorgerufen.

Probiert man zu häufig zweit- oder drittrangige Weine, fängt man an, ihre Fehler und Schwächen für ihre eigentlichen Charakteristika zu halten und sich an sie zu gewöhnen.

Salzig oder bitter

Richtig salzig schmeckt eigentlich kaum ein Wein. Allenfalls kann ein hoher Salzgehalt, der ja auch von den Säuren herrührt, den Eindruck von Frische verstärken und erhöht im Gaumen die Speichelproduktion, was wiederum als angenehm empfunden wird.

Ganz anders die Bitterkeit. Sie kann recht garstig wirken. Der bittere Geschmack im Wein stammt meist von den Tanninen, die durch das Pressen und Maischen aus den Häuten, Kernen und Stielen der Traube in den Most gelangen. Tannine schmecken vor allem dann »grün«, bitter, »hart« oder »spitz«, wenn sie aus unreifen Trauben, aus nicht verholzten Stielen und zu stark ausgequetschten Traubenkernen stammen. »Gute« Tannine dagegen sind viel feiner, edler, weicher und »fruchtiger«, auch wenn sie eine gerbende, zusammenziehende (»adstringierende«) Wirkung auf Zunge und Gaumen hinterlassen, die erst mit der Alterung des Weines nachlässt.

Der Tastsinn der Zunge

Die adstringierende Wirkung der Tannine betrifft nicht mehr den Geschmack im eigentlichen Sinne, sondern eher den Tastsinn unserer Zungen- und Mundschleimhäute. Mit ihm wird die Konsistenz eines Weines beurteilt. Ist der Wein rund, fett, dick und deutet auf diese Weise hohe Alkohol- und Zuckerwerte an? Ist er mager, dünn, hart, kratzig und enthält er zu viel Säure oder Tannine? Der Tastsinn ist vor allem für zwei Qualitätsmerkmale des Weins zuständig: für den Körper und die Struktur.

- Mit Körper oder Fülle beschreibt man die Summe von Zucker, Alkohol und Extrakten der organischen Materie, die nach dem Verdampfen des Wassers und des Alkohols übrigbleibt.

Für und Wider Benotungen

Das offensichtlich Paradoxe von Weinbenotungen, wie sie in vielen Zeitschriften und Büchern immer wieder veröffentlicht werden, liegt im Versuch, objektive und allgemein anwendbare Aussagen machen zu wollen, die doch im Grunde einen subjektiven Inhalt haben: die Wahrnehmungen unserer Sinnesorgane. Eine zusätzliche Schwierigkeit ergibt sich aus der Tatsache, dass jede Benotung eine »absolute« und eine »relative« Wertung zugleich ist. Eigentlich dürfte man nur Weine ein und desselben Typs – oder sogar nur ein und desselben Jahrgangs – miteinander vergleichen, und der Beste müsste im Idealfall immer die höchstmögliche Punktezahl erreichen. Aber das ist wohl ebenso illusorisch wie die Annahme, auch in einer Schulklasse voller schlechter Schüler müsse der Beste – eben weil er der Beste ist – für seine Leistungen auch mit einer »Eins« gewürdigt werden. So wird wohl fast zwangsläufig der beste Spätburgunder von der Ahr in jedem Bewertungssystem schlechter benotet werden als der beste Pinot Noir aus Vosne-Romanée oder der beste Bordeaux-Rotspon. Gleichzeitig kann es passieren, dass ein kleiner Valpolicella, der in seiner Gruppe recht gut aussieht, höhere Benotungen erhält als ein ausgezeichneter kalifornischer Chardonnay, der unter seinesgleichen mit einer Reihe noch besserer Weine konfrontiert ist. Die Erwartungshaltung und die Messlatte bei renommierten Weintypen liegen eben doch höher als bei ihren nicht so berühmten »Kollegen«.

Trotz dieser Vorbehalte ist die »Note« im gleichen Maß wie die Weinbeschreibung ein wichtiges Informationselement. Dabei spielt es gar keine Rolle, ob man jetzt das französische System mit maximal 20 Punkten, das amerikanische mit 100 Punkten oder das der »drei Sterne« bevorzugt.

- Unter Struktur versteht man meist eine Kombination aus Körperfülle und Säure beziehungsweise Tanningehalt, die den Wein fest oder weich, hart oder samtig, rau oder geschmeidig wirken lässt.

Die Harmonie der gewonnenen Eindrücke

Wichtig ist, bei der Beurteilung auf die Entwicklung und die Harmonie zwischen all diesen Eindrücken zu achten. Ein Wein hat dann eine große Harmonie, wenn er eine Fülle von Geschmackswahrnehmungen ermöglicht, die sich im Gleichgewicht befinden. Ein Überschuss an Süße, Säure, Bitterkeit oder Adstringenz muss zur Abwertung in der Verkostung führen.

Der Geschmacks- und der Tastsinn sind, wie schon erwähnt, nur für einen kleinen Teil der Geschmackseindrücke verantwortlich. Den Rest steuert der durch den Rachen wahrgenommene Geruch bei. Beim Schlucken und mehr noch beim »Rollen« des Weins auf der Zunge oder beim »Kauen« entstehen im Rachenraum Luftwirbel, die Geruchsstoffe in die Nasenhöhle tragen, während gleichzeitig die Körperwärme für eine schnelle Verdunstung aller flüchtigen Bestandteile des Weins sorgt. Die Aromen, die so spürbar werden, sollten mit denen der Geruchsprüfung in

Einklang stehen, um Vollendung und Größe erkennbar werden zu lassen. Ein Wein, der auf diese Weise keine Empfindungen auslöst, ist leer und banal.

Ein guter Abgang

Die geschmacklichen Empfindungen wirken auch nach dem Hinunterschlucken oder Ausspucken noch eine Weile im Rachen und der Nasenhöhle nach. Vor allem bei sehr guten Weinen kann im Auskosten dieses »Abgangs« ein großer Genuss liegen. Schon beim Schlucken darf nichts kratzen oder beißen, der Wein muss die Seitenwände des Rachens quasi »streicheln« und dann die ganze Fülle und Vielfalt seiner Aromen als »Erbe« hinterlassen. Die Zeit, während der man diese noch wahrnehmen kann, nennt man die »Länge« des Abgangs oder Nachgeschmacks.

Welches ist der beste Wein?

Das wird sich so mancher Leser nach diesem Trommelfeuer von Eindrücken und Empfindungen fragen. Angelsächsische Weinfreunde beantworten diese Frage oft mit einem sehr einfachen Credo: Der beste ist derjenige mit der größten Alterungsfähigkeit. Aber das hängt wohl eher mit der Gewohnheit zusammen, auch stark überalterte Weine zu trinken und diese sogar für das A und O des Weingenusses zu halten. Wir antworten auf die Frage mit den sechs bereits erwähnten Begriffen, die sich in einem großen Wein zur Vollendung vereinen müssen: Intensität, Feinheit, Komplexität, Harmonie, Typizität und individueller Charakter der Wahrnehmungen – und das alles in größtmöglicher Harmonie untereinander. Natürlich ist dieses Gleichgewicht kein »absoluter« Wert, sondern hängt stark von den Erwartungshaltungen an einen Weintyp ab: Bei einem Rotwein aus Châteauneuf-du-Pape wird man mehr Alkohol tolerieren als bei einem Riesling vom Rhein, und sicher wird auch niemand bei einer Trockenbeerenauslese dasselbe Verhältnis von Süße und Säure suchen wie bei einem Chablis.

Zeigen sich bei einem Jungwein die einzelnen Elemente – Aroma, Säure, Süße, Extrakte oder Tannine, Körper oder Struktur – noch zu stark isoliert voneinander und bilden statt eines Miteinanders ein Nacheinander oder gar Gegeneinander, so sollte man den Wein aufmerksam auf die Kraft und Intensität seiner einzelnen Bestandteile hin untersuchen. Ist viel von ihnen allen vorhanden, so hat er die allerbesten Chancen, einmal ein ganz Großer zu werden.

Die Frage ließe sich noch einfacher beantworten: Der beste Wein ist der, der Ihnen immer wieder am besten gefällt! So einfach ist das! Letztlich jedenfalls!!

Alter Bordeaux-Wein ist für echte Kenner ein begehrtes Sammelobjekt.

So wird

Ob bei der Endbeurteilung eine Note wie »3 von 5 möglichen« oder »87/100« (im angelsächsischen Raum) oder ein Kommentar im Stile von »großer Wein von feiner Eleganz und guter Alterungsfähigkeit, typisch für seine Art« folgt, kommt ganz auf den Rahmen an. Bei der DLG-Benotung wird in fünf Stufen vorgegangen, wobei die Note 4.5 – 5 der Goldmedaille entspricht. Wichtig ist für den Weinnovizen vor allem die Gewöhnung an eine Terminologie, mit der er die Eigenschaften des verkosteten Weines beschreiben kann.

1. Bei der Sichtprüfung

Zur Beschreibung von Klarheit und Lebendigkeit eines Weines werden für Weiß- und Rotweine folgende Begriffe benutzt (vom Positiven zum Negativen fortschreitend):

- strahlend/leuchtend, glänzend/brillant, funkelnd, glanzhell, lebendig, frisch, transparent, klar, sauber – gebrochen, stumpf, glanzlos, fahl, verblasst/verblichen, verschleiert, unsauber, schmierig, schmutzig, matt, trüb, wolkig, milchig, düster/dunkel

(Anmerk.: Weine, auf die die letzten drei oder vier Beschreibungen zutreffen, sind wahrscheinlich untrinkbar.)

Für die Beschreibung der Farbtönung von Rotweinen empfehlen sich folgende Begriffe:

- violett (Dolcetto), purpurrot (Barbera), rubinrot (junger Portwein/Bordeaux/Burgunder), wein/kirschrot (reiferer Bordeaux), granatrot (reifer Chianti/Barolo), ziegelrot, orange, rotbraun (sehr alter Bordeaux), bernsteinfarben, zwiebelfarben, braun (meist untrinkbar)

ein Wein beschrieben

Die zur Beschreibung der Farbe von Rosés verwendeten Adjektive sind:

- blassrosa, hellrosa, violettrosa, pfingstrosenfarben, kirschrosa, himbeerrosa, karminrosa, gelbrosa, orangerosa, aprikosenfarben, zwiebelhautfarben, orange, bräunlichrosa

2. Bei der Geruchsprobe

Einige Begriffe zur Beschreibung der Qualität des Aromas und des Buketts:

- üppig, reich, ausdrucksvoll, warm, voll, komplex, fein, leicht, reintönig, sauber, oberflächlich, einfach, banal, verhalten, ausdruckslos, ordinär, fehlerhaft.

3. Bei der Geschmacksprüfung

(Überschneidungen bedeuten, dass derselbe Eindruck zwei Ursachen haben kann)

Frische:	ausdruckslos, fade, flach, weich, zart, frisch, lebhaft, kräftig, fest, nervös, eckig, hart, grün, spitz, sauer, schneidend, beißend, aggressiv
Süße:	staubtrocken, trocken, süffig, geschmeidig, halbtrocken, lieblich, süß, likörartig, sirupartig
Adstringenz und Bitterkeit:	amorph, samtig, geschmeidig, weich, fest, herb, leicht adstringierend, tannisch, hart, rauh, ausgetrocknet, bitter, adstringierend
Struktur:	skelettartig, mager, solide, glatt, rund, geschmeidig, samtig, stoffig, körperlich, robust, massiv, grobschlächtig
Körper – Alkohol:	schwach, dünn, wässrig, klein, leicht, kräftig, weinig, warm, voll, wuchtig, alkoholisch, brandig
Körper – Extrakte:	fleischlos, hohl, leer, mager, süffig, voll, dicht, fruchtig, rund, intensiv, konzentriert, fleischig, fett, dick, schwer, zäh

Einkaufen, Lagern, Öffnen

Wer jetzt einige Kenntnisse über Wein erworben hat und vielleicht auch schon bei der einen oder anderen Verkostung dabei war, wer Weine mit offenen Augen und Sinnen im Restaurant, im Urlaub, auf dem Winzerfest oder bei einer Auktion oder einem Weinseminar kennengelernt hat, der möchte sich, im Rahmen seiner Möglichkeiten, sicher auch ein eigenes Sortiment guter Weine zulegen – für Gäste, zum späteren Genießen oder sogar als Kapitalanlage!

Wo man den Wein einkauft, ist natürlich eine Frage des persönlichen Bedarfs, der eigenen Vorlieben, der Anlässe zum Weintrinken und nicht zuletzt des Geldbeutels. Aber ein Vergleich der verschiedenen Angebote lohnt sich garantiert.

Wir sagen Ihnen, worauf sie bei einer fachgerechten Lagerung von Wein achten müssen. Und nicht zuletzt ist in diesem Kapitel die Rede vom perfekten Service vor dem Genuss: Von der idealen Temperatur, dem richtigen Öffnen und Dekantieren. Außerdem stellen wir Ihnen professionelles Zubehör vor, das das Vergnügen, eine Flasche Wein zu öffnen, noch erhöht.

Die Quellen

Der Lebensmittelhandel hat die Chance erkannt und sich durch ein breites Weinangebot profiliert.

Viele Regeln für den Umgang mit Wein, die früher ihre Berechtigung hatten, sind durch die fortschrittlichen Produktionsmethoden im Weinkeller mittlerweile überflüssig geworden. Die Weine sind heute früher trinkbar und benötigen – mit Ausnahme von Riesling-Auslesen oder sehr guten Rotweinen – keine so lange Reifezeit mehr wie einst. Auch braucht der Wein nach dem Transport vom Winzer oder Geschäft keine lange Ruhezeit mehr, weil er stabiler ist.

Beim Einkauf ist ebenfalls vieles einfacher geworden. Wein gibt es heute praktisch an jeder Straßenecke. Sogar an der Tankstelle. Doch so groß wie das Angebot ist oft auch die Unsicherheit bei Wein-Einsteigern. Wem kann ich trauen? Ist der billige im Supermarkt schlechter als der im Fachgeschäft, in das ich mich vielleicht nicht hineinwage?

Der Einzelhandel

Jeder Supermarkt und jedes größere Lebensmittelgeschäft, selbst auf dem »platten Land«, unterhält heute eine Weinabteilung mit den Erzeugnissen vieler Länder. Dabei wird verständlicherweise das Angebot häufig nach bekannten Namen, meistens Großlagennamen, oder dem jeweiligen Trend ausgerichtet, denn hier zählt der schnelle Umsatz. Bei Werbeaktionen mit Weinen aus bestimmten Anbaugebieten kann man oft preiswert einkaufen. Sehr oft »verramschen« Weinproduzenten, darunter sogar noble Staatsweingüter, ganze Weinpartien guter bis sehr guter Qualitäten. Grund dafür ist meist der »Druck im Keller«, wenn der neue Jahrgang vor der Tür steht und es an Lagerraum fehlt. Wenn Sie solche Sonderpartien entdecken, sollten

Sie schnell eine Flasche mitnehmen, ausprobieren und sich bei Gefallen eindecken. Die Weinfachabteilungen renommierter Kaufhäuser unterscheiden sich heute – auch im Preis – nicht von Weinfachgeschäften. Hier findet man Fachpersonal, das in den meisten Fällen gut Bescheid weiß.

Große Kaufhäuser machen sich zunehmend die Mühe, ihr Weinangebot aufwändig zu präsentieren.

Die Lagermöglichkeiten im Supermarkt sind allerdings häufig nicht sehr günstig. Deshalb ist bei älteren Jahrgängen und bei Spitzenweinen Vorsicht geboten. Höherpreisige Weine finden hier nicht so schnellen Absatz, und so kann es vorkommen, dass das Licht – besonders Neonlicht –, aber auch Wärme oder Fremdgerüche den Weinen schaden, die längere Zeit in solchen Verkaufsräumen lagern. Besonders günstigen Sonderangeboten alter Weine sollten Sie deshalb mit Misstrauen begegnen. Werfen Sie auf jeden Fall einen Blick auf den Flüssigkeitspegel. Ist dieser deutlich abgesunken, lohnt sich auch eine vergleichsweise geringe Geldausgabe nicht mehr (siehe auch Seite 289).

Der Fachhandel

Die Weinfachgeschäfte, die durch Flexibilität und Kreativität im Konkurrenzkampf überlebten, sind heute gesuchte Einkaufsstätten für Interessierte, die gründlicher über Wein informiert werden möchten oder Raritäten und alte Jahrgänge suchen, aber auch für alle, die das »Wein-Ambiente« lieben und hektische, unpersönliche Läden ablehnen. Auch dort gibt es attraktive Sonderangebote, die man sogar vor dem Kauf probieren kann, und da der Weinfachhändler vom Stammkunden lebt, wird er keine schlechte Ware führen – die Reklamation würde auf dem Fuße folgen!

Wer über Internetanschluss verfügt, kann heute Wein bestellen, ohne das Haus verlassen zu müssen. Eine Übersicht aus Hunderten interessanter Webseiten finden Sie z.B. unter www.wein-forum.com, www.weinlotse.de oder www.winesearch.de.

Die jüngste Handelsform für Wein sind die Discountlager und Weindepots, häufig am Rande großer Städte gelegen. Einige haben sich auf bestimmte Länder spezialisiert, andere führen die wichtigsten Weine aus Europa und Übersee. Ein Parkplatz ist immer vorhanden, und es wird ein großes Sortiment Kartonware, direkt vom Winzer, angeboten. Man kann probieren, mit Gleichgesinnten fachsimpeln und Neues von den Winzern erfahren. Es gibt Sonderaktionen,

Ein Weingeschäft mit Atmosphäre und gleichzeitig idealem Lagerraum hat dieser Händler in Frankreich geschaffen.

landestypische Lebensmittelspezialitäten, die zum Wein passen, und originelles Zubehör vom Korkenzieher bis zur Kellerschürze. Durch die Lagerung in Kartons entfällt auch die Gefahr einer Schädigung durch ungünstige Temperatur- und Lichteinflüsse.

Beim Winzer

Viele Menschen, die mit dem Weineinkauf eine interessante Informationsreise verbinden wollen, suchen den Kontakt zum Erzeuger, dem Winzer. Was gibt es Schöneres, als mit Vater oder Mutter des edlen Tropfens in der Probierstube zu sitzen und über Wein zu reden? Ein solcher Kontakt wirkt sich natürlich absatzfördernd aus, deshalb halten die meisten Winzer – auch die Winzergenossenschaften – am Wochenende ihre Probierstuben geöffnet. Man kauft nach der Weinprobe fast immer mehr, als man ursprünglich vorhatte, und – ist glücklich dabei. Billig sind die Direktkäufe beim Winzer allerdings nicht, die Preise aber sind angemessen, der Wein seinen Preis wert. Viele Winzer beliefern ihre Stammkunden auch außerhalb der Weinbaugebiete.

Vorratshaltung und Lagerung

Noch vor etwa zwanzig Jahren hatte das Thema Lagern von Wein eine ganz andere Bedeutung als heute. Das liegt zum einen am veränderten Einkaufsverhalten, vor allem aber an den Weinen selbst und dem Geschmack, der sich im Laufe der Zeiten gewandelt hat. Ein Großteil des täglichen Bedarfs wird heute kurzfristig gedeckt. Man probiert häufiger andere Weinarten und ist experimentierfreudiger geworden. Das Lagern größerer Mengen von Wein lohnt sich jedoch immer noch, wenn Sie Weine aus dem Erzeugergebiet mitbringen oder ein günstiges Angebot im Handel erwerben. Vielleicht haben Sie auch gute Weine geschenkt bekommen, die Sie nicht sofort austrinken, sondern für »bessere Gelegenheiten« aufheben wollten. Auf jeden Fall ist die Kenntnis der Lager- und Alterungsfähigkeit von Weinen bei den Spitzenerzeugnissen wichtig.

Wie soll ich mein persönliches Sortiment bestücken?

Von den Verwendungsmöglichkeiten, die Sie für Ihren Wein im Auge haben, hängt natürlich auch die Bestückung des Weinkellers, die »Sortimentsgestaltung«, ab.

Sie erinnern sich noch an die Liste der verschiedenen Weinarten (Seite 226)? Nun, dann haben Sie eine vage Vorstellung davon, wie groß die Qual der Wahl sein kann. Welche Weine wollen Sie jung und frisch trinken, welche zur weiteren Reifung liegen lassen? Brauchen Sie große oder kleine Jahrgänge, rote oder weiße, trockene oder süße Kreszenzen? Ich persönlich empfehle jedem, sich an jener Liste zu orientieren und den Weinkeller so zusammenzustellen, dass immer mindestens ein Vertreter der sechs Haupt-Weinarten vorrätig ist, denn verschiedene Gelegenheiten verlangen unterschiedliche Weine. Ein Mustersortiment finden Sie auf der nächsten Seite.

Wer gerade anfängt, sich einen solch »mustergültigen« Keller zusammenzustellen, wird sicherlich unter der Last der Ausgaben stöhnen. Aber bedenken Sie, dass Sie Wein nie günstiger als in seiner Jugend kaufen, und dass Sie nach der Anfangsausgabe immer nur das nachkaufen müssen, was Sie im Laufe der Zeit »weggetrunken« haben, also Flaschen, die Sie sonst auch kaufen würden.

Wer sich auskennt, kann während einer Frankreichreise einen kleinen Weinvorrat einkaufen, läuft allerdings Gefahr, die einmal ins Herz geschlossene Neuentdeckung daheim nicht ohne weiteres wieder zu finden.

Empfehlung für ein Mustersortiment im Keller

Die Anzahl Flaschen, die in Klammern hinter der jeweiligen Gruppe angegeben sind, sind für Keller von insgesamt 100, 200 oder 500 Flaschen gedacht, wobei die Zusammenstellung so berechnet wurde, dass Sie so weit wie möglich 6er- oder 12er-Kartons kaufen können. Wenn Sie mit nur 50 Flaschen beginnen wollen, empfehlen wir Ihnen, jeweils einen 12er-Karton Ihres Lieblingsweins der Gruppen 1, 2 oder 3 und 4 zu kaufen und das Sortiment durch 6 Schaum- und 6 Süßweine sowie je 1 Flasche Port und Sherry zu ergänzen.

Gruppe 1 – (18/36/60)
Trockene fränkische Kerner oder rheinhessische Silvaner, österreichische Grüne Veltliner, Sancerre oder Muscadet von der Loire, trockene Mosel-Rieslinge, Friauler oder Südtiroler Pinot bianco oder Tocai.

Gruppe 2 – (24/48/120)
Deutsche Riesling Spät- oder Auslesen, badische Ruländer, Wachauer Smaragd-Rieslinge, Weißweine aus Burgund, weiße Bordeaux, Friauler Chardonnay, reife Elsässer Gewürztraminer, Übersee-Weiße zum Kennenlernen.

Gruppe 3 – (24/40/60)
Beaujolais Crus, Rosés aus der Provence oder von der Loire, deutsche Spätburgunder, Valpolicella, Bardolino oder roter Vinho verde.

Gruppe 4 – (30/60/140)
Rotweine aus Burgund (junger und reifer Wein), Bordeaux Premier Cru oder Cru Bourgeois Exceptionnel (je 1 Kiste junger und reifer Wein), Barolo oder Barbaresco (junger und reifer Wein), dazu Chianti Classico Riserva oder toskanischer Vino da tavola, kalifornischer oder australischer Cabernet, Côte-Rôtie oder Châteauneuf-du-Pape, diverse andere Rotweine zum Kennenlernen.

Gruppe 5 – (12/30/60)
Rieslingsekte und Markenchampagner, ältere Jahrgangschampagner oder Prestige Cuvées, Crémant d'Alsace, Moscato naturale.

Gruppe 6 – (18/36/60)
Deutsche oder österreichische Beeren- oder Trockenbeerenauslesen, Elsässer Sélection de grains nobles, Sauternes oder sauternesähnliche Weine, Vin santo, Malvasia delle Lipari oder französische Vins doux naturels, Vintage Ports, Fino Sherry.

Worauf Sie achten müssen

Beim Kauf von Weinen, die für eine längere Lagerung vorgesehen sind, sollten Sie auf jeden Fall darauf achten, dass Sie die gewünschte Anzahl Flaschen um die voraussichtlichen Verkostungs»muster« erhöhen. Diese brauchen Sie, um den fortschreitenden Reifeprozess der Weine kontrollieren zu können, denn unliebsame Überraschungen sind bei der Alterung von Wein nie ausgeschlossen. Bevor Sie eine ganze Ladung Wein in den Ausguss schütten oder in aller Hast leer trinken müssen, sollten Sie lieber regelmäßig eine Flasche davon verkosten.

- Bei alten Weinen und bei solchen, die im eigenen Keller altern sollen, müssen Sie das Füllniveau der Flasche genau prüfen.

Im Großen und Ganzen ist Wein heute wesentlich stabiler als früher, und einen »Trinkvorrat« können Sie bedenkenlos auch in der Wohnung aufbewahren.

Es sollte beim jungen Wein nur knapp unter dem Korken liegen und darf bei älteren Flaschen nicht unter das obere Schulterende – das ist der Punkt, an dem der enge Flaschenhals sich ausweitet – sinken. Liegt das Füllniveau deutlich unter dieser Marke, so ist die Wahrscheinlichkeit groß, dass Sie es mit einem verdorbenen Wein zu tun haben.

- Sämtliche Weine, auch jung zu trinkende und Schaumweine, ausgenommen Schaumweinflaschen mit Plastikkorken, müssen unbedingt liegend gelagert werden, damit der Kork immer von der Flüssigkeit berührt wird und nicht austrocknet.

Am besten ist es, den Flaschenhals etwas höher als den Flaschenboden zu legen, damit sich eventuelle Ablagerungen – das »dépot« – am Flaschenboden sammeln können. Schaumwein fürchtet im übrigen Tages- und sonstiges helles Licht wie der Teufel das Weihwasser und verliert extrem schnell an Frische und »perlage«.

Ein privater Weinkeller mit gemauerten Ziegelsteinen lohnt sich nur bei größeren Beständen.

Wer es sich leisten kann, sollte seinen Keller gut isolieren (Achtung auf Heizungsrohre!) und eine komplette Klimatür einbauen lassen, die Temperatur und Luftfeuchtigkeit immer auf dem gewünschten Niveau hält.

Ideale Lagerbedingungen

Ein eigener Keller ist Goldes wert. Das gilt beim Wein nicht nur im übertragenen, sondern im wortwörtlichen Sinne. Hier können Sie Ihre Lieblingstropfen unter kontrollierten Bedingungen bis zum Höhepunkt der geschmacklichen Entwicklung reifen lassen und müssen nicht fragwürdige und schlecht gealterte Flaschen im Geschäft erstehen.

Zwar haben nur wenige Menschen das Glück, ein eigenes Haus mit einem optimal temperierten Raum für einen Weinkeller zu besitzen. Doch auch in dem Lattenverschlag, den man im Hochhaus als Keller bezeichnet, lässt sich ein Weinvorrat unterbringen. In einer Etagenwohnung sollten Sie Ihre Weine in dem Raum lagern, wo die geringsten Temperaturschwankungen herrschen, also im Flur, in der Speisekammer oder auch im Schlafzimmer.

- Ideal für die Lagerhaltung ist ein dunkler Keller mit Temperaturen zwischen 11 und 15° C.

Viele Winzer meinen, der Wein müsse die natürlichen Sommer-Winter-Schwankungen mitmachen, da er auch in der Flasche noch »lebt«.

Eine längere Lagerung bei über 20° C sollte man vermeiden. Zu kalte Lagerung – um 0° C oder darunter – führt dagegen zum Weinsteinausfall und damit zu einer Verringerung der Säure im Wein. Wichtig ist, dass im Raum keine intensiven Gerüche herrschen. Autoreifen zum Beispiel sind keine guten Nachbarn für Ihren Lieblingswein. Erschütterungen durch Maschinen fördern das langsame Reifen nicht gerade, ebenso wenig krasse Temperaturunterschiede.

- Wenn die Luftfeuchtigkeit bei 60 bis 70 Prozent liegt, trocknen die Korken nicht aus.

Für besonders anspruchsvolle Weinliebhaber gibt es spezielle Kühl- bzw. Klimaschränke, ähnlich denen, wie sie in der Gastronomie verwendet werden, mit einer Spezialeinteilung für unterschiedliche Getränke. Hochwertige Spezialgeräte enthalten eine Weißweinzone, wo die Temperatur zwischen 8 und 10° C gehalten wird, während in der Rotweinabteilung 15 bis 18° C herrschen. Man kann also den Wein direkt aus dem Getränkekühlschrank mit idealer Temperatur servieren.

Das Regalsystem

Die meisten Weinfreunde werden ihre Flaschen sicher in Regalen lagern. Für diesen Zweck gibt es Gestelle und Lagersysteme unterschiedlichster Art. Am weitesten verbreitet sind einfache, kunststoffüberzogene Drahtgestelle. Sie sind sehr preiswert, und man kann sie beliebig übereinanderstellen und kombinieren. Die ebenfalls angebotenen Stapelregale aus Kunststoff können sich als tückisch erweisen, wenn die unteren Teile unter zu großem Druck nachgeben. Neuerdings gibt es aber auch Weinkästen aus Kunststoff, die man zu Weinregalen aufstapeln kann.

Praktisch sind Einsätze für die üblichen Kellerregale aus Blech, die man in Kaufhäusern und Versandhäusern für wenig Geld kaufen kann. Etwas professioneller sind die Regalsysteme aus Bimsbeton, Kalksandstein, Ton oder Massivholz, die man in allen möglichen Varianten, für jede Quadratmeterzahl und beliebig erweiterbar im Handel findet.

Erkundigen Sie sich beim Weinhändler oder in einschlägigen Fachzeitschriften nach einem für Sie geeigneten und bezahlbaren Regalsystem.

Ordnung muss sein!

Je größer der Weinkeller, je vielfältiger die aufbewahrten Weine, desto wichtiger ist es, eine gewisse Ordnung einzuhalten. So sollten Sie Weißweine generell in den unteren Fächern aufbewahren, da sie die kühleren Temperaturen dringender benötigen als Rotweine. Sinnvoll ist es auch, ein gesondertes Fach für diejenigen Weine anzulegen, die bald verkostet werden sollen.

Weinen mit längerer Lagerdauer tut es nicht gut, wenn Sie die Flasche jedes Mal herausziehen müssen, um das Etikett zu lesen: Abhilfe schafft bei größeren Beständen ein Kellerbuch. Das Kellerbuch enthält Angaben über den Wein, den Hersteller, eventuell die Einzellage, Jahrgang, Qualitäts- und Süßestufen, das Kaufdatum, die Daten der Verkostungen und die Befunde ebenso wie auch eine Einschätzung, bis wann der Rest getrunken sein sollte. Internet-Benutzer finden unter der Adresse www.winebook.de ein Musterdokument für die Kellerverwaltung mit PC oder Mac.

Erleichtern Sie sich die Übersicht mit Regalen, die über Einzelflaschen-Platzierung verfügen. Diese Fächer können Sie mit kleinen Haftetiketten beschriften. Durch eine einfache alpha-numerische Kennzeichnung der einzelnen Flaschenpositionen wie auf einem Schachbrett – zum Beispiel horizontal mit A, B, C, D und vertikal mit 1, 2, 3, 4 – brauchen Sie nur sämtliche Positionen eines Weintyps und Jahrgangs im Kellerbuch hinter dem Weintitel einzutragen beziehungsweise durchzustreichen, wenn die Flasche geleert wurde.

Zur Lagerfähigkeit von Weinen

Alte Weine gelten gemeinhin als das Nonplusultra jeder Weinkarte und jedes Weinkellers. Doch hier ist Vorsicht angebracht. Die Frage – richtig gestellt – ist nicht, bis wann der Wein noch getrunken werden kann, sondern wann er getrunken werden sollte, um Ihnen ein Maximum an Genuss zu bescheren.

Wer seine Weine regelmäßig, das heißt, mindestens einmal im Jahr probiert, um ihre Evolution zu verfolgen, wird rechtzeitig merken, wann es besser ist, den Rest wegzutrinken.

Die Erklärung hierfür ist einfach. Jeder Wein folgt in seiner Entwicklung einer Lebenskurve, die bei dem verschlossenen, unnahbaren Zustand der Jugend, wenn die Aromen sich noch nicht entfaltet haben und die Tannine noch kratzig sind, beginnt und ihn über eine mehr oder weniger lange Periode der Verfeinerung und Öffnung zu seinem Höhepunkt bringt. In diesem Zustand kann der Wein einige Monate oder sogar Jahre verharren, um anschließend langsam seine aromatische und geschmackliche Attraktivität zu verlieren, wieder säurelastig und hart zu werden und schließlich zu maderisieren – schon jetzt ist der Wein reif für den Kochtopf – oder gänzlich »umzukippen«, das heißt zu Essig zu werden. Für den Weinfreund entscheidend ist selbstverständlich der Höhepunkt. Wird der Wein zu früh geöffnet, ist das Verschwendung, wird er danach geöffnet, beraubt man sich eines großen Genusses.

Ganz allgemein kann man sagen, dass sich die Lebensdauer mit der Qualitätsstufe erhöht. Die Lagerfähigkeit verbessert sich auch deutlich bei großen Jahrgängen, außerdem bestimmen Alkoholgehalt und vor allem die Säure die Lebensdauer eines Weines. Im Holzfass ausgebaute Barrique-Weine lassen sich ebenfalls ganz eindeutig länger lagern als konventionell bereitete.

Der richtige Zeitpunkt zum Genießen

Trockene, einfache Weißweine kann man sehr jung trinken. Älter als 3 Jahre sollten sie nicht werden.

Volle, kräftige Weißweine brauchen nach der Abfüllung eine Ruhepause - die Grands Crus bis zu 5 Jahren. Es gibt Weißburgunder, der 30 Jahre alt werden kann. Der Höhepunkt liegt gemeinhin zwischen 2 und 10 Jahren.

Rosés, leichte Rotweine: Viele sind schon nach 1 Jahr trinkfertig. Ihre Lebensdauer beträgt etwa 3 bis 8 Jahre.

Kräftige, dichte Rotweine: Am besten nach 5 Jahren Ausbau, haltbar je nach Jahrgang bis 25 Jahre.

Dessert- und Likörweine können nach 2 Jahren schon ihren Höhepunkt erreichen. Den edlen Sorten sollte man 5 Jahre gönnen. Letztere halten sich 50 Jahre und länger.

Schaumweine aufzubewahren, lohnt sich nicht, da sie sich nicht weiter entwickeln. Ausnahme: Jahrgangs-Champagner hoher Qualität.

Richtig servieren

Endlich ist es so weit. Sie haben Ihren Lieblingswein aus dem Keller geholt oder gekauft und wollen ihn trinken. Doch halt! Es gibt noch einige Kleinigkeiten zu beachten: Hat der Wein die richtige Temperatur, verfügen Sie über das nötige Zubehör und die idealen Gläser? Wollen Sie ihn direkt nach dem Öffnen ausschenken oder sollten Sie ihn dekantieren? Auf diese Fragen wollen wir Ihnen jetzt Antwort geben.

Legen Sie Weißwein nicht ins Tiefkühlfach, sondern stellen Sie ihn zum schnellen Kühlen lieber in einen mit Wasser und Eis gefüllten Kübel.

Die Temperatur

Wenn sich auch die Gewohnheiten in Bezug auf die Trinktemperaturen der Weine vielleicht etwas verändert haben und dem persönlichen Geschmack etwas mehr Freiraum zugestanden wird, so gilt doch nach wie vor unbestritten, dass ein Weißwein seine Frische am besten bei etwa 9 bis 11° C zur Geltung bringt, wobei die edlen, reifen Weine eher etwas wärmer, die jungen, einfachen etwas kühler serviert werden.

Kälter als 9° C sollten nur süße und edelsüße Weißweine, aber auch Champagner und andere Schaumweine ins Glas kommen. Die Süßweine danken es mit einer Betonung ihrer Säure, die bei höheren Temperaturen nicht mehr zur Geltung kommt, die Schaumweine mit prickelnder Frische, dem Hauptmerkmal dieser charmanten Weinkategorie. Ein Rotwein verlangt dagegen nach einer höheren Serviertemperatur.

Wenn Sie unsicher sind, hilft ein Weinthermometer (siehe Foto). Allerdings sollten Sie aus der Weintemperatur kein Dogma machen. Weinprüfer zum Beispiel trinken den Wein immer etwas wärmer, denn die Duft- und Aromastoffe treten bei wärmeren Temperaturen stärker hervor – aber auch die Fehler! Vorsicht also, wenn Sie im Restaurant einen eiskalten Wein serviert bekommen – leicht erkennbar am stark beschlagenen Glas. Mit einer solchen Eiseskälte will man oft die Fehler eines mangelhaften Tropfens überdecken.

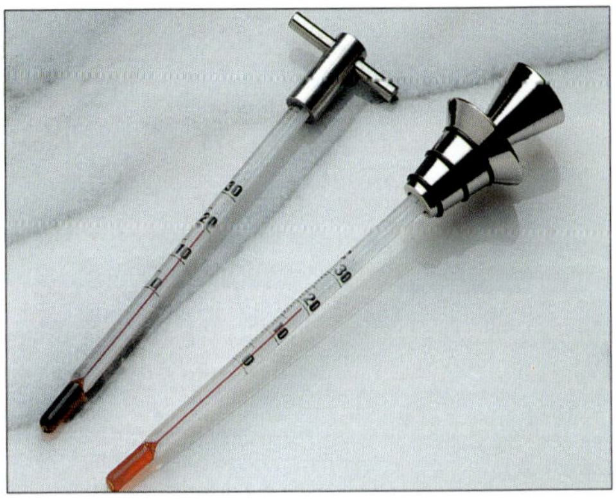

Die Anschaffung eines Weinthermometers lohnt sich, um Wein besser genießen zu können. Es gibt Weinthermometer auch in Kugelschreiberform, sodass man im Restaurant die Temperatur unauffällig nachkontrollieren kann.

Die ideale Trinktemperatur (in° C)

Weißwein trocken	9-11
Weißwein mit Restsüße	12-13
Roséwein trocken	13
Rotwein leicht (Portugieser)	12 -15
Rotwein kräftig (Spätburgunder, Lemberger)	16-18
Schaumwein, Sekt	8-12

Öffnen der Flasche

Zuerst entfernen Sie die Kapsel, die heute bei einfachen Weinen zunehmend aus Plastik, bei älteren und besseren Kreszenzen immer noch aus mehr oder weniger bleihaltigem Stanniol besteht. Man kann sie ganz abziehen, aber es sieht zugegebenermaßen schöner aus, wenn Sie sie fein säuberlich unterhalb(!) der Verdickung am Flaschenhals abschneiden.

Der beste und billigste Korkenzieher ist der einfache mit Holzgriff, wie er jahrelang als Werbesymbol für deutschen Wein diente.

Sehr praktisch ist das »Kellnermesser«, ein Klappkorkenzieher mit Kapselheber und einem kleinen Messer (im Foto rechts oben). Damit kann man die Kapsel sauber unter dem Flaschenrand abschneiden, und durch die Hebelwirkung des Kapselhebers wird außerdem das Herausziehen des Korkens erleichtert.

Vor dem Genuss steht der Korken

Zum Öffnen einer Weinflasche braucht man einen guten Korkenzieher. Egal wie schön das Design eines Korkenziehers sein mag oder wie edel das Metall, aus dem er gemacht ist, er taugt nur etwas, wenn die Spirale stimmt. Diese muss nämlich innen hohl sein, eine »Seele« haben, wie Weinkenner sagen, und in diese Seele muss mindestens ein Streichholz passen. Nur eine offene Spirale bohrt sich leicht in den Korken hinein und entfernt auch schlechte, krümelige Korken ohne Mühe.

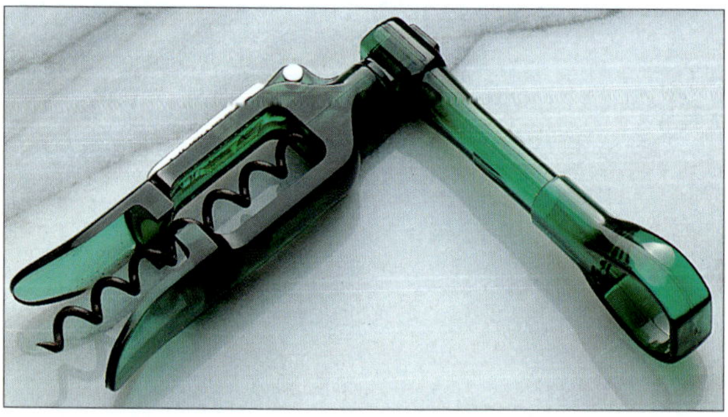

Auch mit dem härtesten Korken wird dieser Korkenzieher mit Drehgewinde fertig.

Ein Korkenzieher namens »Screwpull« dringt in den Korken wie in Butter ein. Seine Spirale wurde von einem weinbesessenen Ingenieur der amerikanischen Weltraumorganisation NASA mit dem Computer so berechnet, dass die Form der Windung eine optimale Kraftübertragung ergibt. Die Spirale ist außerdem mit Teflon beschichtet. Damit lassen sich auch krümelige Korken herausziehen, ohne dass etwas davon in den Wein fällt.

Muss ein Sektkorken knallen?

Nein! Wahre Genießer öffnen die Flasche ohne großes Aufsehen. Sie stellen die Sektgläser vorher bereit, entfernen das Stanniolpapier und lösen die Verschlusskappe durch vorsichtiges Aufdrehen der Schlaufe. Beim Lockern des Korkens muss die Flasche schräg gehalten werden. Am besten ist es, den Korken festzuhalten und die Flasche sanft zu drehen, nicht umgekehrt. Nach den Gesetzen der Physik erreicht man so durch den größeren Durchmesser des Flaschenbodens eine bessere Kraftübertragung. Widerspenstige Stopfen aus Naturkork lockert man am besten mit einer Sektzange. Perfekt sind Sie erst dann, wenn gerade noch Ihr Tischnachbar ein leichtes Zischgeräusch zu hören bekommt!

Pro und Contra Dekantieren

Dekantieren nennt man das vorsichtige Umfüllen des Weins aus der Flasche in eine bereitgestellte Glaskaraffe. Wirklich notwendig ist das im Zeitalter besserer Filterung nur noch bei alten Rotweinen, bei denen die Tannine im Laufe der Jahre schwerere Moleküle gebildet haben könnten, die sich als Depot am Boden der Flasche absetzen. Kein Grund zur Sorge ist degegen ein Weinstein-Depot. Diese hellen, durchsichtige Kristalle fallen in Weißweinen aus, wenn sie einen Teil der Säure gebunden haben. Die Kristalle sind geschmacksneutral. Da der Weinstein nur in extraktreichen Weinen vorkommt, kann man ihn sogar als ein Zeichen für Qualität betrachten. Vielerorts wird das Dekantieren empfohlen, damit der Wein sein Bukett besser entfalten könne. Die Entwicklung des Buketts im Wein findet jedoch nur unter Luftabschluss in der Flasche als Folge von Reduktionsprozessen über lange Zeit hinweg statt. In der offenen Flasche und der Karaffe gibt es, so der Wein wirklich gut und noch jung ist, keine wahrnehmbare Oxidation durch den Luftsauerstoff.

Was beim offenen, gesunden Wein stattfindet, ist nicht Oxidation, sondern Verdunstung. Sie beginnt im Moment der Öffnung der Flasche und erreicht im Glas mit seiner, gemessen am geringen Inhalt, recht großen Verdunstungsoberfläche ihren Höhepunkt. Eine zu starke Verdunstung vor dem eigentlichen Weinverzehr zu fördern, heißt jedoch nichts anderes als auf die ersten, leichter flüchtigen Bukettstoffe zu verzichten. Vor allem bei alten Weinen ist die Gefahr eines Aromaverlusts im Kontakt mit der Luft groß.

- Da man aber gerade alte Weine wegen des eventuellen Depots dekantieren sollte, gilt als Faustregel, das Dekantieren nicht eher als eine halbe oder eine Stunde vor dem Ausschenken vorzunehmen.

Bei einem Wein, in dem Sie ein Depot vermuten, stellen Sie die Flasche ein, zwei Tage vor dem Servieren senkrecht und legen sie dann ein paar Stunden vorher noch schräg in ein so genanntes Dekantierkörbchen.

Beim Entkorken sollten Sie heftige Bewegungen vermeiden und die Flasche nicht drehen. Gießen Sie dann vorsichtig aber möglichst in einem Schwung in die Karaffe um.

Der Hofkeller in der Residenz zu Würzburg ist einer der größten und schönsten Weinkeller Deutschlands.

Praxis: Weingenuss

Damit das Bukett nicht verfliegt, gießt man Weingläser nie voll. Für Rotweine wählt man größere Gläser, die den Duftstoffen viel Raum geben.

Man kann natürlich - wie früher auf Studentenfesten üblich - ein paar Flaschen günstigen Wein kaufen, ihn in Plastikbecher gießen und trinken. Doch das tut weder einem selbst gut noch dem Wein... Wein ist kein Getränk, das man schnell wegtrinken kann, dafür ist jede Flasche einfach viel zu schade. Wie Sie sich selbst und gegebenenfalls Ihren Gästen interessante Weinerlebnisse bereiten - damit wollen wir das Buch ausklingen lassen.

Fünf Tipps für mehr Genuss

Sie werden im Lauf Ihres Lebens als Weintrinker und Weinkenner immer besser wissen, welcher Wein Ihnen schmeckt, welche Sorten zu welcher Stimmung oder zu welchem Essen passen. Dies wird Ihr ganz persönlicher Erfahrungsschatz sein, den Sie immer weiter ausbauen können.

Doch es gibt auch einige Bräuche, die sich für jeden, der Wein trinken oder servieren möchte, als hilfreich erwiesen haben. Es sind vor allem einige Grundregeln, die wir Ihnen nun vorstellen möchten. Übrigens: Alles über die richtige Serviertemperatur erfahren Sie auf Seite 293.

Weingläser immer gut mit klarem Wasser ausspülen. Am besten mit der Öffnung nach oben aufbewahren, damit die Luft zirkulieren kann und sich keine muffigen Schrank-Gerüche darunter sammeln. Im Notfall das Glas mit einem kleinen Schluck Wein innen ganz »ausspülen«. Manche Geruchsstoffe werden nur vom Alkohol des Weins gelöst und entfernt.

Keine Kleinigkeit: das passende Glas

Neben der richtigen Temperatur trägt auch das Glas entscheidend zum Weingenuss bei. Manche behaupten sogar, ein Wein sei so gut wie das Glas, aus dem man ihn trinkt. So unglaublich es klingen mag – es stimmt tatsächlich. Sie können das sehr leicht nachprüfen, wenn Sie ein und denselben Wein einmal aus einem dünnwandigen Weinglas und dann aus einer dicken Keramiktasse trinken. Nur mithilfe des Weinglases überträgt sich der Geschmack auf die sensiblen Geschmacksnerven von Lippe und Zunge.

In den bunten, dicken Pokalen, wie sie leider immer noch angeboten werden, kann man weder Farbe, noch Bukett oder Geschmack beurteilen.

Ein gutes Weinglas muß groß genug sein, dass es eine ausreichende Menge Wein halten kann und dennoch Raum zur Entfaltung des Buketts bietet. Damit sich dieses Bukett nicht sang- und klanglos in den Raum verliert, muss der obere Rand des Glases wie bei einer geschlossenen Tulpe nach innen geneigt sein. Alle Weingläser sollten einen ausreichend langen Stiel haben, damit Sie den Kelch nicht mit der Hand erwärmen und sich mit zartem Klingen zuprosten können. Außerdem wird es Ihnen sicherlich nicht gefallen, wenn Fingerspuren die Klarheit und Farbe des Weines trüben. Gute Glasfirmen haben Dutzende verschiedener Formen für alle möglichen Weine in ihrem Programm und investieren sehr viel Zeit für das Studium des richtigen Glases für Weißwein, Rotwein, Champagner, Sekt, Sherry...

Das ideale Weinglas

Form, Farbe und Beschaffenheit des Weinglases haben einen entscheidenden Einfluss auf den Geschmackseindruck. Das Glas muss möglichst dünn sein und der Rand sauber geschliffen. Weingläser sollten farblos sein und einen Stiel zum Anfassen haben.

1. Weißweinglas

Tulpenförmiges Glas für kräftige, körperreiche Weißweine, wie Chardonnay. Um ein zu schnelles Verflüchtigen des Buketts zu verhindern, sollte sich das Glas nach oben verjüngen.

2. Rotweinglas

Bauchige Burgunderform für reife, konzentrierte Rotweine mit hohem Alkoholgehalt. Die erweiterte Fläche ermöglicht die Aufnahme von Sauerstoff und damit die optimale Entwicklung des Buketts.

3. Bordeauxglas

Jüngere Weine mit mehr Säure und Tannin entfalten sich optimal im schlankeren Bordeauxglas, das wie ein größeres Chardonnay-Glas aussieht.

4. Die schlanke Form

des Schaumweinglases sorgt dafür, dass die zarten Aromen nicht von zu starker Kohlensäureentwicklung beeinträchtigt werden. Ein gutes Sektglas sollte innen am Boden einen »Moussierpunkt« haben, eine aufgeraute Stelle, an der die Kohlensäure frei wird. Früher legte man scharfkantige Kieselsteine ins Glas, um diesen Effekt zu erreichen.

Diese 4 oder 5 Gläserformen aber sind für einen gut sortierten Haushalt ausreichend:

- eines für junge, säurebetonte Weißweine (längerer Stiel, nicht zu großer Kelch, leicht tulpenförmig, eventuell mit nach außen geschwungenen Lippen),
- eines für volle, reife Weißweine (tulpenförmiger Kelch),
- eines für Schaumweine (lange, schmale Flûte, auf keinen Fall eine Schale, da »perlage« und Aromen zu schnell verloren gehen),
- eines für Bordeaux- und ähnliche Rotweine (großes, tulpenförmiges Glas)
- eines für Burgunder-Rotweine (tulpenförmiges Glas mit breiter Basis und engerer Öffnung als beim Bordeaux-Glas).

Für Cognac empfehlen wir ein kleines Glas, jedoch keinen Schwenker, da er die Aromen nicht zur Geltung kommen lässt und in ihm zuviel Alkohol verdunstet.

Das Weintagebuch

Stellen sie sich vor, Sie haben vor einiger Zeit - mehr durch Zufall als durch gezieltes Suchen - eine Flasche Wein gekauft, die Ihnen zu Ihrer Überraschung ganz ausgezeichnet schmeckt. Natürlich beschließen Sie, sich den Namen zu merken, den Erzeuger, die Rebsorte und den Jahrgang... Wetten, dass Sie spätestens eine Woche, nachdem Sie die Flasche entsorgt haben, mindestes zwei der Angaben nicht mehr wissen? Und das ist schade, denn einen guten Wein, den man einmal gefunden hat, sollte man nicht wieder »verlieren«. Um das zu verhindern, ist es sinnvoll, ein Weintagebuch zu führen.

Besorgen Sie sich ein leeres Heft, in das Sie Weine eintragen, die Ihnen besonders gut geschmeckt haben. Versuchen Sie ruhig für sich selbst, den Geschmack zu beschreiben (Anregungen erhalten Sie in der Tabelle auf Seite 202).

Halten Sie noch einige Gedanken zu dem Abend fest, an dem Sie den Wein zum ersten Mal genossen haben - und so entsteht auf einfache, sehr individuelle Weise ein individueller Wein-Guide - ganz nach Ihrem Geschmack.

Wenn Sie in demselben Heft auch festhalten, welche Weine Ihnen nicht geschmeckt haben, kommen Sie im Lauf der Zeit durch vergleichendes Lesen selbst Ihrem Weingeschmack auf die Spur.

Diese Punkte sollten Sie in jedem Fall notieren:

- Name des Weins
- Weingut
- Rebsorte
- Jahrgang
- Einkaufsquelle und Preis
- Speise(n), zu der ein Wein besonders gut harmoniert hat.

Ambiente schaffen

Für jeden Anlass ein passendes Ambiente zu schaffen, ist eine Kunst, die nicht jedem gegeben ist. Große Familienfeste, bei denen man traditionell Wein trinkt, wie Weihnachten, Ostern oder Jubiläen geben an sich schon ein Motto vor. Verstärken Sie dieses Motto durch die Tischdekoration. Aber auch bei anderen Gelegenheiten kann sie durch wenige Dinge, die Sie auf dem Tisch »ausbreiten«, optisch sehr gewinnen. Worauf Sie achten sollten, sind folgende Regeln:

- Stimmen Sie die Farben von Tischtuch, Geschirr und Dekoration aufeinander ab.
- Wählen Sie Gläser, die zum Geschirr und zur Gelegenheit passen.
- Wechseln Sie zwischen hohen und niederen Dekorationsgegenständen ab.
- Richten Sie Service, Besteck, Gläser und Dekoration nach einem Plan aus. Sehr bewährt hat es sich vor allem für Dekoanfänger, alle Gegenstände von einem Zentrum aus symmetrisch anzuordnen.
- Überlegen Sie vorher, wo Sie Flaschen und Schüsseln, die Sie im Lauf der Einladung auf den Tisch stellen werden, unterbringen wollen.

Machen Sie sich nicht verrückt, wenn die Gläser, die Sie ausgewählt haben, keine ideal geformten Weingläser sind. Sie müssen unterscheiden, wann der absolute Weingenuss vorrangig ist, und wann der Wein »nur« Teil einer Einladung ist.

Kerzen? Kerzen!

Da man Wein besonders in jungen Jahren vor allem trinkt, wenn Gefühle im Spiel sind, stellt man meist aus dem Grund, eine warme Atmosphäre zu erzeugen, auch Kerzen auf den Tisch oder im Zimmer auf... Aber haben Sie gewusst, dass Wein und Kerzen sozusagen »zusammengehören«? Es ist eine Tatsache, dass trotz aller lichttechnischen Möglichkeiten kein zweites Licht existiert, bei dem man einen Wein optisch so eindeutig beurteilen kann wie bei Kerzenlicht. Hält man ein Glas Weiß- Rosé- oder Rotwein vor eine Kerze, offenbaren sich Glanz, Klarhcit und farbige Leuchtkraft klarer als vor jeder Neonröhre.

Der beste Begleiter zum Essen

Wein ist ein idealer Speisenbegleiter. Er fördert die Verdauung, während andererseits das Essen die Aufnahme des Alkohols durch den Körper verlangsamt und ihn dadurch besser verträglich macht. Vor allem in den klassischen Weinbauländern Frankreich und Italien wird kaum Wein außerhalb der Mahlzeiten getrunken, während sich dagegen in Deutschland das traditionelle Gläschen Wein in geselliger Runde oder am Kaminfeuer größter Beliebtheit erfreut. Unser Ideal entspricht eher einer Mischung aus beiden Lebensstilen. Aber Achtung! Zu wissen, dass Wein ein Essen oder einen stillen Abend verschönen kann, reicht mitnichten!

Muss ein Weinfreund, der nach Hause einladen will, unter Androhung des Gesichtsverlusts all die aufgeführten Typen und Untertypen in seinem kleinen Neubaukeller vorrätig halten, um auch wirklich jeder Situation gewachsen zu sein?

Des Pudels Kern ...

»Welcher Wein zu welcher Gelegenheit?« Das ist die Kernfrage, die jeder Weingenießer sich stellt! Selbst erfahrenen Köchen und Gastgebern reicht es nicht, wenn sie als Anleitung für ein gelungenes Ostermenü lesen: »Man nehme eine Flasche roten Burgunder des 85er Jahrgangs, dazu einen Lammbraten, ein paar Beilagen und arrangiere das Ganze auf dem Tisch zu einer Komposition, die Auge, Nase, Mund und Magen in Entzücken versetzt!«

So einfach wie ein Kochrezept lässt sich das Kapitel »Wein und Speisen« leider nicht abhandeln.

Bizarre Blüten

Nun gibt es Leute, die nehmen alles ganz genau. Die Redakteure des französischen Weinführers »Guide Hachette« gehören zu ihnen. In einem seitenlangen, dichtgedruckten Vorspann zu ihrem Führer stellen sie jedes Jahr so präzise Listen von bestimmten Speisen und den zu ihnen passenden Weinen auf, dass man eigentlich meinen sollte, damit sei man jeden Problems enthoben.

Aber was tun, wenn der »Guide« einmal nicht zur Hand ist? Ihn auswendig lernen? Beim Studium der Weinkarte im Restaurant computergestützte Gedächtnisakrobatik vollbringen, nur um sich einer gelungenen Kombination erfreuen zu können? Kann man denn wirklich immer sicher sein, genau den empfohlenen Wein des empfohlenen Jahrgangs auf der Speisekarte zu finden?

Je länger und detaillierter solche Listen waren und sind, desto mehr versuchen sie eine Objektivität vorzuspiegeln, die vielleicht beim professionellen Weinverkosten in gewissem Rahmen sinnvoll ist, beim Essen und Genießen aber nichts zu suchen hat.

Keine Angst vor Wein

Wer guten Wein zum Essen sucht, sich aber nicht auskennt, ist in den Restaurants der gehobenen Klasse gut aufgehoben, denn dort gibt es weinkundige Bedienungen, oft gut ausgebildet durch die Gastronomieschulung des Deutschen Weininstituts. Sie empfehlen, wie ihre berühmten französischen Kollegen, die »Sommeliers«, den richtigen Wein zum Essen, und das muss nicht immer der teuerste sein. Mittlerweile gibt es bei uns auch einen Ableger der renommierten »Sommelier-Union«, was dazu geführt hat, dass der Beruf des Weinkellners auch bei uns wieder mehr zu Ehren kommt. Und der Weinhändler Ihres Vertrauens sollte ebenfalls in der Lage sein, Ihnen für den heimischen Tisch den richtigen Tipp zu geben.

Wer es ganz genau wissen will oder einfach Spaß daran hat, kann auch selbst an einem Sommelier-Kurs für Laien teilnehmen.

Eine goldene Grundregel

Wer noch nie mit Wein zu tun hatte, dem empfehlen wir Weine zu kaufen, die eine gesamte Mahlzeit – und damit natürlich auch die gegensätzlichsten Gerichte – hervorragend ergänzen. Das können sein:

1. Weißweine der sogenannten »mittleren Struktur«. Unter einer mittleren Struktur versteht man trockene Weißweine mit gutem Alkoholgehalt oder halbtrockene Weißweine, die dafür vielleicht etwas leichter sind.
2. Leichte rote Burgunder, bessere Beaujolais-Qualitäten, ein guter Chianti.
3. Auch ein Champagner oder ein Prosecco passt fast immer.

Das Auge genießt mit, bei der privaten Weinprobe mit kleinen Häppchen ebenso wie beim großen Menü.

Mit diesen Weinen werden Sie sicher mehr »Einsteiger-Freuden« erleben, als wenn Sie sich an Regeln halten, die Sie vielleicht auch schon gehört haben: wie »Rot zu Fleisch, weiß zu Fisch« oder »Weiße Soße – weißer Wein, rote Soße – roter Wein!« Beide Standardregeln sind viel zu pauschal, um unwidersprochen Gültigkeit zu haben. Vor allem werden die, die sich an dieses starre Muster halten, niemals die vielen angenehmen und schönen Überraschungskombinationen erleben können, die das Kennenlernen und das Genießen der verschiedenen Weine erst zu einem Abenteuer werden lassen.

Man muss es nicht so genau nehmen wie die Redakteure des französischen Weinführers »Guide Hachette« , die in einem seitenlangen, dichtgedruckten Vorspann jedes Jahr präzise Listen von bestimmten Speisen und den zu ihnen passenden Weinen aufstellen.

Den eigenen Vorlieben auf der Spur

Im Grunde geht es ja bei der Zusammenstellung von Weinen und Speisen um mehrere Entscheidungen, die man am Anfang, wenn man erst beginnt, sich mit Wein auseinander zu setzen, noch gar nicht treffen kann. Aber es macht Freude herauszufinden, welcher Geschmackstyp man ist ...

1. Lieben Sie den Kontrast? Können Sie sich vorstellen, dass Sie lieber gewisse Spannungsmomente erleben möchten, wie sie sich zum Beispiel einstellen, wenn Sie kombinieren:

- einen delikaten und feingliedrigen Chablis mit einem reichen »Seafood«-Gericht,
- Wild und eine halbtrockene Riesling-Auslese,
- salzigen Ziegenkäse aus dem Chavignol und einen aromatischen Sancerre,
- cremigen Roquefort mit der süßen Kraft einer Trockenbeerenauslese oder eines Sauternes?

2. Oder achten Sie mehr auf Harmonie und würden Sie lieber einen schönen Médoc zu frischem Lammfleisch probieren, einen alten Tokajer zu einer »foie gras« und zu einem Florentiner Steak einen großen, reifen Toskaner?

3. Trotzdem, die wichtigste aller Empfehlungen lautet: »Trinken Sie den Wein, der Ihnen schmeckt zu dem Essen, das Ihnen schmeckt.«

Wein ist ein »göttliches Getränk«, das es in herrlicher Vielfalt zu entdecken und zu erleben gibt. Seien Sie experimentierfreudig und lassen Sie sich nicht durch Regeln, die Sie hören, einschränken. Was die Italiener mit einer Mischung aus Augenzwinkern und Resignation in Bezug auf ihr Strafgesetzbuch behaupten, dürfen Sie beim Wein ruhig für bare Münze nehmen: »Für jede Regel gibt es eine zweite, die genau das Gegenteil der ersten zur Maxime erhebt!« Ein Beispiel mag dies zum Schluss verdeutlichen. Das Sprichwort »Alt folgt auf Jung« können Sie getrost vergessen, wenn damit empfohlen werden soll, einen feinen, weichen und reifen Carmignano nach einem noch »harten«, jungen Bordeaux-Roten zu trinken. Nach einem schweren, in der »barrique« ausgebauten Chardonnay sollte kein kleiner, magerer Bardolino serviert werden, und heißt auch die entsprechende Regel noch so oft »Rot folgt auf Weiß!«

Lassen Sie doch einmal Gläser aller bereits getrunkenen Weine mit einem kleinen Rest stehen, um immer wieder »kostend« zu ihnen zurückzukehren. Dabei ergeben sich dann manchmal die schönsten Überraschungen.

Kleines 1 x 1 des Erfolgs für Anfänger

Für die vielen Fälle jedoch, in denen kein fachlicher Rat zur Stelle ist, möchten wir Ihnen hier einige leicht zu befolgende Grundregeln für die Zusammenstellung von Wein und Essen geben.

Wein und Speisen, die sich nicht vertragen

Ergänzend zur obigen »Goldenen Regel« sollten alle Köchinnen und Köche wissen, dass es grundsätzliche Unverträglichkeiten zwischen Essen und Wein gibt. Diese vier großen "Dont's" sind:

1. Vor dem Essen: Als Aperitif keinen französischen Pastis oder Whisky servieren, da beide den Gaumen für jegliche spätere Geschmacksempfindung unempfindlich machen. Am besten trinkt man als »opener« Schaumwein oder säurereiche Weiße, die den Appetit wecken. Die Angelsachsen lieben auch einen Sherry Fino, und die Italiener trinken gerne ihre nationalen »Bitter« wie den Campari.

Bei einem ausgedehnteren Essen kann auch ein Mixgetränk oder ein würzigerer Aperitif den Reigen eröffnen, allerdings sollte er dann für sich stehen, während man noch auf die Vorspeise wartet.

2. Vorsicht beim Würzen der Speisen: Essig ist der Feind eines jeden Weins, aber auch die Zitrone wird ihm schnell gefährlich.
Eier und Knoblauch machen den meisten »Großen« den Garaus. Einzig überleben können hier einfache, fruchtige oder deftige Tafelweine, bei denen es ohnehin mehr auf den frischen Schluck – und den Alkohol – ankommt.

3. Da meldet sich der Magen: Vermeiden Sie die Zusammenstellung von sehr salzigen Speisen (Austern, Anchovis) mit stark säurebetonten Weinen!

4. Nichts für feinen Wein: Generell gilt, dass Gemüse (vor allem stark eisenhaltiges Gemüse sowie Spargel und Artischocken), aber auch Mehlspeisen jeder zarten Weinschönheit schaden.

So gelingt die Kombination

Für ein kleines Abendessen zu Zweit ist meist eine Sorte Wein völlig ausreichend. Schwieriger wird es, wenn das Essen selbst komplizierter wird. Ein Menü mit Freunden oder der Familie, ein festliches Abendessen, ein großes Picknick oder eine

Sommerparty verlangen nicht nur Enthusiasmus und eine gute Organisation. Wer seinen Gästen etwas Besonderes bieten will, wird sich mit den Speisen und den Getränken zwangsläufig intensiver beschäftigen müssen. Hier einige Faustregeln, an die man sich immer halten kann:

1. Servieren Sie am besten Weine, die Sie bereits kennen und mögen - und die Sie in der Kombination mit Essen schon ausprobiert haben... Ansonsten gilt: Ideale Begleiter zu fast jedem Essen sind die trockenen, aber auch die halbtrockenen Weine. Sie überdecken den Eigengeschmack der Speisen nicht und wirken sich günstig auf die Verträglichkeit aus.

2. Achten Sie darauf, dass ein Wein nie »leichtgewichtiger« als das Essen ist, zu dem er gereicht wird, da er sonst sehr schnell einen »müden« Eindruck hinterlassen wird.

3. Wichtig ist aber nicht nur die Zusammenstellung der Weine und Speisen, sondern auch – und vor allem – die Abfolge der Speisen und der Weine untereinander: Essen Sie nicht zu salzig vor Süßem, fangen Sie nicht mit zu stark gewürzten Gerichten an, und vermeiden Sie zu viele schwere und verschiedenartige Saucen, die Ihren Gaumen unerbittlich – und zum Schaden eines jeden Weines – ermüden würden.

Wer beim Warten auf das Essen bereits zwei, drei Pils trinkt, braucht sich nicht zu wundern, wenn nachher ein Völlegefühl aufkommt. Das Bier verdünnt die Magensäfte, während ein säurereicher Wein sie anregt und damit die Verdauung fördert.

4. Weinempfehlungen für die einzelnen Gänge eines Menüs:
- Grundsätzlich sollten Sie zu Suppen, Vorspeisen und Hauptgerichten einen Wein mit geringer Süße wählen.
- »Je feiner die Speise, desto feiner soll auch der Wein sein.« Spargelgerichte oder ein Lachssoufflé werden von einem »dicken« Wein wie einem Ruländer der alten Sorte glatt »erschlagen«, während ein Braten mit einem kräftigen, trockenen Spätburgunder noch besser schmeckt.
- Alkoholreiche, trockene Weine, wie Spätlesen oder Auslesen, und kräftige Rotweine machen auch schweres Essen bekömmlich.

5. Wer wagt, gewinnt!
Die gehaltvollen, süßen Ausleseweine schaffen ganz besondere Geschmackseindrücke zum Beispiel bei der Kombination mit vollfettem Camembert, Roquefort oder Blauschimmelkäse. Reichen Sie einmal eine Beerenauslese zu frisch abgebrochenen Parmigiano-Stücken!

Ideen für erfahrene Gourmets

Wenn auch Sie zu den Menschen zählen, die mit Begeisterung und Hingabe für andere kochen, die es lieben, Gäste zu haben und sie mit immer neuen Kreationen zu überraschen und zu verwöhnen, dann werden Sie in aller Regel auch schon über ein gut ausgebautes Weinwissen verfügen. Trotzdem möchten wir auch den Halb- und Vollprofis unter Ihnen einige Tipps und Ideen liefern, denn man lernt nie aus...

Genuss mit Ambitionen

Achten Sie beim Zusammenstellen des Menüs und der Speisenfolge vor allem auf ein Crescendo der Geschmacks- und Geruchseindrücke. Immer wieder gelobt wird die Abfolge vom Einfachen zum Komplexeren und Reicheren, das Ganze vielleicht einmal unterbrochen von einem Glas Champagner, so wie das Gericht auch mit einem Sorbet »pausieren« kann!

Wenn man bei Speisen und bei Weinen auf dieses »Crescendo mit Pausen« achtet, sollte die Auswahl der passenden Weine gar nicht so schwierig sein.

Freude an Wein - und Wasser

Das absolut perfekte Mahl, was die Zusammenstellungen von Essen und Wein angeht, ist selten ... Die Franzosen wissen wohl, warum sie in diesem Zusammenhang von »mariage«, sprechen, also von Vermählung. Aber wenn das Essen gut und der Wein noch besser ist, wird man auch etwas weniger gelungene Kombinationen dadurch überspielen können, daß man zwischendurch einmal zum Mineralwasser greift. Die Wahl des Wassers, das zum Wein getrunken oder vielleicht sogar zur Schorle gemischt wird, dürfte bei dem überreichen Angebot auf diesem Markt heute kaum noch schwerfallen. Ein wenig Kohlensäure sollte es enthalten, denn diese reinigt den Gaumen und bereitet ihn für den Weingeschmack vor. Zu stark perlende und zu salzige Marken sollte man jedoch generell meiden, denn sie könnten den gegenteiligen Effekt haben und die Geschmackswahrnehmung beeinträchtigen.

Ein reich gedeckter Tisch mit Wein – Sinnbild für Lebensfreude.

Käse schließt den Magen

Für alle, die ein Menü mit Käse abschließen wollen, nicht aber noch eine neue Sorte Wein aussuchen wollen, lohnt sich ein Blick in die folgende Liste. Hier sind die Käsesorten aufgelistet, die zu einem Wein passen, der wegen der Menüfolge schon feststeht...

Zu fruchtigen Weißweinen wie Riesling:	Comté.
Zu säurearmen Weinen wie Pinot Blanc:	Camembert, Brie; auch zu Weinen mit Restsüße und viel Alkohol.
Zu fruchtigen, würzigen Weißweinen frische Ziegenkäse, wie Sauvignon:	Comté, Beaufort.
Zu fruchtigen, gehaltvollen Weißweinen:	Munster, Maroilles.
Zu milden, edelsüßen Weißweinen:	Edelpilzkäse wie Bleu des Causses, Roquefort.
Zu Champagner brut oder trocken, Typ Blanc de Blancs:	Schimmelkäse wie Chaource.
Zu Champagner brut oder trocken, Typ Blanc de Noirs:	Maroilles oder Käse mit Außenschimmel wie Brie.
Zu fruchtigem, trockenem Rotwein wie Beaujolais, Gamay de Touraine:	Schimmelkäse wie Camembert.
Zu gehaltvollem, kräftigem, würzigem Rotwein:	Käse mit gewaschener Kruste wie Époisses, Langres, Maroilles; Blauschimmelkäse wie Roquefort, Fourme d'Ambert.

Mehr über die Kombinationsmöglichkeiten von Käse und Wein erfahren Sie auf Seite 314.

Auf Pannen gefasst sein

Kein Mensch ist vollkommen, und nicht alle Tage sind gleich. Wie oft geschieht es, dass einem selbst erprobte »Standardgerichte« nicht so gelingen... Was also tun, wenn sich die Kaninchenterrine als so üppig gewürzt entpuppt, dass der von Ihnen ausgesuchte Weinklassiker nur noch die Flügel hängen lässt?

- Flexibilität ist gefragt: Entweder Sie bleiben bei dem Wein, den Sie ursprünglich gewählt haben, und »neutralisieren« den kräftigen Geschmack der Terrine mit Brot, das Sie auf den Tisch stellen. Oder Sie holen einen kräftiger schmeckenden Wein und heben Ihren wertvollen Klassiker für ein anderes Mal auf.

Was tun, wenn Sie zu einem Gericht die säurehaltige Piemonteser Barbera ausgesucht haben, der Barbera-Wein aber, den Sie bei Ihrem Weinhändler erstanden haben, nicht die übliche kräftige Säure besitzt, sondern in kleinen Holzfässern ausgebaut und durch eine vollständige malolaktische Gärung (siehe Seite 57) sozusagen »weichgeklopft« wurde?

- Wenn es zu spät ist, den Wein umzutauschen, machen Sie in jedem Fall gute Miene, lassen Sie sich den Abend nicht verderben. Denn oft ist es gerade ein solcher kulinarischer Missklang, der für Gesprächsthemen und einen unvergesslich fröhlichen Abend sorgt...

Wenn Sie merken, dass sich der Abend aufzulösen beginnt, ist es wichtig, ruhig zu bleiben. Es ist doch so, dass Ihre Gäste nicht in erster Linie gekommen sind, um sich verwöhnen zu lassen. Sie sind vor allem Ihretwegen der Einladung gefolgt und werden Ihnen sicher nicht böse sein, wenn etwas schief geht. Schlimm wäre es nur, wenn Sie sich verkrampfen und die Stimmung durch Ihre Enttäuschung unrettbar in den Keller versinkt. Deshalb ein letzter Tipp für einen Abend, an dem Sie nicht Freunde sondern schwierige Gäste erwarten:

- Kochen Sie nichts, was Sie in der Küche festhält sondern ein Essen, das Sie gut vorbereiten können.
- Wählen Sie Weine, die Sie vorher probiert haben.
- Beenden Sie das Essen mit einer Auswahl an zwei verschiedenen weinen und dem dazu passenden Käse - dann ist wohl etwas dabei, das auch dem verwöhntesten Gaumen gefällt.

Für diejenigen, denen beim Spielen und Experimentieren detailliertere Anregungen hilfreich erscheinen, haben wir auf Seite 312 eine Tabelle verschiedener Speisen und der zu ihnen passenden Weine zum Thema Italien zusammengestellt. Aber bitte betrachten Sie diese Liste nicht als »Bibel«, sondern allenfalls als »Futter« für Ihre eigene Phantasie.

Käse, Wein und Brot aus der gleichen Region passen häufig am besten zusammen.

Kochen mit Wein

Um Ihnen einige Anregungen zu geben, wie man mit Wein ein Menü interessant und wohlschmeckend gestalten kann, haben wir für Sie drei Rezepte aus unseren klassischen Anbauländern Italien, Frankreich und Deutschland zusammengestellt.

Wichtig bei allen Gerichten, die Sie mit Wein zubereiten wollen: Nehmen Sie nicht einen billigen »Kochwein« - denn ein Essen wird immer nur so gut wie die Zuatten, aus denen man es bereitet.

Südländische Vorspeise: Miesmuscheln in Weißweinsoße

Eine aromatische Vorspeise ist dieses Muschelgericht aus Italien. Aus der einfachen Grundidee – Muscheln in Weißwein zu garen – wird durch die richtigen Zutaten ein intensiv »nach Urlaub« schmeckendes Erlebnis.

Hier die Zutaten für 4 Personen:
1,5 kg Miesmuscheln
2-3 Knoblauchzehen
1/2 Bund Petersilie
1/4 l trockener italienischer Weißwein (z.B. ein Frascati, Soave, Vernaccia oder Chardonnay aus Umbrien oder dem Friaul)
2 Essl. Olivenöl
2 Zitronen
1 Teel. schwarze Pfefferkörner, Salz
Italienisches Weißbrot

Das Garen von Speisen in Wein ist überraschenderweise kein Teil der traditionellen Kochkunst. Selbst in Frankreich, einem Land, in dem man Wein in nahezu jeder Speise vermuten würde, kocht man erst seit dem 19. Jahrhundert mit Wein.

Die Zubereitung in Schritten

1. Die Muscheln waschen und abbürsten, damit Schmutz und der »Bart« entfernt werden. Wichtig: Nur die geschlossene Muscheln verwenden!
2. Den Knoblauch schälen und in Stücke schneiden, die Petersilie waschen und klein schneiden. Eine ungespritzte Zitrone dünn abschälen, halbieren und den Saft einer Hälfte auspressen.
3. Knoblauch und Petersilie in einem Suppentopf im Olivenöl erhitzen. Bevor die Knoblauchstückchen anfangen, braun zu werden, die Muscheln dazugeben und mit dem Weißwein aufgießen.
4. Wenn die Muscheln anfangen zu kochen, etwa die Hälfte des Zitronensaftes, die Zitronenschale und die Pfefferkörner und den Sud zu den Muscheln geben. Salzen.
5. Alles 5 Minuten zugedeckt bei großer Hitze kochen.
6. Die Muscheln mit einer Kelle aus dem Sud nehmen und in tiefen Tellern anrichten. Achtung: Alle Muscheln, die jetzt noch geschlossen sind, wegwerfen!
7. Den Sud durch ein Sieb gießen, über die Muscheln verteilen und heiß mit dem Weißbrot servieren.

Penne mit Kaninchen-Pilz-Soße

Eine rustikale Pastasoße ist das würzige Kaninchenragout, das hier durch den Barolo ein betont kräftiges Aroma erhält.

Dieses Ragout ist köstlich zu frischen Nudeln, am besten Penne, die viel Soße aufnehmen.

Hier die Zutaten für vier Personen

500 g Kaninchenfleisch (entbeint)
50 g Speck
1 Zwiebel
1 Fleischtomate
Olivenöl
3/4 l italienischer Rotwein (am besten ein Barolo)
Majoran (am besten frischer)
2 Essl. Butter
1 Essl. Mehl
150 frische Champignons oder Egerlinge

Die Zubereitung in Schritten

1. Das Kaninchenfleisch in kleine Stücke, den Speck und die Fleischtomate in Scheiben schneiden.
2. Die Zwiebel schälen, in kleine Stücke schneiden und mit dem Speck in einem Topf im heißen Olivenöl anbraten.
3. Das Kaninchenfleisch und die Tomatenstücke dazugeben und alles gut anbraten. Zum Schluss die Pilzscheiben in den Topf geben und ebenfalls kurz mitbraten.
4. Die Soße mit dem Rotwein ablöschen, nach Bedarf mit einem Butter-Mehl-Klösschen binden, den frischen Majoran dazugeben, salzen, pfeffern und bei geringer Hitze gar kochen.

Weißweinkartoffeln

Als einfache Beilage fast zu schade sind diese in Weißwein geschmorten Kartoffeln. Reichten Sie sie deshalb am besten zu einem feinen Fleischgericht wie Geschnetzeltem, Kalbsbraten, Puter oder Hähnchen. In dieser Umgebung - mit wenig anderen oder leichten, feinen Gemüsebeilagen - kommen sie besonders gut zur Geltung.

Lecker schmecken die Weißweinkartoffeln auch als Püree zu einem kräftigen Pilzgulasch. Dazu mehlige Kartoffeln nehmen, nach dem Überbacken mit Milch und noch etwas Butter zu Püree stampfen.

Hier die Zutaten für vier Personen

Pro Person 1 bis 2 große festkochende Kartoffeln
50 g Butter
1/2 Flasche trockener Weißwein (z.B. ein Chablis, Riesling Kabinett oder Elsässer Weißburgunder)
1 Essl. Saure Sahne
1 Prise Muskat
weißer Pfeffer, frisch gemahlen, Salz

Die Zubereitung in Schritten

1. Die Kartoffeln waschen und in der Schale fast gar kochen.
2. Die Kartoffeln pellen und in dickere Scheiben schneiden.
3. In einer feuerfesten Form die Butter erhitzen und mit dem Weißwein ablöschen.
4. Die Kartoffelscheiben in den Weißwein geben, salzen, pfeffern und mit dem Muskat würzen.
5. Die Kartoffeln etwa 20 Min. im Backofen bei 120 Grad erhitzen.
6. Die fertigen Kartoffeln mit der sauren Sahne überziehen und auf den Tisch bringen.

»Beschwipstes Hähnchen« - Coq au vin, simple

Da die Zubereitung eines original französischen Coq au vin kompliziert ist und viel Zeit beansprucht, zeigen wir Ihnen eine Variante, die Sie schneller zubereiten können, die zudem weniger Kalorien reich ist - und die trotzdem hervorragend schmeckt.

Hier die Zutaten für 4 Personen

1 großes Hähnchen, am besten frisch aus Bauernhofhaltung, in Portionsstücke geteilt
200 g frischer Speck ohne Schwarte
3 Knoblauchzehen in Stücken
10 kleine Zwiebeln, in Würfel geschnitten
Mehrere Zweige frische Petersilie und frischen Thymian
180 g frische Champignons in Scheiben
1/2 l trockener Rotwein (z.B. ein Pinot Noir oder Cabernet Franc oder
ein guter Landwein)
50 g weiche Butter
1 gehäufter Essl. Mehl

Zu diesem köstlichen Gericht passen schlichte Salzkartoffeln am besten.

Die Zubereitung in Schritten

1. Bereiten Sie alle Zutaten vor, und salzen und pfeffern Sie die Hähnchenteile.
2. Den Speck in Streifen und anschließend in Würfel schneiden. Die Speckwürfel etwa 3 Minuten in einen Topf mit kochendem Wasser geben. Anschließend die Würfel herausnehmen und abtropfen lassen.
3. Legen Sie den Boden eines Schmortopfes mit den Speckwürfeln aus, und geben Sie die Zwiebelwürfel dazu. Zuletzt die Knoblauchstücke und die frischen Käuter darauflegen.
4. Auf dieses »Bett« legen Sie die Hähnchenteile, darüber die Champignonstreifen und gießen mit dem Rotwein an.
5. Den Topf schließen und das Gericht etwa 45 Minuten im Backofen bei 175 Grad (Umluft) schmoren.

6. Kurz bevor das Hähnchen fertig ist, verrühren Sie das Mehl und die Butter. Mit dieser Butter dicken Sie die Sauce an, nachdem Sie die Hähnchenteile, die Champignons, die Zwiebeln und den Speck auf einer extra Platte angerichtet haben.
7. Traditionell reicht man Hähnchen und Gemüse auf einer Platte, die Soße getrennt, und dazu Croutons, also Weißbrotstückchen, die in einer Pfanne mit zerlassener Butter gebraten wurden.

Tipp: Je mehr Zwiebeln Sie nehmen, desto köstlicher wird die Sauce.

Dessert mit "Geist": Weingelee

Sehr zu Unrecht von den Speisekarten verschwunden ist in den letzten Jahren das himmlische Weingelee, ein Dessert, das sich leicht zubereiten lässt und das mit Weißwein ebenso gut gekocht werden kann wie mit Rotwein ...

Zutaten für vier Personen

3/4 l Rot- oder Weißwein (z.B. Portugieser, Spätburgunder bzw. Müller-Thurgau oder Riesling)
1/8 l Wasser
150 g Zucker
10 Blatt weiße Gelatine
2 Blatt rote Gelatine
Saft von 1 Zitrone

Zubereitung in Schritten

1. Den Wein, das Wasser, den Zucker und die Zitrone in einer Schüssel verrühren.
2. Das Weingemisch probieren und eventuell noch etwas Zucker oder Zitronensaft hinzugeben.
3. Die Gelatine nach Packungsanleitung verflüssigen und rasch unter das Weingemisch rühren.
4. In Portionsschalen füllen und nach dem Erkalten mit frisch geschlagener Schlagsahne servieren.

Dieses Weingelee kann man »pur« geniessen, aber dazu passt auch ein Fruchtsalat aus frischen Früchten der Saison.

Viva

Die italienische Küche, reich an regionalen Speisen, Weinarten und Geschmacksrichtungen, ist ein Lieblingskind der Deutschen. Um so manche Partyplanung etwas zu vereinfachen, haben wir mit Hilfe von Giorgio und Heidi Stella vom Restaurant »La Trattoria« in Frankfurt eine kleine Liste typischer, regionaler Gerichte und Produkte mit den dazu passenden Weinen zusammengestellt. Sie soll lediglich Ideen und Anregungen vermitteln.

Aperitifs:
Prosecco Spumante, Spumante Franciacorta, Spumante Trento, Soave, Tocai Friulano

Antipasti (Vorspeisen)

Muscheln:	Soave, Frascati, Südtiroler Weißburgunder, Lagrein Kretzer
Muschelsuppe:	Greco di Tufo, Fiano di Avellino
Lachs:	Prosecco Spumante, Spumante Franciacorta, Spumante Trento
Wurst, Speck:	Pinot Grigio
Carpaccio:	Pinot Grigio, Rosato Rosa del Golfo
Omelette mit weißen Trüffeln:	Gavi di Gavi
Vitello Tonnato (Kalbfleisch mit Thunfischsauce):	Grignolino, Montepulciano Cerasuolo, Lambrusco di Sorbara, Dolcetto
Melone mit Schinken:	Südtiroler Chardonnay, Sauvignon Friuli

Primi Piatti (1. Hauptgang)

Spaghetti mit Tomatensauce:	Pinot Bianco, Chardonnay, Südtiroler Gewürztraminer, junger Barbera
Spaghetti mit Knoblauch, Öl, Peperoni:	Montepulciano d'Abruzzo Cerasuolo (Rosé)
Spaghetti carbonara:	Lambrusco di Sorbara
Nudeln mit Pesto:	Orvieto, Vernaccia di San Gimignano, Verdicchio dei Castelli di Jesi
Pappardelle mit Steinpilzen oder Hasenragout:	Pinot Grigio, Arneis
Ravioli mit Ricotta:	Albana di Romagna Secco, Aleatico
Spaghetti Bolognese:	Rosato Toscano
Lasagne:	Lambrusco, Barbera Frizzante, Freisa
Risotto mit Gemüse:	Bianco di Custoza, Gavi
Risotto mit Fisch:	Ribolla Gialla, Sauvignon Blanc, Cinqueterre
Gnocchi mit Käsesauce:	Dolcetto, Barbera del Monferrato

Italia

Fischgang	
Petersfisch:	Pigato, Chardonnay, Vernaccia di Oristano
Aal:	Südtiroler Riesling, Merlot del Veneto, Chardonnay
Fritierter Fisch:	Raboso del Veneto Rosato, Chardonnay Barrique, Prosecco Frizzante, Bardolino Rosso, Chiaretto
Seezunge:	Südtiroler Riesling, Soave, Tocai Friulano, Südtiroler Müller-Thurgau
Secondi Piatti (2. Hauptgang)	
Geschmortes Huhn:	Valpolicella, Morellino di Scansano, Rosso di Montalcino, Cabernet del Veneto, Chianti
Ente:	Cabernet Sauvignon, Merlot del Friuli, Nebbiolo, Barbaresco, Vino Nobile di Montepulciano, Aglianico del Vulture
Fasan:	Terre di Franciacorta Rosso, Chianti Classico, Sangiovese di Romagna, Südtiroler Pinot Nero, Barbaresco
Kotelett nach Mailänder Art:	Barbacarlo, Oltrepò Pavese, Terre di Franciacorta Rosso
Rindersteak:	Chianti Classico, Brunello di Montalcino, Vino da Tavola Toscana
Wildschwein:	Brunello di Montalcino, Barolo, Amarone della Valpolicella
Lamm:	Sangiovese di Aprilia, Chianti Classico, Morellino di Scansano, Cabernet Sauvignon
Rinderbraten:	Barbera, Cabernet Sauvignon, Barolo, Chianti Classico
Formaggio (Käse)	
Gorgonzola:	Moscato Passito, Recioto di Soave, Marsala secco
Hartkäse:	Barbera Barrique, Barolo
Ziegenkäse:	Barbera
Frischkäse:	Pinot Grigio
Dolci (Süßspeisen)	
Panna cotta:	Passito di Pantelleria, Malvasia delle Lipari
Tiramisù:	Vin Santo, Aleatico
Obstsalat:	Moscato Natural Asti, Asti Spumante

Genuss zum Schluss – Wein und Käse

Rotwein und Käse – das passt immer, das schmeckt immer. Diese Meinung ist weit verbreitet und wird vor allen Dingen in bezug auf französischen Wein und französische Lebensart geäußert. Leider ist die Zusammenstellung von Käse und Rotwein nicht immer ein Erfolg. Ganz allgemein befindet man sich mit Weißweinen eher auf der sicheren Seite. Die Gerbstoffe trockener Rotweine vertragen sich oft nicht mit dem Käse. Zum Beispiel lässt das Salz mancher Käsesorten die Gerbstoffe des Weines bitter erscheinen. Trotzdem, es gibt kaum einen besseren Weg, sich mit einem Wein »bekannt zu machen«, als ihn zusammen mit einem Stückchen Käse und Brot zu genießen. Voraussetzung ist allerdings, dass Wein und Käse zusammenpassen ...

Ältere Rotweine passen oft besser zum Käse als junge, da ihre Gerbstoffe nicht mehr so deutlich hervortreten. Säurereiche sowie sehr sahnige Käse verlangen nach einem säurereichen Wein. Mehr Aufschluss gibt die folgende Übersicht.

Während man bei Eis oder Schokolade den Wein besser weglässt, passt ein kräftiger Tropfen zum Käse ideal.

Käse	Wein weiß	Wein rot	Edelsüße Weine, Dessertweine
Weichkäse Brie de Meaux, Chaumes, Camembert, Chaource	*Alkoholreich, wenig Säure, auch mit Restsüße* Weißburgunder halbtrocken, Gutedel, Huxel halbtrocken, Pinot Blanco, Chardonnay, Fendant. Auch: Champagner, Crémant.	*Fruchtiger Rosé oder Roter ohne Gerbsäure* Spätburgunder Weißherbst trocken, Cotes de Provence, Chiaretto, Dornfelder (nicht barrique), Coteaux de Languedoc	*Riesling Beerenauslese,* Gewürztraminer Auslese, Tokayer, Sauternes, Vin santo (Toskana), Juraçon
Weichkäse aromatisch Munster, Pont l'Evêque, Livarot, Epoisses	*Kräftig, alkoholreich, vollmundig* Pinot Gris Elsass, Gewürztraminer Elsass/Baden, Grauburgunder Baden	*Kräftig, vollmundig* Barolo, Bordeaux, Chianti Classico, Nemea (Griechenland), Cabernet Sauvignon, Rioja, Dornfelder Barrique, Lemberger	*Kräftig* Riesling Spätlese trocken, Kerner trocken, Grauburgunder Spätlese trocken, Grüner Veltliner »Federspiel« Pinot Grigio
Sauermilchkäse Harzer, Mainzer Handkäse, Olmützer Quargel	*Kräftig, säurereich* Riesling trocken, besser: Apfelwein Speierling-Typ oder Bier	*Kräftig* Bordeaux, Chianti Classico, Spätburgunder, Spätlese trocken, Zinfandel, (Kalifornien), Cabernet Sauvignon	*Kräftig* Gewürztraminer Elsass, Edelzwicker, Grüner Veltliner Smaragd, Sauvignon Blanc
Blauschimmel- bzw. Edelpilzkäse Roquefort, Gorgonzola, Bavaria Blue, Danablu		*Kräftig, wenig Gerbstoffe* Vins de Pays (Südfrankreich), Vin de Corse, Dornfelder, Vin de Crete (Griechenland), Balaton, Dole (Schweiz), Blaufränkisch oder Schilcher (Österreich), Cotes de Provence, Rosé de Loire	*Leicht, fruchtig* Müller-Thurgau, Kerner, Bacchus, Gutedel (Baden), Fendant (Schweiz), Chardonnay (Südtirol oder Veneto), Riesling Kabinett, Müller-Thurgau Kabinett trocken, Winzersekt Riesling
Ziegenkäse Cantadou, Chabichou, Sainte Maure, Brocciu, Halloumi		*Gerbstoffreich* Lemberger, Dornfelder Barrique, Merlot, Cabernet Sauvignon, Chianti Classico, Bordeaux	
Hartkäse aromatisch Parmigiano Reggiano, Grana Padano, Sbrinz, Comté, Greyerzer		*Fruchtiger Roséwein, leichter Rotwein* Portugieser oder Spätburgunder Weißherbst trocken, Cotes du Roussillon, Schillerwein (Württemberg)	
Hartkäse und Schnittkäse neutral Emmentaler, Appenzeller, Butterkäse, Mai-Gouda, Ibérico, Trappistenkäse, Münsterländer, Bauernkäse			

Zum Nachschlagen

Unsere Empfehlungen: Die zuverlässigsten Winzer, große Jahrgänge

Wir haben an dieser Stelle eine Liste von fast 1500 Winzer- und Kellereinamen aus den wichtigsten Weinbaugebieten der Erde zusammengestellt, die sich durch ihre kontinuierliche Qualitätsproduktion auszeichnen oder Weine mit einem exzellenten Preis-Leistungs-Verhältnis anbieten.

Die Erzeugerangaben sind als Kombination von Winzer und Gemeinde (beziehungsweise Anbaugebiet) aufgeführt. Bitte achten Sie auf die genaue Schreibweise der Namen, auch auf Vornamen und die Gemeinde, da es viele ähnlich lautende Firmen- und Weingutsnamen gibt. Nur dort, wo keine Verwechslungsgefahr besteht oder wo die angeführten Weinhäuser sich ohnehin in ein oder zwei Gemeinden zusammendrängen, wie zum Beispiel im spanischen Rioja-Gebiet, haben wir auf die Nennung von Gemeindenamen verzichtet. Die exzellenten Jahrgänge sind am Ende der Listen aufgeführt.

Deutschland

Mosel-Saar-Ruwer
Bischöfliche Weingüter, Trier
J.J. Christoffel Erben, Ürzig
E. Christoffel-Berres, Ürzig
Gutsverwaltung Deinhard, Bernkastel-Kues
Dr. Fischer, Ockfen-Wawern
Staatliches Friedrich-Wilhelm-Gymnasium, Trier
Grans-Fassian, Leiwen
F. Haag, Brauneberg
R. Haart, Piesport
Heymann-Löwenstein, Winningen
Von Hövel, Oberemmel
Immich-Batterieberg, Enkirch
Karlsmühle, Mertesdorf
Karthäuserhof – Rautenstrauch'sche Weingutsverwaltung, Trier
H. Kerpen, Bernkastel-Wehlen
Reichsgraf von Kesselstadt, Trier
J. Lauerburg, Graach
Weingut Le Gallais, Kanzem
Dr. Loosen – St. Johannishof, Bernkastel
Maximin Grünhaus – Von Schubert'sche Gutsverwaltung, Grünhaus
Merkelbach, Ürzig
Milz-Laurentiushof, Trittenheim
Mönchhof, Ürzig
E. Müller-Scharzhof, Wiltingen
Dr. Pauly-Bergweiler & P.Nicolay, Bernkastel-Kues
Ökonomierat Piedmont, Konz-Filzen
J.J. Prüm, Bernkastel-Kues
A.S. Prüm Erben, Bernkastel-Wehlen
E.Reverchon, Konz-Filzen
M.F.Richter, Brauneberg
Schloß Saarstein, Serrig
W. Schaefer, Graach
C. von Schubert'sche Gutsverwaltung, Grünhaus-Trier
Selbach-Oster, Zeltingen
B. Simon – Herrenberg, Serrig
Staatliche Weinbaudomänen, Trier
Wwe. Dr.H. Thanisch, Bernkastel
B. Van Volxem, Wiltingen
Vereinigte Hospitien, Trier
Dr.H. Wagner, Saarburg
Dr.F. Weins – Prüm Erben, Wehlen
Zilliken-Forstmeister Geltz, Saarburg
Die ausgezeichneten Jahrgänge:
'76, '79, '83, '85, '87, '88, '89, '90, '91, '92, '93, '94, '95

Ahr

J.J. Adeneuer, Ahrweiler
A. Grimmiger – Im Kräuterberg, Ahrweiler
Meyer-Näkel, Dernau
T. Nelles, Heimersheim
J. Sebastian Nachfahren, Rech
J. Stodden, Rech

Nahe

Ökonomierat A.E.Anheuser, Bad Kreuznach
P. Anheuser, Bad Kreuznach
H. Crusius & Sohn, Traisen
H. Dönnhoff, Oberhausen
C. Finkenauer, Bad Kreuznach
Dr. J. Höfer – Schloßmühle, Burg Layen
Kruger-Rumpf, Münster-Sarmsheim
Reichsgraf zu Plettenberg, Bad Kreuznach
Prinz zu Salm-Dalberg'sches Weingut, Wallhausen
Schloßgut Diehl, Burg Layen
W. Schweinhardt Nachfahren, Langenlonsheim
Staatliche Weinbaudomänen, Oberhausen
Erbhof Tesch, Langenlonsheim
Winzergenossenschaft Rheingräfenberg, Rheingräfenberg

Mittelrhein

T. Jost – Hahnenhof, Bacharach
A. Perll, Boppard
J. Ratzenberger, Bacharach-Steeg
A. Weingart, Spay

Rheingau

Geheimrat Aschrott'sche Erben, Hochheim
J.B. Becker, Walluf
Baron von Brentano'sche Gutsverwaltung, Oestrich-Winkel
G. Breuer, Rüdesheim
Diefenhardt, Erbach
A. Eser, Oestrich-Winkel
H.H. Eser – Johannishof, Johannisberg
Georg-Müller-Stiftung, Hattenheim
Gebietswinzergenossenschaft Rheingau, Eltville-Erbach
Graf von Kanitz, Lorch
A. Kesseler, Assmannshausen
Freiherr von Knyphausen, Eltville-Erbach
Krone, Rüdesheim-Assmannshausen
F. Künstler, Hochheim
Landgräflich Hessisches Weingut, Johannisberg
H. Lang, Hattenheim
Freiherrlich Langwerth von Simmern'sches Rentamt, Eltville
Fürst Löwenstein, Oestrich-Winkel
Mumm'sches Weingut, Johannisberg
Dr. H. Nägeler, Rüdesheim
E. Ritter und Edler von Oetinger, Erbach
W. Querbach, Oestrich-Winkel
B. Ress, Eltville-Hattenheim
Schloß Groenesteyn, Kiedrich
Schloß Johannisberg, Johannisberg
Schloß Reinhartshausen, Eltville-Erbach
Schloß Schönborn, Oestrich-Winkel
Schloß Vollrads, Oestrich-Winkel
Staatsweingüter, Eltville und Assmannshausen
O. Troitzsch, Lorch
Geheimrat J. Wegeler Erben, Oestrich
R. Weil, Kiedrich
Winzergenossenschaft Erbach, Erbach
Ausgezeichnete Jahrgänge: '76, '83, '85, '86, '87, '88, '89, '90, '91, '92, '93, '94, '95

Rheinhessen

St. Anthony, Nierstein
Balbach Erben, Nierstein
Bürgermeister A. Balbach Erben, Nierstein
Brüder Dr. Becker, Ludwigshöhe
H. Braun, Nierstein
Brenner'sches Weingut, Bechtheim
J. Buscher, Bechtheim
Freiherr Heyl zu Herrnsheim, Nierstein
Gunderloch-Usinger, Nackenheim

L. Guntrum, Nierstein
Bürgermeister C. Koch Erben, Oppenheim
Menger-Krug, Gau-Odernheim
Dr. Muth – Rappenhof, Alsheim
J. Neus, Ingelheim
Schales, Flörsheim-Dalsheim
F.-K. Schmitt, Nierstein
Gustav Adolf Schmitt'sches Weingut, Nierstein
G.A. Schneider, Nierstein
Geschwister Schuch, Nierstein
Oberst Schultz-Werner, Gau-Bischofsheim
C. Sittmann, Oppenheim
J. & H.A. Strub, Nierstein
Villa Sachsen, Bingen

Hessische Bergstraße
H. Freiberger, Heppenheim
Staatsweingut Bergstraße, Bensheim
Weingut Stadt Bensheim, Bensheim

Pfalz
Geheimrat Dr. von Bassermann-Jordan'sches Weingut, Deidesheim
F.u.G. Bergdolt – Weingut St. Lamprecht, Duttweiler
Dr. Bürklin-Wolf, Wachenheim
Gutsverwaltung Dr. Deinhard, Deidesheim
D. Fritz-Ritter, Bad Dürkheim
W. Frey, Essingen
Fuhrmann-Eymael – Weingut Pfeffingen, Bad Dürkheim-Pfeffingen
G. Henninger, Kallstadt
Knipser – Johannishof, Laumersheim
Koehler-Ruprecht, Kallstadt
K. & H. Lingenfelder, Großkarlbach
A. Magin, Forst
G. Mossbacher, Forst
Müller-Catoir, Neustadt-Haardt
Ökonomierat Rebholz, Siebeldingen
K. Schaefer, Bad Dürkheim
Siben Erben, Deidesheim
H. Vollmer, Ellerstadt

Baden
Bercher, Vogtsburg-Burgheim
F. Blankenhorn, Schliengen
H. Dörflinger, Müllheim
Franckenstein'sches Rentamt, Offenburg
Freiherr von Gleichenstein, Oberrotweil
Dr. Heger, Ihringen
A. Heitlinger, Östringen-Tiefenbach
Reichsgraf zu Hoensbroech, Angelbachtal-Michelfeld
K.H. Johner, Bischoffingen
F. Keller – Schwarzer Adler, Vogtsburg-Oberbergen
H. Männle, Durbach
E. Marget, Müllheim-Hügelheim
Markgräfliches Badisches Weingut – Schloß Staufenberg, Durbach
Gebr. Müller, Breisach
Nagelsförster Hof, Baden-Baden
W.D. Salwey, Oberrotweil
Staatliches Weinbauinstitut Blankenhornsberg, Ihringen
Staatsweingut Meersburg, Meersburg
R. Stigler, Ihringen
Winzergenossenschaft Affenthal, Bühl-Eisental
Winzergenossenschaft Bickensohl, Vogtsburg-Bickensohl
Winzergenossenschaft Königschaffhausen, Endingen-Königschaffhausen
Gräflich Wolff-Metternich'sches Weingut, Durbach
Ausgezeichnete Jahrgänge: '75, '76, '85, '87, '88, '89, '90, '91, '92, '93, '94, '95

Württemberg
Graf Adelmann, Steinheim-Kleinbottwar
R. Bauer, Flein
E. Dautel, Bönningen
Drautz-Abele, Heilbronn
Freiherrlich von Gemmingen-Hornberg'sches Weingut, Neckarzimmern
Fürst zu Hohenlohe-Öhringen'sches Weingut, Öhringen
Graf von Neipperg, Schwaigern
Schloß Lehrensteinsfeld, Lehrensteinsfeld

Staatliche Lehr- und Versuchsanstalt für Wein- und Obstbau, Weinsberg
Winzergenossenschaft Grantschen, Weinsberg
Württembergische Hofkammerkellerei, Ludwigsburg
Jahre: '85, '87, '89, '90, '91, '92, '93, '94, '95

Franken
Bürgerspital Zum Heiligen Geist, Würzburg
Fürstlich Castell'sches Domänenamt, Castell
R. Fürst, Bürgstadt
E. Gebhardt, Sommerhausen
S. Glaser – H. Himmelstoß, Nordheim
Juliusspital, Würzburg
Leininger, Eibelstadt
Fürst Löwenstein, Kreuzwertheim
J. Ruck, Iphofen
R. Schmitt, Randersacker
Staatlicher Hofkeller, Würzburg
H. Wirsching, Iphofen
Jahrgänge: '76, '85, '86, '87, '88, '89, '90, '91, '92, '93, '94, '95

Saale-Unstrut
K.R. Deckert, Freyburg
Gborn, Höhnstedt
Winzergenossenschaft Freyburg-Unstrut, Freyburg

Sachsen
Lehmann, Seusslitz
Schloß Wackerbarth, Radebeul

Frankreich

Champagne
Bollinger, Aÿ
Veuve Clicquot, Reims
Deutz, Aÿ
Gosset, Aÿ
Henriot, Reims
Krug, Reims
Laurent-Perrier, Tours-sur-Marne
Moët & Chandon, Épernay
G.H. Mumm, Reims
Perrier-Jouët, Épernay
Philipponnat, Aÿ
Louis Roederer, Reims
Pol Roger, Épernay
Ruinart, Reims
Salon au Mesnil, Avize
Taittinger, Reims
Ausgezeichnete Jahrgänge: '75, '79, '80, '81, '82, '83, '85, '86, '88, '89, '90, '92, '93

Elsass
J.B. Adam, Ammerschwihr
L. Albrecht, Orschwihr
P. Arnold, Dambach
J.-C. Beck – Domaine du Rempart, Dambach
L.Beyer, Eguisheim
P. Blanck & fils – Domaine des Comtes de Lupfen, Kientzheim
Bott-Frères, Ribeauvillé
P. Buecher & fils, Wettolsheim
Cave Coopérative Bennwihr, Bennwihr-Mittelwihr
Cave Coopérative Dambach-La-Ville, Dambach
Cave Coopérative Turckheim, Turckheim
Cave d'Eguisheim – Wolfberger, Eguisheim
Cave Vinicole Kientzheim-Kaysersberg, Kientzheim
Cave Vinicole Pfaffenheim, Pfaffenheim
M. Deiss, Bergheim
Dopff »Au Moulin«, Riquewihr
Dopff & Irion, Riquewihr
C. Faller – Domaine Weinbach, Kaysersberg
W.Gisselbrecht, Dambach
Hugel et fils, Riquewihr
Josmeyer, Wintzenheim
Koehly & fils, Kintzheim
Domaine M.Kreydenweiss, Andlau
Kuentz-Bas, Husseren
S. Landmann, Soultzmatt

G. Lorentz, Bergheim
J.-L. Mader, Ribeauvillé
A. Mann, Wettolsheim
Mittnacht-Klack, Riquewihr
F. Mochel, Traenheim
Muré – Clos St. Landelin, Rouffach
Domaine Ostertag, Epfig
Preiss-Henny, Riquewihr
Rolly-Gassmann, Saint-Hippolyte
Domaines Schlumberger, Guebwiller
R. Schoffitt, Colmar
P. Schwach, Hunawihr
L. Siffert, Orschwiller
L. Sipp, Hunawihr
P. Sparr & fils, Sigolsheim
Trimbach, Ribeauvillé
G. Wach – Domaine des Maronniers, Andlau
Alsace Willm, Barr
Domaine Zind-Humbrecht, Wintzenheim
'76, '83, '85, '88, '89, '90, '91, '92, '93, '94, '95

Burgund /Chablis
H. Azo
P. Bouchard
R. & V.Dauvissat
J.-P. Droin
J. Durup
W. Fèvre
La Chablisienne
Laroche
Long-Depaquit
L. Michel – Domaine de la Tour Vaubourg
J. Moreau & fils
F. Raveneau
J.-M. Raveneau
R.Vocoret et fils

Côte d'Or, Côte Chalonnaise, Mâconnais
B.Ambroise, Prémeaux
Amiot-Bonfils, Chassagne-Montrachet
R. Ampeau & fils, Meursault
Marquis d'Angerville, Meursault
Arnoux père et fils, Beaune
D. Bachelet, Gevrey-Chambertin
J.-C. Bachelet, Saint-Aubin
Barthod-Noëllat, Chambolle-Musigny
A. Belland, Santenay
Bertagna, Vougeot
Besancenot-Mathouillet, Beaune
Billard-Gonnet, Pommard
S. Bize & fils, Savigny-lès-Beaune
P. Boillot, Meursault
J.-C. Boisset, Nuits-St.-Georges
Bonneau du Martray, Pernand-Vergelesses
Bouchard ainé & fils, Beaune
L.J. Bruck, Nuits-St.-Georges
G. Bryczek, Gevrey-Chambertin
A. Burguet, Gevrey-Chambertin
Camus père & fils, Gevrey-Chambertin
L. Carillon & fils, Meursault
Caves de Bailly, Bailly
Caves des Hautes-Côtes, Beaune
Chandon de Brialles, Savigny-lès-Beaune
Chanson père & fils, Beaune
M. Chapuis, Aloxe-Corton
Chartron et Trébuchet, Puligny-Montrachet
Château de Chambolle-Musigny, Chambolle-Musigny
Château de la Maltroye, Chassagne-Montrachet
Château de la Saule, Buxy
Château de la Tour, Vougeot
Château de Meursault, Meursault
Château de Pommard, Pommard
R. Chevillon, Nuits-St.-Georges
D. Chopin-Groffier, Prémeaux
B. Clair, Marsannay
Clair-Daü, Marsannay
J.F. Coche-Dury, Meursault
F. Coffinet, Meursault
M. Colin, Chassagne-Montrachet
Darnat, Meursault
J.Drouhin, Beaune
Dubreuil-Fontaine père et fils, Savigny

Dufouleur père & fils, Nuits-St.-Georges
P. Dugat, Gevrey-Chambertin
Dujac, Morey-St.-Denis
Duvergey Taboureau, Meursault
R. Engel, Vosne-Romanée
M. Esmonin, Gevrey-Chambertin
J. Faiveley, Nuits-St.-Georges
Fouquerand & fils, Nolay
J.-N. Gagnard, Chassagne-Montrachet
M. Gaunoux, Pommard
P. Gelin, Fixin
J. Germain, Chorey-lès-Beaune
A. Girardin, Pommard
J. Grivot, Nuits-St.-Georges
R. Groffier, Gevrey-Chambertin
J. Gros, Vosne-Romanée
Heagelen-Jayer, Vosne-Romanée
Hospices de Beaune, Beaune
P. & H. Jacqueson, Rully
L. Jadot, Beaune
P. Javillier, Meursault
H. Jayer, Vosne-Romanée
Domaine L'Arlot, Nuits-St.-Georges
Laboure-Roi, Nuits-St.-Georges
M. Lafarge, Meursault
Comte Lafon, Meursault
J. Lamy & fils, Meursault
L. Latour, Beaune
P. & Y.de Launay, Givry
P. Leclerc, Gevrey-Chambertin
Leflaive Frères, Puligny-Montrachet
Lequin-Roussot, Santenay
Leroy, Meursault
G. Lignier, G. & fils, Gevrey-Chambertin
Machard de Gramont, Nuits-St.-Georges
Duc de Magenta, Chassagne-Montrachet
J.-P. Marchand, Gevrey-Chambertin
J. Marechal, Mercurey
P. Maufoux, Santenay
Maume, Gevrey-Chambertin
Méo-Camuzet, Vosne-Romanée
Mestre père et fils, Santenay
A. Michelot, Nuits-St.-Georges
P. Misserey, Nuits-St.-Georges
Mongeard-Mugneret, Vosne-Romanée
J. Monnier & fils, Meursault
Monthélie-Douhairet, Meursault
H. de Montille, Volnay
J.-M. Morey, Chassagne-Montrachet
A. Morot, Beaune
Mugneret-Gibourg, Vosne-Romanée
A. Mussy, Pommard
Parent, Pommard
J.-M. Ponsot, Gevrey-Chambertin
Domaine de la Pousse d`Or, Volnay
J. Prieur, Meursault
M. Protheau & fils, Givry
Ramonet-Proudhon, Meursault
Domaine de la Reine Pédauque, Savigny
B. Rion père et fils, Vosne-Romanée
Domaine de la Romanée-Conti, Vosne-Romanée
Ropiteau Frères, Meursault
J. Roty, Gevrey-Chambertin
G. Roulot, Meursault
G. Roumier, Chambolle-Musigny
A. Rousseau, Gevrey-Chambertin
Roux père et fils, Meursault
E. Sauzet, Meursault
Thomas-Bassot, Nuits-St.-Georges
Thomas-Moillard, Nuits-St.-Georges
Tollot-Beaut & fils, Beaune
Tortochot, Gevrey-Chambertin
Domaine des Varoilles, Gevrey-Chambertin
Vignerons de Buxy, Buxy
A. & P. Villaine, Chagny
M. Voarick, Aloxe-Corton
Rot: '78, '85, '86, '88, '89, '90, '91, '92, '93, '94
Weiß: '85, '86, '88, '89, '90, '92, '93

Beaujolais
R. Berrod – Les Roches du Vivier, Fleurie
Domaine Champagnon, Chénas

Château du Moulin-à-Vent, Romanèche-Thorins
G. & F. Dubœuf, Romanèche-Thorins
M. Foillard, St.-Georges
J. Janodet, Romanèche-Thorins
C. & M. Joubert, Beaujeu
A. Passot, Chiroubles
Savoye, Villié-Morgon

Côtes du Rhône, Nördliche Rhône
G. & P. Barge, Condrieu
G. de Barjac, Cornas
M. Chapoutier, Tain-l'Hermitage
Château Grillet, Verin
A. Clape, Cornas
P. Coursodon, Tournon
Delas Frères, Tournon
A. Dervieux-Thaize, Condrieu
B. Gripa, Tournon
J.-L. Grippat, Tournon
E. Guigal, Condrieu
Jaboulet Ainé, Tain-l'Hermitage
R. Jasmin, Ampuis
M. Juge, Cornas
R. Michel, Cornas
P. Multier, Condrieu
G. Vernay, Condrieu
J. Vidal-Fleury, Ampuis
Jahrgänge (Rot): '76, '78, '79, '80, '81, '82, '83, '85, '88, '89, '90, '92, '93, '94, '95

Südliche Rhône
Domaine Amouriers, Vacqueiras
Château d'Aqeria, Tavel
Château de Beaucastel, Châteauneuf-du-Pape
Château Fortia, Châteauneuf-du-Pape
Château Rayas, Châteauneuf-du-Pape
Clos des Papes, Châteauneuf-du-Pape
Durban, Beaumes-de-Venise
R. Meffre – Domaine St. Gayan, Gigondas
Domaine Mont-Redon, Châteauneuf-du-Pape
Domaine de Nalys, Châteauneuf-du-Pape
Rabasse Charavin, St.-Cécile
Vieux Télégraphe, Châteauneuf-du-Pape
Jahrgänge (Rot): '76, '78, '79, '80, '81, '83, '85, '88, '89, '90, '92, '93, '94, '95

Bordeaux
Im Bordeauxgebiet ist es besonders wichtig, auf die genaue Schreibweise und die Angabe der Appellation zu achten, da viele Châteaux mit ähnlich klingenden Namen Weine durchaus unterschiedlicher Qualität anbieten:

Médoc, Haut Médoc, A.O.C. Margaux
Château d'Angludet
Château Boyd-Cantenac
Château Brane-Cantenac
Château Cantenac-Brown
Château Canuet
Château Dauzac
Château Desmirail
Château Durfort-Vivens
Château Giscours
Château La Gurgue
Château d'Issan
Château Kirwan
Château Labégorce-Zédé
Château Lascombes
Château Malescot-St.-Exupéry
Château Margaux
Château Marquis-d'Alesme-Becker
Château Marquis-de-Terme
Château Monbrison
Château Palmer
Château Pavillon Rouge
Château Pouget
Château Prieuré-Lichine
Château Rausan-Ségla
Château Rauzan-Gassies
Château Siran
Château Tayac
Château du Tertre

Château des Trois Chardons
Château Les Vimières

A.O.C. Pauillac
Château Batailley
Château Clerc-Millon
Château Croizet-Bages
Château Duhart-Milon-Rothschild
Château Les-Forts-de-Latour
Château Grand-Puy-Ducasse
Château Gran-Puy-Lacoste
Château Haut-Bages-Averous
Château Haut-Bages-Libéral
Château Haut-Bages-Montpelou
Château Haut-Batailley
Château Lafite-Rothschild
Château Latour
Château Lynch-Bages
Château Lynch-Moussas
Château Mouton-Baronne Philippe
Château Mouton-Rothschild
Château Pibran
Château Pichon-Longueville-Baron
Château Pichon-Lalande
Château Pontet-Canet

A.O.C. St.-Julien
Château Beychevelle
Château Branaire-Ducru
Château Ducru-Beaucaillou
Château Gloria
Château Gruaud-Larose
Château Lagrange
Château Langoa-Barton
Château Léoville-Barton
Château Léoville-Las-Cases
Château Léoville-Poyferré
Château Saint-Pierre
Château Talbot
Château Terrey-Gros-Caillou

A.O.C. St.-Estèphe
Château Beau-Site
Château Le Bosq
Château Calon-Ségur
Château Chambert-Marbuzet
Cos d'Estournel
Château Haut-Marbuzet
Château Meyney
Château Montrose
Château Les-Ormes-de-Pez
Château de Pez
Château Phélan-Ségur
Cos Labory

A.O.C. Moulis
Château Chasse-Spleen
Château Dutruch-Grand-Poujeaux
Château Maucaillou
Château Poujeaux

A.O.C. Listrac
Château Fourcas-Dupré
Château Fourcas-Hosten
Château Saransot-Dupré

A.O.C. Haut Médoc/ Médoc
Château Arnauld
Château Beaumont
Château Camensac
Château Cantemerle
Château Citran
Château Coufran
Château La Lagune
Château de Lamarque
Château Lanessan
Château Larose-Trintaudon
Château Lilian-Ladouys
Château Liversan
Château Loudenne
Château de Parempuyre

Château Plagnac
Château Potensac
Château Ramage La Batisse
Château Sénéjac
Château Sociando-Mallet
Château Soudars
Château La Tour-Haut-Caussan
Château La Tour-Carnet
Château La Tour de By
Château La Tour du Haut Moulin
Château Les Tourelles-de-Longueville
Château Verdignan
Château Vieux Gabarey

Graves
Château d'Archambeau
Château d'Ardennes
Château d'Arricaud
Château Bahans-Haut-Brion
Château Le Bonnat
Château Bouscaut
Château Brondelle
Château Carbonnieux
Château Camus
Château de Chantegrive
Château Chicane
Château Couhins-Lurton
Château de Cruzeau
Château Ferrande
Château de Fieuzal
Château De France
Château Haut-Bailly
Château Haut-Brion
Château Haut-Gardère
Château Larrivet-Haut-Brion
Château Latour Haut-Brion
Château Latour Martillac
Château Laville-Haut-Brion
Château La Louvière
Château Magence
Château Du Maine
Château Malartic-Lagravière
Château Mayne D'Imbert
Château Mayne-Leveque
Château La Mission-Haut-Brion
Château Montalivet
Château Olivier
Château Pape Clément
Château Petit Mouta
Château Rahoul
Château Respide
Château Respide-Medeville
Château De Rochemorin
Château De Roquetaillade la Grange
Château Smith-Haut-Lafitte
Château La Tuilerie
Château Toumillon
Château La Tour-Haut-Brion
Château La Tour-Martillac
Clos Floridène
Domaine de Chevalier
Domaine La Grave
Rot-Rive gauche: '75, '78, '79, '81, '82, '83, '85, '86, '88, '89, '90, '93, '94, '95
Weiß trocken: '75, '76, '79, '83, '85, '86, '87, '88, '89, '90, '92, '93, '94, '95, '96

Sauternes, Barsac, Loupiac/Süßweine
Baron Philippe
Château Bel-Air
Château Caillou
Château de Cérons
Château Climens
Château Coutet
Château du Cros
Château Doisy-Daene
Château Doisy-Dubroca
Château Doisy-Vèdrines
Château De Fargues
Château Filhot
Château Gilette
Château Guiraud

Château Lafaurie-Peyraguey
Château Lamothe-Guignard
Château Nairac
Château Rabaud-Promis
Château La Rame
Château Rayne-Vigneau
Château Rieussec
Château Romer du Hayot
Château Sigalas-Rabaud
Château Suduiraut
Château La Tour Blanche
Château d'Yquem
Clos Haut-Peyraguey
Jahrgänge: '75, '76, '78, '79, '81, '82, '83, '85, '86, '88, '89, '90, '92, '94

St.-Emilion, Montagne-St.-Emilion
Ausone
Château L'Angélus
Château L'Arrosée
Château Balestard-la-Tonnelle
Château Beau-Séjour-Bécot
Château Beauséjour-Duffau-Lagarosse
Château Belair
Château Berliquet
Château Cadet-Piola
Château Canon
Château Canon-la-Gaffelière
Château Cap de Mourlin
Château Le Carillon de l'Angelus
Château Carteau-Cotes-Dugay
Château Le Castelot
Château Chante-Alouette-Cormeil
Château Cheval-Blanc
Château La Clotte
Château Corbin
Château Corbin-Michotte
Château Côtes-Trois-Moulins
Château Croque-Michotte
Château Curé-Bon-la-Madeleine
Château Dassault
Château La Dominique
Château Figeac
Château Fonplégade
Château Fonroque
Château de Franc-Mayne
Château La Gaffelière
Château Grand-Corbin-Despagne
Château Grand Corbin-Manuel
Château Grand-Lartigue
Château Grand-Mayne
Château Haut-Corbin
Château Haut-Sarpe
Château Lafleur-Saint-Émilion
Château Larmande
Château Magdelaine
Château Mayne-Blanc
Château Moulin-du-Cadet
Château Pavie
Château Pavie-Decesse
Château Peyreau
Château Puy-Blanquet
Château Soutard
Château St.-Georges
Château St.-Georges-Côte-Pavie
Château Le-Tertre-Rôtebœuf
Château Tertre-Daugay
Château La Tour Figeac
Château Tour du Pas Saint-Georges
Château La Tour-du-Pin-Figeac-Moueix
Château Trimoulet
Château Troplong Mondot
Château Trottevieille
Château Les Vieux Maurins
Château Villemaurin
Clos Fourtet
Clos des Jacobins
Cuvée Gallius
Vieux Château St.-André

Pomerol, Lalande de Pomerol
Château Beauregard
Château Bonalgue
Château Le Bon Pasteur
Château Bourgneuf-Vayron
Château La Cabanne
Château Certan de May
Château Certan-Giraud
Château Clinet
Château La Conseillante
Château La Croix
Château La Croix de Gay
Château La Croix des Moines
Château L'Eglise-Clinet
Château L'Enclos
Château L'Evangile
Château La Faurie-Maison-Neuve
Château Feytit-Clinet
Château La Fleur-Petrus
Château La Fleur de Gay
Château Le Gay
Château Gazin
Château La Grave à Pomerol
Château La Grave-Trigant-de-Boisset
Château Gombaude-Guillot
Château Lafleur
Château Lafleur-Gazin
Château Lagrange
Château Latour à Pomerol
Château Mazeyres
Château Moulinet
Château Nénin
Château Petit-Village
Château Le Pin
Château La Pointe
Château de Sales
Château Taillefer
Château Trotanoy
Château Vraye-Croix-de-Gay
Clos L'Eglise
Pétrus
Vieux Château-Certan

Fronsac, Canon-Fronsac
Château Canon-Moueix
Château Canon de Brem
Château La Daupine
Château Fonteuil
Château Mazeris
Château Renard
Château Vieille Cure

Côte de Balye, Bourg
Château Bertinerie
Château du Bousquet
Château Haut-Grelot
Château Haut-Mevret
Château La Gravière
Château Les Billands
Château Les Jonqueyres
Château Tayac
Moulin des Graves

Entre-Deux-Mers
Château Bonnet
Château Chais de Vaure
Château Chevaux des Girondins
Château Fondarzac
Château de Fontenille
Château Lassime
Château du Petit Puch
Château Tour de Mirambeau

Andere
Château du Bru
Château de Chelivette
Château Le Conseiller
Château de La Grande Chapelle
Château Lagarosse
Château Design-La Mothe du Barry

Château Reynon
Château Sirius
Jahrgänge: Rot-Rive droite: '75, '78, '79, '81, '82, '83, '85, '86, '88, '89, '90, '93, '94, '95

Italien

Aostatal

R. Anselmet, Villeneuve
C. Charrère, Aymavilles
La Crotta de Vegnerons, Chambave
Institut Agricole Régional, Aosta

Piemont

L. Accomasso, La Morra
E. Altare-Cascina Nuova, La Morra
Antiche Cantine Cinzano, S.Vittorio d'Alba
Antichi Vigneti di Cantalupo, Ghemme
Antoniolo, Gattinara
Azelia – L.Scavino, Castiglione Falletto
La Barbatella, Nizza-Monferrato
Beni di Batasiolo, La Morra
G. Bovio, La Morra
Braida, Rocchetta Tanaro
G. Brezza & figli, Barolo
Bricco Mondalino, Vignale Monferrato
F. lli Brovia, Castiglione Falletto
Ca'Romé, Barbaresco
Cascina Castlet, Costigliole d'Asti
Castello di Verduno, Verduno
Caudrina di Dogliotti, Castiglione Falletto
Cavallotto, Castiglione Falletto
F. lli Ceretto, Alba
M.Chiarlo, Calamandrana
Q.Chionetti & figli, Dogliani
Cieck, Aglié
F. lli Cigliuti, Neive
Cisa Asinari Marechesi di Gresy, Barbaresco
D.Clerico, Monforte d'Alba
Poderi Colla, Alba
A. Conterno, Monforte d'Alba
G. Conterno, Monforte d'Alba
Conterno-Fantino, Monforte d'Alba
L. Coppo & figli, Canelli
Corino, La Morra
Correggia, Canale
L. Ferrando & Co., Ivrea
F. Fiorina, Alba
Tenimenti di Barolo Fontanafredda, Serralunga d'Alba
A. Gaja, Barbaresco
Gancia, Canelli
Gastaldi, Neive
B. Giacosa, Neive
F. lli Giacosa, Neive
G. B. Gillardi, Farigliano
Cantina del Glicine, Neive
E. Grasso, Monforte d'Alba
S. Grasso, La Morra
Cav. P. Icardi & figli, Castiglione Tinella
Liedholm, Cuccaro Monferrato
Poderi Marcarini, La Morra
Marchesi di Barolo, Barolo
Poderi Marengo-Marenda, La Morra
B. Mascarello, Barolo
G. Mascarello & figlio, Monchiero
Moccagatta, Barbaresco
M. Molino, La Morra
Monfalletto – Cordero di Montezemolo, La Morra
F. Nada, Treiso
A. & O. Oberto, La Morra
F. lli Oddero, La Morra
J. Paglierí, Barbaresco
Pelissero, Treiso
E. Pertinace, Treiso
Pianpolvere Soprano, Monforte d'Alba
Pio Cesare, Alba
Produttori del Barbaresco, Barbaresco
Produttori di Nebbiolo e di Carema, Carema
Casa Vinicola Prunotto, Alba
R. Ratti – Abbazia dell' Annunziata, La Morra

F. Rinaldi, Alba
G. Rinaldi, Barolo
G. Rivetti – Cascina La Spinetta, Castagnole Lanze
B. Rocca-Rabajà, Barbaresco
Poderi Rocche dei Manzoni, Monforte d'Alba
J. Saffirio, Monforte d'Alba
L. Sandrone, Barolo
P. Saracco, Castiglione Tinella
Cantine Scarpa, Nizza-Monferrato
P. Scavino, Castiglione Falletto
Mauro Sebaste Enologo, Alba
F. lli Seghesio, Monforte d'Alba
Tenuta La Tenaglia, Serralunga
Travaglini, Gattinara
G.D. Vajra, Barolo
G. Veglio & figlio, Diano d'Alba
Viarengo & figlio, Castello di Annone
Cantine Vietti, Castiglione Falletto
Villa Sparina, Gavi
R. Voerzio, La Morra
Jahrgänge (Rot): '78, '79, '82, '85, '86, '88, '89, '90, '91, '93, '94, '95

Südtirol

Erste & Neue Kellerei, Kaltern
F. Gojer – Glögglhof, Bozen
G. Grai, Bozen
F. Haas, Montan
Haderburg, Salurn
J.H. Hofstätter, Tramin
Jubiläumskellerei, Keltern
Kellereigenossenschaft Girlan, Girlan
Kellereigenossenschaft Kurtatsch, Kurtatsch
Kellereigenossenschaft St. Michael, Eppan
Kellereigenossenschaft Schreckbichl, Girlan
Kellereigenossenschaft St. Pauls, Eppan
Kellereigenossenschaft Terlan, Terlan
A. Lageder, Bozen
J. Niedermayr, Girlan
I. Niedrist, Girlan
H. Rottensteiner, Bozen
Schloß Ringberg und Kastelaz, Tramin
Schloß Schwanburg, Nals
Schloß Turmhof Tiefenbrunner, Kurtatsch
Versuchszentrum Laimburg
Vivaldi, Mölten
Baron Widmann, Kurtatsch

Trentino

Cavit, Trento
Endrizzi, San Michele
Ferrari Spumante, Trento
Forarori, Mezzolombardo
Istituto Agrario Provinciale, San Michele
La Vis, Lavis
Maso Cantanghel, Civezzano
Pojer & Sandri, Faedo
Pravis, Lasino
Vallarom, Avio

Lombardei

Bellavista, Erbusco
Ca'dei Frati, Sirmione
Ca'del Bosco, Erbusco
Carlozadra, Grumello
Cavalleri, Erbusco
Cornaleto, Adro
E. Gatti, Erbusco
F. lli Maiolini, Ome
N. Negri, Chiuro
Conti Sertoli Salis, Tirano
S. Spezia, Mariana Mantovana
Uberti, Erbusco

Friaul

Abbazia di Rosazzo, Manzano
Borgo del Tiglio, Brazzano
Castello di Spessa, Capriva
G. Dorigo, Buttrio
L. Felluga, Brazzano
M. Felluga, Gradisca

S. Gallo, Mariano
Cantine F. Gravner, Oslavia
Vinnaioli Jermann, Farra
E. Kante, S.Pelagio
Livon, Dolegnano
G. Marin, Capriva
F. Pecorari, San Lorenzo
P. Pecorari, San Lorenzo
F. lli Pighin, Pavia di Udine
D. Princic, Cormons
V. Puiatti, Farra
Radikon, Oslavia
Ronchi di Cialla, Prepotto
Ronco del Gelso, Cormons
Ronco del Gnemiz, San Giovanni
Russiz Superiore, Capriva
M. Schiopetto, Capriva
G. Valle, Buttrio
Venica & Venica, Dolegna
Cantine Vle di Romans, Mariano
La Viarte, Prepotto
Vigne dal Leon, Premariacco
Vigneti Le Monde, Prata
Villa Russiz, Capriva
Cantine Volpe Pasini, Togliano

Venetien
A. Adami, Colbertaldo
Allegrini, Fumane
Anselmi, Monteforte
Bertani, Verona
P. Boscaini & figli, Valgatara
Canevel Spumanti, Valdobbiadene
Cavalchina, Custoza
Le Colture, San Stefano
Corte Gardoni, Valeggio
Dalforno, Illasi
Ferrari-Corte Aleardi, Gargagnago
N. Franco, Valdobbiadene
Guerrieri-Rizzardi, Bardolino
Maculan, Breganze
Masi Agricola, Gargagnago
F. lli Pasqua, Verona
L. Pieropan, Soave
G. Quintarelli, Negrar
Le Ragose, Negrar
Russolo, Pramaggiore
Le Salette, Fumane
Corte Sant' Alda, Mezzane
Santa Sofia, Pedemonte
Santi-GIV, Illasi
F. lli Speri, Pedemonte
F.lli Tedeschi, Pedemonte
Venegazzù Vini, Venegazzù
M.Venturini, S.Floriano
Vignalta, Faedo
Le Vigne di S.Pietro, Sommacampagna
Villa Dal Ferro Lazzarini, San Germano
F. lli Zeni, Bardolino

Emilia-Romagna
F.Bellei, Bomporto
Castelluccio, Modigliana
U.Cavicchioli, San Prospero
Santa Rosa, Monte San Pietro
La Stoppa, Rivergaro
Vallania – Vigneto delle Terre Rosse, Zola Predosa
Zerbina, Faenza

Ligurien
Cascina delle Terre Rosse, Finale Ligure
Cascina Feipu, Bastia D'Albenga
Tenuta Colle dei Bardellini, Imperia
Enoteca Internazionale, Monterosso
Forlini e Cappellini, Manarola
O.Lambruschi, Castelnuovo Magra
T. & A. Lupi, Pieve di Teco

Toskana
Altesino, Montalcino
Castello di Ama, Gaiole
Marchesi L. & P. Antinori, Florenz

Tenuta di Argiano, Montalcino
Cantine Avignonesi, Montepulciano
Badia a Coltibuono, Gaiole
Castello Banfi, Montalcino
E. Banti, Montemerano
Fattoria dei Barbi e del Casato, Montalcino
Baricci-Colombaio di Montosoli, Montalcino
Bindella, Montepulciano
Biondi Santi-Il Greppo, Montalcino
Poderi Boscarelli, Montepulciano
Fattoria di Buonamico, Montecarlo
Buracchi, Chianciano
Carpineto, Castellina
Castello di Cacchiano, Monti
Podere Capaccia, Radda
Capanna-Fattoi, Montalcino
Capannelle, Gaiole
Tenuta Caparzo, Montalcino
Tenuta di Capezzana, Carmignano
F. Carmignani, Montecarlo
Carpineto, Greve
Casale-Falchini, San Gimignano
Tenuta di Castelgiocondo, Montalcino
Castell'n Villa, Castelnuovo Berardenga
Castellare di Castellina, Castellina
Castelli di Grevepesa, Mercatale
Castello della Paneretta, Barberino
Castello di Querceto, Lucolena
Castello dei Rampolla, Panzano
Castello di Verazzano, Greve
Castello di Vicchiomaggio, Greve
Cerbaiona, Montalcino
Fattoria del Cerro, Montepulciano
Ciacci Piccolomini d'Arragona, Montalcino
Col d'Orcia, Montalcino
Colombaio di Montosoli-Baricci, Montalcino
Contucci, Montepulciano
Costanti, Montalcino
Dei, Montepulciano
Fattoria di Felsina, Castelnuovo Berardenga
Castello di Fonterutoli, Castellina
Tenuta Agricola Fontodi, Panzano
Marchesi di Frescobaldi, Firenze
Tenuta di Ghizzano, Ghizzano
Fattoria di Gracciano, Montepulciano
Grattamacco, Castageneto Carducci
Fattoria Isole e Olena, Barberino
Lambardi-Canalicchio di Sotto, Montalcino
Castello di Lilliano, Castellina
Lisini, Montalcino
Il Marroneto, Montalcino
Le Masse di San Leolino, Panzano
Melini, Poggibonsi
Fattoria Michi, Montecarlo
Fattoria Monsanto, Barberino
Fattoria di Monte Vertine, Radda
Fattoria di Montellori, Fuceccio
Montenidoli, San Gimignano
Castello di Nipozzano, Rufina
Fattoria Nozzole, Greve
Tenuta dell'Ornellaia, Bolgheri
G. Panizzi, San Gimignano
Pieve di S.Restituta, Montalcino
Poggerino, Radda
Il Poggione, Montalcino
Poggio alla Sala, Montepulciano
Poggio Antico, Montalcino
Il Poggiolo, Carmignano
Poliziano, Montepulciano
Tenuta di Pomino, Rufina
Ponte a Rondolino, San Gimignano
Fattoria Le Pupille, Magliano
Fattoria Querciabella, Greve
Rascioni e Cecconello, Fonteblanda
Riecine, Gaiole
Rocca di Castagnoli, Gaiole
Tenimenti Ruffino, Pontassieve
Salvioni, Montalcino
San Fabiano Calcinaia, Castellina
San Felice, Castelnuovo Berardenga
Fattoria di San Giusto a Rentennano, Monti
Tenuta San Guido, Bolgheri

San Leonino, Castellina
Castello di San Polo in Rosso, Gaiole
Fattoria Selvapiana, Pontassieve
La Stellata, Manciano
Talenti, Montalcino
Fattoria Terrabianca, Vagliali
Trerose, Montepulciano
Val di Suga, Montalcino
Tenuta Valdipiatta, Montepulciano
Vecchie Terre di Montefili, Greve
Villa Cafaggio, Panzano
Villa Cilnia, Pieve a'Bagnoro
Ausgezeichnete Jahrgänge (Rot): '78, '85, '86, '87, '88, '90, '91, '93, '95

Umbrien bis Apulien
A. Moroder, Montacuto
Azienda Vinicola Rivera, Andria
Barberani-Vallesanta, Baschi
C. Montori, Controguerra
C. Taurino, Guagnano
C. Zaccagnini, Bolognano
Cantina Colacicchi, Anagni
Cantina Falesco, Montefiascione
Cantina Sociale Belisario, Matelica
Cantine Cocci Grifoni, San Savino
Cantine di Majo Norante, Campomarino
Cantine E. Valentini, Loreto Aprutino
Cantine G. Garofoli, Loreto
Cantine Lungarotti, Torgiano
Casa Vinicola D'Angelo, Rionero
Castello della Sala, Ficulle
Castiglioni, Matelica
Cooperative Colonnara, Cupramontana
D. Illuminati, Controguerra
D'Ambra-Vini d'Ischia, Ischia
Di Mauro-Colle Picchioni, Frattocchie
E. Pepe, Torano
F. Candido, Sandonaci
F. lli Adanti, Bevagna
F. lli Brunori, Jesi
F. lli Bucci, Ostra Vetere
Fattoria Coroncino, Staffolo
Fazi-Battaglia, Castelplanio
Il Palazzone, Orvieto
La Monacesca, Civitanova Marche
Le Velette, Orvieto
Masciarelli, S.Martino
Mastroberardino, Atripalda
Messinò, Bianco
Odoardi, Nocera Terinese
Paternoster, Barile
Rosa del Golfo, Alezio
San Francesco, Cirò
U. Cerrati, Caraffa di Bianco
Vallone, Lecce
VICOR, Orvieto
Villa Simone, Monteporzio
Vini del Pollino, Castrovillari

Sizilien
M. de Bartoli – Vecchio Samperi, Marsala
Casa Vinicola Duca di Salaparuta, Casteldaccia
Vinicola Italiana Florio, Marsala
Hauner, Salina
S. Murana, Pantelleria
Cantine Regaleali, Sclafani Bagni
Terre di Ginestra, San Cipirello

Sardinien
A. Agriolas, Serdiana
Cantina Sociale Dolianova, Dolianova
Cantina Sociale Mandrolisai, Sorgono
Cantina Sociale Santadi, Santadi
Cantina Sociale Vermentino, Monti
G. Cherchi, Usini
A. Contini, Cabras
Tenute Sella & Mosca, Alghero

Spanien

Alavesas
Berberana
Beronia
Bilbaínas
Martinez Bujanda
Marqués de Cáceres – Union Viniviticola
Campo Viejo
Compania vinicola del Norte-CVNE
Corral
El Coto
Domecq
Franco Espanolas
Gurpegui
Martinez Lacuesta
Lagunilla
Lan
López de Heredia Vina Tondonia
Faustino Martinez
Montecillo
Muga
Marqués de Murrieta
Olarra
Palacio
Paternina
Granja Remélluri
Rioja Alavesa
Rioja Alta
Riojanas
Herderos de Marqués de Riscal
Salceda
Carlos Serres
Ausgezeichnete Jahre: '81, '82, '85, '86, '87, '88, '89, '90, '91, '92, '93, '94

Österreich

Burgenland
F. Artinger, Rust
E. Gesellmann, Deutschkreutz
Schloß Gobelsburg, Gobelsburg
G. Heinrich, Gols
J. & E. Holler – Elfenhof, Rust
Haus Iby, Horitschon
H. Igler, Deutschkreutz
Klosterkeller Siegendorf, Siegendorf
A. Kollwentz – Römerhof, Großhöflein
A. Kracher – Weinlaubenhof, Illmitz
J. Leberl, Großhöflein
Marienhof, Rust
Ing. H. Nittnaus, Gols
P. Schandl, Rust
G. Schröck, Rust
R. Schuster, Zagersdorf
G. Stiegelmar, Gols
E. Triebaumer, Rust
P. Triebaumer, Rust
Umathum, Frauenkirchen
Velich, Apetlon
F. Weninger, Horitschon
L. & R. Wenzel, Rust

Wachau
L. Alzinger, Loiben
T. Bodenstein, Weissenkirchen
Freie Weingärtner Wachau, Dürnstein
F. Hirtzberger, Spitz
J. Jamek, Joching
E. Knoll, Loiben
F. Mittelbach – Tegernseerhof, Loiben
F.X. Pichler, Loiben
F. Prager, Weissenkirchen
Saahs – Nikolaihof, Mautern

Andere
A. Gross, Ratsch
Brüder Leth, Fels
Chorherrenstift Klosterneuburg, Klosterneuburg
Domäne Baron Geymüller, Krems
Dr. B. Hiedler, Langenlois

E. & C. Fischer, Sooss
E. Tscheppe, Leutschach
F. Wieninger, Wien
G. Schellmann, Gumpoldskirchen
Gräflich Stubenberg'sches Schloßgut – Walkersdorf, Walkersdorf
Hagn-Hundschupfen Kellerei, Mailberg
Ing. F. Mayer, Wien
Ing. K. Prünte, Spielfeld
J. Jurtschitsch – Sonnhof, Langenlois
J. Lust, Haugsdorf
J. Mantler – Mantlerhof, Brunn
L. & M. Biegler, Gumpoldskirchen
L. Breyer, Wien
L. Neumayer, Inzersdorf
Lenz Moser, Rohrendorf
M. Tement, Ehrenhausen
Maier-Geyerhof, Oberfucha
Malat-Bründlmayer, Furth-Palt
Malteser Ritterorden, Mailberg
Markowitsch, Göttlesbrunn
P. Dolle, Strass
R. Pfaffl, Stetten
R. Pichler, Wösendorf
R. Polz, Spielfeld
S. Moser, Rohrendorf
Sattlerhof, Gamlitz
Stadlmann, Traiskirchen
Stift Schotten, Wien
Undhof-Salomon, Krems-Und
W. Bründlmayer, Langenlois
Weinbauschule Silberberg, Leibnitz
Weingut Stadt Krems, Krems

Ausgezeichnete Jahre: '77, '79, '81, '85, '86, '87, '88, '89, '90, '91, '92, '93, '94, '95

Schweiz

Wallis

G. Besse, Martigny
Ch. Bonvin, Sion
O. Chanton, Visp
M.-T. Chappaz, Fully
M. Clavien, Pont-de-la-Morge
Desfayes-Crettenand, Leytron
Bon Père Germanier, Vétroz
Ch. Imesch, Sierre
A. Mathier, Salgesch
S. Maye, St.-Pierre
Domaine du Mont d'Or, Pont-de-la-Morge
Provins Valais, Sion
M. Raymond, Saillon
E. & G. Roduit, Fully
Rouvineux & Pila, Sierre
M. Zuffrey, Muraz

Waadtland

H. Badoux, Aigle
F. Blanchard, Mont-sur-Rolle
L. Bovard, Cully
J. M. Connc, Chexbres
J. Deladoey, Yvorne
E. Fonjallaz, Épesses
P.-A. Indermuhle, Bex
R. Isoz, Yvorne
J.-F. & L. Massy, Épesses
J.-C. Paley, Cully
J. Pelichet, Féchy
Union Vinicole, Culy
Uvavins, Tolochenaz
J. Vogel, Grandvaux

Genf und Neuchâtel

P. Dupraz, Lully
J.-M. Novelle, Satigny
B. Rochaix, Peissy
Château d'Auvernier, Auvernier
Domaine de la Grillette, Cressier
A. Porret, Cortaillod
Hôpital Pourtalès, Cressier

Tessin
D. Huber, Monteggio
A. Kaufmann, Beride
W. Stucky, Rivera
Eredi Carlo Tamborini, Lampone
Vinattieri, Ligornetto
C. Zündel, Beride

Ostschweiz
T. Donatasch, Malans
Fehr & Engeli, Ueken
H. Herzog, Neftenbach
Landolt & Cie, Zürich
A. Meier, Würenlingen
Rutishauser AG, Scherzinger
H. Schwarzenbach, Meilen
W. Zahner, Truttlikon

Amerika

Kalifornien, Napa Valley
Acacia
Anderson Vineyards
Beaulieu Vineyard
Beringer
Buehler
Burgess Cellars
Cain
Cakebread Cellars
Cappellet Vineyard
Carneros Creek
Caymus Vineyard
Château Chevre
Château Montelena
Clos du Val
Cosentino
Cuvaison Inc.
Diamond Creek
Dominus Estate
Duckhorn Vineyards
Dunn Vineyards
Flora Springs Wine Co.
Forman
Franciscan
Freemark Abbey
Frog's Leap
Girard
Grace Family Cellar
Grgich Hills Cellars
Groth Vineyards
Heitz Cellars
Hess
W. Hill
Inglenook
Johnson-Turnbull Vineyards
Judd's Hill
Keenan Winery
Livingston
Long
Markham
L.M. Martini
Mayacamas
Merryvale
R. Mondavi
Monticello Cellars
Mt. Veeder
Nalle
Newton Vineyards
Niebaum-Coppola
Opus One
R. Pecota
Pepi Winery
J. Phelps
Pine Ridge
Raymond Vineyards & Cellar
Rubicon
Rutherford Hill Winery
Saintsbury
Sattui Winery
Schramsberg
Sequoia Grove
Shafer Vineyards

Silver Oaks Cellars
Silverado Vineyards
Spotteswoode
St. Andrews Winery
St. Clement Vineyard
Stag's Leap Wine Cellars
Steltzner Vineyard
Sterling
Stony Hill Vineyards
Terraces
Ph. Togni
Trefethen Vineyards
Vichon
Whitehall Lane
ZD

Kalifornien: Sonoma Valley/County
Alexander Valley Vineyards
Arrowood
Benziger of Glen Ellen
Buena Vista
Carmenet
Château Souverain
Château St.-Jean
Clos du Bois
C.R. Cohn
De Loach
Dehlinger Winery
Dry Creek Vineyard
Duxoup Wine Works
Ferrari-Carano
Fisher Vineyards
Gundlach-Bundschu Vineyard Co.
Hanna Vineyard
Hanzell Vineyard
Haywood Winery
Hop Kiln Winery
Iron Horse Ranch & Vineyards
Jordan Vineyard & Winery
Kenwood Winery
Kistler
Laurel Glen
Matanzas Creek Winery
Pedroncelli Winery
Piper-Sonoma
Preston Vineyard & Winery
Rafanelli Winery
Ravenswood
St. Francis
Sausal
Simi Winery
Sonoma-Cutrer Vineyards

Andere
Au Bon Climat, Santa Barbara
Bonny Doon Vineyard, Santa Cruz
Byron Vineyards, Santa Barbara
Calera Wine Co., San Benito
Chalone Vineyards, Monterey
Cronin, San Mateo
Edna Valley Vineyards, San Luis Obispo
Fetzer Vineyard, Mendocino
Ficklin, San Joaquin
Firestone, Santa Barbara
Hidden Cellars, Mendocino
Kalin, Marin
Karly Wines, Amador
Kendall-Jackson Vineyard, Mendocino
Morgan, Monterey
Mount Eden Vineyards, Santa Cruz
Pahlmeyer, Phillips Vineyards, Yolo
Ridge, Santa Cruz
Sanford Wines, Santa Barbara
Rot: '78, '84, '85, '86, '87, '90, '91, '92, '93, '94
Weiß: '85, '86, '87, '88, '89, '90, '91, '92, '93, '94

Australien

Coldstream Gills
Lindemans
Penfolds
Wolf Blass

Fachausdrücke deutscher Wein

Aroma	Gesamtheit der Geschmacks- und Dufteindrücke eines Weines
Blume	Positiver Geruchseindruck
Bukett	Gesamtheit der mit der Nase feststellbaren Eindrücke. Bei einigen Rebsorten, Bukettsorten genannt, sind diese Eindrücke besonders stark.
Charakter	Gesamtheit der Geschmacks- und Geruchseigenschaften eines Weines, geprägt durch Jahrgang, Rebsorte, Boden, Anbaugebiet, Qualitätsstufe und Behandlung im Keller.
fruchtig	Wein mit ausgeprägtem Fruchtton in Geruch und Geschmack, entweder als Traubengeschmack oder auch Obstgeschmack wahrnehmbar, zum Beispiel Johannisbeere bei der Scheurebe.
harmonisch	Ausdruck für Weine, bei denen Süße und Säure in einem ausgewogenen Verhältnis zueinander stehen.
herb	Umgangssprachlicher Ausdruck für trockene Weine mit reichlich Säure; in der Fachsprache Bezeichnung für einen gerbstoffreichen Wein.
kernig	Bezeichnung für einen kräftigen, säurebetonten Schoppenwein.
körperreich	Voller, runder Wein mit viel Extrakt
leicht	Alkoholarmer Wein mit wenig Extrakt
lieblich	Bezeichung für milde, säurearme Weine
mollig	Ausdruck für runde, vollmundige Rotweine
parfümiert	Ausdruck für einen Wein mit sehr viel Bukett (z.B. aus der Huxelrebe).
rassig	Bezeichnung vor allem für elegante, spritzige und säurebetonte Rieslingweine von Schieferböden (vor allem Mosel-Saar-Ruwer, Mittelrhein und Rheingau).
saftig	Vollmundiger Wein, der im Mund einen angenehm fruchtigen Weingeschmack hinterlässt – der ideale Zechwein.
samtig	Bezeichnung für weiche Rotweine mit geringem Gerbstoffgehalt und viel Extrakt.
spritzig	Bezeichnung für frische, leichte Weine mit einer »lebendigen« Säure und einem geringen Gehalt an Kohlensäure, die sich im Glas jedoch kaum bemerkbar macht. Heute nicht nur von jüngeren Weintrinkern mehr und mehr geschätzt.
stahlig	Bezeichnung für rassige Weine, meist von Schieferböden, mit ausgeprägtem Säuregehalt.
stoffig, süffig	Ausdruck für besonders extraktreiche, füllige Weine Ähnlich wie saftig; meist halbtrockener, frischer, leichter Wein.
Tannin	Gerbstoff; Inhaltsstoff des Weines, der vor allem in den Kernen,

	Stielen und Schalen der Weinbeeren vorkommt; sorgt für längere Haltbarkeit der Weine
trocken	Bezeichnung für Weine mit wenig Restzucker
voll	körperreicher Wein
warm	Rotwein mit optimalem Alkoholgehalt
weich	Milder, säurearmer Wein
wuchtig	Voller, schwerer Wein mit relativ hohem Alkoholgehalt

Fachausdrücke französischer Wein

AOC, AC	Appellation d'Origine Contrôlée bzw. Appelation Contrôlée; ; Abkürzungen für die kontrollierten Ursprungsbezeichnungen
Assemblage	Zusammenstellung von Weinen verschiedener Rebsorten, Lagen und Jahrgänge
Barrique	Faß bestimmter Größe, in Bordeaux z.B. von 225 l. Dieser Ausdruck wird heute bei uns allgemein verwendet, wenn Wein in neuen Fässern vergoren und/oder ausgebaut wird.
Brut	sehr trocken, fast ohne Restsüße/ Brut zéro vollkommen ohne Restsüße
Cave	Keller, Lagerraum, Kellerei
Château	Weingut. Auf dem Etikett ist die Bezeichnung AOC-Weinen vorbehalten
Clairet	heller Rotwein, nicht zu verwechseln mit Rosé
Clos	Von einer Mauer umschlossene Weinbergslage, vor allem in Burgund. Auf dem Etikett ist die Bezeichnung AOC-Weinen vorbehalten.
Coopérative	Genossenschaft
Côtes, Coteaux	Hügel, Hang. Taucht in Ursprungsbezeichnungen von größeren oder kleineren Weingebieten oder Lagen auf, z.B. Côte de Beaune, Coteaux du Layon
Cru	Gewächs. Der Ausdruck taucht in den Prädikatsbezeichnungen französischer Weine auf, z.B. Premier Cru, Grand Cru usw.
Cuve close	Tankgärung
Cuvée	Durch Assemblage gewonnener Verschnitt von Weinen für dic Schaumweinherstellung
Demi-sec	halbtrocken
Domaine	Landwirtschaftlicher Betrieb oder Gutsverwaltung. In der Provence und in Bordeaux gleichbedeutend mit Château. Die Bezeichnung darf auch auf Etiketten von Landweinen stehen.
Doux	süß
Millésime	Jahrgang, Wein aus einem einzigen Jahrgang, z.B. Jahrgangs-Champagner
Mousseux	Schaum, Schaumwein
Pourriture noble	Edelfäule
Sec	trocken
VDQS	(auch AOVDQS), Vin Délimité de Qualité Supérieure; Wein höherer Qualität bestimmter Gegenden
Vendanges tardives	Spätlese im Elsass
Vin de Pays (VdP)	Landwein
Vin de Table (VdT)	Tafelwein
Vin Doux Naturel (VDN)	Süßwein in Weiß, Rot oder Rosé

Vin gris	sehr heller Roséwein
Zweitwein	Spezialität des Bordelais; große Châteaux bieten unter einem abgewandelten Namen preiswertere Weine z.B. von jungen Rebstöcken oder aus ungünstigen Jahrgängen an, die zwar den AOC-Bedingungen genügen, aber deren Qualität aus verschiedenen Gründen für den berühmten Namen nicht ausreicht.

Fachausdrücke italienischer Wein

abboccato	halbtrocken, halbsüß
amabile	lieblich, süß
amaro	bitter
Amarone	trockener, roter Strohwein aus Venetien
annata	Jahrgang
asciutto	trocken
assaggio	Verkostung
azienda agricola, azienda vitivinicola	Weingut
Bianco	Weißwein
cantina sociale, cantina cooperativa	Winzer-, Kellereigenossenschaft
Charmat, metodo Charmat	Tankgärung beim Schaumwein, im Gegensatz zur Flaschengärung (metodo classico)
Chiaretto	Roséwein in einigen Anbaugebieten, z.B. Venetien (Bardolino)
Classico	das geographische, bzw. qualitative Zentrum bestimmter Anbaugebiete, z.B. Valpolicella, Chianti, Soave
damigiana	große Bauchflasche
D.O.C. Denominazione di origine controllata	(kontrollierte Herkunftsbezeichnung)
D.O.C.G. Denominazione di origine controllata e garantita	(kontrollierte und geschützte Herkunftsbezeichnung)
degustazione	Verkostung, Weinprobe
dolce	süß
enoteca	Weingeschäft
fattoria	Weingut, hat auf dem Etikett die gleiche Bedeutung wie azien da agricola
Frizzante	Perlwein oder Schaumwein mit geringerem CO2-Gehalt als Spumante
IgT	Indicazione geografica, Tafelweine mit geographischer Herkunftsangabe
metodo tradizionale	klassische Flaschengärung beim Schaumwein
Riserva	Weinart, die eine längere Fass- oder Tanklagerung durchläuft als die Normalversion des jeweiligen D.O.C.-Weins, z.B. Brunello di Montalcino Riserva
Rosato	Roséwein
Rosso	Rotwein

secco	trocken
Spumante	Schaumwein, Sekt
Superiore	besondere Ausbauart einiger D.O.C,-Weine, oft höherer Alkoholgehalt, manchmal längere Reifezeit
taglio	Verschnitt, s.a. uvaggio
uvaggio	Traubenverschnitt, meist verwendet, wenn der Verschnitt der verschiedenen Sorten vor der Gärung erfolgt; wird der fertige Wein verschnitten, spricht man von einer cuvée
VdT	Vino da tavola, Tafelwein
vecchio	lange gereifter Wein
vendemmia	Weinlese, Jahrgang
vigna, vigneto	Weinberg
Vino da Tavola	VdT, Tafelwein

Zum Nachschlagen

Bitte beachten Sie auch die Wegweiser zum französischen und italienischen Wein auf den Seiten 166 bzw. 214 ff.

IMPRESSUM

Bildnachweis

Florian Ammon 289
Riki Breu 301
Concept K.E. Groß 230
DWI/ Europress 51, 238
jd/ Dieth 41, 117
Armin Faber 1, 64, 187, 198, 212, 274, 313
Armin Faber/Thomas Pothmann 38, 40, 46, 52, 56, 67, 84o.,99, 108, 119, 121, 123, 220/21 und 314, 222, 266, 270, 272, 273, 282/283 (hinterlegt), 285, 291, 293, 294o., 294u.
Andreas Huber 2, 225, 226/27, 297
Jahreszeitenverlag/ Beer 97, 98
Jan Jepsen, Focus Original 50
Ketchum GmbH 299, 303
Mauritius Bildagentur, Manfred Thonig 79
Mauritius Bildagentur 80, 88, 90, 92
Österreichische Weinmarketingserviceges. m.b.H. 82, 84u.
Pfälzer Weinprobierstuben 241
ROOT STOCK, Hendrik M. Holler 8/9, 11, 12, 15, 17, 23, 26, 30, 35, 42, 44, 48, 70, 71, 75, 135, 138u., 142, 148, 160, 170 und 343, 178, 182, 184 o., 184 u., 201, 203, 204, 208, 209, 281, 287
ROOT STOCK, Patrick Eagar 174/75 (hinterlegt), 180, 188, 196
ROOT STOCK, Mike Newton/Patrick Eagar Photography 25, 53, 177
ROOT STOCK, Jan Traylen/Patrick Eagar Photography 195
ROOT STOCK, SCOPE, Jean Luc Barde 149, 150, 153, 286
ROOT STOCK, SCOPE, Jean Charles Gesquiere 147
ROOT STOCK, SCOPE, Jaques Guillard, 45, 141, 146u., 162
ROOT STOCK, SCOPE, Michel Plassart, 45
ROOT STOCK, SCOPE, Guerrieri Rizzardi 60
StockFood, Nigel Blythe 16, 21, 33, 55, 102, 232, 234, 316/17
StockFood, Christodolo 115
StockFood, S & P Eising 248, 305, 307
StockFood, Mick Rock 37, 94, 103, 105, 110, 112 und 339, 288, 295
StockFood, Herbert Lehmann 256
StockFood, CEPHAS, Mick Rock 20, 29, 61, 63, 73, 76/77 und 131, 128, 129, 130, 132, 137, 138o., 139, 140, 143, 146, 152, 154, 156, 158, 163, 164, 165, 223, 228, 236, 251 und 341, 242/243 (hinterlegt), 249, 255, 259, 261, 268,
Supp, Eckhard 207

Der vorliegende Band ist ein Sammelwerk aus den 4 Bänden der Reihe »Wein für Einsteiger«.

Dieses Buch basiert auf den Titeln:
Bielefeld, Jochen G.: Wein für Einsteiger - Deutschland
Piroué, Susi: Wein für Einsteiger - Frankreich
Supp, Eckhard: Wein für Einsteiger
Supp, Eckhard: Wein für Einsteiger - Italien

Projektleitung: Agentur Z., München
Textbearbeitung und Ergänzungen: Gesa Gunturu, München
Umschlaggestaltung und technische Koordination: Daniela Petrini, München
Umschlagfoto Stockfood, München
Layout: Josef Fendt
Gestaltung und Satz: Sylvio Cyrulik, München
Litho: Fischer's DTP Studio, München
Druck und Bindung: BAWA Print & Partner, München

ISBN: 3-7742-4943-1